Die Regulierung von Crowdinvesting
durch das Kleinanlegerschutzgesetz

Europäische Hochschulschriften

European University Studies

Publications Universitaires Européennes

Reihe II **Rechtswissenschaft**

Series II Law

Série II Droit

Band/Volume **5942**

Jan Frederik Heuer

Die Regulierung von Crowdinvesting durch das Kleinanlegerschutzgesetz

PL ACADEMIC RESEARCH

Bibliografische Information der Deutschen Nationalbibliothek
Die Deutsche Nationalbibliothek verzeichnet diese Publikation in der Deutschen Nationalbibliografie; detaillierte bibliografische Daten sind im Internet über http://dnb.d-nb.de abrufbar.

Zugl.: Münster (Westfalen), Univ., Diss., 2017

D 6
ISSN 0531-7312
ISBN 978-3-631-72932-8 (Print)
E-ISBN 978-3-631-72978-6 (E-PDF)
E-ISBN 978-3-631-72979-3 (EPUB)
E-ISBN 978-3-631-72980-9 (MOBI)
DOI 10.3726/b11521

PL Academic Research ist ein Imprint der Peter Lang GmbH.
Peter Lang – Frankfurt am Main · Bern · Bruxelles · New York · Oxford · Warszawa · Wien

Diese Publikation wurde begutachtet.

www.peterlang.com

Vorwort

Die vorliegende Arbeit wurde im Sommersemester 2017 von der Rechtswissenschaftlichen Fakultät der Westfälischen Wilhelms-Universität als Dissertation angenommen. Sie entstand während meiner Tätigkeit am Institut für Informations-, Telekommunikations- und Medienrecht der WWU. Die einschlägige Literatur ist bis Anfang Dezember 2016 berücksichtigt.

Besonders bedanken möchte ich mich bei Prof. Dr. Thomas Hoeren, meinem Doktorvater, für die Unterstützung während der Umsetzung meines Vorhabens. Ebenso danke ich Prof. Dr. Nicolas Guggenberger, LL.M. für die rasche Zweitbegutachtung meiner Dissertation.

Schließlich bin ich meinen Eltern zu tiefem Dank verpflichtet. Sie haben mich während meines Studiums stets unterstützt und standen mir zu jeder Zeit mit Rückhalt und Rat zur Seite. Ihnen widme ich diese Arbeit.

Münster, Mai 2017 *Jan Frederik Heuer*

Inhaltsverzeichnis

A. Einleitung 17

I. Hintergrund 17

II. Gang der Untersuchung 19

B. Crowdinvesting 21

I. Crowdinvesting und Crowdfunding 21

1. Historische Entwicklung des Crowdfundingkonzepts 21

a.) Historische Vorläufer am Beispiel der USA 21

b.) Begriffsschöpfung 24

c.) Bedeutung des Internets 24

2. Begriffsbestimmung 25

a.) Donation-based Crowdfunding 26

b.) Reward-based Crowdfunding 26

c.) Pre-purchase Crowdfunding 27

d.) Crowdlending 27

e.) Crowdinvesting 28

aa.) Abgrenzung von Fremd- und Eigenkapital 29

bb.) Mezzanine-Kapital 29

cc.) Schlussfolgerung für den Begriff des Crowdinvesting 30

f.) Bündelung durch Plattformen 31

g.) Konklusion 32

II. Der ökonomische Nutzen von Crowdinvesting 32

1. „Early Stage Gap" und Crowdfinanzierung 33

2. Zwischenfinanzierungsphasen 34

3. Marketingeffekt 34

III. Folgerungen für den Untersuchungsgegenstand 35

C. Das Kleinanlegerschutzgesetz (KASG) 37
I. Gesetzliche Neuregelungen durch das KASG 37
1. Vermögensanlagen nach dem VermAnlG 38
a.) Anteil an Investmentvermögen i.S.d. KAGB 39
b.) Einlagengeschäft i.S.d. § 1 Abs. 1 S. 2 Nr. 1 KWG 40
c.) Ausnahmen der Anwendbarkeit 40
d.) Auswertung 42
2. Entwicklung der Regulierung des Grauen Kapitalmarktes 42
a.) Investmentvermögen 42
b.) Entwicklung des Grauen Kapitalmarktes 43
II. Zusammenführung 45
D. Rechtliche Beziehungen im Crowdinvesting 49
I. Die rechtliche Beziehung von Anleger und Kapitalnehmer 49
1. Crowdinvesting auf Grundlage modifizierter Darlehensverträge 50
a.) Grundlage Darlehensvertrag 51
aa.) Vertragsschluss 51
bb.) Pflichten des Darlehensgebers 52
cc.) Rückzahlung der Darlehensvaluta 52
b.) Ausgestaltung der Gegenleistung 53
aa.) Partiarisches Darlehen (Beteiligungsdarlehen) 53
bb.) Nachrangdarlehen 55
(1) Ausgestaltung und Folgen in der Insolvenz 55
(2) Die Rangrücktrittsvereinbarung als AGB 56
(a) Wirksame Einbeziehung 57
(b) Kontrollfähigkeit, § 307 Abs. 3 BGB 57
(c) Wirksamkeit nach §§ 307 Abs. 1 S. 1, S. 2 BGB 59
(3) Gegenleistung und „equity kicker“ 61
cc.) Partiarisches Nachrangdarlehen 62
c.) Spezifische Risiken für Crowdinvesting 62
2. Stille Gesellschaft 63

a.) Kennzeichen der stillen Gesellschaft ... 63
b.) Voraussetzungen der Gründung ... 65
c.) Rechte des stillen Gesellschafters ... 66
d.) Besonderheiten und Vorteile für das Crowdinvesting ... 67
3. Genussrechte ... 68
a.) Rechtsnatur des Genussrechts ... 68
b.) Abschluss des Genussrechtsvertrages ... 70
c.) Mögliche vertragliche Ausgestaltungen ... 71
d.) AGB-Kontrolle, §§ 305 ff. BGB ... 73
e.) Besonderheiten für Crowdinvesting ... 74
4. Risikobewertung der rechtlichen Ausgestaltungsformen ... 74
II. Die Rolle der Crowdinvesting-Plattform ... 75
1. Aufsichtsrechtliche Anforderungen an die Tätigkeit ... 76
a.) Finanzdienstleistungsinstitut gem. § 1 Abs. 1a KWG ... 76
b.) Zahlungsdienstleister gem. § 1 Abs. 2 ZAG ... 77
c.) Wertpapierdienstleistungsunternehmen gem. § 2 Abs. 4 WpHG ... 78
d.) Finanzanlagenvermittler gem. § 34f GewO ... 78
aa.) Voraussetzungen der Erlaubniserteilung ... 79
(1) Zuverlässigkeit ... 79
(2) Geordnete Vermögensverhältnisse ... 79
(3) Berufshaftpflichtversicherung ... 80
(4) Sachkunde ... 80
(5) Erlaubnisbefreiung, § 34f Abs. 3 GewO ... 81
bb.) Pflichten aus § 34f GewO ... 81
(1) Sachkunde angestellter Vermittler, § 34f Abs. 4 GewO ... 81
(2) Eintragung ins Vermittlerregister ... 81
(3) § 34g GewO i.V.m. FinVermV ... 82
e.) Folgen der Regelungen für den Anlegerschutz ... 83
2. Rechtliche Beziehung zum Anleger ... 84
a.) Begriff der Anlagevermittlung ... 84
b.) Qualifikation der Tätigkeit der Crowdinvesting-Plattformen ... 85
c.) Pflichten des Anlagevermittlers ... 87

III. Gesamtschau der rechtlichen Beziehungen außerhalb der Emission 89

E. Rechtlicher Rahmen der Crowdinvesting-Emission 91

I. Ablauf einer Crowdinvesting-Emission 91
1. Bewerbungs- und Auswahlphase 92
2. Finanzierungsphase 93
3. Abwicklungsphase 93

II. Rechtlicher Rahmen für eine Emission nach dem VermAnlG 94
1. Normadressaten 94
2. Mindestlaufzeit, § 5a VermAnlG 95
3. Nachschusspflicht, § 5b VermAnlG 96
4. Veröffentlichung eines Verkaufsprospekts, § 6 VermAnlG 98
a.) Inhalt 98
aa.) § 7 Abs. 1 VermAnlG 98
bb.) § 7 Abs. 2 VermAnlG 100
cc.) § 7 Abs. 2a VermAnlG 100
dd.) § 7 Abs. 3 VermAnlG 100
b.) Gültigkeitsdauer, § 8a VermAnlG 103
c.) Prospektbezogene Regelungen 103
d.) Auswirkungen für den Anleger 104
5. Nachtragspflicht, § 11 VermAnlG 105
6. Veröffentlichung eines Vermögensanlagen-Informationsblattes, § 13 VermAnlG 107
a.) Begriff und Funktion 107
b.) Normadressat 108
c.) Inhalt 108
aa.) Formale Anforderungen 109
bb.) Materielle Anforderungen 110
d.) Nachtragspflicht 111
e.) Ordnungswidrigkeit nach § 29 VermAnlG 111
7. Informationspflichten, § 15 VermAnlG 112

8. Veröffentlichungspflichten nach § 11a VermAnlG 114
9. Rechnungslegung, §§ 23, 24 VermAnlG 116
10. Werbebeschränkungen, § 12 VermAnlG 117

III. Besondere Ausnahmeregelungen für Schwarmfinanzierung, § 2a VermAnlG 119
1. Normadressaten in der Crowdinvesting-Emission 119
2. Fehlende Prospektpflicht 120
3. Eingeschränkte Pflichten gegenüber der BaFin 121
4. Besonderheiten bzgl. der Jahresberichte 121
5. Mindestlaufzeit 122
6. Vermögensanlagen-Informationsblatt, § 13 VermAnlG 122
7. Widerrufsrecht, § 2d VermAnlG 123

IV. Ausgestaltung und Voraussetzungen der Ausnahmeregelung, § 2a VermAnlG 124
1. Privilegierte Formen von Vermögensanlagen 125
a.) Die Abgrenzung von partiarischem Darlehen zu stiller Beteiligung 125
b.) Die Abgrenzung von partiarischem Darlehen und Genussrecht 128
c.) Vermögensanlagen i.S.v. § 1 Abs. 2 Nr. 7 VermAnlG 129
d.) Partiarische Nachrangdarlehen 130
2. Volumengrenze der gesamten Emission 130
3. Vermittlung über Internet-Dienstleistungsplattform 133
a.) Erlaubnispflicht 134
b.) Anlageberatung/-vermittlung 134
c.) Prüfungspflicht der Einzelinvestitionsgrenze 134
4. Ausnahme der Privilegierung nach § 2a Abs. 4 VermAnlG 135
5. Zeichnungsgrenze der Einzelinvestition 136
a.) Unbestimmtheit der Norm 137
b.) Zeitliche Reichweite 138
c.) Rechtliche Folgen der Überschreitung 139

V. Aufsicht durch die BaFin über Emissionen nach dem VermAnlG 142

1. Gesetzlicher Anknüpfungspunkt 142
2. Spezifische Rechte und Pflichten nach VermAnlG 143
3. Produktintervention nach WpHG 146
4. Besonderheiten bzgl. Crowdinvesting 147
a.) Entfallende Pflichten nach dem VermAnlG 148
b.) Rechtliche Folgen 148
VI. Zusammenführung 149

F. Haftungsfragen des Crowdinvesting 153

I. Verhältnis von Anleger zu anbietendem Emittenten 154
1. Spezialgesetzliche Prospekthaftung nach §§ 20, 21 VermAnlG 154
2. Spezialgesetzliche Haftung nach § 22 VermAnlG 156
a.) Fehlerhafte Angaben 156
b.) Kausalität 157
c.) Verschuldensmaßstab 157
d.) Ausschlussmöglichkeit 158
e.) „Fehlendes“ Vermögensanlagen-Informationsblatt 158
f.) Rechtsfolge 158
g.) Verjährung des Anspruchs 160
3. Allgemeine zivilrechtliche Prospekthaftung 160
a.) Die Prospekthaftung im engeren Sinne 160
aa.) Verantwortlichkeit für den Prospekt 161
bb.) Prospektbegriff 163
cc.) Mangel des Prospekts 165
dd.) Kausalität 166
ee.) Verschulden der Verantwortlichen 167
b.) Die Prospekthaftung im weiteren Sinne 167
c.) Anwendungsverhältnis zur spezialgesetzlichen Prospekthaftung 169
aa.) Anwendbarkeit der Prospekthaftung im engeren Sinne 169
bb.) Auswirkungen des § 2a VermAnlG 171
cc.) Anwendbarkeit der Prospekthaftung im weiteren Sinne 174

d.) Die Prospekthaftung im weiteren Sinne in der Crowdinvesting-Emission 174
e.) Haftung der emittierenden und anbietenden Gesellschaft 178
4. Deliktsrechtliche Haftung 179
a.) Deliktsrechtliche Haftung und § 2a VermAnlG 179
b.) Haftung nach § 823 Abs. 2 BGB i.V.m. § 264a StGB 180
aa.) Tatbestandliche Anknüpfungen 180
bb.) Crowdinvesting nach § 2a VermAnlG 181
cc.) Schlussfolgerung 182
c.) Gleichlauf 183

II. Ansprüche gegen die Crowdinvesting-Plattform 183
1. Haftung nach § 22 VermAnlG 183
2. Haftung aus Anlagevermittlerverhältnis 184
a.) Haftungsvoraussetzungen 185
b.) Haftungsausschluss durch AGB 187
3. Die Prospekthaftung im weiteren Sinne 188
4. Deliktsrechtliche Haftung 192

III. Ansprüche gegen die BaFin 192

IV. Gesamtbetrachtung der haftungsrechtlichen Situation 193
1. Gegenüber dem anbietenden Emittenten 193
2. Gegenüber der intermediären Plattform 194
3. Gegenüber der BaFin 194
4. Haftungsrechtliche Auswirkungen des § 2a VermAnlG 194

G. Anlegerschutz im Crowdinvesting nach § 2a VermAnlG 197

I. Bestehende Regulierung 197

II. Grundlagen der Privilegierung von Crowdinvesting 198
1. Informationsdefizit 199
a.) Interaktion mit der Crowd 199
b.) „Wisdom of Crowds“ 201
c.) Die Rolle der Crowd in der Emission nach § 2a VermAnlG 202

aa.) Kollektive Entscheidung 202
bb.) Unabhängigkeit des Einzelnen 203
cc.) Heterogenität 204
dd.) Dezentralisierte Gruppe 204
ee.) Qualität der Bewertung 205
d.) Vergleich zu den Auswirkungen der §§ 6, 7 VermAnlG 206
e.) Information Overload 208
f.) Konklusion 209
2. Informationssicherheit 210
3. Wirtschaftliche Risiken von Schwarmfinanzierung 212
a.) Crowdinvesting als Finanzierungskanal 213
aa.) Informationskosten 214
bb.) Agency-Kosten 215
cc.) Suchkosten 216
dd.) Schlussfolgerung 216
b.) Intention des Gesetzgebers 217
aa.) Regulierung von Investmentvermögen 217
bb.) Regulierung von Vermögensanlagen 218
cc.) Crowdinvesting und Publizität 219
c.) Abmilderung der Risiken durch die konkrete Umsetzung 219
d.) Emotionale Verbundenheit des Anlegers 220
f.) Risikobewertung der ökonomischen Aspekte 221
III. Einordnung der Privilegierung von Crowdinvesting 222
IV. Reichweite der Privilegierung 223
1. Beschränkung auf bestimmte Vermögensanlagen 223
a.) Abgrenzungsproblematik und rechtliche Folgen 224
b.) Beschränkung der Weisheit der Crowd 228
2. Grenzwerte 229
a.) Gesamtemissionsvolumen 229
b.) Zeichnungsgrenze der Einzelanlage gem. § 2a Abs. 3 VermAnlG 230
c.) Adressatenkreis der Einzelzeichnungsgrenze 232

3. Fehlende Regulierung der Plattformen ... 235
4. § 2d VermAnlG als willkürliches Widerrufsrecht ... 237
5. Zusammenfassende Betrachtung ... 239
V. Schlussfolgerung für Crowdinvesting nach § 2a VermAnlG ... 241

H. Zusammenfassung in Thesen ... 245

Abkürzungsverzeichnis ... 249

Literaturverzeichnis ... 251

A. Einleitung

I. Hintergrund

Für junge Unternehmen, die sich in wirtschaftlichen Bereichen betätigen, die nicht im Mittelpunkt des breiten öffentlichen Interesses stehen, wird es in Zeiten von immer wieder auftretenden Finanzkrisen zunehmend schwierig, sich mit frischem Kapital zu versorgen. In diesen wirtschaftlichen Randbereichen, in denen früher oft Kredite von Banken gewährt wurden, ist das Risiko des Kapitalverlusts für institutionelle Geldgeber heute so präsent, dass eine Finanzierung ohne Sicherheiten zumeist nicht erfolgt. Vor allem der Bereich der Unternehmensgründung ist auf eine fundierte Kapitalausstattung angewiesen. Gerade auf Grund andauernder Niedrigzinsen sehen viele Kleinanleger die Möglichkeit, durch ihre Investitionen höhere Renditen erzielen zu können. Immer mehr Menschen, die dem Kapitalmarkt früher fern geblieben sind, investieren dort ihr Geld. Dabei erfreuen sich auch Investitionen in Unternehmen, die sich in ihrer Gründungsphase befinden (Start-Ups), zunehmender Beliebtheit. Zuletzt hat der Windparkbetreiber Prokon im Jahr 2014 durch seine Insolvenz und enormen Kapitalverlust für die (Klein-)Anleger von sich reden gemacht.[1] Der Gesetzgeber hat dies zum Anlass genommen, weitergehenden Schutz für Kleinanleger zu normieren. Am 03.07.2015 hat der Bundestag das Kleinanlegerschutzgesetz (KASG) verabschiedet, das sodann am 10.07.2016 in Kraft getreten ist[2]. Das Artikelgesetz verfolgt insbesondere das Ziel, Regelungslücken auf dem Markt für nicht in Wertpapieren verbriefte Kapitalanlagen zu schließen. Im Zuge dessen nahm man sich auch der Regulierung von Crowdinvesting an.[3] Crowdinvesting ist in den letzten Jahren immer mehr in den Fokus der öffentlichen Wahrnehmung gerückt. Dabei erfreut sich die Investition durch die Crowd auf beiden Seiten einer solchen Finanzierung großer Beliebtheit. Insbesondere junge Unternehmen, die in wirtschaftlichen Nischenbereichen tätig sind, schätzen die Möglichkeit, sich Kapital außerhalb des institutionellen Sektors beschaffen zu

1 Frankfurter Allgemeine Zeitung vom 22.01.2014: „Windparkbetreiber Prokon meldet Insolvenz an" (www.faz.net/aktuell/finanzen/anleihen-zinsen/genussrechte-windparkbetreiber-prokon-meldet-insolvenz-an-12764648.html – zuletzt abgerufen am 02.12.2016).

2 BGBL. I 2015, 1114.

3 Zur Rechtslage der Regulierung von Crowdinvesting vor Inkrafttreten des KASG, *Söpper*, 126–167.

können. Anleger unterstützen die Ideen dieser jungen Unternehmen und haben zugleich die Möglichkeit, gute Renditen zu erzielen.

Crowdinvesting ist seit 2011 ein wachsender Markt. In der Zeit von August 2011 bis Ende 2015 gab es in Deutschland insgesamt 217 Crowdinvesting-Emissionen, mit denen Unternehmen eine erfolgreiche Finanzierung ermöglicht wurde. Bis Ende 2015 wurden so insgesamt knapp 53 Mio. Euro[4] eingeworben.[5] Allein im ersten Halbjahr 2016 hat Crowdinvesting bereits ein Finanzierungsvolumen von 19 Mio. Euro erreicht. Im Vergleich zum Vorjahrszeitraum bestand ein Zuwachs von 12 %[6], was das Entwicklungspotential dieses Marktes verdeutlicht. Durch die finanziellen Mittel der Crowd wurde es vor allem Unternehmen, die sich in der Gründungsphase befanden, ermöglicht ihre Ideen zu verwirklichen. Besondere Beachtung verdienen in diesem Zusammenhang die Portale *Seedmatch* und *Companisto*, denen zusammen ein aktueller Marktanteil von 81 % zukommt[7] und die damit die erfolgreichsten Portale auf dem deutschen Crowdinvestingmarkt sind. Gemeinsam kommen Sie auf eine Zahl von über 114.000 angemeldeten Nutzern.[8] Seitdem *Companisto* gegründet wurde, sind bis heute insgesamt knapp 35 Mio. Euro im Wege des Crowdinvesting über dieses Portal finanziert worden. *Seedmatch* generierte ein Volumen von etwas mehr als 29,5 Mio. Euro.[9] Lange Zeit spielte sich Crowdinvesting in einem gesetzlich nicht speziell regulierten Bereich, dem Grauen Kapitalmarkt, ab. Im Zuge des Kleinanlegerschutzgesetzes hat der Gesetzgeber nun mit § 2a VermAnlG eine Sondervorschrift für Crowdinvesting eingeführt. Der Frage nachzugehen, wie genau die Regulierung von Crowdinvesting nach Einführung dieser Norm durch den Gesetzgeber ausgestaltet wurde und ob die Regulierung ausreicht, um den Zielen des Kleinanlegerschutzgesetzes auch im spezifischen Bereich der Schwarmfinanzierung gerecht zu werden, ist das Ziel der nachfolgenden Untersuchung.

---

4 Der exakte Betrag liegt bei: 52.908.276 €.

5 Zahlen zu finden bei *Klöhn/Hornuf/Schilling*, ZBB 2016, 142 (143).

6 Crowdinvesting-Monitor Nr. 3/2016, 5.

7 Siehe Fn. 5.

8 Die Zahl der Nutzer wird auf den Webseiten der Portale angegeben: *Companisto* hat 63.889 Mitglieder, *Seedmatch* 50.176 (www.companisto.com/de; www.seedmatch.de – beide Daten zuletzt abgerufen am 02.12.2016).

9 Angaben der Portale auf ihren Webseiten, siehe Fn. 8.

II. Gang der Untersuchung

Zunächst sind dafür die Untersuchungsgegenstände und das beabsichtigte Vorgehen zu verdeutlichen. So wird in Abschnitt (B) der Begriff des Crowdinvesting genauer betrachtet. Entscheidend wird dabei auf die Abgrenzung zum Crowdfunding und den generellen wirtschaftlichen Nutzen als Finanzierungsmethode einzugehen sein. Im Abschnitt (C) werden sodann die rechtlichen Bereiche umrissen, die durch das Kleinanlegerschutzgesetz als Artikelgesetz von Änderungen und Neuerungen betroffen sind und denen für die Regulierung von Crowdinvesting eine entsprechende Bedeutung zukommt. In diesem Zusammenhang wird auch in gebotener Kürze auf die historische Entwicklung der Regulierung dieses Kapitalmarktbereichs eingegangen.

Im Anschluss daran wird in Abschnitt (D) der Rahmen der rechtlichen Beziehungen von Crowdinvesting abgesteckt. Dazu ist die Abwicklung der Finanzierung ebenso zu untersuchen wie die rechtliche Einordnung der Rolle der Crowdinvesting-Plattformen. Hierauf folgend sind in Abschnitt (E) die gesetzlichen Vorgaben herauszuarbeiten, die an eine Emission im Crowdinvesting gestellt werden. Dabei ist auf die generell vorgesehenen Pflichten und die entsprechenden Ausnahmen für Crowdinvesting einzugehen.

In direktem Zusammenhang damit ist in Abschnitt (F) zu klären, ob die neu geschaffene Regulierung von Crowdinvesting haftungsrechtliche Auswirkungen für den einzelnen Anleger mit sich bringt.

Die Ergebnisse der Untersuchung werden in Abschnitt (G) zusammengeführt, um die Regulierung von Crowdinvesting durch das Kleinanlegerschutzgesetz zu bewerten. Diese Bewertung ist unter der Fragestellung vorzunehmen, ob durch die Sondervorschrift eine ausreichende Regulierung erfolgt ist oder ob Crowdinvesting wegen nicht ausreichender Regulierung mit einer Verringerung des Anlegerschutzes einhergeht.

B. Crowdinvesting

Zu Anfang gilt es, den Begriff des Crowdinvesting näher zu untersuchen, und festzustellen, welche Elemente diesem Finanzierungskonzept inne wohnen und wie eine Abgrenzung zu anderen Finanzierungsmöglichkeiten vorzunehmen ist.

I. Crowdinvesting und Crowdfunding

Wird Kapital für ein Projekt außerhalb klassischer Finanzierungskanäle wie Banken oder Venture-Capital-Gesellschaften beschafft, fällt oftmals auch der Begriff des Crowdfunding. Generell lässt sich Crowdfunding als die Bündelung von finanziellen Mitteln vieler Individuen zur Realisierung eines gemeinsamen Vorhabens verstehen.[10] Um feststellen zu können, wie sich Crowdfunding und Crowdinvesting konzeptionell voneinander unterscheiden lassen, soll zunächst auf die historische Entwicklung des Gesamtkonzepts eingegangen werden, um im Anschluss daran das heutige Begriffsverständnis zu beleuchten.

1. Historische Entwicklung des Crowdfundingkonzepts

Betrachtet man das Prinzip, welches dem Begriff des Crowdfunding zugrunde liegt, so wird deutlich, dass dieses Vorgehen kein modernes Phänomen darstellt, sondern seinen Anknüpfungspunkt bereits früher in der Geschichte findet.

a.) Historische Vorläufer am Beispiel der USA

Der Ursprung desjenigen Marktes, der zurzeit die weitest gehende Entwicklung[11] aufweist, ist dabei von besonderem Interesse. Den USA kommt in Bezug auf crowd-gestützte Finanzierungen eine Vorreiterrolle zu.[12] Vielfach herangezogenes Beispiel für die Finanzierung eines Projekts durch viele Kleinstbeiträge, unabhängig von einem vorherigen Zusammenschluss der Geldgeber, ist der Bau der Freiheitsstatue im Jahre 1875. Die Statue selbst wurde den USA durch Frankreich überlassen, für den Bau des Sockels waren sie selbst verantwortlich.[13] Angetrieben davon, fehlendes Kapital beschaffen zu müssen, wurde vom Herausgeber der Tageszeitung „The World" ein Spendenaufruf gestartet. Als Gegenleistung

10 Exemplarisch *Hemer/Schneider/Dornbusch/Frey*, 18.

11 Gemessen am generierten Kapitalvolumen.

12 Siehe Einleitung.

13 Statt Vieler *Lawton/Marom*, Introduction xif.

einer Spende wurde der Name jedes Geldgebers in seiner Zeitung abgedruckt.[14] Anfang des 20. Jahrhunderts war es in den USA ein gängiges Prinzip, dass sich Unternehmen durch öffentlich angebotene Kapitalanlagen finanzierten.[15] Regulierungsversuche bestanden zwar in den jeweiligen Einzelstaaten[16], es war jedoch ohne weiteres möglich, diese Vorgaben zu umgehen.[17] Dass die Märkte keiner Regulierung zugeführt wurden, führte zusammen mit der übermäßig euphorischen Anlagestimmung der Marktteilnehmer letztendlich als ein wesentlicher von mehreren Faktoren zur „Great Depression".[18] Im Oktober 1929 brachen die Kapitalmärkte zusammen, was nicht nur den Verlust großer Kapitalmengen, sondern auch den des Vertrauens der Anleger in die Märkte zur Folge hatte.[19] Der US-Kongress verabschiedete daraufhin im Jahr 1933 den Securities Act. Dieses staatenübergreifende Gesetz normierte umfangreiche Pflichten, Kapitalanlagen zu registrieren und deren Verkäufe transparent zu machen, um so die Märkte zu stabilisieren.[20] Diese Pflichten waren aufgrund ihres hohen Anspruchs an die technische Umsetzung sehr kostenintensiv und führen auch heute noch dazu, dass ein hoher Kapitaleinsatz notwendig ist, bevor überhaupt neue finanzielle Mittel durch den Absatz von Kapitalanlagen generiert werden können.[21] Infolgedessen kamen Kleinstinvestitionen in neu gegründete Unternehmen nahezu vollständig zum Erliegen.[22] Die sog. „Regulation D", die im Jahre 1982 eingeführt wurde, sorgte für gewisse Ausnahmen der Registrierungspflichten, insbesondere für solche Investoren, die über hohe Kapitalrücklagen oder ein hohes Einkommen verfügten.[23] Dennoch führten die Registrierungspflichten dazu, dass diejenigen, die in geringerem Umfang Kapital investieren wollten, von Investitionen in Unternehmensgründungen, ausgeschlossen waren.[24] Als Gegenstück dazu war auch die Kapitalbeschaffung für die Unternehmen in der Gründungsphase problematisch. Einzelbeiträge im Rahmen von wohltätigen und ideellen Zwecken

14 *Hemer/Schneider/Dornbusch/Frey*, 19 f.
15 Vgl. *Pressler*, 17 ff.; zum Umfang der Spekulationen vgl. *Galbraith*, 51 ff.
16 In Form der sog. „blue sky laws".
17 *Dresner*, 5.
18 *Pressler*, 56 f., 63.
19 Vgl. *Hesse/Köster/Plumpe*, 108 ff.
20 Vertiefend zum Securities Act: *Hazen*, North Carolina Law Review Vol. 90 (2011–2012), 1735 (1741 ff.).
21 *Burkett*, The Tennessee Journal of Business Law Vol. 13 (2011), 63 (82 f.).
22 Vgl. *Dresner*, 6 f.
23 *Burkett*, The Tennessee Journal of Business Law Vol. 13 (2011), 63 (88).
24 *Dresner*, 7.

zu bündeln, war zwar möglich, jedoch schlossen die 1933 erlassenen Gesetze die Unternehmensfinanzierung durch die Investition kumulierter Kleinstbeiträge zu dieser Zeit aus, wenn die umfangreichen Registrierungspflichten nicht eingehalten wurden.[25] Gerade die Überlassung von finanziellen Mitteln aus ideellen Motiven und ohne Gegenleistung, ähnlich der Finanzierung der Freiheitsstatue, fand weitere Anwendung. So sammelte in jüngerer Vergangenheit die britische Band Marillion 1997 mithilfe des Internets von ihren Fans 60.000 US-Dollar ein, um ihre Konzerttour durch die USA zu finanzieren.[26] Diesem Gedanken folgend wurde im Jahr 2003 die Plattform *Artistshare* gegründet, um Musikern eine Finanzierung ihrer Projekte durch Fans zu ermöglichen. Für diese Finanzierung wurden entsprechende ideelle Gegenleistungen ausgegeben. Anfang des neuen Jahrtausends begannen dann Organisationen wie *Kiva*[27], aufgrund der Entwicklung und gesellschaftlichen Akzeptanz des Internets, Geld für wohltätige Zwecke, beispielsweise in Form von Mikrokrediten für die Dritte Welt, zu generieren.[28] Mit der Entwicklung solcher speziellen Plattformen war der erste Schritt zur Entwicklung des Grundkonzepts in Richtung des Crowdfunding im heutigen Sinne getan. Im Jahr 2012 wurde in den USA der JOBS-Act als spezifische Ausnahme für die Unternehmensfinanzierung durch die Crowd geschaffen. Dieses Gesetz ermöglichte damit eine solche Entwicklung auch in einem kommerziellen[29] Bereich. Durch die Entwicklung in den USA[30] beeinflusst, bildeten sich erste Internetplattformen für die Bündelung von Kapital zu wohltätigen Zwecken auf dem deutschen Markt im Jahre 2006. Die ersten wirtschaftlich orientierten Websites entstanden ab Oktober 2011.[31]

Investitionen zu kommerziellen Zwecken waren in Deutschland zwar in gewissen Konstellationen von gesetzlichen Regelungen erfasst[32], es waren jedoch stets rechtliche Ausgestaltungsmöglichkeiten vorhanden, die eine solche Form der Kapitalgenerierung außerhalb der gesetzlichen Kapitalmarktegulierungen

25 *Dresner*, 10.
26 www.virgin.com/music/how-marillion-pioneered-crowdfunding-in-music (zuletzt abgerufen am 02.12.2016).
27 www.kiva.org (zuletzt abgerufen am 02.12.2016).
28 Zum Vorgehen von kiva: www.kiva.org/about (zuletzt abgerufen am 02.12.2016).
29 In Bezug auf die Gegenleistung.
30 Überblick zum Prozess der Entwicklung in Europa bei *Meinshausen/Schiereck/Wettermann*, Die Bank 7/2012, 66 (68 f.).
31 *Hornuf*, Überblick über den deutschen Crowdinvesting Markt.
32 Dazu unten, Seite 44.

erlaubten.[33] Betrachtet man die Gegenleistung, die der Geldgeber für die Überlassung seines Kapitals erhält, lässt sich bereits unter dem Gesichtspunkt der historischen Entwicklung erkennen, dass sich das Konzept der Bündelung von Kleinstbeiträgen in kommerzieller und nichtkommerzieller Weise nutzen lässt.

b.) Begriffsschöpfung

Die oben beschriebenen Entwicklungen vollzogen sich, ohne dass ihnen der Titel „Crowdfunding" zugeordnet wurde. Dieser Begriff entwickelte sich erst im Jahr 2006. Der amerikanische Journalist Jeff Howe charakterisierte als Erster[34] die Kumulation genereller Leistungen (z.B. Arbeitskraft oder Wissen) vieler Einzelindividuen, um ein gemeinsames Projekt zu verwirklichen, mit dem Begriff des Crowdsourcing.[35] Daran anknüpfend wurde, unter dem speziellen Aspekt der Bündelung von Kapital („funding"), die Entwicklung hin zum Begriff Crowdfunding wenige Monate später von Michael Sullivan, in Bezug auf die Internetplattform *SellaBand* umgesetzt.[36] Dieser erfolgreiche Neologismus wird durch die Einträge in Internetsuchmaschinen bestätigt, denn erst ab dem Jahr 2006 sind entsprechende Suchanfragen zu verzeichnen.[37]

c.) Bedeutung des Internets

Crowd-basierte Finanzierung ist nach dem heutigen Verständnis eng mit der Nutzung des Internets und insbesondere der sozialen Netzwerke verknüpft.[38] Mit der Weiterentwicklung des Internets, hin zum sog. Web 2.0, bestand die Möglichkeit, mit geringem Aufwand ein großes Publikum anzusprechen.[39] Dabei ist das Web 2.0 durch den Grundsatz der Teilhabe des Nutzers gekennzeichnet. Zusätzlich bietet sich die Möglichkeit räumlich unabhängiger Kommunikation und interaktiver Nutzung, was beides eine effiziente Zusammenarbeit einzelner Personen fördern kann.[40] Vor allem die Integration von (sozialen) Netzwerken in das alltägliche Leben sowie die Möglichkeit, dort selbst individuelle Inhalte zu generieren und

---

33 Zu den Umgehungsmöglichkeiten nach alter Rechtslage, *Söpper*, 132 f.

34 Statt Vieler: *Burkett*, The Tennessee Journal of Business Law Vol. 13 (2011), 63 (69).

35 Vgl. *Belleflame/Lambert/Schwienbacher*, Journal of Business Venturing Vol. 29 (2014), 585 (588 f.); zur Bedeutung des Web 2.0 für Crowdsourcing: *Ebersbach/Glaser/Heigl*, 242.

36 *Burkett*, The Tennesse Journal of Business Law Vol. 13 (2011), 63 (70); *Lawton/Marom*, 49.

37 Beispielsweise bei Google Trends (www.google.de/trends/explore?date=all&q=Crowd funding – zuletzt abgerufen am 02.12.2016).

38 Statt vieler: *Heminway/Hoffman*, Tennessee Law Review Vol. 78 (2010–2011), 879 (881).

39 Vgl. *Lawton/Marom*, 9 f.

40 *Schenk/Jers/Gölz*, 19 ff.

diese dann über die Netzwerke zu verbreiten, sind entscheidende Faktoren.[41] Die Entwicklung des Web 2.0 ging mit der Möglichkeit einher, über spezielle Plattformen und Netzwerke zeitgleich und interessenspezifisch[42] eine Vielzahl von Menschen zu erreichen. Diese Interessenübereinstimmung war und ist im Bereich der Finanzierung von Projekten von großer Bedeutung. Die Crowd ist damit nicht nur durch den Vorgang der Finanzierung selbst miteinander verbunden, sondern teilt auch das gemeinsame Interesse am Erfolg des Projekts.[43] Daraus ergibt sich eine besondere Motivation der Geldgeber, dieses auch weiterhin voranzubringen.[44] Vor der Entwicklung des Web 2.0 war die Möglichkeit, Menschen interessenspezifisch zu erreichen, räumlich begrenzt. Gerade für solche Vorhaben, die nicht auf die Grundbedürfnisse der Allgemeinheit abzielen, ist es schwierig, in einem lokal begrenzten Bereich genügend Personen zu finden, die das Interesse an der Unternehmung teilen. Im Zweifel führt die räumliche Beschränkung, die Idee kommunizieren zu können, dazu, dass vorwiegend solche Unternehmungen Unterstützung erfahren, die die Menschen deshalb betreffen, weil sie in räumlicher Nähe zueinander leben.[45] Mit der Nutzung des Internets besteht eine solche räumliche Kommunikationsbegrenzung nicht mehr und eine Vielzahl von Menschen mit gleichen Interessen sind durch das Web 2.0 erreichbar.

2. Begriffsbestimmung

Dass sowohl dem Begriff des Crowdfunding als auch dem des Crowdinvesting die finanzielle Kumulation von Einzelbeiträgen vieler Einzelpersonen (Crowd) zugrunde liegt[46], ist bereits im Rahmen der historischen Betrachtung deutlich geworden. Was insofern genau unter Crowdinvesting zu verstehen ist, wird im Folgenden zu untersuchen sein. Anzumerken ist dabei, dass die Begriffe zum Teil synonym verwendet werden[47], in jedem Fall aber eine gesetzliche Definition der

---

41 Vgl. *Hemer/Schneider/Dornbusch/Frey*, 18.

42 Zu interessenspezifischen Netzwerken, *Ebersbach/Glaser/Heigl*, 100 f.

43 Vgl. *Lawton/Marom*, 72: „[...]not an „audience“, but a community of supporters“.

44 *Belleflamme/Lambert/Schwienbacher*, Journal of Business Venturing Vol. 29 (2014), 585 (589, 601); *Sixt*, 64.

45 So wird es beispielsweise schwierig sein, in einem einzelnen ländlichen Dorf genügend Unterstützer für die Gründung eines exklusiven Weinhandels zu finden, den Bau eines neuen Bürgerhauses werden hingegen viele Personen unterstützen, weil sie lokal betroffen sind.

46 Mit zusätzlichen Ausführungen zum „Crowdsourcing“: *Klöhn/Hornuf*, ZBB 2012, 237 (239).

47 Exemplarisch *Schmitt/Doetsch*, BB 2013, 1451 (1451).

Begrifflichkeiten fehlt. Ausgehend vom direkten Wortlaut ist zwischen „to fund“ und „to invest“ abzugrenzen. „To fund“ lässt sich dabei als „finanzieren“ oder „kapitalisieren“ übersetzen, wohingegen „to invest“ als „anlegen“ sein Gegenstück in der deutschen Sprache findet[48]. Bereits die sprachliche Betrachtung lässt den Schluss zu, dass Crowdfunding begrifflich weiter reicht als Crowdinvesting. Dennoch wohnt beiden Erscheinungsformen das Element inne, Dritten Kapital zu überlassen. Wie bereits festgestellt, lässt sich das Grundkonzept sowohl in einer nichtkommerziellen, als auch in einer kommerziellen Weise nutzbar machen. Ein Projekt zu finanzieren, kann dabei hiervon unabhängig immer auch von rein ideellem Interesse (z.B. bei der Finanzierung von Familienmitgliedern) geleitet sein. Die Abgrenzung ist damit in der konkreten Ausgestaltung der Kapitalüberlassung und insbesondere der Gegenleistung, die der einzelne Geldgeber als Teil der Crowd für die Überlassung finanzieller Mittel erhält, zu suchen[49]. Dabei kann zwischen den verschiedenen auftretenden Modellen unterschieden werden.

a.) Donation-based Crowdfunding

Kennzeichnend für diese in Bezug auf die Gegenleistung nicht-kommerzielle Erscheinungsform ist die fehlende Gegenleistung für die finanziellen Beiträge der Crowd. Man spricht insoweit von donation-based oder auch spendenbasiertem Crowdfunding[50]. Oftmals im Bereich von wohltätigen Projekten anzutreffen, werden über Plattformen Spenden gesammelt. Dennoch ist eine nicht-profitorientierte Verwendung der gesammelten Mittel durch den Empfänger keine Voraussetzung für diese Form der Bildung von Kapital.[51] Insofern kann auch eine Unternehmensgründung mit Spenden finanziert werden.

b.) Reward-based Crowdfunding

Die scheinbar verbreitetste, jedenfalls aber die medial am stärksten beachtete Form, Kapital durch Kleinstbeiträge vieler einzelner Geldgeber zu beschaffen, scheint das Reward-Modell zu sein.[52] Diese Erscheinungsform ist dadurch gekennzeichnet,

---

48 Übersetzung nach Duden-Oxford Großwörterbuch Englisch-Deutsch, 2005.

49 Grundlegend: *Bradford*, Columbia Business Law Review 2012, 1 (14); zum Gedanken der Abgrenzung über die Gegenleistung vgl. *Hemer/Schneider/Dornbusch/Frey*, 24.

50 *Bradford*, Columbia Business Law Review 2012, 1 (15); *Herr/Bantleon*, DStR 2015, 532 (532) („Schenkungs- Modell“); *Schramm/Carstens*, 7; *Sixt*, 101.

51 *Bradford*, Columbia Business Law Review 2012, 1 (1); *Dresner*, 39.

52 So *Dresner*, 40; *Kappel*, Loyola of Los Angeles Enternainment Lawreview 2009, 375 (378) der in „Betting-“ und „Investingmodelle“ unterteilt.

dass die Geldgeber eine nicht-monetäre Gegenleistung erhalten, die oftmals an der Höhe des jeweiligen finanziellen Beitrags bemessen wird.[53] Die konkrete Ausgestaltung des „Rewards“ hängt dabei von dem zu finanzierenden Projekt ab. Beispielhaft sei die Finanzierung des Films „Stromberg“ genannt, bei dem die Finanziers im Abspann des Films erwähnt wurden[54]. Insofern fehlt es auch bei dieser Erscheinungsform an einer monetären Gegenleistung. Damit lässt sich auch diese Form des Crowdfunding als eine solche nicht-kommerzieller Natur begreifen.

c.) Pre-purchase Crowdfunding

Als Gegenleistung für seinen finanziellen Einsatz erhält der Leistende im Rahmen des Subskriptionsmodells[55] („pre-purchase“) nach der erfolgreichen Finanzierung den Projektgegenstand, also dasjenige Endprodukt, dass der Aufrufende durch das gesammelte Kapital zu erschaffen beabsichtigt.[56] Diesem Crowdfunding-Modell lässt sich damit ein Element der Vorfinanzierung entnehmen. Diese wird vielfach mit dem „Reward-Modell“ kombiniert.[57] Zwar stellt der Erhalt des Produktes einen auch finanziellen Gegenwert dar, dennoch ist die Motivation nicht vom Wert des Produkts, sondern vom ideellen Interesse und damit dem Interesse, den Gründenden zu unterstützen, geprägt. Dies wird insbesondere dadurch bestätigt, dass im Rahmen des Fundings im Regelfall nicht der spätere Verkaufspreis geleistet wird, sondern ein höherer Betrag. Die Überlassung finanzieller Mittel zielt damit nicht darauf ab, eine möglichst lohnende Gegenleistung im Sinne einer Rendite zu erhalten.

d.) Crowdlending[58]

Ist der Gegenstand der Absprache ein Darlehen, so spricht man von Crowdlending (lending-based Crowdfunding).[59] Für den Erhalt des Kapitals besteht die Verpflichtung zur Rückzahlung bei Fälligkeit und Zahlung eines Zinses. Diese

---

53 Statt aller: Hemer/Schneider/Dornbusch/Frey, 24 f.

54 Anzumerken ist, dass bei der Finanzierung von „Stromberg“ auch eine finanzielle Beteiligung am Erfolg des Verkaufs von Kinotickets erfolgte; i.Ü. *Bareiß*, ZUM 2012, 456 (461); *Meinshausen/Schiereck/Wettermann*, Die Bank 7/2012, 66 (67); *Weitnauer/Parzinger*, GWR 2013, 153 (153).

55 Begriff zu finden bei *Klöhn/Hornuf*, ZBB 2012, 237 (239).

56 Statt Vieler *Schmitt/Doetsch*, BB 2013, 1451 (1451).

57 *Bradford*, Columbia Business Law Review 2012, 1, (16).

58 Vertiefend zum Crowdlending *Veith*, BKR 2016, 184 (184 ff.).

59 *Dresner*, 41; *Schramm/Carstens*, 7; synonym zum Teil auch als „Mikro-Kredite“ oder peer-to-peer lending bezeichnet.

Ansprüche bestehen dabei unabhängig vom Erfolg des Projekts. Die Plattformen[60] haben dabei sowohl eine Bündelungs- als auch eine Verteilungs- und Vermittlungsfunktion. Funktional handelt es sich dennoch um einen Darlehensvertrag, bei dem die Darlehensvaluta durch die Crowd gebildet wird. In der Praxis erfolgt die Kreditvergabe jedoch nicht direkt, sondern durch eine an die jeweilige Plattform angeschlossene Bank. Bemerkenswert ist, dass sich diese Ausprägung des Grundkonzepts von Crowdfunding bezüglich der Gegenleistung sowohl kommerziell, als auch nicht-kommerziell nutzen lässt. So bestehen zum einen Plattformen, die finanzielle Interessen der Geldüberlassung in den Vordergrund stellen und bei denen die Überlassung des Geldes für den einzelnen Geldgeber, als Teil der Crowd, durch die Zinszahlungen finanziell rentabel sein soll. Zum anderen gibt es auch solche Plattformen, die beispielsweise Mikrokredite für Projekte in Entwicklungsländern ausgeben, die zinsfrei sind oder bei denen der Zins bloß inflationsdeckend ist.[61]

e.) Crowdinvesting

Generiert ein Unternehmen durch eine Crowd finanzielle Mittel, ohne dass ein klassischer Darlehensvertrag besteht, und steht dieser Überlassung eine finanzielle Gegenleistung gegenüber, so ist die Frage nach der begrifflichen Einordnung zu stellen. Kapital kann u.a. dadurch bereitgestellt werden, dass Gesellschaftsanteile des zu finanzierenden Unternehmens erworben werden.[62] Darüber hinaus gehend sind weitere rechtliche Ausgestaltungen durch individuell zugeschnittene Vereinbarung denkbar. Für die Frage, wie die Überlassung des Kapitals zu qualifizieren ist, ist zum einen entscheidend, welche Pflichten den Kapitalnehmer im Umgang mit diesem Kapital treffen, zum anderen inwieweit der Kapitalgeber am Unternehmenserfolg partizipiert. Wie genau das Kapital, das das Unternehmen durch den Geldgeber erhält, unter dem Aspekt der Unternehmensfinanzierung zu bewerten ist, entscheidet mithin auch darüber, wie die Überlassung des Kapitals durch die Crowd einzuordnen ist.

---

60 Beispielsweise www.auxmoney.de (zuletzt abgerufen am 02.12.2016).

61 Zum Beispiel „Kiva" – Siehe Fn. 27.

62 Dieses Modell wird im anglo-amerikanischen Raum vielfach als „equity-based crowdfunding" bezeichnet. Dieser Begriff ist jedoch in Bezug auf den deutschen Markt nicht gleichermaßen übertragbar; zu den Schwierigkeiten *Klöhn/Hornuf*, ZBB 2012, 237 (239 Fn. 14); das Problem für amerikanischen Markt erkennt *Burkett*, The Tennessee Journal of Business Law Vol. 13 (2011), 63 (64); mit Beispiel *Schwartz*, Notre Dame Law Review Vol. 88 (2012–2013), 1457 (1460).

aa.) Abgrenzung von Fremd- und Eigenkapital

Die Unternehmensfinanzierung kennt grundlegend zwei Arten von Kapital, nämlich Eigen- und Fremdkapital. Eigenkapital ist dasjenige Kapital des Unternehmens, das im Falle der Insolvenz nicht als Insolvenzforderung geltend gemacht werden kann, sondern vielmehr voll für die Verbindlichkeiten des Unternehmens haftet[63]. Eigenkapital kann von außen, durch Einlagen- oder Beteiligungsfinanzierung zugeführt werden, oder aber von innen heraus, im Rahmen des betrieblichen Umsatzprozesses, gebildet werden[64]. Je nach zugrunde liegender Rechtsform des Unternehmens, sind unterschiedliche Anforderungen an die Beschaffung von Eigenkapital zu stellen. Es steht dem Unternehmen jedoch stets zins- und tilgungsfrei zur Verfügung.[65] Fremdkapital liegt dann vor, wenn dem Unternehmen Geldmittel von Gläubigern überlassen werden, ohne dass diese Eigentumsrechte am Unternehmen erwerben.[66] Dieses Kapital steht im Regelfall befristet, kündbar und in Verbindung mit einer Zinslast zur Verfügung[67]. Für den Fremdkapitalgeber bestehen indes keine Mitsprache-, Kontroll- oder Entscheidungsbefugnisse[68]. Im Falle der Insolvenz steht dem Geldgeber entsprechend seiner ursprünglichen Forderung ein Anspruch auf Befriedigung aus der Insolvenzmasse zu. Fremdkapital kann dabei entweder als Individualfinanzierung wie Darlehen oder durch Emissionsfinanzierung, in Form von Anleihen oder Schuldverschreibungen, die einem anonymen Anlegerpublikum angeboten werden, generiert werden.[69]

bb.) Mezzanine-Kapital

Lassen sich die einzelnen Finanzierungsvorgänge zwar rein formal jeweils entweder Eigen- oder Fremdkapital zuweisen, so ist unter wirtschaftlichen Gesichtspunkten auf solche Mischformen einzugehen, die Elemente beider Bereiche aufweisen[70]. Solche hybriden Finanzierungsinstrumente werden als Mezzanine-Kapital bezeichnet.[71] Mezzanine-Kapital soll in Bezug auf die Gesamtfinanzierung

---

63 MünchKommHGB/*Ballwieser*, § 247 Rn. 55, 64; Oetker/*Schubert*, § 236 Rn. 11; vertiefend BeckBilKomm/*Förschle*/*Hoffmann*, § 247 Rn. 160 ff.

64 *Wöhe*/*Bilstein*/*Ernst*/*Häcker*, 75 f.

65 *Eilenberger*/*Haghani*, 10.

66 *Eilenberger*/*Haghani*, 47.

67 MünchKommAktG/*Schürnbrand*, Vor § 182 Rn. 19.

68 *Wöhe*/*Bilstein*/*Ernst*/*Häcker*, 217.

69 *Eilenberger*/*Haghani*, 48.

70 MünchKommAktG/*Schürnbrand*, Vor § 182 Rn. 31.

71 *Wöhe*/*Bilstein*/*Ernst*/*Häcker*, 198 f.

des Unternehmens die Vorteile beider Kapitalformen kombinieren, um so etwaige Finanzierungslücken auszufüllen, und zugleich die jeweils mit ihnen einhergehenden Nachteile vermeiden.[72] Rechtlich betrachtet[73] stellt es Fremdkapital dar, wird aber wirtschaftlich als Eigenkapital angesehen.[74] Diese Betrachtung als wirtschaftliches Eigenkapital leitet sich vor allem aus der Nachrangigkeit der Forderungen ab[75]. Der Nachrang der Forderung, der bei Überlassung des Kapitals entsprechend vereinbart werden muss, führt dazu, dass im Falle der Insolvenz die Forderungen von Fremdkapitalgläubigern vorrangig befriedigt werden.[76] Mezzanine-Kapital tritt zurück und wird erst nach vollständiger Befriedigung aller Fremdgläubiger bedient. Im Gegenzug dafür ist die Rendite für die Überlassung durchweg höher als bei einer reinen Fremdkapitalüberlassung, denn sie ist neben einem Festbetrag zumeist auch an den tatsächlichen Erfolg des Unternehmens gebunden.[77]

Fremdkapital hat damit ein wesentlich geringeres Rendite-Risiko-Verhältnis als Mezzanine-Kapital, welches wiederum im Verhältnis zu reinem Eigenkapital ein geringeres Verlustrisiko, aber auch eine geringere Renditechance aufweist, als Eigenkapital.[78] Der Nachrang führt aus Gläubigersicht dazu, dass dem Unternehmenserfolg besondere Bedeutung beizumessen ist. Das Interesse am Erfolg besteht dabei nicht nur in Bezug auf die generell notwendige Liquidität, um die Forderung zu bedienen, sondern darüber hinaus auch, um die Kapitalüberlassung für den Geldgeber besonders rentabel werden zu lassen, wenn die Rendite vertraglich direkt an den Unternehmenserfolg geknüpft ist.

cc.) Schlussfolgerung für den Begriff des Crowdinvesting

Die Einordnung von Geldmitteln als Eigen- oder Fremdkapital ist zwar vorrangig im Rahmen der Bilanzierung des Unternehmensvermögens und des Ratings durch Finanzinstitute von Relevanz, bietet aber auch die Möglichkeit für die Beantwortung der Frage, wann genau bei einer Finanzierung durch die Crowd eine „Investition" des Geldgebers in das Unternehmen vorliegt. Überlässt

---

72 Vgl. MünchKommAktG/*Schürnbrand*, Vor § 182 Rn. 32; *Kiethe*, DStR 2006, 1763 (1763); *Schmeisser/Clausen*, DStR 2008, 688 (688).

73 Insbesondere in Bezug auf die Bilanzführung.

74 Buth/Hermanns/*Knecht*, § 19 Rn. 104; *Ganter*, WM 2011, 1585 (1587).

75 *Schmeisser/Clausen*, DStR 2008, 688 (688).

76 *Betsch/Groh/Lohmann*, 301 f.

77 *Ganter*, WM 2011, 1585 (1587); *Schrell/Kirchner*, BKR 2003, 13 (14).

78 Buth/Hermanns/*Knecht*, § 19 Rn. 105 f., mit Einordnung der Finanzprodukte in ein Rendite-Risiko-Modell.

der Geldgeber dem Unternehmen Eigen- oder Mezzanine-Kapital, so besteht für ihn ein gesteigertes Interesse am Unternehmenserfolg selbst. Dieses geht über das generelle Interesse an der notwenigen Liquidität zur Bedienung der Forderung, wie es im Rahmen der Überlassung von Fremdkapital besteht, hinaus. Die Gegenleistung, die jedes Mitglied der Crowd erhält, ist entweder ausschließlich oder zumindest in erheblichem Umfang an den Unternehmenserfolg gebunden. Selbst wenn keine direkte Beteiligung am Unternehmenserfolg besteht, hat beispielsweise ein Rangrücktritt zur Folge, dass im Falle der Insolvenz, also des wirtschaftlichen Misserfolges, mit hoher Wahrscheinlichkeit das gesamte oder ein Großteil des überlassenen Kapitals verloren geht.[79] Unter den Gesichtspunkten der rechtlichen Ausgestaltung und der Gegenleistung für die Kapitalüberlassung ist damit festzuhalten, dass Crowdinvesting dann vorliegt, wenn der Kapitalgeber[80] als Gegenleistung einen Zahlungsanspruch erhält, der darauf beruht, dass er dem Unternehmen Eigen- oder Mezzanine-Kapital zur Verfügung stellt.[81] Bezugnehmend auf die zu Anfang angestellte wörtliche Betrachtung wird im Ergebnis eben auch erst dann von „anlegen" im finanziellen Sinne gesprochen werden können, wenn sich der Erfolg der (Kapital-)Anlage primär am Erfolg des Anlageobjekts, hier des Unternehmens, bemisst.

f.) Bündelung durch Plattformen

Wie bereits zuvor festgestellt, setzt Crowdfunding voraus, dass eine Vielzahl von Beiträgen gebündelt wird. Die Bildung der „Crowd" ist dadurch gekennzeichnet, dass sich verschiedene Individuen auf Grund gemeinsamer Interessen zusammenschließen.[82] Dem gemeinsamen Interesse folgend wird dann die Umsetzung des Projekts gefördert und ermöglicht. Crowdfunding setzt damit die Zwischenschaltung eines Intermediärs voraus. Ohne diesen Intermediär kann sich keine vom konkreten Projekt vorerst unabhängige Crowd bilden. Das Web 2.0 hat diese Möglichkeiten erheblich erweitert.[83] Durch die Überwindung räumlicher Grenzen können im Internet spezifische Netzwerke und Plattformen entstehen,[84] auf denen sich die Bildung der Crowd vollzieht. Crowdfunding als Finanzierungskonzept

---

79 *Kiethe*, DStR 2006, 1763 (1765).

80 Als Teil der Crowd.

81 Vgl. *Klöhn/Hornuf*, ZBB 2012, 237 (239).

82 Dazu oben, Seite 25 f.

83 *Ordanini/Miceli/Pizzetti/Parasuraman*, Journal of Service Management Vol. 22, 443 (445 f.); *Schramm/Carstens*, 5.

84 *Schenk/Jers/Gölz*, 21, 25; *Meschkowski/Wilhelmi*, BB 2013, 1411 (1411).

enthält damit begrifflich auch die Einbindung intermediärer Plattformen. Ohne solche Plattformen kann sich eine Crowd mit gemeinsamen Interessen nicht finden und bilden. Wird im Vorfeld bereits die Entscheidung zur Investition getroffen, ohne dass die Crowd in diesen Prozess eingebunden ist,[85] wird man im Nachhinein die Gesamtheit der Investoren nicht als Crowd im Sinne des Crowdfunding bezeichnen können.

Die Bündelungsleistung ist wesentlicher Bestandteil des Gesamtprozesses, den Crowdfunding beschreibt.[86] Damit sind intermediäre Plattformen auch unter dem Gesichtspunkt der Abgrenzung zu anderen Finanzierungsmodellen notwendiger Teil des Crowdfunding und damit auch von Crowdinvesting.[87]

g.) Konklusion

Es bleibt festzuhalten, dass Crowdfunding als Begriff an sich ein Grundkonzept beschreibt. Dieses Grundkonzept sieht vor, dass durch viele Kleinstbeiträge Kapital über spezielle Plattformen gesammelt wird, welches dann zur Unterstützung des sammelnden Projekts genutzt wird. Crowdfunding ist zur weiteren Spezifikation der konkreten Durchführung des jeweiligen Projekts in verschiedene Unterformen aufzuteilen. Größtenteils steht dabei ein ideelles Interesse des Geldgebers im Vordergrund, dennoch bestehen auch solche Ausformungen dieses Konzepts, die kommerziell genutzt werden. Entscheidend für die Abgrenzung ist die Gegenleistung, die er als Teil der Crowd erhält. Crowdinvesting ist im Ergebnis eine besondere Ausformung von Crowdfunding, bei der finanzielle Mittel überlassen werden, die für den Kapitalnehmer als Eigen- oder Mezzanine-Kapital einzuordnen sind.

II. Der ökonomische Nutzen von Crowdinvesting

Die Bündelung von Kleinstbeiträgen in einem solchen Maße, dass sie wirtschaftlichen Nutzen entfaltet, ist möglich. Dabei ist die Beteiligung der Crowd über die bloße Kapitalbeschaffung hinaus von Nutzen. Dennoch sind auch die Grenzen des Finanzierungsmodells, insbesondere des zu generierenden Kapitalvolumens, zu beachten.

---

85 So beispielsweise beim Aktienhandel an der Börse.

86 *Bujotzek/Mocker*, BKR 2015, 358 (360).

87 Oetker/*Schubert*, § 230 Rn. 8a; vgl. *Jansen/Pfeifle*, ZIP 2012, 1842 (1848); *Klöhn/Hornuf*, ZBB 2012, 237 (239 f.); *Nastold*, ZVertriebsR 2014, 366 (366); *Nietsch/Eberle*, DB 2014, 1788 (1788); *Schmitt/Doetsch*, BB 2013, 1451 (1451 f.); *Schramm/Carstens*, 6; *Sixt*, 28.

1. „Early Stage Gap" und Crowdfinanzierung

Die Möglichkeiten eines Unternehmens, eine ausreichende Finanzierung zu sichern, ist – je nach Phase der Unternehmensentwicklung – begrenzt. Dabei spielt zum einen der Kapitalbedarf, zum anderen das Unternehmen selbst eine entscheidende Rolle. Die Entwicklung eines Unternehmens lässt sich in Projektphase, Gründungsphase und Betriebsphase unterteilen.[88] Auch wenn der Kapitalbedarf im Rahmen der ersten beiden Phasen gering ist, ist es dem Unternehmen oftmals nicht möglich, den wirtschaftlichen Erfolg des Projekts zu versprechen.[89] Gerade für Start-Up-Unternehmen gilt es festzuhalten, dass sichere Aussagen über die Entwicklung des Vorhabens schwerlich zu treffen sind und damit entsprechende Risiken an eine Investition anknüpfen.[90] Die Projekt- und der Anfang der Gründungsphase werden als „Early Stage" Phase bezeichnet.[91] Zu dieser Zeit ausreichend Kapital zu beschaffen, ist mit Schwierigkeiten verbunden.[92] Oftmals können keine Kreditsicherheiten gestellt werden, weil Eigenkapital nicht oder nur geringfügig vorhanden ist, sodass gerade eine Finanzierung über Bankdarlehen im Regelfall ausscheidet. Auch andere institutionelle Anleger, insbesondere Venture-Capital-Gesellschaften, scheuen eine Investition in frühen Unternehmensphasen.[93] Institutionelle Investoren werden eher spätere Phasen der Unternehmensentwicklung bevorzugen, um das Potenzial, hohe Renditen zu erzielen, besser abschätzen zu können.[94] Damit sind Unternehmen, die sich in einer frühen Phase ihrer Entwicklung befinden, vor die Herausforderung gestellt, genügend finanzielle Mittel zu beschaffen, um den Geschäftsbetrieb erfolgreich aufzunehmen. Bezugnehmend auf diese Problematik wird Crowdinvesting als Option gesehen, die Lücke in der Finanzierung bis zum Investment institutioneller Geldgeber zu schließen.[95] Wird im Wege des Crowdinvesting

---

88 *Hemer/Schneider/Dornbusch/Frey*, 29, ähnlich Beck, 51 ff.

89 Vgl. *Bradford*, Columbia Business Law Review 2012, 1 (43).

90 Vgl. *Schmitt/Doetsch*, BB 2013, 1451 (1452).

91 *Hemer/Schneider/Dornbusch/Frey*, 31; *Nietsch/Eberele*, DB 2014, 1788 (1789).

92 Vgl. *Beck*, 51 f.

93 *Schmitt/Doetsch*, BB 2013, 1451 (1452); *Schramm/Carstens*, 45; dazu auch unten, Seite 213 ff.

94 So *Bradford*, Columbia Business Law Review 2012, 1 (104).

95 *Klöhn/Hornuf*, ZBB 2012, 237 (255); in Bezug auf Crowdfunding insgesamt: *Bradford*, Columbia Business Law Review 2012, 1 (103); *Burkett*, The Tennessee Journal of Business Law Vol. 13 (2011), 63 (70); *Heminway/Hoffman*, Tennessee Law Review Vol. 78 (2010–2011), 879 (931); *Pope*, University of Pennsylvania Journal of Business Law Vol. 13 (2010–2011), 973 (985).

Kapital gesammelt, kann dieses in der Early-Stage-Phase genutzt werden, um die Unternehmung in die Betriebsphase zu überführen. Der einzelne Investor riskiert dabei einen verhältnismäßig geringen Betrag, wenn er in das Projekt investiert. Die Menge an Kapital, die generiert werden kann, ist dabei im Regelfall für die Projekt- und Gründungsphase ausreichend.[96] Viele nicht-institutionelle Anleger anzusprechen und ein Investment nicht nur aufgrund von Rendite, sondern auch aufgrund persönlicher Überzeugung zu erhalten, ist beim Crowdinvesting einzigartig.[97] Ist die Betriebsphase erreicht, so wird im Regelfall Kapital über klassische Finanzierungskanäle generiert.

2. Zwischenfinanzierungsphasen

Crowdinvesting kann daneben auch weitere Finanzierungsrunden ermöglichen oder auch in der Betriebsphase eingesetzt werden, um Kapital zu beschaffen. Für Unternehmen kann dabei insbesondere interessant sein, dass durch Kapital, das im Wege des Crowdinvesting aufgenommen wird, die Eigenkapitalbilanz selbst verbessert wird. Damit tritt neben den Handlungsspielraum durch das Kapital der Crowd auch die Möglichkeit, leichter Fremdkapital durch Kreditinstitute aufzunehmen.[98] Wird beabsichtigt, eine Zwischenfinanzierung vollends durch Crowdinvesting zu realisieren, gilt es zu beachten, dass der dabei zumeist erhöhte Kapitalbedarf potenziell nicht vollends generiert werden kann.[99]

3. Marketingeffekt

Zusätzlich dazu geht mit der Einbindung einer Crowd in die Finanzierung ein weiterer Effekt einher. Der einzelne Finanzier unterstützt das jeweilige Projekt nicht nur rein finanziell, sondern baut als Unterstützer auch eine emotionale Verbundenheit zum jeweiligen Projekt auf.[100] Wie bereits oben beschrieben, werden durch intermediäre Plattformen vor allem solche potenziellen Geldgeber einbezogen, die ein verstärktes Interesse am Projekt haben könnten.[101] Diese Verbundenheit wirkt sich auf die Möglichkeit aus, effektives und kostengünstiges Marketing zu betreiben.[102] Das Interesse des Einzelnen, zum einen am Erfolg des

96 Statt Vieler: *Hahn*, 173 f.
97 *Lawton/Marom*, 73.
98 Vgl. *Herr/Banteleon*, DStR 2015, 532 (539).
99 Übersicht zum Kapitalbedarf in den einzelnen Phasen bei *Beck*, 52.
100 *Lawton/Marom*, 75.
101 Siehe oben, Seite 25.
102 *Schramm/Carstens*, 45 f.; Sixt, 69.

Projekts selbst, zum anderen generell an den Themen, die dem Projekt zugrunde liegen, führt dazu, dass die Außenwirkung durch die Crowd verstärkt wird. Insbesondere soziale Netzwerke erleichtern es den einzelnen Geldgebern, ihre Mitwirkung am Projekt darzustellen und dieses damit zugleich zu bewerben.[103] Dabei sind neben dem grundlegenden Konzept der Interaktivität des Web 2.0[104] auch die starke Bindung innerhalb der Crowd[105] als Faktoren des Marketingeffekts anzuführen. Zugleich kann der Entwickler auf ein direktes Feedback der Geldgeber zurückgreifen.[106] Gerade in der oben beschriebenen Frühphase kann neben der Generierung von Kapital, ein zusätzlicher wirtschaftlicher Nutzen für das Projekt durch den Marketingeffekt erzielt werden.

III. Folgerungen für den Untersuchungsgegenstand

Festzuhalten bleibt damit vorerst, dass die Bündelung von Kleinstbeiträgen ein wieder erkanntes Mittel zur Bildung von Kapital darstellt. Crowdinvesting bietet für Unternehmen die Möglichkeit, sich eigenständig finanzielle Mittel zu verschaffen. Gerade im Rahmen der Frühphasenfinanzierung eröffnet sich so, ohne die Inanspruchnahme institutioneller Anleger, wie Kreditinstitute oder Venture-Capital-Gesellschaften, neuer Handlungsspielraum für die wirtschaftliche Tätigkeit. Beim Crowdinvesting, also der Überlassung finanzieller Mittel im Rahmen einer Mezzanine- oder Eigenkapitalfinanzierung, besteht dabei für den Geldgeber ein gesteigertes finanzielles Interesse am Unternehmenserfolg. Dieses finanzielle Interesse äußert sich in der Abhängigkeit der Gesamtrendite zum Unternehmenserfolg.

Crowdfunding basiert größtenteils auf der Freigiebigkeit oder der ideellen Verbundenheit der Geldgeber und ist einem klassischen rechtlichen Rahmen zuzuordnen. Crowdinvesting, also die Unternehmensfinanzierung durch die Ausgabe von Mezzanine- oder Eigenkapitalbeteiligungen, unterliegt einem erhöhten Regulierungsinteresse[107]. Seine Relevanz zeigt sich insbesondere anhand des angeführten Beispiels der USA in Form der „Great Depression“ und dem Erlass des Securities Acts 1933[108]. Der Begriff Crowdinvesting bezeichnet die Überlassung von Mezzanine- oder Eigenkapital, das sich aus einer Vielzahl von Kleinstbeträgen

103 *Lawton/Marom*, 73.
104 *Ebersbach/Glaser/Heigl*, 234 f., zur Nutzung des Web 2.0 für Marketing.
105 Vgl. *Lawton/Marom*, 10.
106 *Dresner*, 21, 25, 65, 66; *Hahn*, 195.
107 BT-Drucks. 18/3994, 40 ff.
108 Siehe oben, Seite 22 f.

einer Gruppe von Anlegern zusammensetzt, wobei die Parteien über eine intermediäre Plattform zusammengeführt wurden. Damit ist Crowdinvesting als Begriff weit gefasst. Die Definition beschreibt die Gesamtheit des Finanzierungsmodells. Dieses Modell beinhaltet dabei aber – rechtlich betrachtet – sowohl den Aspekt der konkreten Kapitalüberlassung, also wie genau die Mezzanine- oder Eigenkapitalfinanzierung abgewickelt wird, als auch die Anbahnung der Finanzierung im Rahmen der Emission der entsprechenden Finanzprodukte über die intermediären Plattformen. Dementsprechend lassen sich die rechtlichen Beziehungen in solche unterteilen, die einen unmittelbaren Bezug zum öffentlichen Angebot haben, und solche, die die Beziehungen der Parteien unabhängig davon betreffen. An dieser Trennung wird sich die Untersuchung im weiteren Verlauf orientieren.

C. Das Kleinanlegerschutzgesetz (KASG)

Um den rechtlichen Rahmen der Regulierung von Crowdinvesting zu verdeutlichen, soll aufgezeigt werden, welche gesetzlichen Vorgaben durch die Änderungen betroffen sind, die das Kleinanlegerschutzgesetz mit sich bringt. Im Anschluss daran soll, soweit für das Crowdinvesting von Relevanz, kurz auf die historische Entwicklung der Regulierung des Grauen Kapitalmarktes eingegangen werden. So kann der Kontext für die spätere Untersuchung und Bewertung der Auswirkungen des KASG auf das Crowdinvesting verdeutlicht werden.

Eine effektive Regulierung der Marktsegmente, auf denen Anleger investieren, ist für deren Funktionsfähigkeit bedeutend. Jedoch tritt das Bedürfnis nach einem verstärkten Tätigwerden gerade dann besonders hervor, wenn Meldungen an die Öffentlichkeit gelangen, die Lücken in der Regulierungsdichte aufzeigen. Insbesondere die Insolvenz und die darauf folgende Umstrukturierung des Windparkbetreibers „Prokon Regenerative Energien GmbH" hat eben solche Lücken auf dem Grauen Kapitalmarkt offenbart und die Forderung nach weiterreichenden Regulierungsmaßnahmen des Gesetzgebers in Bezug auf den Grauen Kapitalmarkt laut werden lassen. Seinerzeit hatte sich Prokon weitgehend ohne Kredite von Banken über Privatanleger finanziert, indem Genussscheine mit Zinsen von bis zu acht Prozent ausgegeben wurden.[109] Die Folgen aus der Insolvenz waren für die Anleger enorm, denn auch nachdem die insolvente Gesellschaft in eine Genossenschaft umgewandelt wurde, war ein großer Teil des investierten Kapitals verloren.

I. Gesetzliche Neuregelungen durch das KASG

Der Gesetzgeber hat mit dem Kleinanlegerschutzgesetz, einem Artikelgesetz vom 03.07.2015[110], seine Bestrebungen umgesetzt, die Situation an den Finanzmärkten zu verbessern. Es ist sein erklärtes Ziel, die Regelungslücken, die trotz der Einführung von entsprechenden Normierungen in der Vergangenheit weiterhin bestanden, zu schließen. Damit soll die Transparenz von Vermögensanlagen weiter erhöht werden, um den Anlegern vollständige und aktuelle Informationen über die Vermögensanlage zu verschaffen.[111] Neben der Änderung des

109 Ausführlich zum Fall „Prokon" als Anstoß zum Gesetzesentwurf des KASG, *Söpper*, 181 ff.

110 BGBL. I 2015, 1114.

111 Vgl. BT-Drucks. 18/3994, 1 f.

Finanzdienstleistungsaufsichtsgesetzes (FinDAG), des Wertpapierhandelsgesetzes (WpHG), der Wertpapierdienstleistungs-Verhaltens- und Organisationsverordnung (WpDVerOV), des Handelsgesetzbuches (HGB) und der Vermögensanlagen-Verkaufsprospektverordnung (VermVerkProspV), sind als wesentlicher Kern des Kleinanlegerschutzgesetzes die Änderungen und Erweiterungen des Vermögensanlagegesetzes anzusehen.[112] Die erstmalige Normierung von Crowdinvesting findet sich in § 2a VermAnlG. Damit ist diese spezielle Regulierung auch auf Vermögensanlagen begrenzt, die öffentlich angeboten werden, denn nur auf solche bezieht sich der Anwendungsbereich des Vermögensanlagengesetzes (VermAnlG), § 1 Abs. 1 VermAnlG.

1. Vermögensanlagen nach dem VermAnlG

Nach der Änderung des Vermögensanlagegesetzes ist dessen Anwendungsbereich in Bezug auf die ihm unterfallenden Finanzprodukte erweitert worden. Gem. § 1 Abs. 2 VermAnlG sind Vermögensanlagen im Sinne dieses Gesetzes nicht in Wertpapieren verbriefte und nicht als Anteile an Investmentvermögen im Sinne des § 1 Abs. 1 Kapitalanlagegesetzbuches (KAGB) ausgestaltete Anteile, die eine Beteiligung am Ergebnis eines Unternehmens gewähren, Anteile an einem Vermögen, das der Emittent oder ein Dritter in eigenem Namen für fremde Rechnung hält oder verwaltet (Treuhandvermögen), partiarische Darlehen, Nachrangdarlehen, Genussrechte, Namenschuldverschreibungen und sonstige Anlagen, die einen Anspruch auf Verzinsung und Rückzahlung gewähren oder im Austausch für die zeitweise Überlassung von Geld einen vermögenswerten auf Barausgleich gerichteten Anspruch vermitteln, sofern die Annahme der Gelder nicht als Einlagengeschäft im Sinne des § 1 Abs. 1 S. 2 Nr. 1 des Kreditwesengesetzes (KWG) zu qualifizieren ist. Es wird anhand des Gesetzestextes deutlich, dass zum einen das KAGB, zum anderen auch das KWG dem VermAnlG vorgehen.[113] Soweit Crowdinvesting einem dieser beiden vorrangigen Gesetze unterfällt, ist die Sonderregelung in § 2a VermAnlG in diesen Fällen nicht anwendbar. Zur weiteren Klarstellung ist es erforderlich festzustellen, wann genau Investmentvermögen im Sinne des § 1 Abs. 1 KAGB vorliegt und wann eine Annahme der Gelder ein Einlagengeschäft im Sinne des § 1 Abs. 1 S. 2 Nr. 1 KWG darstellt, um den Anwendungsbereich des Vermögensanlagengesetzes, und damit auch der speziellen Regulierung von Crowdinvesting, genau abzugrenzen.

112 BT-Drucks. 18/3994, 2.
113 BT-Drucks. 18/3994, 39.

a.) *Anteil an Investmentvermögen i.S.d. KAGB*

Das KAGB enthält eine Legaldefinition für Investmentvermögen. Dabei ist die Definiton von Investmentvermögen in § 1 Abs. 1 KAGB als Oberbegriff für jeden Fondstypen anzusehen.[114] Als Investmentvermögen ist jeder Organismus für gemeinsame Anlagen zu begreifen, der von einer Anzahl von Anlegern Kapital einsammelt, um es gemäß einer festgelegten Anlagestrategie zum Nutzen dieser Anleger zu investieren, und der kein operativ tätiges Unternehmen außerhalb des Finanzsektors ist. Für die Qualifikation als Investmentvermögen ist das kumulative Vorliegen dieser Voraussetzungen erforderlich.[115] Ein Organismus für gemeinsames Anlegen bündelt das Kapital, das er bei seinen Anlegern für die Zwecke der gemeinsamen Anlage beschafft hat.[116] Entscheidend ist dabei, dass im Rahmen der gemeinsamen Anlage auch gemeinsame Risiken eingegangen werden.[117] Soweit der Anleger sowohl am Gewinn, als auch am Verlust beteiligt wird, liegt dies – unabhängig von einer etwaigen vertraglichen Begrenzung der Höhe – vor.[118] Besteht hingegen ein unbedingter Kapitalrückzahlungsanspruch, so trägt er formal kein Verlustrisiko. Die Sammlung von Kapital muss zum Zwecke der gemeinsamen Anlage nach einer festgelegten Anlagestrategie erfolgen.[119] Eine solche festgelegte Anlagestrategie liegt vor, wenn die Kriterien, nach denen das Kapital angelegt werden soll, in einem solchen Umfang schriftlich[120] niedergelegt sind, dass diese über eine allgemeine Geschäftsstrategie hinausgeht.[121] Kennzeichnend ist damit – in Abgrenzung zur allgemeinen Geschäftsstrategie – ein für die Kapitalverwaltungsgesellschaft begrenzter Handlungsspielraum in Bezug auf die Anlagekriterien.[122] Ob ein Finanzprodukt als Anteil an einem Investmentvermögen zu qualifizieren ist, hängt somit vom Einzelfall ab[123]. Anzumerken bleibt indes, dass Crowdinvesting zwar eine Bündelung von Kapital voraussetzt, jedoch eine gemeinsame Anlagestrategie fehlt. Das finanzierte

114 WBA/*Volhard/Jang*, § 1 Rn. 2.

115 ESMA/2013/611, Ziff. III. 4.

116 ESMA/2013/611, Ziff. I. 1.

117 BaFin Auslegungsschreiben Investmentvermögen, Ziff. I. 2 (www.bafin.de/SharedDocs/Veroeffentlichungen/DE/Auslegungsentscheidung/WA/ae_130614_Anwendungsber_KAGB_begriff_invvermoegen.html – zuletzt abgerufen am 02.12.2016).

118 Vgl. WBA/*Volhard/Jang*, § 1 Rn. 2.

119 ESMA/2013/611, Ziff. VII.13.

120 Beispielsweise in den Anlagebedingungen.

121 BT-Drucks. 17/12294, 201.

122 WBA/*Volhard/Jang*, § 1 Rn. 19.

123 WBA/*Volhard/Jang*, § 1 Rn. 25.

Unternehmen investiert das Kapital nämlich nicht im Sinne einer Anlage weiter, sondern nutzt es selbst.

b.) Einlagengeschäft i.S.d. § 1 Abs. 1 S. 2 Nr. 1 KWG

Gem. § 1 Abs. 1 S. 2 Nr. 1 KWG ist ein Einlagengeschäft durch die Annahme fremder Gelder als Einlagen oder anderer unbedingt rückzahlbarer Gelder des Publikums gekennzeichnet. Bei rückzahlbaren Geldern darf der Rückzahlungsanspruch nicht in Inhaber- oder Orderschuldverschreibungen verbrieft sein. Ob für die Gelder Zinsen vergütet werden oder nicht, ist unerheblich. Der Begriff der „Einlage" ist dabei durch das KWG nicht legal definiert. Jedoch besteht Einigkeit darüber, dass bei der Bestimmung die bankenwirtschaftliche Verkehrsauffassung zu berücksichtigen ist.[124] Ob die Annahme fremder Gelder eine Einlage darstellt, ist damit unter Beachtung aller Umstände des Einzelfalls und unter dem Blickwinkel der bankwirtschaftlichen Verkehrsauffassung festzustellen.[125] Entscheidend ist dabei die unbedingte Rückzahlbarkeit des Geldes[126]. Nimmt die Einlage, beispielsweise eine Vermögenseinlage stiller Gesellschafter, am Verlust teil, handelt es sich nur um eine bedingte Rückzahlbarkeit. In einem solchen Fall liegt keine Einlage i.S.d. KWG vor. Entsprechendes gilt für partiarische Darlehen, Genussrechte und Nachrangdarlehen, wobei bereits der Nachrang im Falle der Liquidation genügt.[127] Ein solcher Nachrang ist wiederum für Mezzanine-Kapital typisch. Da das Kapital, das im Wege des Crowdinvesting generiert wird, gerade über diese Eigenschaft verfügen muss, ist Crowdinvesting regelmäßig nicht als Einlagengeschäft im Sinne des Kreditwesengesetzes anzusehen.

c.) Ausnahmen der Anwendbarkeit

Anzumerken bleibt, dass selbst dann, wenn Anlageprodukte nicht als Investmentvermögen nach § 1 Abs. 1 KAGB oder Einlagengeschäft i.S.d. § 1 Abs. 1 S. 2 Nr. 1 KWG zu qualifizieren sind, der Anwendungsbereich des VermAnlG nicht zwingend eröffnet sein muss. So sind gewisse Anlageprodukte, obwohl sie an sich als Vermögensanlage nach § 1 Abs. 2 VermAnlG anzusehen sind, nicht den Regelungen des VermAnlG und damit auch nicht der speziellen Regulierung von Crowdinvesting durch § 2a VermAnlG unterworfen. Der § 2 VermAnlG

---

124 *BGH*, NJW 1995, 1494 (1495) = BB 1995, 994 (995); Luz/Neus/Schaber/Schneider/Wagner/*Weber*/*Seifert*, § 1 Rn. 23.
125 *BGH*, ZIP 2001, 1503 (1503) = WM 2001, 1204 (1204); BFS-KWG/*Schäfer*, § 1 Rn. 36.
126 Zur Problematik des Begriffs *Henke*, WM 2010, 2157 (2159 ff.).
127 BFS-KWG/*Schäfer*, § 1 Rn. 42.

enthält zur Umsetzung dieser Ausnahmen einen Katalog einzelner Vermögensanlagen. Dabei sind zwei Intentionen bei den Ausnahmen nach § 2 VermAnlG zu unterscheiden. Zum einen sind die Nr. 1 und Nr. 2 des Abs. 1 des § 2 VermAnlG zu nennen. Diese sollen solche Anlageprodukte ausnehmen, die bereits aufgrund ihrer Rechtsnatur einer erhöhten Kontrolle oder staatlicher Aufsicht unterliegen. So sieht das Genossenschaftsrecht ebenso wie das Versicherungsaufsichtsrecht im Verhältnis zum VermAnlG erhöhte Prüfungspflichten vor. Die Pflichten nach dem VermAnlG auch auf diese anzuwenden, wäre insoweit wenig zielführend.[128]

Zum anderen besteht mit den Nr. 3 bis 9 dieser Norm ein anderer Ansatzpunkt für eine Regulierung. Diese Ausnahmen von den Anforderungen des VermAnlG sollen die Bagatellgrenzen bilden.[129] Grundlegend wurden diese Grenzen bereits mit der Änderung der Vorgängerregelung des § 8f Verkaufsprospektgesetz (VerkProspG) eingeführt und entsprechend, mit fortgesetzter Intention, in das VermAnlG übernommen[130]. Im Rahmen der Novellierung durch das Kleinanlegerschutzgesetz blieben sie erhalten[131]. Bezüglich dieser Bagatellgrenzen kann davon ausgegangen werden, dass der Anleger sich selbst aufgrund des geringen Umfangs des mit der Investition möglichen Verlusts von Kapital, verhältnismäßig ausreichende Informationen über die Anlage verschaffen kann. Damit ist ihm eine in Bezug auf die geringe Kapitalmenge ausreichend fundierte Investitionsentscheidung möglich.[132] Ebenso sind enorm hohe Investments und solche, die sich ausschließlich an professionelle (gewerbliche) Investoren richten, ausgenommen. Dass diese Investoren um die Risiken ihrer Investition wissen und sich entsprechende Informationen beschaffen können, erscheint einleuchtend. Es fehlt ihnen insofern auch an der notwendigen Schutzbedürftigkeit. Die Publizität und Transparenz, der insbesondere die Prospektpflicht des VermAnlG dienen soll, ist für den Anleger, der in Produkte nach § 2 VermAnlG investiert, damit nicht entscheidend. Ist diese Relevanz nicht gegeben, so würde das Bestehen der Pflichten nach dem VermAnlG nur zu einer Belastung des Emittenten und damit zu einer Überregulierung dieses speziellen Marktsegmentes führen. Sinn der Ausnahmen ist es insoweit, den Markt durch die Pflichten nach dem VermAnlG eben nicht über das notwendige Maß hinaus zu belasten. Bezugnehmend auf die oben gemachten Ausführungen zum Crowdinvesting wird deutlich, dass die in § 2 VermAnlG gemachten Ausnahmen für die Schwarmfinanzierung

---

128 BT-Drucks. 15/3174, 42; BT-Drucks.18/3994, 40.
129 BT-Drucks. 15/3174, 42.
130 BT-Drucks. 17/6051, 32.
131 BT-Drucks. 18/3994, 40.
132 Vgl. BT-Drucks. 15/3174, 42.

von untergeordneter Relevanz sind. Im Regelfall greifen die oben aufgezeigten Grenzen nicht ein. Ebenso wie die Ausnahmen der §§ 2 Abs. 1 Nr. 1–2 VermAnlG sind diese damit regelmäßig nicht von Bedeutung.

d.) Auswertung

Um die Ziele des Kleinanlegerschutzgesetzes besser zu verstehen, und, um den dahinterstehenden Sinn der weiterreichenden Regulation umfassend auszuwerten, ist es erforderlich, die Entwicklung der Regulierung desjenigen Finanzmarktsegmentes zu beleuchten, welches vom Kleinanlegerschutzgesetz erfasst wird. Für dieses Marktsegment hat sich der Begriff des Grauen Kapitalmarktes[133] durchgesetzt. „Grau" soll dieser Markt sein, weil er den nicht, respektive nicht spezialgesetzlich, geregelten Teil des Kapitalmarktrechts für nicht in Wertpapieren verbriefte Anlageformen darstellt.[134] Die Bundesanstalt für Finanzdienstleistungsaufsicht (BaFin) definiert den Grauen Kapitalmarkt in Abgrenzung zum „weißen" und „schwarzen" Kapitalmarkt. Werden am Weißen Kapitalmarkt legale Finanzprodukte von zulassungspflichtigen Verkäufern mit der entsprechenden Erlaubnis gehandelt, ist im Gegensatz hierzu Gegenstand des Schwarzen Kapitalmarktes der ohne erforderliche Erlaubnis geführte Handel, mit teils verbotenen Geschäften. In Abgrenzung dazu ist der Graue Kapitalmarkt der Teil des Marktes, auf dem ohne Erlaubnispflicht legaler Handel betrieben wird.[135]

2. Entwicklung der Regulierung des Grauen Kapitalmarktes

Die Regulierung des Grauen Kapitalmarktes war nicht immer Gegenstand gesetzgeberischer Ambitionen. Vor einer Betrachtung der Entwicklung der Regulierung gilt es jedoch klarzustellen, welche Finanzierungsmodelle zu betrachten sind.

a.) Investmentvermögen

Investmentvermögen, welches in den 1950er Jahren als Geschäftsgebiet an Relevanz gewann, war ab 1957 in Form des Gesetzes über Kapitalanlagegesellschaften (KAGG) erstmals kodifiziert.[136] Daran anknüpfend wurde das KAGG durch zahlreiche Novellierungen (u.a. zur Umsetzung europäischer

---

133 Dazu *Aurich*, GWR 2014, 295 (295).

134 Vgl. BT-Drucks. 15/3174, 27 f.

135 *BaFin*, Grauer Markt und schwarze Schafe (www.bafin.de/SharedDocs/Downloads/DE/Broschuere/dl_b_grauer_kapitalmarkt.pdf?__blob=publicationFile&v=6 – zuletzt abgerufen am 02.12.2016).

136 Berger/Steck/Lübbehausen/*Köndgen*, Einl. InvG Rn. 17.

Vorgaben) unübersichtlich und es wurde im Zuge des Investmentmodernisierungsgesetzes am 15.12.2003 durch das Investmentgesetz (InvG) abgelöst[137]. Im Zuge der Umsetzung der AIFM-RiLi[138] wurde 2013 das Kapitalanlagegesetzbuch geschaffen.[139] Mit der Einführung des KAGB trat das bis dahin geltende InvG außer Kraft.[140] Dadurch war es auch bedingt, dass das daneben bestehende VermAnlG in seinem Anwendungsbereich begrenzt wurde.[141] Dies sollte Überschneidungen im Zuge der Einführung des Begriffs des Investmentvermögens nach § 1 Abs. 1 KAGB verhindern. Das VermAnlG diente infolgedessen insbesondere der Regulierung solcher Finanzprodukte, die als Genussrecht oder Namensschuldverschreibung gehandelt wurden und nicht unter § 1 Abs. 1 KAGB fielen.[142] Die durch das KAGB normierten Erlaubnis- und Registrierungspflichten für alle als Investmentvermögen einzuordnenden Kapitalsammlungen führten zu einer weiteren Regulierung dieses Segments. Dennoch wird deutlich, dass Investmentvermögen bereits in früher Zeit im Fokus der Regulierung durch den Gesetzgeber stand. Anteile an Investmentvermögen sind damit unter der oben gemachten begrifflichen Abgrenzung kein Teil des Grauen Kapitalmarktes. Vielmehr soll im Folgenden auf die Regulierung, aber auch die fehlende Regulierung derjenigen Finanzprodukte eingegangen werden, für die die Einführung des Kleinanlegerschutzgesetzes Neuerungen brachte, also insbesondere solche, die erst später gesetzgeberisches Interesse geweckt haben.

b.) Entwicklung des Grauen Kapitalmarktes

Die erste Regulierung von Kapitalmärkten erfolgte durch das Börsengesetz vom 22.06.1896[143]. Das gesetzgeberische Regelungsinteresse bezog sich auf die Organisation eines Marktes und die dort angebotenen Wertpapiere[144], vor allem durch die Einführung einer Börsenzulassungspublizität[145]. Mit Inkrafttreten des Verkaufsprospektgesetzes (VerkProspG) am 13.12.1990 wurde erstmals für

---

137 Berger/Steck/Lübbehausen/*Köndgen*, Einl. InvG Rn. 23.

138 Richtlinie 2011/61/EU über die Verwalter alternativer Investmentfonds.

139 BGBL. I 2013, 1981.

140 Artikel 2a des Gesetzes zur Umsetzung der Richtlinie 2011/61/EU über die Verwalter alternativer Investmentfonds, BGBL. I 2013, 2149.

141 Artikel 11 des Gesetzes zur Umsetzung der Richtlinie 2011/61/EU über die Verwalter alternativer Investmentfonds, BGBL. I 2013, 2152 f.

142 Vgl. BT-Drucks. 17/12294, 310.

143 RGBL 1896, 157.

144 Siehe § 36 BörsG 1896.

145 § 36 b) BörsG 1896.

eine Regulierung an den Vertrieb der Wertpapiere angeknüpft. Damit wurde die Prospektpublizität als Instrument des Schutzes des Kapitalanlegers eingeführt. Unter dem Gesichtspunkt der Entwicklung dieser Regulierung, ist der Paradigmenwechsel[146] von einer institutsbezogenen Regulierung hin zu einer vorwiegend vertriebsbezogenen Regulierung hervorzuheben. Im weiteren Verlauf der gesetzgeberischen Bestrebungen wurden zusätzlich zu den vertriebsbezogenen- auch Verhaltenspflichten für die Marktteilnehmer statuiert.[147]

Durch das Anlegerschutzverbesserungsgesetz (AnSVG) vom 28.10.2004 wurde der Anwendungsbereich des VerkProspG auf solche Kapitalanlagen erweitert, die eine Beteiligung am Ergebnis eines Unternehmens gewähren, aber nicht in Wertpapieren verbrieft sind[148]. Der Handel mit solchen Beteiligungen war zwar nicht verboten, aber auch nicht spezialgesetzlich reguliert. Diese fehlende Regulierung war kennzeichnend für den Grauen Kapitalmarkt. Ziel des AnSVG war es insofern, den bislang nicht spezialgesetzlich geregelten Teil des Kapitalmarktes für nicht in Wertpapieren verbriefte Anlageformen, auf dem zuvor häufig hohe Anlegerschäden zu verzeichnen waren, stärker zu regulieren, was vor allem durch die Einführung einer entsprechenden Prospektpflicht erfolgte. Im Jahr 2005 wurde das Wertpapierprospektgesetz (WpPG) erlassen, um europäische Bestrebungen nach einer einheitlichen Regulierung umzusetzen. Die Vorschriften des VerkProspG, die nach der Schaffung des WpPG verblieben, erfassten damit nur noch Vermögensanlagen i.S.v. § 8f VerkProspG. Damit war der ausschließliche Regelungsgegenstand des VerkProsG nach Einführung des WpPG die Regulierung solcher Kapitalanlagen, die aus im Inland öffentlich angebotenen nicht in Wertpapieren im Sinne des Wertpapierprospektgesetzes verbrieften Anlageprodukten bestanden. Durch das Gesetz zur „Novellierung des Finanzvermittler- und Vermögensanlagerechts“[149] vom 06.12.2011 wurde das gesetzgeberische Bemühen weiter fortgesetzt.[150] Die Vorschriften des VerkProspG wurden in das neugeschaffene VermAnlG übertragen. Insbesondere die Prospektpflichten des neu geschaffenen VermAnlG[151] waren umfassender als die des VerkProspG.[152] Ziel war dabei die Schließung von Regelungslücken und Umgehungsmöglichkeiten zur Erhöhung der Transparenz von Finanzprodukten sowie die Verschärfung der

---

146 *Assmann*/Schlitt/von Kopp-Colomb, Einl. VerkProspG Rn. 7.

147 Vgl. *Assmann*/Schlitt/von Kopp-Colomb, Einl. VerkProspG Rn. 7.

148 § 8f Abs. 1 VerkProspG aus BGBL. I 2004, 2647.

149 BGBL. I 2011, 2481.

150 *Wagner*, NZG 2011, 609 (611).

151 Zu inhaltlichen Belangen *Hanten*/*Reinholz*, ZBB 2012, 36 (36 ff.).

152 *Wetzig*, 62.

produkt- und vertriebsbezogenen Vorgaben. Diese Umgehungsmöglichkeiten[153] waren unter anderem darin zu sehen, dass bestimmte rechtliche Ausgestaltungen für Finanzprodukte von den Regelungen nicht erfasst wurden. Dieser Umstand war bereits zum Zeitpunkt des Gesetzesentwurfs des Gesetzes zur Novellierung des Finanzanlagenvermittler- und Vermögensanlagerechts in der rechtswissenschaftlichen Literatur kritisiert worden.[154] Fußend auf dem Gesetzesentwurf der Bundesregierung vom 11.02.2015 sind durch das Kleinanlegerschutzgesetz[155] vom 03.07.2015 weite Teile des VermAnlG novelliert worden.

Zusammenfassend hervorzuheben sind vor allem die Instrumente von Vertriebspublizität- und Verhaltenspflichtregulierung. Ihre Einführung im Rahmen der Regulierung des Wertpapierhandels und ihre Ausdehnung auf den Handel mit nicht in Wertpapieren verbrieften Finanzprodukten kann dabei als Schritt hin zu einem effektiven Schutz der Anleger, vor allem durch eine Erhöhung der Markttransparenz, verstanden werden.[156] Die Regulierung des ehemals Grauen Kapitalmarktes erfolgt heute damit im Wesentlichen durch das KAGB, das KWG und das VermAnlG. Insbesondere die Einführung eines neuen Auffangtatbestands[157] für Anlagen im Sinne des Vermögensanlagegesetzes spricht dabei für den Willen des Gesetzgebers nach einer umfassenden Regelung. Die ursprüngliche Terminologie des Grauen Kapitalmarktes passt aufgrund der weitreichenden Regulierung somit nur noch bedingt.[158]

II. Zusammenführung

Durch das Kleinanlegerschutzgesetz wurden die Pflichten des Emittenten nach dem VermAnlG a.F. erweitert. In Bezug auf die Prospektpflicht ist unter Verweis auf die oben gemachten Ausführungen hervorzuheben, dass durch die Änderung des § 1 Abs. 2 VermAnlG nun vor allem auch partiarische Darlehen und Nachrangdarlehen der Prospektpflicht unterliegen. Daneben führen die weiteren Änderungen auch zu einer erhöhten Transparenz. Nach § 7 Abs. 3 S. 1 Nr. 2a VermAnlG sind vom Emittenten der Anlage Informationen über den Zielmarkt anzugeben, damit der Anleger besser darüber entscheiden kann, ob das Anlageprodukt auch

153 Zu den früheren Umgehungsmöglichkeiten beim Crowdinvesting, *Söpper*, 132 f.

154 *Bruchwitz/Voß*, BB 2011, 1226 (1227).

155 BGBL. I 2015, 1114.

156 Vgl. *Assmann*/Schlitt/von Kopp-Colomb, Einl. VerkProspG Rn. 7 f.

157 § 1 Abs. 2 Nr. 7 VermAnlG n.F.; dazu BT-Drucks. 18/3994, 39.

158 Mit starkem Bezug zur Terminologie *Aurich*, GWR 2014, 295 (295 f.).

seinen Anlagezielen entspricht.[159] Ebenso wurde durch § 8a VermAnlG eine Gültigkeitsfrist des Prospekts von maximal 12 Monaten eingeführt. Eine weitere Ergänzung erfolgte durch Vorgaben für Nachträge und deren Ausgestaltung, vgl. § 11 und § 11a VermAnlG. Bezüglich des Vermögensanlagen-Informationsblattes (VIB) ist, parallel zum Verkaufsprospekt, auch auf den Zielmarkt hinzuweisen, § 13 Abs. 2 S. 2 Nr. 2a VermAnlG. Zusätzlich wurde der § 4 Abs. 1a S. 2 des Finanzdienstleistungsaufsichtsgesetz durch das KASG eingefügt. Die Bundesanstalt für Finanzdienstleistungsaufsicht (BaFin) kann danach alle Anordnungen gegenüber den Institutionen und anderen Unternehmen treffen, die geeignet und erforderlich sind, um verbraucherschutzrelevante Missstände zu verhindern oder zu beseitigen, wenn eine generelle Klärung im Interesse des Verbraucherschutzes geboten scheint.[160] Damit einhergehend wurden auch die Aufsichtsbefugnisse der BaFin im Rahmen des VermAnlG erweitert. Im Kern wird durch die Einführung neuer und die Erweiterungen bestehender Regelungen die Transparenz der einzelnen Anlageprodukte erhöht. Dem Anleger sollen für seine Investitionsentscheidung Informationen umfassend bereitstehen.[161] Damit hat der Entwicklungsprozess der Regulierung des Grauen Kapitalmarktes einen aus Sicht des Gesetzgebers logischen Schritt gemacht. Hier ist anzumerken, dass die Änderungen des VermAnlG durch das KASG auf das öffentliche Angebot von Vermögensanlagen im Inland abzielen. Crowdinvesting wird dabei vom Gesetzgeber durch die Ausnahmevorschrift des § 2a VermAnlG reguliert. Eine klare Definition des Begriffs durch den Gesetzgeber bleibt trotz seiner Verwendung aus. Das Verständnis von Crowdinvesting, das er dem § 2a VermAnlG zugrunde legt, ist unter Bezugnahme der bisherigen Ergebnisse jedoch näher zu betrachten. Die Ausnahmevorschrift kann ihrem Aufbau nach nur auf Vermögensanlagen nach § 1 Abs. 2 Nr. 3, 4 und 7 VermAnlG angewandt werden. Dies erfasst partiarische Darlehen, Nachrangdarlehen und sonstige Anlagen, die einen Anspruch auf Verzinsung und Rückzahlung gewähren oder im Austausch für die zeitweise Überlassung von Geld einen vermögenswerten auf Barausgleich gerichteten Anspruch vermitteln. Daneben setzt die Ausnahmeregelung voraus, dass die Vermögensanlagen ausschließlich im Wege der Anlageberatung oder Anlagevermittlung über eine InternetDienstleistungsplattform vermittelt werden sollen.[162] Damit wird deutlich, dass der Gesetzgeber die intermediären Plattformen als

159 BT-Drucks. 18/3994, 43.

160 *Roth*, GWR 2015, 243 (243).

161 Vgl. BT-Drucks. 18/3994, 1.

162 Auf die Volumengrenzen als Voraussetzung und die Prüfungspflicht der Einzelzeichnungsgrenze wird im weiteren Verlauf eingegangen.

entscheidendes Kriterium der Schwarmfinanzierung versteht und ihnen eine erhöhte Bedeutung im Crowdinvestingprozess zuspricht.[163] Das Verständnis der gesetzlichen Regelung von Crowdinvesting, das sich aus § 2a VermAnlG ableitet, stimmt im Wesentlichen mit der oben gefunden Definition[164] für das Finanzierungsmodell des Crowdinvesting überein. Hervorzuheben ist, dass der Gesetzgeber für die Regulierung von Crowdinvesting ausschließlich an die Emission der Crowdinvesting-Beteiligung anknüpft. Damit erfasst die neue gesetzliche Normierung nur einen Teilaspekt. Wie genau das Konzept des Crowdinvesting durch das neue Kleinanlegerschutzgesetz berührt wird und welche Auswirkungen, trotz oder gerade wegen der Sonderregelung des § 2a VermAnlG, bestehen, wird im weiteren Verlauf festzustellen zu sein. Ein besonderes Augenmerk ist dabei auf potenzielle Risiken und Nutzen der Schwarmfinanzierung zu legen, die den möglichen Grund für eine Sonderregulierung darstellen. Solche potenziellen Risiken, aber auch Nutzen, können sich wiederum sowohl aus der Abwicklung der Kapitalüberlassung unter Einbindung vieler Einzelindividuen ergeben, als auch ihren Grund in besonderen Abläufen während der Emission haben. Im folgenden Abschnitt soll zunächst auf die rechtlichen Modelle eingegangen werden, mit denen ein Crowdinvestment im Anschluss an eine Emission abgewickelt werden kann. Es wird insbesondere auf die vom Gesetzgeber vorgesehenen Formen einzugehen sein, wobei auch Abwicklungsmodelle der Kapitalüberlassung untersucht werden, die zwar nicht von § 2a VermAnlG erfasst werden, sich aber in der Vergangenheit zur Abwicklung von Schwarmfinanzierungen bewährt haben.

163 BT Drucks 18/3994, 41.
164 Dazu oben, Seite 28 ff.

D. Rechtliche Beziehungen im Crowdinvesting

Crowdinvesting ist in seiner rechtlichen Bewertung als vielschichtig zu charakterisieren. Wie bereits im Rahmen der Begriffsfeststellung hervorgehoben wurde, lässt sich zwischen der Anbahnung des Investments und seiner Umsetzung unterscheiden. Durch diese Trennung lässt sich der Ursprung potenzieller rechtlicher Risiken genau verorten. Vorerst soll es nicht um die Anbahnung des Rechtsverhältnisses (Emission), sondern nur um dasjenige Rechtsverhältnis gehen, das der Emission folgt. Die gesetzliche Neuregelung des § 2a VermAnlG betrifft unmittelbar die Emission des Crowdinvesting. Dennoch hat sie auch mittelbar Auswirkungen auf die sich anschließende Abwicklung. Dies liegt daran, dass der Gesetzgeber nur bestimmte Formen von Vermögensanlagen privilegiert hat.[165] Insofern sind bestimmte Ausgestaltungen der Abwicklung vorgesehen. Auf Abwicklungsmöglichkeiten, die zwar dem in Abschnitt (B) gefunden Begriff des Crowdinvesting, nicht aber dem generellen Begriff der Vermögensanlage nach § 1 Abs. 2 VermAnlG unterfallen würden, soll im weiteren Verlauf nicht eingegangen werden. Dies erfasst solche Ausgestaltungen, die begrifflich bereits nicht als Vermögensanlage nach § 1 Abs. 2 VermAnlG zu qualifizieren sind. Davon sind insbesondere solche Abwicklungsformen betroffen, die die Ausgabe von Wertpapieren vorsehen (z.B. Aktien[166] oder Gewinnschuldverschreibungen). Der emissionsunabhängige Bereich des Crowdinvesting ist die nachträgliche Abwicklung der Kapitalüberlassung und der generelle Betrieb der intermediären Plattformen. Es wird somit – hierbei den Anleger in den Fokus der rechtlichen Betrachtung gestellt – zum einen der Frage nachzugehen sein, welche rechtlichen Ausgestaltungen für ein Crowdinvestment in Frage kommen und ob sich aus der Einbindung der Crowd besondere rechtliche Risiken ergeben. Zum anderen ist daran anknüpfend das Verhältnis von Anleger und Crowdinvesting-Plattform zu untersuchen.

I. Die rechtliche Beziehung von Anleger und Kapitalnehmer

Der rechtlichen Abwicklung der Investition kommt für die Frage des Risikos einer Kapitalanlage besondere Bedeutung zu. Obwohl der Gesetzgeber für die konkrete Regulierung von Crowdinvesting an die Emission anknüpft, sollen im

165 Gem. § 2a Abs. 1 VermAnlG sind dies nur Vermögensanlagen i.S.v. §§ 1 Abs. 2 Nr. 3, 4, 7 VermAnlG.

166 Kritisch zum Verhältnis von Crowdinvesting und Aktien, *Söpper*, 108 f.

Folgenden zunächst die Modelle zur Abwicklung der Kapitalüberlassung analysiert werden. Unter dem Gesichtspunkt einer etwaigen Risikoerweiterung durch die Einbindung der Crowd, sollen so im weiteren Verlauf der Untersuchung, die Auswirkungen und der Umfang der Regulierungsbestrebungen des Gesetzgebers umfassend bewertet werden. Denn um festzustellen, ob sich bei der Umsetzung eines Crowdinvestments spezifische Risiken ergeben, die über diejenigen hinausgehen, die der Vermögensanlageform an sich innewohnen, sind die Abwicklungsformen auf ihre Tauglichkeit für dessen Realisierung zu untersuchen.

Für die Ausgestaltung eines Crowdinvestments, also die Frage, wie die Überlassung von Kapital und der Erhalt einer Gegenleistung rechtlich ausgestaltet sind, bestehen verschiedene Möglichkeiten. Neben den vom Gesetzgeber vorgesehenen und privilegierten Vermögensanlageformen, mit denen Crowdinvesting abgewickelt werden kann, soll auch auf solche Abwicklungsmodelle eingegangen werden, die zwar nicht von § 2a VermAnlG erfasst werden, aber in der Vergangenheit oftmals zur Abwicklung genutzt wurden. Gerade unter dem Gesichtspunkt, dass es im weiteren Verlauf notwendig wird, sich fundiert mit der Ausnahmeregelung des Gesetzgebers auseinanderzusetzen, ist eine umfassende Darstellung erforderlich.

1. Crowdinvesting auf Grundlage modifizierter Darlehensverträge

Die heute verbreitetste Form[167] der Abwicklung einer Finanzierung mittels Crowdinvesting (zwischen Kapitalgeber und dem Kapitalnehmer) erfolgt durch vertragliche Ausgestaltungen, die auf §§ 488 ff. BGB beruhen.

Ein klassisches Darlehensverhältnis wird dabei den Anforderungen an eine Mezzanine- oder Eigenkapitalfinanzierung des Zielunternehmens nicht gerecht. Vor allem in Abgrenzung zum Crowdlending ist es erforderlich, dass auf Grundlage des Darlehensvertrages ein mezzanines Finanzierungsinstrument zur Abwicklung genutzt wird, damit ein Crowdinvestment vorliegt.[168] Explizit ist nach der Begründung des Gesetzesentwurfs das Crowdlending, welches eine Fremdkapitalbeschaffung darstellt, nicht dem Anwendungsbereich des § 1 Abs. 2 VermAnlG zuzuordnen.[169] Der durch die Parteien zugrunde gelegte Darlehensvertrag lässt sich durch verschiedene vertragliche Regelungen jedoch so modifizieren, dass er seinen ursprünglichen Charakter als wirtschaftlich reines Fremdkapital verliert und als eigenkapitalähnlich eingestuft werden kann.

167 So *Klöhn/Hornuf/Schilling*, ZBB 2016, 142 (149 f.).
168 Dazu oben, Seite 30 f.
169 BT-Drucks. 18/3994, 39.

Solche Vereinbarungen sind im Regelfall rechtlich unbedenklich, werfen jedoch die Frage der Abgrenzung zu anderen Rechtsgeschäften auf.[170] Dabei eröffnen die verschiedenen Gestaltungsmöglichkeiten eine variierende Einordnung auf der Skala von fremd- oder eigenkapitalnaher mezzaniner Finanzierung.[171] Im Folgenden soll auf die drei bedeutendsten Erscheinungsformen einer solchen Umsetzung eingegangen werden. Damit sind das partiarische Darlehen, das Nachrangdarlehen, sowie die Kombination aus beidem, das partiarische Nachrangdarlehen, näher zu beleuchten.

a.) Grundlage Darlehensvertrag

Allen drei Varianten liegt ein Darlehensvertrag nach den §§ 488 ff. BGB zugrunde. Dieser Konsensualvertrag zielt auf die Überlassung von Kapital auf Zeit gegen Zins- und Rückzahlung dieser Geldmittel ab.[172] Der Gelddarlehensvertrag lässt sich als Dauerschuldverhältnis charakterisieren und ist, wenn ein verzinsliches Darlehen vorliegt, als gegenseitiger Vertrag einzuordnen.[173] Die sich aus § 488 Abs. 1 BGB ergebenden Pflichten der Vertragsparteien sind die Voraussetzung des Vorliegens eines Darlehensvertrages.[174] Die übrigen Bestandteile des Vertragsverhältnisses, insbesondere die Art und die Modalitäten der Zinszahlung, deren Fälligkeit und die Laufzeit der Kapitalüberlassung stehen zur Disposition der Parteien.[175]

aa.) Vertragsschluss

Der Abschluss des Darlehensvertrages beurteilt sich nach der allgemeinen Rechtsgeschäftslehre. Das Gesetz sieht für den Vertragsschluss an sich keine besondere Form vor. Regelmäßig werden im Rahmen eines Crowdinvestments solche Personen beteiligt sein, die nach § 13 BGB als Verbraucher eingestuft werden müssen. Gem. § 492 Abs. 1 S. 1 BGB bedürfen Verbraucherdarlehensverträge der Schriftform.

Jedoch handelt es sich nur dann um einen Verbraucherdarlehensvertrag gem. § 491 Abs. 1 S. 1 BGB, wenn ein Verbraucher als Kreditnehmer beteiligt ist.[176]

---

170 Exemplarisch Staudinger/*Freitag*, § 488 Rn. 70.

171 *Berger*, ZBB 2008, 92 (93).

172 BT-Drucks. 14/6040, 252; BGHZ 170, 276 (282) = *BGH*, NJW 2007, 1357 (1359).

173 H.A.: MünchKommBGB/*Berger*, § 488 Rn. 8.

174 Statt Vieler Palandt/*Weidenkaff*, § 488 Rn. 1.

175 Exemplarisch Jauernig/*Berger*, § 488 Rn. 3.

176 Zur Ausschließlichkeit Erman/*Saenger*, § 491 Rn. 18.

Diese Konstellation besteht im Rahmen des Crowdinvesting gerade nicht. Vielmehr sind die einzigen potenziellen Verbraucher in den Reihen der Crowd, also auf Darlehensgeberseite zu finden. Ein Vertrag dieser Parteisituation ist indes nicht als Verbraucherdarlehensvertrag i.S.v. § 491 Abs. 1 S. 1 BGB anzusehen. Damit greift das Formerfordernis des § 492 Abs. 1 S. 1 BGB nicht ein.

bb.) Pflichten des Darlehensgebers

Mit Abschluss des Darlehensvertrages verpflichtet sich der Darlehensgeber, die Darlehensvaluta zu überlassen. Die Verpflichtung zur Überlassung eines Geldbetrages in vereinbarter Höhe ergibt sich unmittelbar aus § 488 Abs. 1 S. 1 BGB. Sie wandelt sich nach der Valutierung in eine Pflicht zur Belassung des Kapitals beim Darlehensnehmer um, die für die Dauer der vereinbarten Laufzeit besteht.[177] Die Valutierung des Darlehens steht nicht im Gegenseitigkeitsverhältnis des Darlehensvertrages, denn vielmehr sind die Belassungspflicht des Darlehensgebers und die Zahlung des Zinses durch den Darlehensnehmer Teil des zwischen den Parteien bestehenden Synallagmas.[178]

cc.) Rückzahlung der Darlehensvaluta

Außerhalb dieses Synallagmas besteht die Pflicht des Darlehensnehmers, die ausgezahlte Darlehensvaluta bei Fälligkeit zurückzuzahlen.[179] Dieser Rückzahlungsanspruch, der seinen Ursprung im privatautonomen Handeln der Parteien findet, ist als vertraglicher Rückerstattungsanspruch zu qualifizieren.[180] Er entsteht mit Valutierung des Darlehens durch den Darlehensgeber, wird aber erst mit Laufzeitende, respektive Kündigung des Darlehensvertrages, fällig.[181] Die Rückerstattungspflicht bezieht sich gem. § 488 Abs. 1 S. 2 BGB darauf, das zur Verfügung gestellte Darlehen zurückzuzahlen. Damit ist ein „Geldbetrag in derselben Höhe“ an den Darlehensgeber zu leisten.[182]

---

177 Exemplarisch Soergel/*Seifert*, § 488 Rn. 88.

178 Statt Vieler: Jauernig/*Berger*, § 488 Rn. 3; Staudinger/*Freitag*, § 488 Rn. 25 f.

179 Statt Aller: Palandt/*Weidenkaff*, Vorb v § 488 Rn. 2.

180 H.M. Bamberger/Roth/*Rohe*, § 488 Rn. 34; Staudinger/*Freitag*, § 488 Rn. 165 m.w.N.; a.A. MünchKommBGB/*Berger*, § 488 Rn. 43.

181 Jauernig/*Berger*, § 488 Rn. 28; Soergel/*Seifert*, § 488 Rn. 113; Staudinger/*Freitag*, § 488 Rn. 166.

182 BT-Drucks. 14/6040, 253.

b.) Ausgestaltung der Gegenleistung

Neben der Rückzahlung schuldet der Darlehensnehmer für die nach Valutierung erfolgende Belassung des Kapitals die Zahlung eines Zinses. Die Zinsen sind in diesem Zusammenhang als synallagmatische, laufzeitunabhängige Vergütung für die Kapitalüberlassung auf Zeit und dessen Gebrauch anzusehen.[183] Beim klassischen Darlehen sind die Zinsen dabei weder vom Umsatz, noch vom Gewinn des Darlehensnehmers abhängig. Die Pflicht zur Zinszahlung kommt erst ab Bereitstellung der Darlehensvaluta in Betracht und endet im Regelfall mit Ablauf der Vertragslaufzeit oder der Kündigung.[184] Die Pflicht des Darlehensnehmers, Zinsen zu zahlen, beruht auf der Abrede der Parteien. Die Höhe und Ausgestaltung der Zinszahlung unterliegt dabei ihrer Gestaltungsfreiheit, wobei gerade für die Zinshöhe die Grenze des § 138 BGB einzuhalten ist.[185] Der klassische Darlehensvertrag führt damit dazu, dass der Darlehensnehmer Fremdkapital erhält. Seine Pflicht zur Zahlung des Zinses besteht unabhängig davon, ob er mit den überlassenen Mitteln finanziell gewinnbringend wirtschaften kann. Damit trägt er als Charakteristikum fremdkapitaler Finanzierung das Risiko des wirtschaftlichen Misserfolges.

aa.) Partiarisches Darlehen (Beteiligungsdarlehen)

Gerade an diesem Punkt der Parteiabrede setzt das partiarische Darlehen an. Anstelle einer festen Verzinsung, die sich prozentual an der Höhe der ausgezahlten Valuta bemisst, bemisst sich die Höhe des Zinses, den der Darlehensgeber für die Kapitalbelassung erhält, beim partiarischen Darlehen am wirtschaftlichen Erfolg des Unternehmens des Darlehensnehmers.[186] Diese Gewinnabhängigkeit kann entweder ausschließlich oder mit einem, im Verhältnis zum klassischen Fremdkapital-Darlehen geringeren, gewinnunabhängigen Basiszinssatz kombiniert werden.[187] Ebenso besteht für die Parteien die Möglichkeit, einen maximalen Höchstzinsbetrag, der sich aus der Gewinnbeteiligung ergeben kann,

183 *BGH*, NJW-RR 1992, 591 (592) = WM 1992, 705 (706); *Canaris*, NJW 1978, 1891 (1892); *Mülbert*, AcP 192, 447 (459 f.).

184 *BGH*, NJW 1985, 1831 (1832) = WM 1985, 686 (687); Bamberger/Roth/*Rohe*, § 488 Rn. 64 f.; Schimansky/Bunte/Lwowski/*Bruchner*/*Krepold*, § 78 Rn. 8, 10; Staudinger/*Freitag*, § 488 Rn. 185a.

185 HK-BGB/*Wiese*, § 488 Rn. 8; Überblick zu sittenwidrigen Darlehensverträgen bei MünchKommBGB/*Berger*, § 488 Rn. 106 ff.

186 Palandt/*Weidenkaff*, Vorb. v. § 488 Rn. 20.

187 Bösl/Sommer/*Wagner*, 274; *Klingberg*, FS Westermann, 1111 (1123).

festzulegen.[188] Die Rendite des Darlehensgebers, die er aus der Überlassung von Fremdkapital ziehen kann, hängt damit im Regelfall primär vom wirtschaftlichen Erfolg des Unternehmens ab, dem er das Kapital überlässt.

Beim typischen Darlehen liegt das Risiko, das Kapital gewinnbringend einzusetzen und damit in der Lage zu sein, die Tilgungs- und Zinsbelastung tragen zu können, beim Darlehensnehmer. Demgegenüber liegt der gewinnbringende Einsatz der überlassenen Mittel beim partiarischen Darlehen zusätzlich auch im Interesse des Darlehensgebers. Dieser partizipiert unmittelbar am Erfolg des Darlehensnehmers. Auch wenn er an Verlusten nicht beteiligt wird, so ist die Überlassung der Valuta für ihn nur bei wirtschaftlichem Erfolg rentabel. Die Gewinnchancen, die mit der Verwendung des Kapitals verbunden sind, liegen damit in Bezug auf die Zinszahlung beim Darlehensgeber und sind dem klassischen Darlehen diametral entgegengesetzt.[189] In dieser Umkehrung der typusspezifischen Risikoverantwortlichkeit[190] der Parteien liegt der mezzanine Charakter des partiarischen Darlehens.[191] Für den Darlehensnehmer ergibt sich damit gerade in Verlustsituationen der Vorteil, dass liquiditätsbeschränkende Auszahlungen vermieden werden.[192] Partiarische Darlehen bieten damit regelmäßig hohe Risiken, aber auch hohe Renditechancen. Die Gewinnabhängigkeit des Zinses lässt die Nähe des partiarischen Darlehens zur stillen Gesellschaft nach §§ 230 ff. HGB erkennen. Die Abgrenzung, die sich auf die beiden rechtlichen Ausgestaltungen der Kapitalüberlassung bei gleichzeitiger Gewinnbeteiligung bezieht, bereitet Schwierigkeiten.[193] Gerade unter dem Gesichtspunkt, dass die Frage der Abgrenzung im weiteren Verlauf noch zu diskutieren sein wird, ist an dieser Stelle auf die späteren Ausführungen zu verweisen.[194] Im Ergebnis wird deutlich, dass die vertragliche Modifikation des Zinses hin zur (partiellen) Gewinnbeteiligung, rein faktisch zu einer Mittelstellung zwischen klassischem Darlehen und stiller Beteiligung führt.[195]

---

188 Dieser Höchstzinsbetrag wird Regelfall in prozentualer Abhängigkeit zur überlassenen Valuta ausgedrückt; dazu Bösl/Sommer/*Wagner*, 274.

189 Vgl. *Berger*, ZBB 2008, 92, (101).

190 MünchKommBGB/*Berger*, § 488 Rn. 158.

191 *Leopold/Reichling*, DStR 2004, 1360 (1362); *Link/Reichling*, Die Bank 4/2000, 266 (266).

192 Bösl/Sommer/*Wagner*, 272.

193 MünchKommHGB/*Schmidt*, § 230 Rn. 57 f.

194 Dazu unten, Seite 125 ff.

195 *Leopold/Reichling*, DStR 2004, 1360 (1361).

bb.) Nachrangdarlehen

Eine andere vertragliche Gestaltungsmöglichkeit, mit der der Fremdkapitalcharakter des Darlehens nach §§ 488 ff. BGB hin zur mezzaninen Finanzierung verändert werden kann, ist das sog. Nachrangdarlehen.

(1) Ausgestaltung und Folgen in der Insolvenz

Die Parteien schließen insoweit einen Darlehensvertrag nach §§ 488 ff. BGB, vereinbaren aber zugleich einen Rangrücktritt[196]. Die Möglichkeit einer solchen Vereinbarung zwischen Darlehensgeber und Darlehensnehmer ergibt sich bereits aus der gesetzlichen Wertung des § 39 Abs. 2 InsO. Die Nachrangabrede ist ein Vertrag *sui generis* im Sinne von § 311 Abs. 1 BGB und stellt einen verfügenden Schuldänderungsvertrag dar.[197] Mit der Vereinbarung dieses Rangrücktritts beeinflussen die Parteien den Anspruch des Darlehensgebers auf Rückzahlung der Valuta, ohne jedoch den Bestand des Anspruchs anzutasten.[198] Im Falle der Insolvenz des Darlehensnehmers verzichtet der Darlehensgeber auf seine Rolle als gleichrangiger Insolvenzgläubiger nach § 38 InsO.[199] Sein Anspruch auf Rückzahlung des überlassenen Kapitals wird erst nach Befriedigung der übrigen Insolvenzgläubiger, aber gleichzeitig mit, oder sogar vor den Ansprüchen der Gesellschafter bedient.[200] Dabei ist es nicht entscheidend, ob sich die vereinbarenden Parteien explizit auf die Regelung des § 39 Abs. 2 InsO beziehen oder einen „unspezifischen Nachrang“ vereinbaren.[201] Zur Erfüllung des Anspruchs ist es erforderlich, dass nach Bedienung der Insolvenzgläubiger noch genügend Insolvenzmasse vorhanden ist. Zwar verzichtet der Darlehensgeber bei einer solchen Vereinbarung nicht auf seinen Anspruch, dennoch geht er ein hohes Ausfallrisiko ein, das sich in der Insolvenz bis zum Totalverlust des überlassenen Kapitals ausweiten kann.[202] Darüber hinaus geht der Nachrang im Regelfall auch mit der fehlenden Besicherung des Darlehens einher.[203] Abzugrenzen ist dieser

---

196 Generell zum „relativen“ und „absoluten“ Rangrücktritt BuB/*Wittig*/*Berger*, Rn. 4/2978.

197 MünchKommBGB/*Berger*, § 488 Rn. 104; *Schrell*/*Kirchner*, BKR 2004, 212 (213 f.); zur Rechtsnatur *Obermüller*, Rn. 5.386.

198 *Obermüller*, Rn. 5.386.

199 Vgl. Uhlenbruck/*Hirte*, § 39 InsO Rn. 54; zur insolvenzrechtlichen Auslegung beim Rangrücktritt *BGH*, WM 2015, 623 (623 ff.) = NJW 2015, 1672 (1672 ff.).

200 MünchKommBGB/*Berger*, § 488 Rn. 104; *Kiethe*, DStR 2006, 1763 (1765).

201 Staudinger/*Freitag*, § 488 Rn. 98.

202 Bösl/Sommer/*Wagner*, 246.

203 *Berger*, ZBB 2008, 92 (101).

insolvenzrechtliche- vom schuldrechtlichen Nachrang. Beim schuldrechtlichen Rangrücktritt handelt es sich um einen dreiseitigen Vertrag. Dabei tritt der Darlehensgeber des Nachrangdarlehens (junior lender) nur hinter die einzelne Forderung eines anderen Darlehensgebers (senior lender) zurück. Er verzichtet bis zur Befriedigung dieses speziellen vorrangigen Gläubigers auf die Geltendmachung seines Anspruchs. Dieser relative Rangrücktritt ändert das Verhältnis zwischen den Gläubigern und dem Schuldner ansonsten nicht.[204]

Gerade im Rahmen standardisierter mezzaniner Finanzierungsprogramme, zu denen auch das Crowdinvesting zählt, erfolgt in der Regel ein insolvenzrechtlicher Rangrücktritt zugunsten aller Gläubiger des Unternehmens.[205] Der Anspruch wird damit erst nach Befriedigung der Gesellschaftsgläubiger und als qualifizierter Rangrücktritt nur zugleich mit den Einlagenrückgewähransprüchen der Gesellschafter bedient[206], womit das überlassene Kapital in die Nähe des statuarischen Haftkapitals rückt[207] und der Rangrücktritt in seiner faktischen Wirkung einem Forderungsverzicht gleich kommen kann.[208] Aus dem damit einhergehenden Risiko, das überlassene Kapital bei wirtschaftlichem Misserfolg des Darlehensnehmers vollständig zu verlieren, erwächst der Charakter des Nachrangdarlehens als mezzanines Kapital.

(2) Die Rangrücktrittsvereinbarung als AGB

Vor allem wenn eine Vielzahl von gleichlautenden Nachrangdarlehensverträgen abgeschlossen wird, ist der Frage nachzugehen, ob die darin vereinbarten Vertragsbedingungen als Allgemeine Geschäftsbedingungen anzusehen sind. Ist dies der Fall, so sind die besonderen Anforderungen an deren wirksame Einbeziehung und inhaltliche Gültigkeit zu beachten. Erneut stellt sich die Frage der Abgrenzung von darlehensvertraglichen Abwicklungen zur stillen Gesellschaft, denn Verträge über solche Gesellschaftsverhältnisse sind nach § 310 Abs. 4 S. 1 BGB dem Anwendungsbereich einer AGB-Kontrolle entzogen. Auch an dieser Stelle sei auf die späteren Ausführungen zur Abgrenzung verwiesen.[209] Geht man im Folgenden vom Vorliegen eines Nachrangdarlehensvertrages aus, so ist dieser, als schuldrechtlicher Vertrag nach §§ 488 ff. BGB, an den §§ 305 ff. BGB zu messen.

---

204 *Obermüller*, Rn. 5.387.
205 *Kiethe*, DStR 2006, 1763 (1765 f.).
206 *Obermüller*, Rn. 5.394.
207 MünchKommBGB/Berger, Vor § 488 Rn. 104; *Werner*, 37 f.
208 *Schrell/Kirchner*, BKR 2004, 212 (217).
209 Dazu unten, Seite 125 ff.

(a) Wirksame Einbeziehung

Der Vereinbarung eines Rangrücktritts mittels AGB ist dabei möglicherweise ein überraschender Charakter im Sinne von § 305c Abs. 1 BGB zuzusprechen. Sind Bestimmungen nach den Umständen, insbesondere dem äußeren Erscheinungsbild des Vertrages so ungewöhnlich, dass der Vertragspartner des Verwenders nicht mit ihnen zu rechnen braucht, so ist die Klausel überraschend und verstößt gegen § 305c Abs. 1 BGB.[210] Im Regelfall wird ein solcher „Überrumpelungseffekt" jedoch, trotz der objektiven Ungewöhnlichkeit der Vereinbarung eines Rangrücktritts, dann nicht gegeben sein, wenn der Rangrücktritt mit einem, im Crowdinvesting üblichen[211], eindeutigen Hinweis vereinbart wird.[212] Soweit ein bewusster Entschluss zum Abschluss einer Nachrangabrede getroffen wird, ergibt sich aus der Bezeichnung selbst das mit ihr verbundene unternehmerische Risiko.[213]

(b) Kontrollfähigkeit, § 307 Abs. 3 BGB

In einer vorformulierten Nachrangabrede könnte jedoch eine unangemessene Benachteiligung im Sinne der §§ 307–309 BGB zu sehen sein. Betrachtet man jedoch Nachrangdarlehen als mezzanines Finanzprodukt, so stellt sich die Frage, ob solche Klauseln überhaupt einer Inhaltskontrolle nach §§ 307 ff. BGB unterliegen.[214] Die Abgrenzung von kontrollfähigen und kontrollfreien Vertragsinhalten orientiert sich am Regelungszweck der §§ 307 ff. BGB.[215] Diese sollen davor schützen, dass der Verwender von AGB die gesetzlich vorgesehene Vertragsgestaltungsfreiheit einseitig in Anspruch nimmt und das daraus resultierende, funktionale Ungleichgewicht ausnutzt.[216] Für die Fälle, in denen eine vertragliche Vereinbarung dazu dient, für den Vertrag wesentliche Bestimmungen zu treffen, die die bewusst wahrgenommenen und von den Parteien gewollten Verhältnisse und damit den Vertragszweck festlegen, ist dies auszuschließen.[217] Eine fehlende

---

210 Statt Vieler: Wolf/*Lindacher*/Pfeiffer/*Hau*, § 305c Rn. 18.

211 Deutliche Hinweise und Erklärungen der Bedeutung – z.B. bei *Companisto*: www.companisto.com/de/investment-model (zuletzt abgerufen am 02.12.2016).

212 *BGH*, WM 2014, 897 (898) = ZIP 2014, 1087 (1089); vgl. *Bitter*, ZIP 2015, 345 (348).

213 *Poelzig*, WM 2014, 917 (922).

214 Siehe Fn. 213.

215 BGHZ 100, 158 (173 f.) = *BGH*, WM 1987, 653 (659).

216 BGHZ 130, 50 (53) = *BGH*, NJW 1995, 2034 (2035); Ulmer/Brandner/Hensen/*Fuchs*, Vorb v § 307 Rn. 26; *Poelzig*, WM 2014, 917 (923).

217 Vgl. Wolf/Lindacher/*Pfeiffer*, § 307 Rn. 290.

Kontrollfähigkeit ergibt sich damit für den Fall, dass der Rangrücktritt ein identitätsstiftendes Merkmal[218] des Nachrangdarlehens darstellt.[219] Denn die Hauptpflichten der Parteien unterliegen nach der Wertung des § 307 Abs. 3 S. 1 BGB nicht der Inhaltskontrolle.[220] Diesen Hauptpflichten unterfallen vertraglichen Regelungen, bei deren Fehlen ein wirksamer Vertragsschluss nicht mehr zustande kommt, weil der wesentliche Vertragsinhalt nicht mehr bestimmbar ist.[221] Demgegenüber sind Klauseln, die die Hauptleistungsversprechen der beiden Vertragsparteien einschränken oder modifizieren, einer Inhaltskontrolle unterworfen.[222]

Bei mezzaninen Finanzprodukten ist die vertraglich herbeigeführte wirtschaftliche Eigenkapitalqualität des Produkts von erheblicher Bedeutung. Der Rangrücktritt sichert für beide Parteien den gewünschten Effekt von Kapitalbeschaffung einerseits und Kapitalanlage andererseits ab.[223] Auf Seiten des Darlehensnehmers ist dies die Qualität als wirtschaftliches Eigenkapital, der Darlehensgeber profitiert von der höheren Rendite. Dennoch gilt für Nachrangdarlehen die Besonderheit, dass sie, anders als beispielsweise Genussrechte, mit den §§ 488 ff. BGB einem rechtlichen Rahmen unterworfen sind, von dessen Bestimmungen abgewichen werden kann. Die Rangrücktrittsvereinbarung stellt insofern kein konstitutives Element des Darlehensvertrages nach § 488 BGB dar, denn sie dient dazu, die Modalitäten der Rückzahlungspflicht des Darlehensnehmers, die sich aus dem Vertrag selbst ergibt, auszugestalten. Jedoch verschafft erst diese vertragliche Vereinbarung dem Darlehensvertrag den Charakter als wirtschaftliches Eigenkapital. Damit wäre der Rangrücktritt, als wesentliches identitätsstiftendes Merkmal[224], einer Inhaltskontrolle gem. § 307 Abs. 3 S. 1 BGB entzogen.[225] Andererseits lässt sich die Rangrücktrittsvereinbarung auch als Einschränkung des Rückzahlungsanspruchs – also als Gegenstand der Hauptleistung – begreifen. Diese Einschränkung wirkt sich erst im Rahmen der Insolvenz aus. Durch den Rangrücktritt wird der Nachrangdarlehensgeber nicht wie ein Gläubiger nach § 38 InsO behandelt. Vielmehr führt ein Rangrücktritt, wie er

218 Zum Begriff bei Finanzprodukten vgl. Ulmer/Brander/Henssen/*Fuchs*, § 307 Rn. 64 f.

219 Vgl. *Poelzig*, WM 2014, 917 (923).

220 St.Rspr. *BGH*, NJW 2001, (1132) 1132 ff. = MDR 2001, 450 (450 f.); Erman/*Roloff*, § 307 Rn. 42; Ulmer/Brandner/Hensen/*Fuchs*, Vorb v § 307 Rn. 5.

221 St.Rspr. zuletzt explizit: BGHZ 127, 35 (41) = *BGH*, NJW 1994, 2693 (2694).

222 St.Rspr. *BGH*, NJW-RR 2009, 813 (815) = MDR 2009, 684 (685); BGHZ 123, 83 (85 f.) = *BGH*, NJW 1993, 2369 (2369).

223 Vgl. *Werner*, 24.

224 Siehe Fn. 218.

225 *Bitter*, ZIP 2015, 345 (350); *Poelzig*, WM 2014, 917 (923).

im Bereich des Crowdinvesting zu finden ist, dazu, dass sich der Betroffene an § 39 Abs. 2 InsO[226] messen lassen muss. Von dem hinter § 38 InsO stehenden Gedanken der Insolvenzgläubigerschaft[227] und der damit zusammenhängenden Gläubigergleichbehandlung[228] wird insofern abgewichen.[229] Mithin ist unklar, ob die vertragliche Vereinbarung eines Rangrücktritts mittels AGB tatsächlich einer Inhaltskontrolle entzogen ist. Vor allem das Bestehen eines rechtlichen Rahmens in Form der §§ 488 ff. BGB legt den Schluss nahe, dass Rangrücktrittsklauseln – soweit die übrigen Voraussetzungen nach §§ 305 ff. BGB gegeben sind – der Inhaltskontrolle gem. §§ 307 Abs. 1, 2 BGB unterliegen.[230] Entsprechend ist der Frage nachzugehen, ob sie einer solchen standhalten.

(c) Wirksamkeit nach §§ 307 Abs. 1 S. 1, S. 2 BGB

Im Rahmen dieser Inhaltskontrolle stellt sich primär die Frage, ob die bewusste Veränderung der Risikoverteilung[231], bei Nutzung von AGB, eine solche Abweichung darstellt, die den Vertragspartner des Verwenders entgegen den Geboten von Treu und Glauben unangemessen benachteiligt. So liegt dem Insolvenzrecht zwar der Gedanke der Gläubigergleichheit[232] zugrunde, dennoch sieht § 39 InsO explizit die Möglichkeit der Abweichung von diesem Grundsatz vor. Die generelle Vereinbarung eines Rangrücktritts ist insoweit nicht als unangemessene Benachteiligung einzustufen. Zusätzlich gilt es sicherzustellen, dass der Verwender seine einseitige Vertragsbestimmung nicht missbräuchlich nutzt, um eigene Interessen auf Kosten seines Vertragspartners durchzusetzen, ohne von vornherein auch dessen Belange hinreichend zu berücksichtigen und ihm einen angemessenen Ausgleich zuzugestehen.[233] Im Fall des in Rede stehenden Nachrangdarlehens ist die besondere Interessenlage der Parteien entsprechend zu beachten. So ist der Rangrücktritt für den Verwender (Darlehensnehmer) von erheblicher

226 § 39 Abs. 2 InsO: „Forderungen, für die zwischen Gläubiger und Schuldner der Nachrang im Insolvenzverfahren vereinbart worden ist, werden im Zweifel nach den in Absatz 1 bezeichneten Forderungen berichtigt".

227 Uhlenbrock/*Knof*/*Sinz*, § 38 Rn. 2.

228 Vertiefend Gottwald, § 1 Rn. 53 f.; MünchKommInsO/*Ehricke*, § 38 Rn. 4, § 294 Rn. 1; Uhlenbruck/*Sternal*, § 294 Rn. 1.

229 Vgl. MünchKommInsO/*Ehricke*, § 39 Rn. 62; Uhlenbruck/*Hirte*, § 39 Rn. 52.

230 Eine Inhaltskontrolle vornehmend *BGH*, WM 2014, 897 (898 ff.) = ZIP 2014, 1087 (1087 ff.); *Bitter*, ZIP 2015, 345 (350); *Poelzig*, WM 2014, 417 (417 ff.).

231 MünchKommBGB/*Berger*, § 488 Rn. 158.

232 Siehe Fn. 228.

233 Statt Vieler: *BGH*, NJW 2010, 57 (58) = NZA 2010, 37 (38).

Bedeutung, um den mezzaninen Charakter der Finanzierung durch das Nachrangdarlehen zu erhalten. Nur so ist er in der Lage, die daraus resultierenden Vorteile – insbesondere die Verbesserung der Eigenkapitalbilanz – zu erhalten. Diese wirtschaftlichen Vorteile für den Darlehensnehmer sind wiederum auch im Interesse des Verwendungsgegners (Darlehensgebers). Die Risikobeteiligung am kapitalsuchenden Unternehmen, mit der zugleich eine erhöhte Renditechance einhergeht, ist somit der Zweck der vertraglichen Vereinbarung zwischen den Parteien. Insofern kommt die Klausel dem Interesse beider Parteien nach, um den explizit verfolgten Vertragszweck der „Investition" zu erreichen. Erfolgt eine Vereinbarung, um den expliziten Vertragszweck zu erreichen, kann im Zweifel nicht davon gesprochen werden, dass der Verwender der AGB seine einseitige Gestaltungsmacht ausnutzen würde. Dementsprechend stellt die Vereinbarung eines Rangrücktritts in Rahmen eines Nachrangdarlehens zur Abwicklung eines Crowdinvestments unter Verwendung von AGB keine unangemessene Benachteiligung des Darlehensgebers dar.[234]

Die den Rangrücktritt festlegende Klausel hat zugleich dem Transparenzgebot zu genügen. Im Sinne des § 307 Abs. 1 S. 2 BGB ist durch klar formulierte Vertragsbedingungen eine etwaige Verschleierung und daraus resultierende Unangemessenheit zu vermeiden.[235] Vor allem sollte sich der Betroffene aus den AGB im Sinne der „Rechtsklarheit" zuverlässig über seine Rechte und Pflichten informieren können.[236] Dennoch ergibt sich nicht die Pflicht des Verwenders, gängige Rechtsbegriffe zu erläutern oder über daraus resultierende Pflichten zu belehren.[237] Aus der Verwendung von AGB kann damit zwar eine Klarheitsobliegenheit des Verwenders folgen, jedoch nicht die Obliegenheit zur Aufklärung.[238] Die Verantwortung, sich die für das Verständnis der Klausel notwendigen Kenntnisse zu verschaffen, liegt damit im Bereich des Vertragspartners,[239] jedenfalls solange keine spezifischen oder komplexen Rechtskenntnisse dafür erforderlich

234 So auch *BGH*, WM 2014, 897 (899) = ZIP 2014, 1087 (1090).

235 Erman/*Roloff*, § 307 Rn. 20; Jaunerig/*Stadler*, § 307 Rn. 6; HK-BGB/*Schulte-Nölke*, § 307 Rn. 21; Wolf/Lindacher/*Pfeiffer*, § 307 Rn. 234.

236 Vgl. BGHZ 119, 152 (170 f.) = *BGH*, NJW 1992, 3158 (3162); BGHZ 104, 82 (92 f.) = *BGH*, NJW 1988, 1726 (1728).

237 Explizit für die Formulierung „nachrangiges Darlehen" *BGH*, WM 2014, 897 (900) = ZIP 2014, 1087 (1090 f.); generell BGHZ 133, 25 (32) = *BGH*, WM 1996, 1128 (1131).

238 *Pfeiffer*, NJW 2011, 1 (6 f.).

239 Vgl. *BGH*, NJW-RR 2005, 1496 (1504) = WM 2005, 2002 (2010); BGHZ 133, 25 (32) = *BGH*, NJW 1996, 2092 (2093).

sind[240]. Die Formulierung „nachrangiges Darlehen“ ist in diesem Zusammenhang als unproblematisch anzusehen. Denn selbst wenn der Begriff des „nachrangigen Darlehens“ noch nicht als weit verbreiteter Rechtsbegriff angesehen werden sollte, so sind die sich aus ihm ergebenden wirtschaftlichen Risiken und der Bezug zum Rückzahlungsanspruch in jedem Fall erkennbar.[241] Zusammenfassend wird deutlich, dass auch die Abwicklung einer Vielzahl von nachrangigen Darlehen unter Zuhilfenahme von AGB möglich ist. Die Vereinbarung eines Rangrücktritts ist dabei im Regelfall nicht als unangemessene Benachteiligung im Sinne des § 307 Abs. 1 oder Abs. 2 BGB anzusehen. Insbesondere folgt allein aus der Verwendung des Begriffs „nachrangiges Darlehen“ keine Intransparenz der Klausel. Ist diese auch im Übrigen eindeutig formuliert, verstößt der Verwender mit ihr nicht gegen das Gebot der Rechtsklarheit.[242]

(3) Gegenleistung und „equity kicker“

Dem im Vergleich zum klassischen Darlehen erhöhten Ausfallrisiko steht beim Nachrangdarlehen im Regelfall eine erhöhte finanzielle Kompensation gegenüber. Die Verzinsung des Darlehens liegt deutlich über dem eines normalen Darlehens.[243] Zwar besteht, anders als beim partiarischen Darlehen, keine direkte Abhängigkeit zum wirtschaftlichen Erfolg, mittelbar ist dieser in Bezug auf den möglichen Insolvenzfall dennoch von erhöhter Bedeutung für den Kapitalgeber. Neben der höheren Verzinsung wird zwischen Darlehensgeber und Darlehensnehmer oftmals noch ein sog. „equity kicker“ vereinbart. Dieser soll dazu dienen, den Darlehensgeber an einer möglichen Wertsteigerung des Unternehmens zu beteiligen. Dies kann entweder durch Bezugsrechte auf Gesellschaftsanteile („echter equity kicker“) oder durch eine am Unternehmenswert orientierte Sonderzahlung („virtueller equity kicker“) realisiert werden.[244] Seine Auszahlung kann unabhängig von einem zusätzlichen Ereignis erfolgen oder aber zum Beispiel an den Verkauf des Unternehmens geknüpft sein (sog. „Exit-Beteiligung“). Der „equity kicker“ beteiligt den Darlehensgeber damit zusätzlich unmittelbar am Unternehmenserfolg.

---

240 *Poelzig*, WM 2014, 917 (927).

241 *BGH*, WM 2014, 897 (900) = ZIP 2014, 1087 (1089).

242 Siehe Fn. 241.

243 *Leopold/Reichling*, DStR 2004, 1360 (1361); *Link/Reichling*, Die Bank 4/2000, 266 (266).

244 Bösl/Sommer/*Wagner*, 252; *Berger*, ZBB 2008, 92 (96); *Bock*, DStR 2005, 1067 (1068); *Klingberg*, FS Westermann, 1111 (1124).

cc.) Partiarisches Nachrangdarlehen

Neben der Möglichkeit ein partiarisches oder ein nachrangiges Darlehen zu vereinbaren, steht es den Parteien ebenso offen, beide Modifikationen des Vertragsverhältnisses zusammen zu führen. Das dann entstehende partiarische Nachrangdarlehen stellt für das Crowdinvesting eine gängige Form vertraglicher Abwicklung der Kapitalüberlassung dar.[245] Das Vertragsverhältnis gestaltet sich dann wie folgt: Anstelle eines festen Zinses orientiert sich die Vergütung für die Kapitalüberlassung am wirtschaftlichen Erfolg des darlehensnehmenden Unternehmens. Anzumerken ist, dass bei der Kombination beider Erscheinungsformen oftmals eine gewisse gewinnunabhängige Grundvergütung besteht, welche allein jedoch kaum zur Rentabilität der Überlassung führt. Neben der Gewinnabhängigkeit und der damit einhergehenden Risikoverschiebung wird der Rückzahlungsanspruch mit einer Rangrücktrittsvereinbarung verbunden.

Entsprechend besteht im Insolvenzfall das deutlich erhöhte Risiko des Totalverlustes des eingesetzten Kapitals. Werden beide Formen kombiniert, wird die Wirkung als wirtschaftliches Eigenkapital des darlehensnehmenden Unternehmens noch verstärkt. Nicht nur für die Liquidität zur Bedienung des Rückzahlungsanspruchs, sondern auch für die Rentabilität der Kapitalüberlassung, ist der wirtschaftliche Erfolg der Unternehmung entscheidend, sodass eine besonders enge Bindung zwischen dem Kapitalnehmer und den Kapitalgebern aufgebaut wird.

c.) Spezifische Risiken für Crowdinvesting

Es ist für die Durchführung eines Crowdinvestments entscheidend, ob sich aus dessen Besonderheiten Abweichungen für die Abwicklung der Kapitalüberlassung ergeben. Wesentliches Merkmal ist dabei die Beteiligung der Crowd. Die Abwicklung der Kapitalüberlassung erfolgt potenziell mit einer Vielzahl von Kapitalgebern, die jeweils kleine Geldbeträge überlassen. Jeder Kapitalgeber schließt dabei mit dem Darlehensnehmer den gleichen Vertrag. Für den Einzelnen ergeben sich damit durch die Beteiligung der anderen Kapitalgeber aus der Crowd keine Änderungen. Spezifische Risiken folgen aus der vertraglichen Gestaltung selbst, diese wiederum sind von der Beteiligung einer Vielzahl von (Klein)Anlegern an sich unabhängig und können ebenso einen einzelnen Kapitalgeber treffen. Trotz der Vielzahl von Darlehensgebern bestehen damit keine besonderen Abweichungen im Verhältnis zur singulären Überlassung von Kapital außerhalb eines Crowdinvestments. Das Risiko des Totalausfalls wird

245 Zur Ubiquität *Klöhn/Hornuf/Schilling*, ZBB 2016, 142 (149 f.).

durch die Einbeziehung vieler Geldgeber, die alle einen kleinen Betrag leisten, nicht beeinflusst. Die Gefahren, die sich aus der rechtlichen Konstruktion ergebenen, unterscheiden sich nicht von denen einer Kapitalüberlassung in gleicher Gesamtsumme durch eine einzelne Partei. Für die Beteiligten bieten sich darüber hinaus Möglichkeiten, die Kapitalüberlassung in ihrer konkreten Abwicklung zu vereinfachen. Durch die Gründung einer Gesellschaft (Personen- oder Kapitalgesellschaft) kann eine vorgelagerte Bündelung des Kapitals erfolgen.[246] Die Gesellschaft schließt dann den modifizierten Darlehensvertrag mit dem Zielunternehmen. Auch die Verwendung vorformulierter Verträge gegenüber Verbrauchern und die damit einhergehende AGB-Kontrolle stehen einer Umsetzung des Finanzierungsablaufs nicht im Wege.

2. Stille Gesellschaft

Gerade zu Beginn des Crowdinvesting wurde die Finanzierung oftmals durch die Beteiligung der Geldgeber in Form der stillen Gesellschaft (stG) realisiert.[247] Zwar wird diese Form der Abwicklung nicht von § 2a VermAnlG erfasst, dennoch gilt es festzustellen, ob sich spezifische Risiken ergeben können.

a.) Kennzeichen der stillen Gesellschaft

Die stille Gesellschaft nach § 230 HGB ist eine Gesellschaft im Sinne der §§ 705 ff. BGB.[248] Entsprechend ist es als zwingendes Element jeder Personengesellschaft[249] erforderlich, dass die Parteien einen gemeinsamen Zweck verfolgen. Dieser liegt bei der stG in der Erzielung von Gewinnen mit Handelsgeschäften durch den Geschäftsinhaber.[250] Bei ihr als besonderer Form der GbR[251] finden ergänzend zu den §§ 230 ff. HGB die §§ 705 ff. BGB auch ohne expliziten Verweis

246 *Companisto* – www.companisto.com/de/investment-model (zuletzt abgerufen am 02.12.2016).
247 Oetker/*Schubert*, § 230 Rn. 8a; Röhricht/Graf v. Westphalen/Haas/*Mock*, § 230 Rn. 62.
248 Henssler/Strohn/*Servatius*, § 230 Rn. 1; MünchKommHGB/*Schmidt*, § 230 Rn. 4.
249 Palandt/*Sprau*, § 705 Rn. 20 ff.
250 RGZ 77, 223 (223 ff.) = JurionRS 1911, 10207; RGZ 80, 268 (268 ff.) = JurionRS 1912, 10204; Blaurock/*Blaurock*, Rn. 4.6 f.; Oetker/*Schubert*, § 230 Rn. 1; Staub/*Harbarth*, § 230 Rn. 13.
251 BGHZ 127, 176 (184) = *BGH*, NJW 1995, 192 (193).

Anwendung[252]. Die stille Gesellschaft ist, entsprechend der Überschrift des Zweiten Buches des HGB[253], keine Handelsgesellschaft im Sinne des HGB. Die Kapitalüberlassung des Geldgebers erfolgt durch seine Einlage gem. § 230 Abs. 1 HGB. Diese Einlage geht nach § 230 Abs. 1 HGB ausschließlich in das Vermögen des Geschäftsinhabers über, womit dann auch kein Gesamthandsvermögen gebildet wird.[254] Der stillen Gesellschaft fehlt die Fähigkeit, Trägerin von Rechten und Pflichten zu sein.[255] Damit ist sie weder rechts-, partei-, noch insolvenzfähig. Dementsprechend tritt ausschließlich der Inhaber des Geschäfts nach außen, im eigenen Namen handelnd, auf.[256] Fußend auf dem Umstand, dass die stille Gesellschaft nicht am Rechtsverkehr teilnimmt, kann sie auch von Dritten kein Vermögen erwerben und damit auch kein gemeinschaftliches Gesellschaftsvermögen im Sinne von § 718 BGB bilden.[257] Die stG ist aufgrund des fehlenden Gesellschaftsvermögens und dem Fehlen vertretungsbefugter Organe eine reine Innengesellschaft im engeren Sinne.[258] Ihr liegt insofern nur ein Schuldverhältnis zugrunde[259], dennoch ist sie eine Gesellschaft im Rechtssinne.[260] Auf diesem Schuldverhältnis beruht die Überlassung der Einlage. Dies bedeutet für das Unternehmen rein formal – mangels dinglicher Rechte des stillen Gesellschafters – den Erhalt von Fremdkapital, womit seine Einlage zwar wirtschaftlich ein qualifizierter Kredit, rechtlich aber dennoch verantwortliches Kapital darstellt.[261] Damit ist die stille Beteiligung an einem Unternehmen eine Form der mezzaninen Unternehmensfinanzierung, die dazu genutzt werden kann, die

252 MünchKommHGB/*Schmidt*, § 230 Rn. 6.

253 Überschrift des Zweiten Buches des HGB: „Handelsgesellschaften und stille Gesellschaft".

254 EBJS/*Gehrlein*, § 230 Rn. 2; MünchHdBGesR/*Keul*, § 72 Rn. 22.

255 Statt Vieler Blaurock/*Blaurock*, Rn. 4.12.

256 Exemplarisch Oetker/*Schubert*, § 230 Rn. 1.

257 BFHE 223, 166 ff. = *BFH*, DStR 2008, 2305 ff.; *OLG Hamm*, NJW-RR 1994, 1382 (1383); EBJS/*Gehrlein*, § 230 Rn. 4; Henssler/Strohn/*Servatius*, § 230 Rn. 38; MünchKommHGB/*Schmidt*, § 230 Rn. 9; Staub/*Harbarth*, § 230 Rn. 14.

258 Staub/*Harbarth*, § 230 Rn. 13; *Beuthien*, NZG 2011, 161 (165).

259 *OLG Frankfurt a.M*,. NZG 2001, 270 (271) = BeckRS 9998, 42565; Baumbach/Hopt/*Roth*, § 230 Rn. 2; generell für die Innengesellschaft i.e.S.: MünchKommBGB/*Ulmer*/*Schäfer*, § 705 Rn. 285.

260 BGHZ 127, 184 (184) = *BGH*, NJW 1995, 192 (192).

261 Baumbach/Hopt/*Roth*, § 230 Rn. 21.

Eigenkapitalquote zu erhöhen.[262] Dieser mezzanine Charakter der Finanzierung ist wiederum Kriterium für die Einordnung hin zum Crowdinvesting.[263]

b.) Voraussetzungen der Gründung

Die Gründung der stillen Gesellschaft erfolgt durch einen Vertrag zwischen dem Inhaber eines Handelsgewerbes und dem Geldgeber als zukünftigen stillen Gesellschafter. Am Vertrag muss demnach immer ein Kaufmann im Sinne der §§ 1 bis 6 HGB beteiligt sein.[264] Soweit Formkaufleute oder Handelsgesellschaften beteiligt sind, ist der Betrieb eines Handelsgewerbes nicht zwingend vorausgesetzt[265], Gewinnerzielungsabsicht als Zweck der stG aber stets erforderlich[266]. Die Gründung einer stillen Gesellschaft mit einem Nicht-Kaufmann ist wegen der klaren gesetzlichen Beschränkung auf Handelsgewerbe (§ 230 Abs. 1 HGB) nicht möglich. Soweit es dem Parteiwillen entspricht, können die Regelungen der §§ 230 ff. HGB jedoch entsprechend auf die dann entstehende Innen-GbR anzuwenden sein.[267] Als Geldgeber, also stiller Gesellschafter, kommen sowohl natürliche als auch juristische Personen in Frage. Bei ihnen ist die Kaufmannseigenschaft keine Voraussetzung für die Gründung einer stillen Gesellschaft.[268] Die Erbringung der Einlage in das Inhabervermögen, die nach § 230 Abs. 1 HGB geschuldet wird, ist konstitutiv.[269] Ebenso ist die Beteiligung des stillen Gesellschafters am Gewinn des Handelsgewerbes nach § 231 Abs. 2 HGB konstitutive Voraussetzung und entsprechend unverzichtbar für die Gründung einer stillen Gesellschaft.[270] Etwaige Formerfordernisse greifen bei der Gründung der stillen Gesellschaft nicht ein[271], es sei denn, außerhalb des Gesellschaftsrechts stehende

---

262 Oetker/*Schubert*, § 230 Rn. 6a, 8.

263 Dazu oben, Seite 30 f.

264 *BGH*, NJW 1994, 1156 (1156) = ZIP 1994, 455 (456); Blaurock/*Jung*, Rn. 6.1; MünchHdBGesR/*Keul*, § 72 StG Rn. 10.

265 *BFH*, BB 1983, 1515 (1516) = GmbHR 1983, 281 (282); Oetker/*Schubert*, § 230 Rn. 11.

266 Siehe Fn. 264.

267 Statt Vieler: *BGH*, NJW 1982, 99 (99 f.) = JurionRS 1981, 12389; Palandt/*Sprau*, § 705 Rn. 50.

268 Oetker/*Schubert*, § 230 Rn. 16.

269 BGHZ 7, 174 (174 ff.) = *BGH*, NJW 1952, 1412 (1412 f.); MünchKommHGB/*Schmidt*, § 230 Rn. 37; Staub/*Harbarth*, § 230 Rn. 9; a.A. Blaurock/*Jung*, Rn. 7.2.

270 *BGH*, WM 1976 1030 (1031) = DB 1977, 87 (88); Röhricht/Graf v. Westphalen/Haas/*Mock*, § 230 Rn. 3.

271 Früher explizit festgelegt durch Art. 250 Abs. 2 ADHGB.

Regelungen[272] sehen solche vor.[273] Ebenso wenig ist eine Eintragung in das Handelsregister vorgesehen. Eine Kontrolle der Verträge nach den §§ 305 ff. BGB scheidet gem. § 310 Abs. 4 BGB aus.[274]

c.) Rechte des stillen Gesellschafters

Als Gegenleistung für die Überlassung des Kapitals durch die Einlage wird der Geldgeber stiller Gesellschafter. In dieser Rolle kommen ihm verschiedene Rechte zu. Dem stillen Gesellschafter steht gem. § 233 Abs. 1 HGB ein Informationsrecht zu. Danach ist er berechtigt, die abschriftliche Mitteilung[275] des Jahresabschlusses zu verlangen, und dessen Richtigkeit unter Einsicht der Bücher und Papiere zu prüfen. Zu diesen Papieren gehören alle für den Jahresabschluss erheblichen Unterlagen, wobei für die Überprüfung auch ein Buchsachverständiger hinzugezogen werden kann.[276] Neben diesem ordentlichen Informationsrecht besteht in § 233 Abs. 3 HGB auch ein außerordentliches. Dieses setzt jedoch voraus, dass ein wichtiger Grund vorliegt. Ein solcher ist dann gegeben, wenn die Interessen des stillen Gesellschafters durch das ordentliche Informationsrecht nicht ausreichend gewahrt sind und zusätzlich für ihn die Gefahr eines Schadens besteht.[277] Demgegenüber sind für ihn gesetzlich keine Mitwirkungsrechte an der Gesellschaft vorgesehen. Diese können jedoch individuell im Gesellschaftsvertrag vereinbart werden.[278] Der stille Gesellschafter hat das Recht, am Gewinn des Unternehmens beteiligt zu werden. Eine solche Partizipation kann durch gesellschaftsvertragliche Regelungen nicht ausgeschlossen werden.[279]

Eine Beteiligung an den Verlusten des Unternehmens ist zwar nach § 231 Abs. 2 HGB vorgesehen, kann indes durch Vertrag ausgeschlossen werden.[280] Eine Gewinnbeteiligung setzt voraus, dass der Stille am Unternehmenserfolg partizipiert, dennoch kann der Maßstab, nach dem die konkrete Verteilung erfolgt, im

---

272 Beispielhaft § 311b Abs. 1 BGB.

273 Statt Vieler: Henssler/Strohn/*Servatius*, § 230 Rn. 13.

274 Exemplarisch Jauernig/*Stadler*, § 310 Rn. 10.

275 Dazu *OLG Hamburg*, NZG 2004, 715 (715 ff.) = ZIP 2004, 1099 (1099 ff.).

276 Blaurock/*Jung*, Rn. 12.49.

277 Vgl. *BGH*, NJW 1984, 2470 (2470) = MDR 1984, 1006 (1006).

278 Blaurock/*Blaurock*, Rn. 10.20.

279 Henssler/Strohn/*Servatius*, § 231 Rn. 1; Ensthaler/*Fahse*/*Gesmann-Nuissl*, § 231 Rn. 3; MünchHdBGesR/*Keul*, § 72 Rn. 15.

280 EBJS/*Gehrlein*, § 231 Rn. 5; Staub/*Harbarth*, § 231 Rn. 5.

Gesellschaftsvertrag vereinbart werden.[281] Dabei können die §§ 230 ff. HGB auch auf die Beteiligungen am Gewinn von Unternehmensteilen (beispielsweise eines von mehreren Betrieben oder Niederlassungen oder Abteilungen) angewendet werden.[282] Eine reine Festverzinsung steht der Annahme einer stillen Gesellschaft mangels der erforderlichen Gewinnbeteiligung entgegen[283], wohingegen ein Höchstbetrag der Summe der Gewinnbeteiligung festgesetzt werden kann[284]. Der konkrete Anspruch auf Zahlung des Gewinnanteils ergibt sich, wenn ein Gewinn im Geschäftsjahr erwirtschaftet wurde, aus § 232 Abs. 1 HGB.

d.) Besonderheiten und Vorteile für das Crowdinvesting

Wesentliches Merkmal eines Crowdinvestments ist die potenziell große Zahl an Geldgebern. Die Anzahl der stillen Gesellschafter, die sich am Handelsgewerbe beteiligen wollen, ist dabei für die Frage der rechtlichen Auswirkungen auf die Beteiligung des einzelnen Geldgebers an Gewinn oder auch Verlust des Handelsgewerbes zweitrangig. Generell sind mehrere stille Beteiligungen an demselben Handelsgewerbe jeweils rechtlich selbstständig.[285] Einer besonders großen Zahl von Beteiligungen kann durch vertragliche Ausgestaltung begegnet werden. So können sich die einzelnen stillen Gesellschafter in einer GbR, die den Zweck der einheitlichen Ausübung ihrer Mitgliedschaftsrechte hat, zusammenfinden.[286] Auch ohne Bildung einer Gesellschaft kann die Ausübung der Mitgliedschaftsrechte jeweils auf einen Treuhänder übertragen werden, der dann eine einheitliche Ausübung gewährleistet.[287] Darüber hinaus können sich die Geldgeber im Vorfeld in einer Gesellschaft[288] zusammenschließen, die sich dann als stiller Gesellschafter am Zielunternehmen beteiligt. Die große Freiheit, die bei der stillen Gesellschaft im Rahmen der Vertragsgestaltung besteht, führt zu einer praktikablen Umsetzungsmöglichkeit für den Kapitalnehmer. Insbesondere kann vorgesehen werden, dass eine koordinierte Ausübung etwaiger Kontrollrechte zu erfolgen hat. Die fehlenden Formerfordernisse, insbesondere, dass eine

---

281 Ensthaler/*Fahse*/*Gesmann-Nuissl*, § 231 Rn. 3; MünchKommHGB/*Schmidt*, § 230 Rn. 39.

282 Heidel/Schall/*Partikel*, § 231 Rn. 14.

283 Vgl. Staub/*Harbarth*, § 230 Rn. 52.

284 BGHZ 156, 38 (44) = *BGH*, NJW 2003, 3412 (3414).

285 Statt Vieler: *BGH*, WM 1980, 868 (868 f.) = BB 1980, 958 (959); Röhricht/Graf v. Westphalen/Haas/*Mock*, § 230 Rn. 72 f.

286 Blaurock/*Jung*, Rn. 6.62; EBJS/*Gehrlein*, § 230 Rn. 83.

287 Exemplarisch Oetker/*Schubert*, § 230 Rn. 34.

288 Sowohl Personen-, als auch Kapitalgesellschaft.

Eintragung ins Handelsregister nicht vorgesehen ist, lassen daneben auch die Bewältigung großer Zahlen von Geldgebern zu. Auch die zulässigen Anpassungen an die konkrete Ausgestaltung der Gewinnbeteiligung entsprechen den Bedürfnissen des Crowdinvesting. Wie bereits dargelegt, wird Crowdinvesting primär im Rahmen der Anfangsfinanzierung von Unternehmen (Start-Up-Phase) genutzt.[289] Gerade in dieser Phase ist eine Teilnahme am Geschäftsverkehr im Umfang des § 1 HGB oftmals nicht gegeben. Eine Kaufmannseigenschaft als Ist-Kaufmann nach § 1 Abs. 1 HGB scheidet dann aus. Jedoch lässt die Rechtsform der UG, welche häufig bei Start-Ups zu finden ist[290], die Gründung einer stillen Gesellschaft zu. Die UG ist Formkaufmann nach § 13 Abs. 3 GmbHG und somit fähig, Komplementär einer stillen Gesellschaft zu sein.

3. Genussrechte

Eine weitere Möglichkeit, ein Crowdinvestment abzuwickeln, besteht für den Kapitalnehmer darin, Genussrechte auszugeben.[291] Auch diese Form der Abwicklung wurde mehrfach genutzt, dennoch nicht vom Gesetzgeber in den Ausnahmetatbestand des § 2a VermAnlG aufgenommen.

a.) Rechtsnatur des Genussrechts

Das Genussrecht wird an vielen Stellen im Gesetz vorausgesetzt,[292] eine gesetzliche Definition fehlt jedoch. So ist zwar die Einordnung des Genussrechts als Zwischenform von Aktie und Schuldverschreibung im Gesetzgebungsverfahren genannt worden.[293] Um die Entwicklung und Ausbildung der verschiedenen Genussrechtsformen nicht durch gesetzliche Vorgaben zu behindern, wurde auf eine gesetzliche Definition und die Normierung der Anforderungen an die Ausgestaltung verzichtet.[294] Damit ist das Genussrecht in erster Linie durch die bewusst gewählte Gestaltungsfreiheit der Parteien gekennzeichnet.[295] Begrifflich lässt sich zwischen Genussrecht und Genussschein trennen. Worin die Abgrenzung bei der

289 Oben, Seite 33 ff.
290 Scholz/*Westermann*, § 5a Rn. 3.
291 Vgl. *Klöhn/Hornuf*, ZBB 2012, 237 (241).
292 Häger/Elkemann-Reusch/*von Alvensleben*, Rn. 606.
293 Gadow/Heinichen/*Schilling*, § 174 Anm. 11 zur amtl. Begründung von 1930.
294 MüKoAktG/*Habersack*, § 221 Rn. 64; vertiefend Häger/Elkemann-Reusch/*von Alvensleben*, Rn. 605.
295 BGHZ 119, 305 (309) = *BGH*, NJW 1993, 57 (58).

Begriffsverwendung zu sehen ist, wird unterschiedlich verstanden.[296] Vorzugswürdig und dem Verständnis neuer gesetzlicher Vorschriften[297] entsprechend, wird die Unterscheidung in der nicht notwendigen Verbriefung gesehen.[298] Genussrechte müssen nicht zwingend verbrieft werden, sondern können auch unverbrieft ausgegeben werden.[299] Genussscheine sind hingegen börsengängige Wertpapiere, die sich in bestimmten geldwerten Ansprüchen erschöpfen, wobei diese nicht gesellschaftsrechtlich geprägt sind, sondern reine Forderungsrechte verbriefen.[300] Die begriffliche Unterscheidung zielt damit auf eine etwaige Verbriefung des Genussrechts ab.[301] Ein Genussrecht lässt sich als vertraglich begründetes, schuldrechtliches Gläubigerrecht[302], das einen vermögenswerten Anspruch gegen die ausgebende Gesellschaft begründet, charakterisieren.[303] Es verschafft mitgliedschaftsähnliche Rechte, begründet aber selbst keine Mitgliedschaft in der Gesellschaft.[304] Als ein Dauerschuldverhältnis *sui generis*[305] stellt es damit eine Grundform derjenigen schuldrechtlichen Ansprüche dar, die einer gesellschaftlichen Beteiligung angenähert sind.[306] Zum Teil wurde das Kriterium einer massenweisen Begebung als Definitionsmerkmal des Genussrechts angeführt.[307] Dem stehen der Wortlaut des § 221 Abs. 3 AktG und die fehlende Relevanz für die

---

296 Dazu Spindler/Stilz/*Seiler*, § 221 Rn. 23.

297 Insb. § 1 Abs. 2 VermAnlG.

298 MünchKommAktG/*Habersack*, § 221 Rn. 63.

299 Statt Vieler: Hüffer/*Koch*, § 221 Rn. 28.

300 *BGH*, WM 1959, 434 (436) = JurionRS 1959, 15048; *Claussen*, FS W. Werner, 81 (81).

301 GroßKommAktG/*Hirte*, § 221 Rn. 396; Hüffer/*Koch*, § 221 Rn. 28; Schmidt/Lutter/*Merkt*, § 221 Rn. 92; KölnKomm AktG/*Lutter*, § 221 Rn. 22.

302 BGHZ 119, 305 (310) = *BGH*, NJW 1993, 57 (58).

303 MünchKommAktG/*Habersack*, § 221 Rn. 86; Spindler/Stilz/*Seiler*, § 221 Rn. 24; *Angerer*, DStR 1994, 41 (41).

304 BGHZ 119, 305 (310) = *BGH*, NJW 1993, 57 (58); Schmidt/Lutter/*Merkt*, § 221 Rn. 43 m.w.N.

305 H.M.: BGHZ 156, 38 (43) = *BGH*, NJW 2003, 3412 (3413); BGHZ 119, 305 (330) = *BGH*, NJW 1993, 57 (63); Hölters/*Haberstock*/*Greitemann*, § 221 Rn. 21; Hüffer/*Koch*, § 221 Rn. 27; Rowedder/Schmidt-Leithoff/*Pentz*, § 29 Rn. 145; *Angerer*, DStR 1994, 41 (41); *Claussen*, FS W. Werner, 81 (81); *Pougin*, FS Oppenhoff, 275 (275); a.A. *Frantzen*, 22; *Schön*, JZ 1993, 925 (930).

306 Schmidt/Lutter/*Merkt*, § 221 Rn. 234; Häger/Elkemann-Reusch//*von Alvensleben*, Rn. 607; *Pougin*, FS Oppenhoff, 275 (275).

307 *Wünsch*, FS Strasser, 1983, 871 (877) spricht vom „kollektiven Element“.

Beeinträchtigung der Gesellschafterinteressen entgegen.[308] Auch Einzelverträge können damit ein Genussrecht einräumen.[309]

b.) Abschluss des Genussrechtsvertrages

Genussrechte und ihre Ausgabe finden im § 221 Abs. 3 AktG eine gesetzliche Grundlage. Gerade für Start-Up-Finanzierungen, in denen Crowdinvesting seinen Hauptanwendungsbereich findet, ist die Rechtsform der AG auf Grund des hohen Kapital- und Gründungsaufwands untypisch. Neben der AG können aber auch andere Kapitalgesellschaften, vor allem die GmbH, Genussrechte ausgeben.[310] Auch für Personengesellschaften besteht die Möglichkeit, durch die Emission von Genussrechten Kapital zu generieren.[311] Zwar wird zum Teil angeführt, die in Personengesellschaften bestehende Kapitalbindung der Mitglieder stünde der Ausgabe von Genussrechten mit Eigenkapitalcharakter entgegen,[312] jedoch ergibt sich der Eigenkapitalcharakter von Genussrechten nicht aus der Kapitalbindung, sondern aus der vertraglichen Vereinbarung.[313] Eine Einschränkung der Ausgabe von Genussrechten auf die AG – im Sinne eines Typenzwangs – überzeugt insofern nicht. Vielmehr würde eine solche Einschränkung gegen den Grundsatz der Vertragsfreiheit sprechen, der das Gesellschaftsrecht prägt[314], denn an sich sind sowohl Kapital- als auch Personengesellschaften in der Lage, schuldrechtliche Rechtspositionen einzuräumen.[315] Damit ist die Ausgabe von Genussrechten an sich rechtformneutral.[316] Indes ist das gesetzliche Leitbild der jeweiligen Rechtsform der emittierenden Gesellschaft für die rechtliche

---

308 MünchKommAktG/*Habersack*, § 221 Rn. 66; *Sethe*, AG 1993, 293 (309).

309 Vgl. BGHZ 120, 141 (141 ff.) = *BGH*, NJW 1993, 400 (400 ff.) Gegenstand der Entscheidung waren zwei Genussrechtsverträge zu je 15. Mio. DM.

310 Statt Vieler Ulmer/Habersack/Löbbe/*Müller*, § 29 Rn. 111.

311 MünchKommHGB/*Schmidt*, § 230 Rn. 53; Laßmann/Schwark/*Lutter*, ZGR-Sonderheft 1985, 85 (101); *Mock*, NZI 2014, 102 (102); *Sethe*, AG 1993, 293 (308); *Ziebe*, DStR 1991, 1594 (1595).

312 *Vollmer*, ZGR 1983, 445 (453 f.).

313 *Sethe*, AG 1993, 293 (308) m.w.N.

314 Zu Typenzwang und Vertragsfreiheit im Gesellschaftsrecht vgl. BVerfGE 50, 290 (355) = *BVerfG*, NJW 1979, 699 (706).

315 Vgl. *Sethe*, AG 1993, 293 (308).

316 GroßKommAktG/*Hirte*, § 221 Rn. 337 ff.; MünchKommHGB/*Schmidt*, § 230 Rn. 53; *Claussen*, FS W. Werner, 81 (91); *Frantzen*, 25 ff. m.w.N.; Lüdicke/Sistermann/*Johannemann*, § 10 Rn. 19; Jesch/Striegel/Boxberger/*Klier*/*Kuzmicki*/*von Schweinitz*, 618; *Mock*, NZI 2014, 102 (102); *Sethe*, AG 1993, 293 (308).

Beurteilung des Genussrechtsverhältnisses zu berücksichtigen.[317] Aus Sicht der ausgebenden Gesellschaft beeinflusst die Ausgabe von Genussrechten, gerade zur Finanzierung, den Gewinn und die Ausschüttung an die Gesellschafter, sodass zwar der Geschäftsführer oder Vorstand für die Ausgabe selbst verantwortlich ist, jedoch der Zustimmung durch die Gesellschafter bedarf.[318]

c.) Mögliche vertragliche Ausgestaltungen

Genussrechte bieten im Rahmen der inhaltlichen Ausgestaltung großen Gestaltungsspielraum. Im Normalfall erhält der Kapitalgeber für die Überlassung von Kapital eine an den Gewinn gebundene Vergütung.[319] Diese Koppelung kann typischerweise auf zwei Arten erfolgen. Ist die Verzinsung variabel und hängt der Höhe nach direkt vom Gewinn des Kapitalnehmers ab, so wird dies als gewinnorientierte Verzinsung verstanden.[320] Etwaige Erfolge beeinflussen direkt die Höhe der Gegenleistung für den Kapitalgeber. Auf der anderen Seite kann der Gewinn auch nur für die Frage entscheidend werden, ob überhaupt eine Auszahlung des Zinses erfolgt. Dieser wird als Festzins vereinbart, aber nur ausgezahlt, wenn ein entsprechender Gewinn durch den Kapitalnehmer erzielt wurde. Auch wenn die Verträge eine solche Gewinnabhängigkeit vorsehen, sind sie als Genussrechtsverträge anzusehen.[321] Im Weiteren unterliegen die Modalitäten dem Willen der Parteien. Vor allem, was als „Gewinn" angesehen werden soll oder an was sich die Verzinsung orientiert, ist insofern ein gestaltbarer Begriff. So kann etwa an die Dividende der Gesellschafter, den Bilanzgewinn, den Reingewinn oder einen anderen Faktor angeknüpft werden. Auch der Erfolg einzelner Konzernteile oder der Konzerngewinn kann als entscheidende Bezugsgröße festgelegt werden.[322] Daneben steht die Frage, ob der Genussrechtsinhaber an den Verlusten des Kapitalnehmers teilnehmen soll, zur Disposition

---

317 Häger/Elkemann-Reusch/*von Alvensleben*, Rn. 615.

318 Zumeist festgelegt durch Satzung, Baumbach/Hueck/*Fastrich*, § 29 Rn. 85.

319 Anstelle von Kapital können auch Sach-, Dienstleistungen oder auch überhaupt keine Gegenleistung (vor allem bei AN-Genussrechten) vereinbart werden.

320 MünchKommAktG/*Habersack*, § 221 Rn. 99; Spindler/Stilz/*Seiler*, § 221 Rn. 32.

321 vgl. BGHZ 120, 141 ff. = *BGH*, NJW 1993, 400 ff.; Hölters/*Habermann*/*Greitemann*, § 221 Rn. 33; Schmidt/Lutter/*Merkt*, § 221 Rn. 57; Spindler/Stilz/*Seiler*, § 221 Rn. 33; Ulmer/Habersack/Löbbe/*Müller*, § 29 Rn. 112a; *Lühn*, 42 ff.; *Sethe*, AG 1993, 293 (298 f.).

322 GroßKommAktG/*Hirte*, § 221 Rn. 393.

der Parteien. Je nach Art der weiteren Ausgestaltung stellt eine etwaige Verlustteilnahme und deren Ausgestaltung das entscheidende Abgrenzungskriterium zu anderen Finanzierungsformen – insbesondere der stillen Gesellschaft und dem partiarischen Darlehen – dar.[323] Von einer Verlustteilnahme ist in jedem Fall auszugehen, wenn ein fester Rückzahlungsanspruch fehlt.[324] Die konkrete Ausgestaltung der Verlustteilnahme obliegt den Parteien und wird im Regelfall als laufende Verlustteilnahme im Sinne eines Kapitalkontos oder als Koppelung an die Höhe des Grundkapitals der Gesellschaft realisiert.[325] Auch für Genussrechte ist es üblich, dass diese mit einer Rangrücktrittsvereinbarung verabredet werden.[326] Ebenso kann und wird häufig eine Beteiligung an einem möglichen Liquidationserlös in Form eines „equity kickers" in den Genussrechtsvertrag aufgenommen.[327] Genussrechte sind inhaltlich mehr oder weniger stark an die Rechte der Gesellschafter angenähert. Die vertragliche Einräumung von mitgliedschaftlichen Rechten, vor allem solcher Rechte, die auf Kontrolle oder Willensbildung abzielen, ist im Rahmen eines Genussrechtsvertrages nicht möglich.[328] Mangels direkter Einflussnahme auf die Gesellschaft gilt dies nicht für ein Recht auf Teilnahme an Gesellschafterversammlungen sowie Rede- und Auskunftsrechte, welche dann jedoch auch nicht aus einer Mitgliedschaft in der Gesellschaft erwachsen, sondern nur als vertragliche Ansprüche bestehen.[329] Die starke Abhängigkeit und Bindung des Genussrechtsinhabers an den Erfolg der ausgebenden Gesellschaft verdeutlicht, ebenso wie die Möglichkeit der eigenkapitalähnlichen Ausgestaltung, den mezzaninen Charakter dieser Finanzierungsform. Die Freiheit der Parteien, Genussrechte individuell auszugestalten, wirft dabei oftmals die Frage der Abgrenzung zu anderen Finanzierungsinstrumenten auf, der im späteren Verlauf nachgegangen wird.[330]

---

323 Spindler/Stilz/*Seiler*, § 221 Rn. 31; Häger/Elkemann-Reusch/*von Alevensleben*, Rn. 618; Jesch/Striegel/Boxberger/*Klier*/*Kuzmicki*/*von Schweinitz*, 616 f.

324 Vertiefend *Frantzen*, 122 ff.

325 Vgl. MünchKommAktG/*Habersack*, § 221 Rn. 103, 107.

326 Zu Rangrücktrittsvereinbarungen, Seite 55 ff.

327 Dazu oben, Seite 61 f.

328 Statt Vieler BGHZ 119, 305 (328 f.) = *BGH*, NJW 1993, 57 (63); MünchKommAktG/*Habersack*, § 221 Rn. 119 m.w.N.

329 Exemplarisch KölnKommAktG/*Lutter*, § 221 Rn. 219 f.

330 Dazu unten, Seite 128 f.

d.) AGB-Kontrolle, §§ 305 ff. BGB

Im Regelfall erfüllt der Genussrechtsvertrag, gerade bei einer massenweisen Begebung, die Bedingungen des § 305 Abs. 1 S. 1 BGB und unterfällt damit den Regelungen der §§ 305 ff. BGB.[331] Ein Ausschluss nach § 310 Abs. 4 BGB kommt anders als bei der stillen Gesellschaft, mangels Einräumung mitgliedschaftlicher Rechte, nicht in Betracht. Im Rahmen der Einbeziehung stellen sich insofern keine besonderen genussrechtsspezifischen Anforderungen. Bei der Inhaltskontrolle nach § 307 BGB sind indes Besonderheiten zu beachten. Ihr sind die Hauptleistungsabreden der Parteien entzogen.[332] Dies betrifft die Höhe des Rückzahlungsanspruches, die Höhe des Zinssatzes und eine etwaige Teilnahme an Verlusten.[333] Auch die Festsetzung eines Rangrücktritts ist, anders als beim Nachrangdarlehen einer Inhaltskontrolle entzogen. Denn die damit vereinbarte mittelbare Verlustbeteiligung[334] bildet ein wesentliches Merkmal des geschuldeten Eigenkapitalcharakters des Genussrechts.[335] Klauseln, die die Hauptleistungsabreden modifizieren, einschränken oder ändern, insbesondere solche, die dem Verwender ein einseitiges Änderungsrecht zugestehen,[336] unterliegen der Inhaltskontrolle nach § 307 BGB. Vorbehaltlich etwaig unklarer oder unverständlicher Regelungen steht auch das Transparenzgebot[337] der massenweisen Begebung von Genussrechten im Regelfall nicht entgegen.

---

331 *BGH*, WM 2014, 1076 (1078) = ZIP 2014, 1166 (1168); BGHZ 197, 284 (295) = *BGH*, NZG 2013, 987 (990); BGHZ 119, 305 (312) = *BGH*, NJW 1993, 57 (58); MünchKomm AktG/*Habersack*, § 221 Rn. 255; GroßKommAktG/*Hirte*, § 221 Rn. 132, 399; Hüffer/*Koch*, § 221 Rn. 35; Schmidt/Lutter/*Merkt*, § 221 Rn. 76 f.; Ulmer/Habersack/Löbbe/*Müller*, Anh. § 29 Rn. 33; a.A. (für Anleihebedingungen) *Assmann*, WM 2005, 1053 (1053 ff.) m.w.N.

332 Dazu oben, Seite 57 ff.

333 Statt Vieler BGHZ 119, 305 (315) = *BGH*, NJW 1993, 57 (59); i.Ü. GroßKommAktG/*Hirte*, § 221 Rn. 400 m.w.N.

334 Dazu Schmidt/Lutter/*Merkt*, § 221 Rn. 62.

335 Vgl. BGHZ 119, 305 (314) = *BGH*, NJW 1993, 57 (59); *Bork*, ZIP 2014, 997 (997); *Poelzig*, WM 2014, 917 (922); a.A. *Bitter*/*Rauhut*, ZIP 2014, 1005 (1015).

336 MünchKommAktG/*Habersack*, § 221 Rn. 266; zu Optionsanleihen *BGH*, ZIP 2009, 1558 (1559 f.) = NJW-RR 2009, 1641 (1643).

337 Zum Beurteilungsmaßstab Ulmer/Brandner/Hensen/*Fuchs*, § 307 Rn. 344 f.

e.) Besonderheiten für Crowdinvesting

Für die Einbindung der Crowd sind Genussrechte damit gut geeignet. Als Finanzierungsinstrument sind sie auf Beteiligung einer Vielzahl von Anlegern ausgerichtet, wobei jedoch auch die Einräumung eines einzelnen Genussrechts möglich ist. Dies wird dann bedeutend, wenn im Rahmen des Investments eine Gesellschaft im Sinne eines „Poolings" zwischen geschaltet wird, um eine gleichmäßige Ausübung etwaig eingeräumter Rechte zu gewährleisten. Die Ausgabe von Genuss*rechten* ist auch für Start-Up-Unternehmen, vor allem in der gängigen Rechtsform der UG, als Rechtsformvariante der GmbH[338], oder als Personengesellschaft möglich. Unter Bezugnahme auf die Einleitung dieses Abschnitts ist festzuhalten, dass Genuss*scheine* als Mittel eines Crowdinvestments nach der Vorstellung des Gesetzgebers und nach den neu geschaffenen Vorschriften des VermAnlG nicht in Betracht kommen. Ihre Verbriefung als Wertpapier[339] schließt eine Anwendbarkeit des VermAnlG aus, was zur Folge hat, dass die vom Gesetzgeber geschaffene Ausnahmeregelung für Schwarmfinanzierung per se nicht eingreifen kann. Zusammenfassend wird deutlich, dass die rechtliche Abwicklung von Crowdinvesting mittels Ausgabe von Genussrechten keine Auswirkung auf das Investitionsrisiko im Verhältnis zu einer Genussrechtsausgabe außerhalb eines Crowdinvestments hat. Für die Beteiligung einer Vielzahl von Anlegern sind Genussrechte, vor allem wegen ihres hohen Maßes an Individualisierbarkeit, gut geeignet.

4. Risikobewertung der rechtlichen Ausgestaltungsformen

Für den Kapitalsuchenden bieten sich mehrere Möglichkeiten, Crowdinvesting auszugestalten. Die einzelnen Varianten haben unterschiedliche Vor- und Nachteile. Damit ist eine individuelle Anpassung an die konkreten Gegebenheiten und Anforderungen der jeweiligen Anschub- oder Zwischenfinanzierung des Start-Up-Unternehmens möglich. Aus Sicht des Anlegers führt keine der aufgezeigten Ausgestaltungen der Abwicklung dadurch zu einem veränderten Risiko, dass sie im Rahmen eines Crowdinvestments realisiert werden. Die Beteiligung einer Vielzahl von Anlegern erhöht oder senkt nicht das generell bestehende Risiko eines möglichen Kapitalverlusts, das sich aus der Natur mezzaniner Finanzprodukte ergibt. Crowdinvesting lässt sich als unmittelbare oder als mittelbare Partizipation ausgestalten, wobei die unmittelbare Teilhabe in der Praxis eindeutig

338 Exemplarisch Rowedder/Schmidt-Leithoff/*Baukelmann/Schmidt-Leithoff*, § 5a Rn. 1.
339 Siehe Fn. 301.

überwiegt.[340] Für die Risikobewertung ist weniger die Frage der Beteiligten, als vielmehr die Frage der vertraglichen Ausgestaltung der Beteiligung entscheidend. Diese vertragliche Ausgestaltung ist für einen Kapitalgeber aus der Crowd ebenso risikobelastet wie für einen unabhängig zeichnenden Anleger. Auch im Vergleich untereinander sind die Risiken kongruent. Vor allem die Gegenleistungen lassen sich nahezu identisch ausgestalten. Der Gesetzgeber hat in seiner Regulierung von Schwarmfinanzierung durch § 2a VermAnlG demgegenüber nur bestimmte Rechtsgeschäfte, die für die Abwicklung geeignet sind, privilegiert. Auf die Auswirkungen dieser partiellen Privilegierung wird im weiteren Verlauf einzugehen sein.[341] Crowdinvesting im Sinne des § 2a VermAnlG setzt darüber hinaus die rechtliche Beziehung des Anlegers zu einer Crowdinvesting-Plattform voraus. Diese rechtliche Beziehung findet im Wesentlichen[342] während des Emissionsprozesses, also während der Kapitalnachfrage und der Bildung der Crowd, statt. Jedoch unterliegen die Plattformen auch solchen Anforderungen, die unabhängig von einer konkreten Emission zu erfüllen sind. Ihre Rolle außerhalb des Emissionsvorgangs wird insofern im Weiteren zu beleuchten sein, bevor auf die rechtlichen Beziehungen der Emission eingegangen wird.

II. Die Rolle der Crowdinvesting-Plattform

Wie bereits deutlich geworden ist, bilden die Internet-Dienstleistungsplattformen ein wichtiges, abgrenzungserhebliches Merkmal des Crowdinvesting.[343] Zum einen wird durch § 2a VermAnlG deutlich, dass auch der Gesetzgeber die Internetplattformen als Begriffsmerkmal ansieht, zum anderen hebt er ihre Bedeutung hervor, indem er ihr Tätigwerden zur Voraussetzung des Privilegierungstatbestands macht. Die rechtliche Einordnung ihrer Tätigkeit ist unter verschiedenen Gesichtspunkten entscheidend. So stellt sich die Frage, welche aufsichtsrechtlichen Voraussetzungen für den Betrieb einer Crowdinvesting-Plattform erfüllt sein müssen. Daneben gilt es zu klären, wie die Tätigkeit der Plattformen im Verhältnis zum potenziellen Anleger einzuordnen ist.[344]

340 *Klöhn/Hornuf/Schilling*, ZBB 2016, 142 (150 f.).
341 Dazu unten, Seite 125 ff., Seite 223 ff.
342 Abgesehen von dem Betreiben eines Nutzerkontos.
343 Dazu oben, Seite 31 f.
344 Zum Gedanken, zwischen diesen Aspekten zu trennen, *Uffmann*, JZ 2016, 928 (930).

1. Aufsichtsrechtliche Anforderungen an die Tätigkeit

Neben der aufsichtsrechtlichen Regulierung der klassischen Finanzmärkte ist auch die der alternativen Finanzierungsformen in jüngster Zeit vom Gesetzgeber weiter erfasst worden. Dabei werden unterschiedliche Bereiche der Finanzmärkte auch unterschiedlichen Anforderungen unterworfen. Die Aufsicht über die Crowdinvesting-Plattformen und ihre Tätigkeit ist von der Aufsicht über das öffentliche Angebot von Vermögensanlagen zu trennen. Welchen aufsichtsrechtlichen Anforderungen genügt werden muss, um als Crowdinvesting-Plattform zugelassen zu werden, hängt neben den vertriebenen Finanzprodukten auch von der konkreten Art der Tätigkeit ab. Insofern sind Crowdinvesting-Plattformen im Regelfall spezialisierte Intermediäre[345], die sich auf die Abwicklung von Crowdinvesting-Emissionen beschränken.[346]

a.) Finanzdienstleistungsinstitut gem. § 1 Abs. 1a KWG

Der Maßstab einer aufsichtsrechtlichen Zulassung kann sich aus § 32 KWG ergeben. Nach § 32 Abs. 1 S. 1 KWG bedarf u.a. derjenige, der im Inland gewerbsmäßig Finanzdienstleistungen erbringen will, der schriftlichen Erlaubnis der Aufsichtsbehörde. Um dieser Erlaubnis zu bedürfen, müssen Crowdinvesting-Plattformen als Finanzdienstleistungsinstitute im Sinne des § 1 Abs. 1a KWG anzusehen sein. Festzuhalten ist, dass Crowdinvesting-Plattformen weder ein Platzierungsgeschäft noch ein multilaterales Handelssystem betreiben.[347]

Jedoch könnte ihre Tätigkeit die Vermittlung von Geschäften über die Anschaffung und die Veräußerung von Finanzinstrumenten und damit eine Anlagevermittlung nach § 1 Abs. 1a Nr. 1 KWG darstellen. Dem Begriff des Finanzinstruments unterliegen auch die Vermögensanlagen im Sinne des § 1 Abs. 2 VermAnlG, die für das Crowdinvesting von Bedeutung sind.[348] Eine Vermittlung liegt bereits dann vor, wenn der Vertragsschluss zwischen Emittent und Anleger vorbereitet wird.[349]

---

345 Zur Spezialisierung einzelner Plattformen, Crowdinvesting Monitor Nr. 3/2015, 4 f.

346 Zur aufsichtsrechtlichen Situation in Bezug auf Crowdinvesting-Plattformen vor Inkrafttreten des KASG, *Söpper*, 160 ff.

347 Ein Platzierungsgeschäft scheitert am Fehlen einer eigenen Willenserklärung der Plattformen, die nicht als Stellvertreter des Emittenten veräußert. Als multilaterales Handelssystem sind die Plattformen mangels Sekundärmarkt nicht anzusehen; vertiefend dazu *Klöhn/Hornuff*, ZBB 2012, 237 (249 f.).

348 Legaldefinition des Finanzinstruments in § 1 Abs. 11 KWG.

349 BaFin Merkblatt – Hinweise zum Tatbestand der Anlagevermittlung, abrufbar unter: www.bafin.de/SharedDocs/Veroeffentlichungen/DE/Merkblatt/mb_091204_tat bestand_anlagevermittlung.html?nn=2818474#doc2676124bodyText3 (zuletzt abgerufen am 02.12.2016).

Vorbereitung kann als eine Tätigkeit verstanden werden, die über den bloßen Nachweis einer Abschlussmöglichkeit hinausgeht.[350] Die von Crowdinvesting-Portalen im Regelfall vorgenommenen Vorauswahlen sowie die Präsentationen der einzelnen Crowdinvesting-Projekte[351] stellen eine solche Vorbereitung dar.[352] Auch wenn damit die Eigenschaft als Finanzdienstleistungsinstitut vorzuliegen scheint, so gelten gem. § 2 Abs. 6 S. 1 Nr. 8 e) KWG Unternehmen nicht als Finanzdienstleistungsinstitute, die als Finanzdienstleistungen für andere ausschließlich die Anlageberatung und die Anlagevermittlung zwischen Kunden und Anbietern oder Emittenten von Vermögensanlagen im Sinne des § 1 Abs. 2 VermAnlG betreiben. Entscheidend ist dabei, dass sich diese Finanzdienstleistungen auf Vermögensanlagen im Sinne des § 1 Abs. 2 des VermAnlG beschränken und die Unternehmen nicht befugt sind, sich bei der Erbringung dieser Finanzdienstleistungen Eigentum oder Besitz an Geldern oder Anteilen von Kunden zu verschaffen. Als spezialisierte Intermediäre ist die Tätigkeit der Plattformen regelmäßig auf Crowdinvesting-Emissionen begrenzt. Die konkrete Abwicklung erfolgt dabei zwischen Anleger und Emittent.

Ebenso beschränkt sich Crowdinvesting auf Vermögensanlagen i.S.d. § 1 Abs. 2 VermAnlG. Mangels Eigenschaft als Finanzdienstleistungsinstitut unterliegen Crowdinvesting-Plattformen damit nicht den aufsichtsrechtlichen Anforderungen nach § 32 KWG.[353]

b.) Zahlungsdienstleister gem. § 1 Abs. 2 ZAG

Daneben ist an eine aufsichtsrechtliche Erlaubnispflicht nach der Vorschrift des § 8 Abs. 1 ZAG zu denken. Diese würde das Vorliegen eines Zahlungsdienstes i.S.v. § 1 Abs. 2 ZAG voraussetzen. In der Praxis bedienen sich Crowdinvesting-Plattformen für die treuhänderische Verwahrung des Kapitals, das im Rahmen der Emissionsabwicklung anfällt, externer Kreditinstitute, sodass sie selbst nicht als Zahlungsdienstleister anzusehen sind.[354]

350 BaFin Merkblatt, siehe Fn. 349.

351 Häufig durch ausführliche Berichte und z.T. Videos.

352 *Jansen/Pfeifle*, ZIP 2012, 1842 (1850) ; *Klöhn/Hornuf*, ZBB 2012, 237 (250); *Schmitt/Doetsch*, BB 2013, 1451 (1453 f.); a.A. *Nietsch/Eberle*, DB 2014, 1788 (1790).

353 Vgl. *Jansen/Pfeifle*, ZIP 2012, 1842 (1851); *Klöhn/Hornuff*, ZBB 2012, 237 (251); *Nastold*, ZVertriebsR 2014, 366 (366); *Nietsch/Eberle*, DB 2014, 1788 (1791); *Schmitt/Doetsch*, BB 2013, 1451 (1454).

354 *Nietsch/Eberele*, DB 2014, 1788 (1791).

c.) Wertpapierdienstleistungsunternehmen gem. § 2 Abs. 4 WpHG

Die Plattformen sind gegebenenfalls als Wertpapierdienstleistungsunternehmen im Sinne von § 2 Abs. 4 WpHG zu qualifizieren. So wird die Vermittlung von Geschäften über die Anschaffung und die Veräußerung von Finanzinstrumenten, zu denen auch die Vermögensanlagen nach § 1 Abs. 2 VermAnlG gehören (§ 2 Abs. 2b WpHG), als Wertpapierdienstleistung nach § 2 Abs. 3 Nr. 4 WpHG eingeordnet. Indes gilt die Ausnahmevorschrift des § 2a Abs. 1 Nr. 7 e) WpHG, denn die Crowdinvesting-Plattformen erbringen im Regelfall als Unternehmen die Anlagevermittlung nur zwischen Kunden und Anbietern oder Emittenten von Vermögensanlagen im Sinne des § 1 Abs. 2 VermAnlG. Somit sind sie nicht als Wertpapierdienstleistungsunternehmen nach § 2 Abs. 4 WpHG einzuordnen.

d.) Finanzanlagenvermittler gem. § 34f GewO

Soweit eine Erlaubnis nach § 32 KWG nicht in Betracht kommt, ist in der Begründung zum Gesetzesentwurf des KASG vorgesehen, dass die Internetplattformen, die gem. § 2a VermAnlG befreite Vermögensanlagen vertreiben, als Finanzanlagenvermittler der Erlaubnis nach der Gewerbeordnung bedürfen.[355] Die Erlaubnis für Finanzanlagenvermittler richtet sich nach § 34f GewO. Demnach bedarf derjenige, der im Umfang der Bereichsausnahme des § 2 Abs. 6 S. 1 Nr. 8 KWG gewerbsmäßig zu Vermögensanlagen nach § 1 Abs. 2 VermAnlG Anlagevermittlung i.S.d. § 1 Abs. 1a Nr. 1 KWG erbringen will, der Erlaubnis der zuständigen Behörde. Wie bereits festgestellt, ist die Tätigkeit der Crowdinvesting-Plattformen aufsichtsrechtlich als Anlagevermittlung im Sinne des KWG einzustufen.[356] Ebenso unterfallen sie im Regelfall als spezialisierte Intermediäre der Ausnahmevorschrift des § 2 Abs. 6 S. 1 Nr. 8 KWG, wobei auch die Gewerbsmäßigkeit unterstellt werden kann. Wollen Plattformen in Zukunft im Rahmen der Ausnahmevorschrift des § 2a VermAnlG Emissionen abwickeln, so ist die Qualifikation ihrer Tätigkeit als Anlagevermittlung[357] sogar gesetzlich normierte Voraussetzung.[358]

---

355 BT-Drucks. 18/3994, 41, 59.

356 Siehe Fn. 352.

357 Oder Anlageberatung. Rein praktisch kommt die Anlageberatung bei Crowdinvesting-Plattformen nicht vor, sondern wird bewusst ausgeschlossen, so beispielsweise Nr. 13.2 Companisto-AGB (abrufbar unter: www.companisto.com/de/page/business-terms – zuletzt abgerufen am 02.12.2016).

358 § 2a Abs. 3 VermAnlG; BT-Drucks. 18/3994, 41.

aa.) Voraussetzungen der Erlaubniserteilung

Die Plattformen müssen dementsprechend die aufsichtsrechtlichen Voraussetzungen des § 34f GewO erfüllen. Liegen die Voraussetzungen der Versagung der Erlaubnis nach § 34f Abs. 2 GewO beim Antragsteller nicht vor, so ist die Erteilung geboten und steht nicht im Ermessen der Behörde.[359] Im Umkehrschluss lassen sich aus den Versagungsgründen die Voraussetzungen ableiten.

(1) Zuverlässigkeit

Der Antragsteller muss die notwendige Zuverlässigkeit für den Betrieb seines Gewerbes aufweisen.

Er gilt als unzuverlässig, wenn Tatsachen die Annahme rechtfertigen, dass er nach dem Gesamtbild seines Verhaltens nicht die notwendige Gewähr für eine ordnungsgemäße Durchführung seines Gewerbes bietet.[360] Dies soll nach Regelvermutungen des § 34f Abs. 2 Nr. 1 GewO, die nicht abschließenden sind, der Fall sein, soweit der Antragsteller innerhalb der letzten fünf Jahre vor Antragstellung wegen eines Verbrechens, Diebstahls, Unterschlagung, Erpressung, Betrugs, Untreue, Geldwäsche, Urkundenfälschung, Hehlerei, Wuchers oder einer Insolvenzstraftat rechtskräftig verurteilt worden ist. Auch allgemeine Unzuverlässigkeitstatbestände, wie z.B. Steuerrückstände oder Rückstände in Bezug auf die Zahlung der Sozialbeiträge, werden berücksichtigt.[361]

(2) Geordnete Vermögensverhältnisse

Neben der erforderlichen Zuverlässigkeit sind geordnete Vermögensverhältnisse des Antragstellers Erlaubnisvoraussetzung.

Lebt er in ungeordneten Vermögensverhältnissen, so ist die Erlaubnis nach § 34f Abs. 2 Nr. 2 GewO zu versagen. Dies soll nach der Regelvermutung der Fall sein, soweit über sein Vermögen das Insolvenzverfahren eröffnet wurde oder eine Eintragung ins Schuldnerverzeichnis vorliegt. Dennoch folgt aus dieser Voraussetzung mangels positiver Anordnung des Gesetzgebers keine Mindestkapitalisierung des Antragstellers.[362]

---

359 Es handelt sich damit bei der Finanzanlagenvermittlung um eine Tätigkeit, die einem präventiven Verbot mit Erlaubnisvorbehalt unterliegt, dazu BeckOKGewO/*Will*, § 34f Rn. 71.

360 Statt Vieler: BVerwGE 65, 1 (1 f.) = *BVerwG*, NVwZ 1982, 503 (503).

361 *BVerwG*, NVwZ-RR 1992, 414 (414) = DÖV 1992, 218 (218).

362 Friauf/*Schulze-Werner*, § 34f Rn. 45; Landmann/Rohmer/*Schönleiter*, § 34f Rn. 103.

(3) Berufshaftpflichtversicherung

Gem. § 34f Abs. 2 Nr. 3 GewO ist die Erlaubnis zu versagen, wenn eine Berufshaftpflichtversicherung bei Antragstellung nicht nachgewiesen werden kann. Die Anforderungen an die Berufshaftpflichtversicherung wurden nach § 34g Abs. 1 GewO in den §§ 9, 10 der Verordnung über die Finanzanlagenvermittlung (FinVermV) festgelegt. Bedeutend ist insoweit vor allem die Mindesthöhe der Versicherungssumme, die mit 1.130.000 Euro für jeden Versicherungsfall und 1.700.000 Euro für alle Versicherungsfälle eines Jahres angesetzt ist, § 9 Abs. 2 FinVermV. Eine solche Versicherung ist nicht durch Kapitalausstattung zu ersetzen.[363] Zum einen spricht § 9 FinVermV explizit nur von einer Versicherung, zum anderen deutet die systematische Trennung der Vermögensverhältnisse vom Begriff der Zuverlässigkeit und der Versicherung an, dass der Gesetzgeber alle Merkmale bewusst alleinstellen wollte. Der Versicherungsschutz ist während der Dauer der Erlaubniserteilung ohne etwaige Unterbrechungen aufrechtzuerhalten.[364]

(4) Sachkunde

Des Weiteren ist § 34f Abs. 2 Nr. 4 GewO zu entnehmen, dass die Erteilung der Erlaubnis den Nachweis der notwendigen Sachkunde erfordert. Es ist vorgesehen, dass der Antragssteller seine Sachkunde über die fachlichen und rechtlichen Grundlagen sowie über die Kundenberatung, die für die Vermittlung von und die Beratung über Finanzanlagen im Sinne des Absatzes 1 Satz 1 des § 34f GewO notwendig ist, durch eine erfolgreich abgelegte Prüfung vor der Industrie- und Handelskammer, nachweist. Diese Prüfung setzt sich aus einer schriftlichen Überprüfung der Fachkompetenz und einer mündlichen Prüfung der Beratungskompetenz zusammen.[365] Es besteht auch die Möglichkeit, einen auf bestimmte Finanzanlagen beschränkten Sachkundenachweis zu erbringen.[366] Wird davon Gebrauch gemacht, so wird entsprechend auch nur eine beschränkte Erlaubnis für diesen Bereich erteilt.[367] Der Nachweis der erforderlichen Sachkunde ist ein subjektives Merkmal, das als solches nur von natürlichen Personen

---

363 Landmann/Rohmer/*Schönleiter*, § 34f Rn. 112.

364 BeckOKGewO/*Will*, § 34f Rn. 94; *Glückert*, GewArch 2012, 465 (466 f.).

365 Friauf/*Schulze-Werner*, § 2 FinVermV Rn. 3; Landmann/Rohmer/*Schönleiter*, § 34f Rn. 127; BeckOKGewO/*Will*, § 34f Rn. 98 ff.; *Weisner/Friedrichsen/Heimberg*, DStR 2012, 1034 (1034).

366 Dieser kann sich nur auf eine der Tätigkeit beziehen, die in § 34f Abs. 1 Nr. 1–3 GewO genannt ist.

367 BeckOKGewO/*Will*, § 34f Rn. 99.

erbracht werden kann.[368] Stellen juristische Personen den Antrag auf Erlaubniserteilung, so ist erforderlich, dass alle vertretungsberechtigten Personen, die dem Antrag nach Finanzanlagenvermittlung ausüben, den Nachweis der Sachkunde erbringen.[369] Nach § 4 FinVermV befreien bestimmte berufliche Qualifikationen auf Grund der damit einhergehenden höheren Sachkenntnis vom Nachweis der Sachkunde. Der in § 4 FinVermV aufgeführte Katalog ist indes abschließend.

(5) Erlaubnisbefreiung, § 34f Abs. 3 GewO

Den Befreiungen von der Erlaubnispflicht des Absatz 1, die in Absatz 3 des § 34f GewO vorgesehenen sind, kommt im Rahmen der Tätigkeit von Crowdinvesting-Plattformen im Regelfall nur untergeordnete Bedeutung zu.

bb.) Pflichten aus § 34f GewO

Ist die Erlaubnis nach Absatz 1 erteilt worden, so ergeben sich aus der Vorschrift des § 34f GewO und den § 34g GewO in Verbindung mit der FinVermV verschiedene Pflichten, die an die Finanzanlagenvermittlung gestellt werden.

(1) Sachkunde angestellter Vermittler, § 34f Abs. 4 GewO

Soweit die Erlaubnis des § 34f Abs. 1 S. 1 GewO erteilt wurde und ein entsprechendes Gewerbe betrieben wird, ist der Gewerbetreibende gem. § 34f Abs. 4 GewO verpflichtet, Personen, die direkt bei der Beratung und Vermittlung mitwirken, nur zu beschäftigen, wenn sie ihre Sachkunde i.S.v. § 34f Abs. 2 Nr. 4 GewO nachgewiesen haben und ihre Zuverlässigkeit geprüft wurde. Personen sind direkt beschäftigt, wenn sie vom Gewerbetreibenden unmittelbar bei Anlagevermittlung oder -beratung eingesetzt werden und zu ihm in einem Anstellungsverhältnis stehen. Zwar ist keine unmittelbare gewerberechtliche Sanktion für eine Beschäftigung ohne die erfolgreich nachgewiesene Sachkunde gegeben, jedoch können sich zivilrechtliche Haftungsansprüche für die betreuten Kunden ergeben.[370]

(2) Eintragung ins Vermittlerregister

Gem. § 11a Abs. 1 GewO wird bei jeder Industrie- und Handelskammer ein Register geführt, in dem u.a. Gewerbetreibende i.S.v. § 34f GewO eingetragen werden. Dieses Register soll im Fall des § 34f GewO dazu dienen, vor allem Anlegern die Überprüfung der Zulassung an sich sowie des Umfangs der zugelassenen

---

368 Vgl. Friauf/*Schulze-Werner*, § 34f Rn. 55.

369 Landmann/Rohmer/*Schönleiter*, § 34f Rn. 130.

370 Friauf/*Schulze-Werner*, § 34f Rn. 96; Landmann/Rohmer/*Schönleiter*, § 34f Rn. 152.

Tätigkeit der Eintragungspflichtigen zu ermöglichen.[371] Dementsprechend besteht die Pflicht des Finanzanlagenvermittlers nach § 34f Abs. 5 GewO, sich ohne schuldhaftes Zögern nach der Aufnahme seiner Tätigkeit in das Register eintragen zu lassen. Es ist vorgesehen, dass er sich an seine Erlaubnisbehörde wendet, die dann die entsprechenden Angaben an die zuständige Registerbehörde weiterleitet.[372] Daneben ist der Gewerbetreibende auch verpflichtet, alle Mitarbeiter, die unmittelbar an der Vermittlung oder Beratung mitwirken, als eintragungspflichtige Beschäftigte registrieren zu lassen, § 34f Abs. 6 GewO.

(3) § 34g GewO i.V.m. FinVermV

Neben den Pflichten, die sich direkt aus § 34f GewO ergebenden, wird durch die FinVermV, die von § 34g GewO vorgesehen ist, ein umfangreicher Katalog an Verhaltens-, Informations- und Dokumentationspflichten statuiert.[373] Aus § 11 FinVermV ergibt sich die allgemeine Pflicht des Gewerbetreibenden, seine Tätigkeit mit der erforderlichen Sachkenntnis, Sorgfalt und Gewissenhaftigkeit, im Interesse des Anlegers auszuüben. Daneben hat er dem Anleger vor der ersten Anlagevermittlung die in § 12 Abs. 1 FinVermV aufgeführten Informationen klar und verständlich in Textform mitzuteilen. Insbesondere beinhaltet dies Informationen darüber, wer der Finanzanlagenvermittler genau ist und welche Erlaubnis er besitzt. Auch auf seine Vergütung, respektive den Erhalt von Zuwendungen durch Dritte, hat der Finanzanlagenvermittler gem. § 12a FinVermV hinzuweisen. Darüber hinaus hat er den Anleger nach § 13 FinVermV über Risiken, Kosten, Nebenkosten und Interessenkonflikte der konkreten Finanzanlage zu informieren. Alle Informationen, die dem Anleger zugänglich gemacht werden, müssen redlich und eindeutig, dürfen zugleich aber nicht irreführend sein, § 14 FinVermV. Des Weiteren werden durch §§ 18, 22, 23 FinVermV Protokollierungs-, Dokumentations- und Archivierungspflichten geschaffen, durch die eine bessere Nachvollziehbarkeit gegeben sein soll. Für den Fall einer Crowdinvesting-Emission nach § 2a VermAnlG sieht § 16 Abs. 3a FinVermV explizite Prüfungspflichten für die Plattformen vor.[374]

371 Vgl. Landmann/Rohmer/*Stenger*, § 11 Rn. 19.

372 Vgl. dazu § 7 FinVermV.

373 *Glückert*, GewArch 2012, 465 (468); *Weisner/Friedrichsen/Heimberg*, DStR 2012, 1034 (1035 ff.).

374 Näher zu den Pflichten während der Emission unten, Seite 134 ff.

e.) Folgen der Regelungen für den Anlegerschutz

Unter dem Gesichtspunkt des Anlegerschutzes sind die Erlaubnisvoraussetzungen und die Pflichten, die sich im Zusammenhang mit der Erlaubnis ergeben, positiv zu bewerten. Die Voraussetzung geordneter Vermögensverhältnisse soll eine mögliche Vermögensgefährdung des Anlegers verhindern.[375] Ist eine finanzielle Notsituation nicht gegeben, so ist die Wahrscheinlichkeit einer Anlagenvermittlung um der Provision willen erheblich verringert. Ebenso erhöht das Vorliegen der nötigen Sachkunde die Wahrscheinlichkeit einer qualifizierten Einschätzung der Situation und trägt damit zur Vermeidung finanzieller Schädigungen der Anleger bei.[376] Durch das Vermittlerregister wird der Anleger in die Lage versetzt, sich selbst Informationen über den Anlagenvermittler zu verschaffen. Die Erhöhung der Transparenz trägt damit zur Verbesserung des Anlegerschutzes bei.

Die Einführung des § 34f GewO sollte insgesamt dazu dienen, ein einheitliches und konsistentes Finanzdienstleistungsrecht zu schaffen.[377] Die Vereinheitlichung und Verbesserung des Anlegerschutzes abseits regulierter Märkte war auch ein Anliegen bei Einführung des Kleinanlegerschutzgesetzes,[378] das zu einer Erweiterung des Anwendungsbereichs des § 34f GewO geführt hat.[379] Eine aufsichtsrechtliche Regulierung sollte insofern immer gegeben sein, unabhängig davon, auf welche Vorschrift sie sich stützt.[380] Um auch im Rahmen des § 34f GewO ein hohes und einheitliches Anlegerschutzniveau zu gewährleisten,[381] wurden Pflichten für gewerbliche Vermittler festgelegt, die den Informations-, Beratungs- und Dokumentationspflichten des sechsten Abschnitts des Wertpapierhandelsgesetzes vergleichbar sind. Daraus folgt zwar keine formell einheitliche Aufsicht der Märkte[382], jedoch wird materiell ein vergleichbarer Anlegerschutz erreicht.[383] In Bezug auf die personenbezogenen Daten, die im Rahmen der Führung des oben genannten Vermittlungsregisters anfallen, erlaubt § 11 Abs. 7 GewO den Informationsaustausch der zuständigen Behörden, insbesondere mit der Bundesanstalt für Finanzdienstleistungsaufsicht.

---

375 Landmann/Rohmer/*Schönleiter*, § 34f Rn. 102.

376 Vgl. *Schott/Brinkmann*, RdF 2011, 238 (244).

377 BT-Drucks. 17/6501, 43.

378 Siehe oben, Seite 44 ff.

379 *Will*, GewArch 2015, 430 (433).

380 BT-Drucks. 18/3994, 38 f.; vertiefend *Graf zu Solms-Laubach/Mihova*, DStR 2015, 1872 (1872 ff.).

381 BT-Drucks. 17/6501, 45.

382 Bzgl. der Zuständigkeit.

383 Landmann/Rohmer/*Schönleiter*, § 34f Rn. 7.

Betreiber von Crowdinvesting-Plattformen unterliegen im Regelfall den oben beschriebenen Anforderungen. Sie haben eine entsprechende Erlaubnis nach § 34f Abs. 1 GewO einzuholen und die Pflichten, vor allem die der FinVermV, zu beachten. Sie unterliegen damit der Aufsicht der jeweils zuständigen Behörde. Mangels Festlegung durch den Bundesgesetzgeber gilt gem. § 155 Abs. 2 GewO das landesrechtliche Bestimmungsrecht. Zum Teil ist die Zuständigkeit den Industrie- und Handelskammern übertragen worden, andere Bundesländer haben demgegenüber die Gewerbeämter für zuständig erklärt.[384]

Anzumerken bleibt, dass Crowdinvesting-Plattformen erst seit der Erweiterung des § 34f GewO durch das KASG den o.g. Anforderungen unterliegen. Die Übergangsvorschrift des § 157 GewO wurde entsprechend angepasst, sodass für die Betroffenen der zeitlich notwendige Vorlauf bestand.[385]

2. Rechtliche Beziehung zum Anleger

Neben der Frage, welche aufsichtsrechtlichen Voraussetzungen die Tätigkeit der Anlagevermittlung hat, gilt es festzustellen, welche Pflichten sich möglicherweise im Verhältnis zum Anleger ergeben.

a.) Begriff der Anlagevermittlung

Der Gesetzgeber knüpft den Ausnahmetatbestand des § 2a VermAnlG an die Voraussetzung, dass die Vermögensanlagen, über die das Crowdinvestment abgewickelt werden soll, im Wege der Anlagevermittlung, respektive Anlageberatung[386], vertrieben werden. Dass mit der Tätigkeit als Finanzanlagenvermittler aufsichtsrechtliche Pflichten einhergehen, wurde festgestellt. Die aufsichtsrechtliche Registrierung als Finanzanlagenvermittler nach § 34f GewO geht indes nicht zwingend mit dem Abschluss eines Anlagevermittlungsvertrages im konkreten Einzelfall einher. Primär begründet die Erlaubnis nur die Möglichkeit, dass die Tätigkeit als Finanzanlagenvermittler aufgenommen werden kann.[387] In der Gesetzesbegründung des KASG wird deutlich, dass auch eine Einwirkung auf das Verhältnis von Anleger und Plattform als Folge der Regulierung gewollt war. So sollen die Plattformen als Anlagevermittler in Zukunft zumindest die Angemessenheit der Anlage für den Anleger nach § 31 Abs. 5 WpHG oder

384 Landmann/Rohmer/*Schönleiter*, § 34f Rn. 28, mit Übersicht zu den Zuständigkeiten in den jeweiligen Bundesländern.

385 Zur Übergangsregelung *Will*, GewArch 2015, 430 (434 ff.).

386 Siehe Fn. 357.

387 Vgl. BeckOKGewO/*Will*, § 34f Rn. 138.

§ 16 Abs. 2 FinVermV prüfen müssen.[388] Die Verwendung des Begriffs der „Anlagevermittlung" in § 2a VermAnlG, hat damit nicht nur eine aufsichtsrechtliche Dimension. Vielmehr geht sie Hand in Hand mit der schuldrechtlichen Einordnung der Tätigkeit der Plattformen im Verhältnis zum Anleger.

b.) Qualifikation der Tätigkeit der Crowdinvesting-Plattformen

Die Plattformen bieten als Intermediär diejenige Verbindung, die das kapitalsuchende Unternehmen und die Anleger benötigen. Der Gesetzgeber macht ihre Tätigkeit darüber hinaus zur tatbestandlichen Voraussetzung der Ausnahmevorschrift für das Crowdinvesting. Um überhaupt an einem Crowdinvesting Teil haben zu können, sind die Anleger gezwungen, sich bei einer der Plattformen anzumelden. Mit der Anmeldung schließen sie mit dieser einen Plattformnutzungsvertrag, in den deren AGB einbezogen sind.[389] Erst dieser Vertrag ermöglicht ihnen den detaillierten Zugriff auf die Informationen über die einzelnen Crowdinvesting-Emissionen, die auf der Plattform eingestellt sind.[390] Fraglich ist, wie genau die rechtlichen Folgen der Anmeldung einzuordnen sind und ob diese den Schluss zulassen, dass eine schuldrechtliche Anlagevermittlung vorliegt. Kernelement einer Anlagevermittlung ist ein Auskunftsvertrag.[391] Nimmt man die Umstände der Anmeldung in den Blick, so erscheint die Annahme eines ausdrücklich abgeschlossenen Auskunftsvertrages fernliegend.[392] Gerade im Rahmen der Anlagevermittlung kann jedoch regelmäßig auf einen etwaig konkludenten Abschluss eines Auskunftsvertrages abgestellt werden.[393]

Ein konkludent abgeschlossener Auskunftsvertrag ist dann anzunehmen, wenn der Anlageinteressent auf eine bestimmte Anlageentscheidung bezogen deutlich macht, die besonderen Kenntnisse und Verbindungen des Anlagevermittlers in Anspruch nehmen zu wollen und der Anlagevermittler mit seiner Tätigkeit beginnt.[394] Aus der Sachkunde des Auskunftgebers und der Bedeutung

---

388 BT-Drucks. 18/3994, 41.

389 *Meschkowski/Wilhelmi*, BB 2013, 1411 (1414).

390 *Meschkowski/Wilhelmi*, BB 2013, 1411 (1414); beispielsweise für *Companisto* unter www.companisto.com/de/investments (zuletzt abgerufen am 02.12.2016).

391 Assmann/Schütze/*Edelmann*, § 3 Rn. 9.

392 So findet sich kein Hinweis in den AGB der o.g. Plattformen.

393 St. Rspr. *BGH*, NJW-RR 2005, 1120 (1121) = WM 2005, 1219 (1220); zur Rechtsfigur *Wagner*, DStR 2003, 1757 (1757 ff.).

394 *BGH*, NJW-RR 2005, 1120 (1121) = WM 2005, 1219 (1220); *BGH*, NJW-RR 2003, 1690 (1690) = WM 2003, 2064 (2065); *BGH*, NJW-RR 2000, 998 (998) = ZIP 2000, 355 (356); *BGH*, NJW-RR 1993, 1114 (1115) = WM 1993, 1238 (1240).

der Auskunft für den potenziellen Anleger allein lässt sich nicht pauschal das Zustandekommen eines Auskunftsvertrages ableiten.[395] Ihnen kommt aber Indizwirkung zu, wobei dennoch die Einzelfallumstände einzubeziehen sind.[396] Dafür kommt es vor allem auf die äußeren Umstände an.[397] Diese äußeren Umstände sind im Fall des Crowdinvesting dadurch gekennzeichnet, dass die Möglichkeit des Abschlusses einer Beteiligung am Crowdinvestment nur unter Abschluss eines Nutzungsvertrages möglich ist. Sobald die Anmeldung erfolgt ist, kann der Nutzer die einzelnen Angebote auf der Plattform und die dazu bereitgestellten Materialien einsehen. Ein zuvor bekundetes Interesse an einer spezifischen Emission ist nicht erforderlich. Im Zweifel besteht damit objektiv betrachtet ein potenzielles Anlageinteresse an allen auf der Plattform angebotenen Emissionen. Das Crowdinvestment wird immer nur exklusiv auf einer einzelnen Plattform angeboten. Hinzu kommt, dass sich die einzelnen Plattformen oftmals auf bestimmte Wirtschaftsbereiche spezialisiert haben.[398] Um überhaupt als Anbieter auf der Plattform emittieren zu dürfen, muss eine entsprechend intensive Vorauswahl[399] durchlaufen werden.[400] Die Darstellung des einzelnen Investments erfolgt nach einem standardisierten, steckbriefartigen Verfahren der Plattformen. Dieses von den Plattformen genutzte Verfahren soll eine höhere Vergleichbarkeit für den Anleger ermöglichen.[401] Daneben tritt der Umstand, dass auf den Plattformen im Regelfall mit der Zahl der erfolgreich betreuten Crowdinvestments geworben wird.[402] So ist zum einen der Kapitalsuchende auf die Plattform angewiesen, um überhaupt mit potenziellen Anlegern in Kontakt zu treten, zum anderen ist der Anleger auf sie angewiesen, um sich an Crowdinvestments finanziell zu beteiligen. Plattformen lassen nur einen Emittenten zu, der ihren Auswahlkriterien entspricht. Damit entsteht allein aus dem Umstand, dass sich der Emittent auf der Plattform um Geldgeber bemühen darf, für den Anleger

---

395 *BGH*, BeckRS 1988, 31068450 = JurionRS 1988, 19860.

396 *Wagner*, DStR 2003, 1757 (1758).

397 *Assmann*, ZIP 2002, 637 (649).

398 Siehe Fn. 345.

399 Vertiefend zum praktischen Ablauf der Vorauswahl, Seite 92 f.

400 Vgl. *Riethmüller*, DB 2015, 1451 (1453); *Klöhn/Hornuf*, ZBB 2012, 237 (245); auf *Companisto* heißt es: „Auf Companisto bewerben sich jeden Monat bis zu einhundert Start-Ups und Wachstumsunternehmen für ein Crowdinvesting. Diese Bewerbungen werden von unseren Business-Analysten gefiltert und nur eine Quote von knapp 1% erhält die Chance sich auf Companisto zu präsentieren." (abrufbar unter: www.companisto.com/de/how-it-works – zuletzt abgerufen am 02.12.2016).

401 *Jansen/Pfeifle*, ZIP 2012, 1842 (1849).

402 Alternativ mit der Höhe des insgesamt eingesammelten Kapitals.

der Eindruck erhöhter Qualität des Projekts. Die Gesamtheit aus Vorauswahl, Informationsstrukturierung und -aufarbeitung sowie der Außendarstellung erzeugt beim Anleger den Eindruck, die Plattform habe sich im Rahmen dieses Prozesses besondere Kenntnisse über den Emittenten verschafft und sich mit ihm auseinandergesetzt.[403] Ebenso ist die vom Gesetzgeber vorgesehene Angemessenheitsprüfung der Anlage für den Kunden nach § 31 Abs. 5 WpHG, respektive § 16 Abs. 2 FinVermV zu beachten.[404] Diese Prüfung setzt eine Auseinandersetzung mit dem Produkt zwingend voraus. Damit werden die erlangten Kenntnisse gezielt für den Anleger genutzt. An den besonderen Kenntnissen, die die Plattform durch die Zulassung des Emittenten der Crowdinvesting-Beteiligung zu ihrer Plattform erlangt hat, will der Anleger insoweit partizipieren, als dass er diese Kenntnisse zu seiner bestmöglichen Anlageentscheidung nutzen kann. Gerade dies ist von ihm ersichtlich gewollt, denn er ist von der Plattform abhängig, um sein generelles Anlageinteresse überhaupt umzusetzen.[405] Die Plattformen stellen ihren Nutzern die notwendigen Informationen aufbereitet zur Verfügung. Mit Abschluss des Plattformnutzungsvertrages kommt somit regelmäßig zugleich ein konkludenter Auskunftsvertrag[406], als Folge der Tätigkeit als Anlagevermittler, zustande.[407]

c.) Pflichten des Anlagevermittlers

Aus dem schuldrechtlichen Anlagevermittlerverhältnis ergeben sich verschiedene Pflichten, die von den Plattformen zu beachten sind. Rechtlich ist dieses Verhältnis als Dienstvertrag mit Geschäftsbesorgungscharakter zu qualifizieren.[408] Kern dieser Beziehung ist ein Auskunftsvertrag, dessen vertragliche Hauptpflicht darin besteht, dass der Anlagevermittler über alle für die Anlageentscheidung erheblichen Informationen vollständig und richtig Auskunft erteilt.[409] Der

---

403 *Jansen/Pfeifle*, ZIP 2012, 1842 (1850).

404 Dazu auch BT-Drucks. 18/3994, 41.

405 Vgl. 1.1 Seedmatch-AGB: „[…]Auf der Internetplattform registrierte Nutzer und Investoren („Investor") können sich über die Startups informieren und direkt online in von diesen angebotene Vermögensanlagen investieren".

406 So auch *Uffmann*, JZ 2016, 928 (933 f.); insgesamt eher kritisch zum Konstrukt des stillschweigenden Auskunftsvertrages, *Wagner*, DStR 2003, 1757 (1760).

407 *Jansen/Pfeifle*, ZIP 2012, 1842 (1850); *Nietsch/Eberle*, DB 2014, 2575 (2577); zur Rechtslage vor dem KASG, *Klöhn/Hornuf*, ZBB 2012, 237 (250).

408 Assmann/Schütze/*Edelmann*, § 3 Rn. 9; Derleder/Knops/*Bamberger*, § 50 Rn. 27.

409 *BGH*, BKR 2015, 250 (252) = WM 2014, 2310 (2311 f.); *BGH*, NZG 2012, 631 (632) = WM 2012, 837 (838); Palandt/*Grüneberg*, § 280 Rn. 52; MünchKommBGB/*Emmerich*, § 311 Rn. 127.

Maßstab dafür, wie diese Auskunft zu erteilen ist, richtet sich danach, was der Anlageinteressent zu erwarten hat. Nur soweit eine Schutzbedürftigkeit des potenziellen Kapitalanlegers besteht, korrespondiert damit die Pflicht des Anlagevermittlers, Auskunft zu erteilen.[410] Diese Pflicht zur Auskunftserteilung entfällt, wenn es an der Aufklärungsbedürftigkeit des Anlegers fehlt.[411] Das Erfordernis, den Anlageinteressenten zu informieren, hat sich an diesem Maßstab zu orientieren, wobei der Pflicht des Anlagevermittlers die Obliegenheit des Anlageinteressenten gegenübersteht, etwaige Unterlagen zur Kenntnis zu nehmen und sein eigenes Engagement für die Anlage zu beurteilen.[412] Insofern hat der Anlagevermittler die Kapitalanlage in erster Linie vollständig und richtig darzustellen.[413] Aus dieser Pflicht zur Darstellung resultiert nicht die Verpflichtung, die Umstände der Anlage zu bewerten.[414] Seine Pflicht zur Information umfasst die Prüfung, ob das Anlagekonzept, das ihm durch den Emittenten überlassen wird, plausibel ist.[415] Dies beinhaltet vor allem die Frage, ob das Konzept wirtschaftlich tragfähig erscheint, aber auch, ob durch etwaige Unterlagen ein schlüssiges Gesamtbild der Anlage geboten wird.[416] Nur so können sachgerechte Auskünfte erteilt werden.[417] Findet die erforderliche Plausibilitätsprüfung nicht statt, so kann sich der Vermittler einer potenziellen Haftung prinzipiell entziehen, indem er deutlich auf die unterlassene Prüfung hinweist.[418] Anzumerken bleibt, dass der Gesetzgeber im Fall des Crowdinvesting die Prüfung der Angemessenheit der Anlage für den Anleger nach § 31 Abs. 5 WpHG/§ 16 Abs. 2 FinVermV ohne Ausnahme vorgegeben hat.[419] Denklogisch ist der Prüfung der Angemessenheit die Feststellung der Plausibilität des Anlagekonzepts vorgelagert.

---

410 *BGH*, WM 2009, 739 (740) = NZG 2009, 471 (472); *Dörr*, WM 2010, 533 (534); *Wagner*, DStR 2003, 1757 (1758).

411 Assmann/Schütze/*Edelmann*, § 3 Rn. 32.

412 Vgl. *Wagner*, DStR 2004, 1836 (1837).

413 *Assmann*, ZIP 2002, 637, (648) m.w.N.

414 *BGH*, NJW 2012, 380 (380) = WM 2012, 24 (24); *BGH*, WM 2011, 505 (506) = NJW-RR 2011, 910 (911); *BGH*, NJW-RR 1993, 1114 (1115) = WM 1993, 1238 (1240).

415 St.Rspr. *BGH*, BKR 2015, 250 (252) = WM 2014, 2310 (2311 f.).

416 *BGH*, BKR 2015, 250 (252) = WM 2014, 2310 (2311 f.); *BGH*, WM 2009, 739 (740) = NZG 2009, 471 (472); *BGH*, NJW-RR 2005, 1120 (1121) = WM 2005, 1219 (1220); *BGH*, NJW-RR 2000, 998 (998) = WM 2000, 426 (427); MünchKommBGB/*Emmerich*, § 311 Rn. 139.

417 St.Rspr. *BGH*, WM 2009, 739 (740) = NZG 2009, 471 (472).

418 *BGH*, WM 2009, 739 (740) = NZG 2009, 471 (472); *Eiben/Boesenberg*, NJW 2013, 1398 (1399).

419 Dazu auch BT-Drucks. 18/3994, 41.

Entsprechend kann sich die Plattform einer Plausibilitätsprüfung in diesem Fall nicht entziehen.[420] Eine solche Prüfung wird wohl regelmäßig im Bereich der internen Vorauswahl des Emittenten vorgenommen, sodass eine Mehrbelastung der Plattformen nicht ersichtlich ist. Damit müssen die Crowdinvesting-Plattformen in jedem Fall das anzufertigende Vermögensanlagen-Informationsblatt prüfen.[421] Um der Pflicht zur Aufklärung nachzukommen, kann es genügen, statt einer mündlichen Aufklärung entsprechende Unterlagen zur Verfügung zu stellen.[422] Dann müssen diese aber geeignet sein, nach Form und Inhalt die nötigen Informationen wahrheitsgemäß und verständlich zu vermitteln. An den Anlagenvermittler dürfen keine übertriebenen Anforderungen bezüglich der Prüfung gestellt werden, denn der Aufwand, der mit ihr einhergeht, darf das zumutbare Maß nicht übersteigen.[423] Die Plattformen müssen die Informationen entsprechend den oben dargestellten Anforderungen bereithalten. Für Crowdinvesting bedeutet dies vor allem, dass das Vermögensanlagen-Informationsblatt bereitgestellt wird und dieses den gesetzlichen Anforderungen[424], aber auch denen des Plausibilitätskriteriums genügt.

III. Gesamtschau der rechtlichen Beziehungen außerhalb der Emission

Die rechtlichen Beziehungen, die beim Crowdinvesting außerhalb der konkreten Emission bestehen, lassen sich zusammenfassend wie folgt charakterisieren:

Die rechtlichen Modelle, die für eine Abwicklung eines Crowdinvestments zur Verfügung stehen, entsprechen den Anlageformen des VermAnlG. Aus der Beteiligung der Crowd ergeben sich im Rahmen der Abwicklung der Finanzierung keine spezifischen rechtlichen Risiken. Die Abwicklungen weisen unter rechtlichen Gesichtspunkten keine Veränderungen der Risiken für den Fall der Beteiligung vieler Kleinanleger auf, womit etwaige spezifische Risikofaktoren nicht bestehen.[425] Vergleicht man die verschiedenen Modelle der Abwicklung

---

420 Vgl. *BGH*, WM 2005, 1219 (1220) = NJW-RR 2005, 1120 (1121); *BGH*, WM 2000, 426 (427) = NJW-RR 2000, 998 (998); a.A. ohne weitere Begründung *Nastold*, ZVertriebsR 2014, 366 (368); dazu auch unten, Seite 187 f.

421 Vgl. für Verkaufsprospekt *BGH*, WM 2009, 739 (740) = NZG 2009, 471 (472); *Dörr*, WM 2010, 533 (534); *Wagner*, DStR 2004, 1836 (1838); zur Pflicht, ein VIB erstellen zu müssen, Seite 107 ff.

422 Vgl. *BGH*, WM 2009, 739 (740) = NZG 2009, 471 (472).

423 *Eiben/Boesenberg*, NJW 2013, 1398 (1401).

424 Diese ergeben sich vor allem aus § 13 VermAnlG.

425 Siehe oben, Seite 74.

in Bezug auf das Crowdinvesting, so wird deutlich, dass die Abwicklung durch eine stille Gesellschaft[426] oder die Ausgabe von Genussrechten[427] im Verhältnis zu darlehensbasierten Abwicklungen[428] keine erhöhten Ausfallrisiken hervorrufen. Dennoch sind nicht alle Modelle der Abwicklung gleichermaßen bei der Regulierung durch das KASG bedacht worden. Als entscheidend für das Risiko, das eingesetzte Kapital in der Insolvenz des Kapitalnehmers vollständig zu verlieren, kann die konkrete vertragliche Ausgestaltung der Kapitalüberlassung im Einzelfall angesehen werden.

Anders als übliche Anlageformen, die durch das VermAnlG reguliert werden, ist Crowdinvesting durch die Komponente einer rechtlichen Beziehung zu einer Crowdinvesting-Plattform erweitert.[429] Diese unterliegen im Regelfall den aufsichtsrechtlichen Anforderungen des § 34f GewO. Die damit zu erfüllenden Voraussetzungen, insbesondere der Nachweis der nötigen Sachkunde, schaffen ein Mindestmaß an Qualität. Die Plattformen handeln, als spezielle Intermediäre, regelmäßig als Anlagevermittler. Diese Tätigkeit hat dabei neben der aufsichtsrechtlichen auch eine schuldrechtliche Dimension.[430] Sie lassen sich als wichtige Schlüsselstellen begreifen, auf die sowohl der Kapitalsuchende als auch die einzelnen Kapitalgeber angewiesen sind. Gerade in Bezug auf den konkreten Emissionsvorgang kommt den Plattformen damit besondere Bedeutung zu. Die emissionsunabhängigen Rahmenbedingungen eines Crowdinvestments, also die der Emission vorgelagerte rechtliche Beziehung zu einer Crowdinvesting-Plattform und die der Emission nachgelagerte Abwicklung der Kapitalüberlassung, bergen keine spezifischen rechtlichen Risiken. Es gilt somit zu klären, ob sich durch die Einbindung der Crowd in Bezug auf die Crowdinvesting-Emission Besonderheiten ergeben. Somit ist im Folgenden festzustellen, welche Regulierungen durch das KASG generell vorgesehen sind, welche Ausnahmen für das Crowdinvesting normiert werden und worin die Folgen etwaiger Abweichungen im Rahmen der Emission bestehen, soweit eine Crowd am Finanzierungsprozess beteiligt ist.

---

426 Dazu oben, Seite 63 ff.
427 Dazu vertiefend Seite 68 ff.
428 Siehe oben, Seite 50 ff.
429 Vertiefend dazu unten, Seite 133 ff.
430 Vertiefend, Seite 84 ff.

E. Rechtlicher Rahmen der Crowdinvesting-Emission

Die Abwicklung der Kapitalüberlassung wird durch die Beteiligung der Crowd als Gruppe von Kleinanlegern nicht beeinflusst. Es ist nicht ersichtlich, dass sich besondere rechtliche Risiken daraus ergeben, dass eine Vielzahl von Personen einem Kapitalnehmer kleinere Beträge überlässt, die für diesen die Qualität von Mezzanine- oder Eigenkapital haben. In den als Vermögensanlagen nach § 1 Abs. 2 VermAnlG zu qualifizierenden rechtlichen Ausgestaltungsmöglichkeiten der Kapitalüberlassung liegt insofern kein crowdinvesting-spezifisches Risiko. Gegenstand der Regulierung von Crowdinvesting durch das KASG ist das öffentliche Angebot von Vermögensanlagen, die auf eine Schwarmfinanzierung abzielen. Die Sondervorschrift des § 2a VermAnlG knüpft an das öffentliche Angebot an. Damit gilt es zu klären, welche Besonderheiten sich im Rahmen der Emission von Vermögensanlagen ergeben, wenn diese Gegenstand einer Schwarmfinanzierung sind. Dazu ist zunächst auf den beispielhaften Ablauf einer Crowdinvesting-Emission einzugehen, um daran anknüpfend die im Regelfall vom VermAnlG vorgesehenen Pflichten des Emittenten und des Anbieters bei der Emission von Vermögensanlagen darzustellen. Unter Bezugnahme darauf gilt es sodann festzuhalten, wie genau und unter welchen Voraussetzungen sich diese Pflichten durch die neu eingefügte Vorschrift des § 2a VermAnlG, mit der der Gesetzgeber Crowdinvesting reguliert hat, verändern. Ebenso gilt es, die emissionsspezifische Rolle der Plattformen und die Rolle der BaFin näher zu beleuchten.

I. Ablauf einer Crowdinvesting-Emission

Zunächst wird in diesem Zusammenhang die praktische Umsetzung einer Emission aufgezeigt, um darauf aufbauend auf die damit einhergehenden Pflichten der Beteiligten einzugehen. Dazu sind die verschiedenen Phasen des Vertriebs der Beteiligung darzustellen. Anzumerken ist, dass die genauen Prozesse von Plattform zu Plattform variieren können, hier jedoch auf die gemeinsamen Elemente eingegangen werden soll.[431]

431 Die beiden größten deutschen Plattformen *Seedmatch* und *Companisto* haben sehr ähnliche Systeme, an denen sich die Darstellung im Folgenden orientieren wird.

1. Bewerbungs- und Auswahlphase

Der Präsentation und Kapitalsammlung geht die sog. Auswahlphase vor. Das Unternehmen, das mit Hilfe der Crowd Kapital generieren möchte, muss sich bei seiner Wunschplattform bewerben. Voraussetzung einer Bewerbung ist im Regelfall, dass das Unternehmen seinen Sitz in Deutschland hat[432], zum Teil ist auch die Organisation als Kapitalgesellschaft entscheidend[433]. Die Bewerbung erfolgt im Regelfall durch das sog. „Pitch Deck", welches als Kurzzusammenfassung die Kernidee und die wesentlichen konzeptionellen Gedanken, die hinter dem Projekt stehen, enthält.[434] Es soll als gebündelte Information eine direkte Erfolgseinschätzung ermöglichen. Primär geht es darum, festzustellen, ob die Idee überhaupt geeignet ist, um für sie im Wege des Crowdinvesting Kapital zu sammeln, denn nicht jede Idee ist dafür gleichermaßen prädestiniert. Zieht die Plattform aus der Bewerbung ein positives Fazit, so werden weitere notwendige Unterlagen angefordert. Diese beinhalten im Regelfall einen genauen Businessplan und je nach Stand der Unternehmensentwicklung auch die bisherigen Geschäftszahlen.[435] Nach der Zuleitung prüft die Plattform diese Unterlagen.[436] Soweit das Gesamtvorhaben als tragfähig erachtet wird, kommt es meist zu einem persönlichen Treffen zwischen der Plattform und den Unternehmensvertretern. Soll im Anschluss daran das Crowdinvestment realisiert werden, wird ein Fundingvertrag zwischen dem zukünftigen Emittenten und der Plattform geschlossen. Dieser Fundingvertrag regelt unter anderem Aspekte wie die Provision der Plattform für die Abwicklung des Crowdinvestments, die Fundingschwelle[437] und das etwaige Fundinglimit[438]. Im Anschluss daran beginnen für das Unternehmen die Funding-Vorbereitungen.[439]

---

432 So bei *Seedmatch*, www.seedmatch.de/fuer-gruender (zuletzt abgerufen am 02.12.2016).

433 *Schmitt/Doetsch*, BB 2013, 1451 (1453); *Seedmatch*, www.seedmatch.de/fuer-gruen der (zuletzt abgerufen am 02.12.2016).

434 *Schramm/Carstens*, 93 ff.

435 *Herr/Bantleon*, DStR 2015, 532 (533).

436 Die Aussagen zum Umfang dieser Prüfung divergieren. *Companisto* spricht von einer Filterung durch seine Business-Analysten, *Seedmatch* von einer internen Evaluierung.

437 Der Betrag, der mindestens erreicht werden muss, damit ein Crowdinvestment zustande kommt.

438 Um Überzeichnungen zu vermeiden.

439 Dies beinhaltet die Aufbereitung der Inhalte für die Website der Plattform, zumeist die Erstellung eines Videos, in dem das Projekt dargestellt wird und dem besondere Bedeutung beigemessen wird, vgl. *Schramm/Carstens*, 106 ff.

2. Finanzierungsphase

Nach Abschluss der Vorbereitungen erfolgt die Freischaltung der Investition auf der Plattform und damit das tatsächliche öffentliche Angebot der Vermögensanlagen, die der Crowd eine Teilhabe am konkreten Projekt ermöglichen. Für die Abwicklung der Finanzierung sind verschiedene Arten von Vermögensanlagen denkbar, wobei § 2a VermAnlG nur solche nach §§ 1 Abs. 2 Nr. 3, 4, 7 VermAnlG erfasst. Damit beginnt die Phase, in der jeder Nutzer der Plattform als Teil der Crowd potenziell in das Projekt investieren kann. Der Beginn der Interaktionsphase mit der möglichen Vielzahl an Investoren stellt zugleich die Besonderheit von Crowdinvesting dar. Die meisten Plattformen ermöglichen mit ihrem Aufbau, dass dem einzelnen Mitglied der Crowd angezeigt wird, inwieweit sich andere Nutzer bereits verpflichtet haben, in das Projekt zu investieren, welche Nachfragen gestellt und wie diese beantwortet wurden.[440] Der Interaktionsprozess zieht sich über die gesamte Finanzierungszeit und beinhaltet auch laufende Aktualisierungen der Entwicklungen des Unternehmens.[441] Die Finanzierungsphase läuft im Regelfall über einen Zeitraum von 60 Tagen, mit der Option auf Verlängerung.[442] Ebenso wie der Zeitraum können auch die Fundingziele während der Finanzierungsphase angepasst werden.[443] Die Finanzierungsphase endet, wenn das Fundingziel erreicht wurde oder der gesetzte Zeitraum abgelaufen ist.

3. Abwicklungsphase

Mit dem Ende der Finanzierungsphase endet auch das öffentliche Angebot der Crowdinvesting-Beteiligung und damit auch die Emission. Wurde die Fundingschwelle überschritten, so schließt sich die Abwicklungsphase an. In dieser, auch „Kick-Off-Phase" genannt, wird das Kapital der Crowd eingesammelt und an das Zielunternehmen, den Emittenten, ausgeschüttet. Die rechtliche Ausgestaltung dieses Prozesses und seine rechtlichen Grundlagen können variieren. Das Kapital-Pooling und die Auszahlung an Emittenten können ebenso unterschiedlich ablaufen. Zum Teil wird ein Zahlungsinstitut zwischengeschaltet, an das

---

440 Vgl. dazu exemplarisch den Aufbau der einzelnen Angebote bei: www.seedmatch.de/startups (zuletzt abgerufen am 02.12.2016).

441 *Seedmatch*: „Während der Fundinglaufzeit können Sie interessierte Investoren von Ihrer Geschäftsidee überzeugen. Besonders wichtig sind dabei natürlich laufende Berichte und Neuigkeiten zu aktuellen Entwicklungen, Fortschritten und Erfolgen".

442 *Schmitt/Doetsch*, BB 2013, 1451 (1453).

443 Oftmals erfolgt bei besonders hoher Resonanz eine Erhöhung des Fundinglimits.

der Anleger zahlt, andere Plattformen fordern ihn zur Direktüberweisung des Kapitals an den Emittenten auf. Im Ergebnis ändert die Art der Durchführung der Kapitalüberlassung nichts am rechtlichen Beteiligungskonzept, sondern ist eine rein organisatorische Maßnahme. Ist das Kapital ausgekehrt, steht es dem Emittenten zur Verfügung. Die Crowdinvesting-Emission war erfolgreich. Welche Pflichten sich für den Emittenten im Anschluss daran gegenüber der Crowd ergeben, hängt von der rechtlichen Ausgestaltung der konkreten Abwicklung ab, also davon, welche Arten von Vermögensanlagen gezeichnet wurden und wie die Bedingungen im konkreten Einzelfall ausgestaltet sind.

II. Rechtlicher Rahmen für eine Emission nach dem VermAnlG

Kapitalmärkte unterliegen gesetzlichen Vorgaben. Auch das Kleinanlegerschutzgesetz hat sich der Regulierung kapitalmarktrechtlicher Vorgänge verschrieben. Im Rahmen der Emission von Vermögensanlagen sind die gewichtigsten Neuerungen eingetreten,[444] die sich aber an den bestehenden Regelungen des VermAnlG orientieren. Welche gesetzlichen Vorgaben für die Emission von Vermögensanlagen zu beachten sind und wie genau Crowdinvesting von diesen Bindungen ausgenommen wird, soll im Folgenden untersucht werden.

1. Normadressaten

Bevor auf die einzelnen gesetzlich normierten Pflichten einzugehen ist, gilt es zu klären, wer Adressat der einzelnen Normen sein kann. Das VermAnlG differenziert dabei zwischen dem Anbieter und dem Emittenten von Vermögensanlagen. Als Anbieter ist derjenige anzusehen, der für das öffentliche Angebot der Vermögensanlage verantwortlich ist und den Anlegern gegenüber erkennbar nach außen als Anbieter auftritt.[445] Dieses Auftreten gegenüber dem Anlegerpublikum ist das entscheidende Kriterium zur Bewertung der Frage, ob die Verantwortung für das öffentliche Angebot besteht.[446] Emittent ist gem. § 1 Abs. 3 VermAnlG die Person oder die Gesellschaft, deren Vermögensanlagen auf Grund eines öffentlichen

444 Überblick zum KASG, Seite 37 ff.

445 BT-Drucks. 15/3174, 42; BT-Drucks. 17/6051, 32.

446 Assmann/Schlitt/von Kopp-Colomb/*Maas*, § 8f VerkProspG Rn. 21; Schwark/Zimmer/*Hennrichs*, § 8f VerkProspG Rn. 16.

Angebots im Inland ausgegeben sind. Der Emittent kann damit zugleich auch Anbieter der Vermögensanlage sein, zwingend ist dies indes nicht.[447]

2. Mindestlaufzeit, § 5a VermAnlG

Die Emission von Vermögensanlagen setzt ein öffentliches Angebot voraus. Insofern ist festzuhalten, dass mit dem KASG durch den Gesetzgeber neue Anforderungen an Vermögensanlagen geschaffen wurden. Dabei sind Vermögensanlagen i.S.d. VermAnlG nur solche, die öffentlich angeboten werden, § 1 Abs. 1 VermAnlG.[448]

Wenn durch § 5a S. 1 VermAnlG normiert wird, dass Vermögensanlagen eine Laufzeit von mindestens 24 Monaten ab dem Zeitpunkt des erstmaligen Erwerbs und eine ordentliche Kündigungsfrist von mindestens sechs Monaten vorsehen müssen, so bezieht er sich trotz seines engen Wortlauts nur auf die Zulässigkeit eines öffentlichen Angebots der Vermögensanlage. Vermögensanlagen, die öffentlich angeboten werden, müssen somit eine Mindestlaufzeit von 24 Monaten und eine Mindestkündigungsfrist von 6 Monaten[449] aufweisen. Dadurch erhält der Emittent eine gewisse Planungssicherheit. Dem bis dahin bestehenden Problem der Fristeninkongruenz, das sich aus der längerfristigen Investition des Kapitals und der kurzfristigen Abzugsmöglichkeit durch den Anleger ergab und zur Verstärkung von kleinsten wirtschaftlichen Schieflagen bis hin zur Insolvenz führte („Kettenreaktion"), wird durch die Mindestlaufzeit entgegengewirkt.[450] Darüber hinaus wird dem Anleger durch die Mindestlaufzeit verdeutlicht, dass es sich um eine unternehmerische Investition von gewisser Dauer handelt, die nicht ohne weiteres rückgängig zu machen ist.[451] Die damit bestehende doppelte Schutzfunktion führt dazu, dass sich beide Seiten der Investition veranlasst sehen werden, zu prüfen, ob der Umfang der Verzinsung und der Rückzahlung bezüglich der Anlageziele und der Anlagepolitik den eigenen Ansprüchen an

447 BT-Drucks. 17/6051, 32.

448 Zur Abgrenzung des Anwendungsbereichs oben, Seite 38 ff.

449 Nach dem Entwurf der Bundesregierung waren 12 Monate Mindestkündigungsfrist vorgesehen.

450 Vgl. *Bröker/Machunsky*, NJ 2015, 397 (401); *Buck-Heeb*, NJW 2015, 2535 (2538); *Bußalb/Vogel*, WM 2015, 1733 (1736); *Casper*, ZBB 2015, 265 (271); *Möllers/Kastl*, NZG 2015, 849 (851); *Roth*, GWR 2015, 243 (245); die Neuregelung ablehnend *Waschbusch/Kakuk/Schuster*, StB 2015, 234 (239); *Wilhelmi/Seitz*, WM 2016, 101 (102 f.).

451 BT-Drucks. 18/3994, 42; *Casper*, ZBB 2015, 265 (271); *Möllers/Kastl*, NZG 2015, 849 (851); *Roth*, GWR 2015, 243 (245).

eine Investition genügen.[452] Die Frist der Mindestlaufzeit beginnt ab dem Zeitpunkt des erstmaligen Erwerbs. Ob dies im Sinne einer objektiven Anknüpfung und damit an den Erwerb der allerersten Vermögensanlage zu verstehen ist[453], oder ob für jede erworbene Vermögensanlage separat die Frist von 24 Monaten zu laufen beginnt[454], ist unklar. Die Formulierung der Gesetzesbegründung[455] spricht zwar nicht eindeutig gegen ein objektives Verständnis, legt jedoch, auch bezüglich der verfolgten Planungssicherheit, den Schluss einer subjektiven Betrachtung des Fristenlaufs nahe.[456] In jedem Fall beginnt die Mindestlaufzeit bei einer Weiterveräußerung nicht erneut zu laufen.[457]

3. Nachschusspflicht, § 5b VermAnlG

Eine weitere Regulierung des öffentlichen Angebots erfolgt durch § 5b VermAnlG. Dieser statuiert, dass Vermögensanlagen, die eine Nachschusspflicht vorsehen, nicht zum öffentlichen Angebot oder Vertrieb im Inland zugelassen sind. Der Anleger soll damit vor weitergehendem Kapitalverlust bewahrt werden, da er regelmäßig keinen Einfluss auf die Geschäftsführung nehmen kann, die diese Nachschusspflicht durch ihr wirtschaftliches Handeln letztendlich begründet.[458] Kern der Vorschrift ist der Begriff der Nachschusspflicht. Enthielt die Entwurfsfassung der Bundesregierung noch eine Legaldefinition[459], so ist diese im weiteren Verlauf des Gesetzgebungsverfahrens entfallen. Fraglich ist dabei, ob die „Nachschusspflicht" begrifflich auch eine Haftung des Anlegers im Außenverhältnis[460] erfasst. Bezugnehmend auf andere Regelungen des Kapital- und Gesellschaftsrechts wird deutlich, dass sich die Nachschusspflicht stets auf das

---

452 BT-Drucks. 18/3994, 42 f.

453 So *Casper*, ZBB 2015, 265 (272).

454 *Bröker/Machunsky*, NJ 2015, 397 (401); *Buck-Heeb*, NJW 2015, 2535 (2537 f.); *Bußalb/Vogel*, WM 2015, 1733 (1736); *Möllers/Kastl*, NZG 2015, 849 (851); *Roth*, GWR 2015, 243 (245); *Waschbusch/Kakuk/Schuster*, StB 2015, 234 (239); *Wilhelmi/Seitz*, WM 2016, 101 (102 f.).

455 BT-Drucks. 18/3994, 44: „Die Mindestlaufzeit von 24 Monaten berechnet sich ab dem Zeitpunkt des erstmaligen Erwerbs der Vermögensanlage durch einen Anleger."

456 *Wilhelmi/Seitz*, WM 2016, 101 (102).

457 BT-Drucks. 18/3994, 43.

458 BT-Drucks. 18/3994, 43.

459 Die nach BT-Drucks. 18/3994, 11 vorgesehene Legaldefinition lautete: „Vermögensanlagen, die eine über den Anlagebetrag hinausgehende Haftung des Anlegers für Verluste vorsehen (Nachschusspflicht)".

460 Beispielsweise als Gesellschafter einer GbR nach § 128 HGB analog.

Innenverhältnis der Beteiligten bezieht.[461] Dennoch wird zum Teil befürwortet, diese Begrifflichkeit des § 5b VermAnlG auch auf die Außenhaftung zu erweitern.[462] Dagegen spricht die im Verlauf des Gesetzgebungsverfahrens entfallende Legaldefinition. Diese bezog sich explizit auf eine Haftung wegen Verlusten der Gesellschaft. Dies gilt bei der Außenhaftung indes nicht. Diese greift unabhängig von etwaigen Verlusten ein.[463] Entfallen ist die Legaldefinition aus dem Grund, dass auch aus anderen Gründen als Verlusten im Innenverhältnis Ansprüche entstehen können.[464]

Für eine Auslegung des Begriffs in dem Sinne, dass ausschließlich Ansprüche aus dem Innenverhältnis erfasst seien sollen, spricht auch § 4 Nr. 11 VermVerkProspV[465]. Dieser trennt explizit zwischen Nachschusspflicht und Haftung im Außenverhältnis.[466] Zwar steht die Verordnung der Regelung des § 5b VermAnlG als formelles Recht nach, dennoch kann sie Indiz für den Willen des Gesetzgebers sein und für die Bestimmung des Begriffs im Wege der Auslegung herangezogen werden.[467] Ein solches Verständnisses der „Nachschusspflicht" i.S.v. § 5b VermAnlG wird auch durch den Sinn und Zweck der Norm gestützt. Die Außenhaftung als Gesellschafter[468] ist die vorgesehene gesetzliche Folge, die aus dieser rechtlichen Position erwächst. Sie ist mit der Intention des § 5b VermAnlG vereinbar, denn dieser soll den Anleger nur davor schützen, weiteren Nachzahlungsverpflichtungen ohne die Möglichkeit der Einflussnahme ausgesetzt zu sein, und damit nicht abschätzen zu können, welche Zahlungsverpflichtungen auf ihn zukommen. Darüber hinaus kommt eine Haftung im Außenverhältnis regelmäßig nur bei der Beteiligung an einer Personengesellschaft in Betracht. Soweit eine solche Beteiligung erworben wird, ist aber auch klar, dass dies haftungsrechtliche Folgen hat. Der Anleger ist insofern nicht schutzwürdig, denn es ist absehbar,

---

461 Exemplarisch § 26 GmbHG; § 735 BGB; §§ 127 Abs. 3 S. 3, 152 Abs. 3 S. 3 KAGB.

462 *Wilhelmi/Seitz*, WM 2016, 101 (104 f.) bezeichnen die Verwendung des Begriffs als Redaktionsversehen.

463 Eine Konstruktion wegen potenziellen Ausfalls des Anspruchs aus § 110 Abs. 1 HGB im Innenverhältnis überzeugt nicht; so aber *Wilhelmi/Seitz*, WM 2016, 101 (104).

464 BT-Drucks. 18/4708, 65.

465 § 4 Nr.11 VermVerkProspV: „Der Verkaufsprospekt muss über die Vermögensanlagen angeben: [Nr.11] an einer hervorgehobenen Stelle im Verkaufsprospekt, unter welchen Umständen der Erwerber der Vermögensanlagen verpflichtet ist, weitere Leistungen zu erbringen, insbesondere unter welchen Umständen er haftet, und dass keine Pflicht zur Zahlung von Nachschüssen besteht".

466 *Bußalb/Vogel*, WM 2015, 1733 (1736); a.A. *Wilhelmi/Seitz*, WM 2016, 101 (104).

467 So auch zugestehend *Wilhelmi/Seitz*, WM 2016, 101 (104).

468 Beispielhaft gem. § 128 HGB analog als GbR-Gesellschafter.

dass man als Gesellschafter im Außenverhältnis haften kann. Außerdem besteht für ihn dann auch die Möglichkeit der Einflussnahme auf die Geschäftsführung, sodass die Sachverhalte, die eine Außenhaftung begründen, seinem Zugriff unterliegen. Im Ergebnis ist der „Nachschuss" dem Begriffsverständnis nach auf das Innenverhältnis beschränkt.[469] Die Ursache[470], die die Nachschusspflicht begründet, ist unerheblich.[471] Vermögensanlagen, die eine solche Nachschusspflicht vorsehen, sind nach § 5b VermAnlG für ein öffentliches Angebot verboten.

4. Veröffentlichung eines Verkaufsprospekts, § 6 VermAnlG

Es ist eine der wesentlichen Pflichten bei Emissionen auf dem Kapitalmarkt, einen entsprechenden Prospekt über das angebotene Produkt herauszugeben.[472] Der Anbieter hat dieser Pflicht gem. § 6 VermAnlG auch bei der Emission von Vermögensanlagen i.S.d. § 1 Abs. 2 VermAnlG nachzukommen. Ausnahmen bestehen, soweit bereits ein Prospekt nach einem anderen Gesetz veröffentlicht werden muss oder bereits ein Prospekt i.S.d. VermAnlG veröffentlicht wurde.

a.) Inhalt

Der § 7 VermAnlG normiert die formalen und inhaltlichen Anforderungen an den zu erstellenden Verkaufsprospekt. Auf die konkrete Ausgestaltung des gesetzlich vorgesehenen Informationsumfangs in der Vermögensanlagen-Verkauf sprospektverordnung (VermVerkProspV) soll in gebotenem Umfang eingegangen werden.

aa.) § 7 Abs. 1 VermAnlG

Die Vorschrift des § 7 VermAnlG konkretisiert die inhaltlichen Anforderungen an den zu veröffentlichenden Prospekt. Der Absatz 1 der Norm statuiert, dass der Prospekt alle tatsächlichen und rechtlichen Angaben enthalten muss, die notwendig sind, um dem Publikum eine zutreffende Beurteilung der Vermögensanlagen und deren Emittenten zu ermöglichen. Diese bereits in der Vorgängervorschrift des § 8g Abs. 1 VerkProspG enthaltene Anforderung[473], ist bei

---

469 *Bußalb/Vogel*, WM 2015, 1733 (1736); wohl auch *Bröker/Machunsky*, NJ 2015, 397 (402).

470 Gemeint ist vertraglich oder aufgrund der Rechtsform.

471 BT-Drucks. 18/3994, 43.

472 Soweit eine Prospektpflicht besteht.

473 Zur Übernahme der gesetzlichen Vorgaben, BT-Drucks. 17/6051, 32.

der Prospekterstellung als Generalklausel zu beachten.[474] Dem Wortlaut lässt sich die immanente Pflicht zur Vollständigkeit und vor allem zur Richtigkeit der Angaben im Prospekt entnehmen.[475] Der Verkaufsprospekt dient damit als Informationsquelle dazu, – an der Erwartungshaltung des Anlegers orientiert – die tatsächlichen Gegebenheiten und die objektiv wertbildenden Faktoren, die für die Anlageentscheidung erheblich sind, darzustellen.[476] Dem Anleger soll dadurch die Möglichkeit eröffnet werden, auf dieser Grundlage eine fundierte Entscheidung zu treffen.[477]

Dies setzt voraus, dass die im Prospekt enthaltenen Informationen, unabhängig von ihrer inhaltlichen Aussage, so dargestellt werden, dass sie durch den Anleger auswertbar sind.[478] Die Auswertbarkeit ist als Teilaspekt der Verständlichkeit des Prospekts am Gesamtbild der Darstellung im Prospekt zu messen und hat zum Ziel, dass die wesentlichen Informationen nicht durch die Art der Darstellung verdrängt werden.[479] Das Ziel, eine Entscheidung auf Grundlage einer transparenten Informationsgrundlage zu fällen, wird ebenso deutlich, wenn in § 7 Abs. 1 VermAnlG des Weiteren festgelegt wird, dass bei Anteilen an einem Treuhandvermögen welches ganz oder teilweise aus einem Anteil an einer Gesellschaft besteht, der Verkaufsprospekt auch die entsprechenden Angaben zu dieser Gesellschaft enthalten muss.[480] Neu eingefügt wurde auch § 7 Abs. 1 S. 1 VermAnlG aE, wonach dem Publikum durch die Angaben eine zutreffende Beurteilung der Anlegergruppe, auf die die Vermögensanlage abzielt, ermöglicht werden muss. Diese Vorschrift zur sog. „product governance" orientiert sich an den §§ 33 Abs. 3b–3d WpHG.[481] Welche Angaben darunter genau zu verstehen sind bleibt unklar.[482] Ab dem 03.01.2017 gilt die Änderung des § 7 Abs. 1 S. 1 VermAnlG.

---

474 *Arndt*/Voß/*Bruchwitz*, § 8g VerkProspG Rn. 8; Assmann/Schlitt/von Kopp-Colomb/*Maas*, § 8g VerkProspG Rn. 4.

475 Assmann/Schlitt/von Kopp-Colomb/*Maas*, § 8g VerkProspG Rn. 5.

476 Assmann/Schlitt/von Kopp-Colomb/*Maas*, § 8g VerkProspG Rn. 6; *Arndt*/Voß/*Bruchwitz*, § 8g VerkProspG Rn. 11; *Bußalb*/*Vogel*, WM 2012, 1416 (1419 f.).

477 *Kollrus*, MDR 2015, 1334 (1337); zu § 8g VerkProspG, BT-Drucks. 15/3174, 43.

478 Assmann/Schlitt/von Kopp-Colomb/*Maas*, § 8g VerkProspG Rn. 11.

479 *BGH*, WM 2007, 1507 (1508 f.) = NJW-RR 2007, 1329 (1330 f.); *BGH*, WM 1982, 862 (863) = NJW 1982, 2823 (2824).

480 Vgl. *Arndt*/Voß/*Bruchwitz*, § 8g VerkProspG Rn. 19; auch BT-Drucks. 15/3174, 43.

481 Vertiefend dazu *Buck-Heeb*, ZHR 179, 782 (782 ff.).

482 *Buck-Heeb*, NJW 2015, 2535 (2540); *Casper*, ZBB 2015, 265 (270); *Möllers*/*Kastl*, NZG 2015, 849 (851).

bb.) § 7 Abs. 2 VermAnlG

Das VermAnlG legt darüber hinaus auch weitere formale Pflichten in Bezug auf die Gestaltung des Prospekts fest. Dieser hat mit einem Deckblatt zu beginnen, das einen deutlichen Hinweis darauf enthalten muss, dass die inhaltliche Richtigkeit der Angaben im Verkaufsprospekt nicht Gegenstand der Prüfung des Verkaufsprospekts durch die Bundesanstalt für Finanzdienstleistungsaufsicht ist. Damit soll der potenziell falsche Eindruck des Anlegers, die Angaben seien von der BaFin auf ihre Richtigkeit hin geprüft worden und deshalb besonders werthaltig, vermieden werden.[483] Die Ausnutzung einer solchen Fehlvorstellung oder die Bewerbung der Anlage mit einem „Gütesiegel" wird durch diesen Hinweis verhindert.[484] Ferner ist an hervorgehobener Stelle im Verkaufsprospekt ein ausdrücklicher Hinweis in Bezug auf die Möglichkeit von Haftungsansprüchen aufzunehmen. Durch das KASG wurde das Verbot neu eingefügt, den Begriff „Fonds" oder einen Begriff, der diesen Begriff enthält, zur Bezeichnung des Emittenten oder der Vermögensanlage zu verwenden. Dies ist dem Umstand geschuldet, dass geschlossene Fonds, die als Investmentvermögen i.S.v. § 1 Abs. 1 KAGB zu qualifizieren sind, nicht mehr durch das VermAnlG reguliert werden. Etwaige Fehlvorstellungen des Anlegers, die dadurch entstehen, dass diese Begrifflichkeiten Verwendung finden, werden vermieden, die Transparenz der Anlage gesteigert.

cc.) § 7 Abs. 2a VermAnlG

Der § 7 Abs. 2a VermAnlG statuiert die Pflicht, im Prospekt die erforderlichen Angaben zur Anlegergruppe, auf die die Vermögensanlage abzielt, zu machen. Dies soll vor allem im Hinblick auf den Anlegerhorizont und mögliche Verluste, die sich aus der Anlage ergeben können, geschehen. Umgesetzt wurde diese Vorgabe durch § 4 Abs. 1 Nr. 15 VermVerkProspV. Diese Vorgabe gilt ebenso wie die Ergänzung der „product governance" in § 7 Abs. 1 S. 1 VermAnlG aE, ab dem 03.01.2017.

dd.) § 7 Abs. 3 VermAnlG

Normiert § 7 Abs. 1 VermAnlG die Anforderungen an die Darstellung, so bildet § 7 Abs. 3 VermAnlG die Norm, die dazu dient, die darzustellenden Inhalte des Verkaufsprospekts weiter zu konkretisieren. Es wird festgelegt, dass das Bundesministerium der Finanzen[485] ermächtigt wird, durch Rechtsverordnung, die

483 BT-Drucks. 17/6051, 33; zur Vorgängerregelung, BT-Drucks. 15/3174, 43.

484 *Fleischer*, BKR 2004, 339 (341); *Hanten/Reinholz*, ZBB 2012, 36 (44); *Wetzig*, 100.

485 Im Einvernehmen mit dem Bundesministerium der Justiz und für Verbraucherschutz.

nicht der Zustimmung des Bundesrates bedarf, die zum Schutz des Publikums erforderlichen Vorschriften über die Sprache, den Inhalt und den Aufbau des Verkaufsprospekts zu erlassen. Diese Verordnung[486] soll dabei nach dem Willen des Gesetzgebers, orientiert an seinen grundlegenden Vorgaben, die genauen Inhalte festlegen.[487] Die Erfordernisse der Absätze 1 und 2 werden dabei direkt von § 2 VermVerkProspV aufgegriffen und in leicht erweiterter Form umgesetzt.[488] Hervorzuheben ist dabei zum einen die Pflicht, den Prospekt in deutscher Sprache und in verständlicher Form abzufassen (§ 2 Abs. 1 S. 3 VermVerkProspV), zum anderen, dass die tatsächlichen und rechtlichen Risiken im Zusammenhang mit der Vermögensanlage in einem gesonderten Abschnitt darzustellen sind (§ 2 Abs. 2 S. 4 VermVerkProspV). Ebenso ist das den Anleger treffende maximale Risiko an einer hervorgehobenen Stelle im Verkaufsprospekt in vollem Umfang zu beschreiben, § 2 Abs. 2 S. 7 VermVerkProspV.

Nach § 7 Abs. 3 S. 1 Nr. 1 VermAnlG sollen dem Verkaufsprospekt die erforderlichen Angaben zu den Personen oder Gesellschaften, die die Verantwortung für den Inhalt des Verkaufsprospekts – insgesamt oder für bestimmte Angaben – übernehmen, zu entnehmen sein. Diese Anforderung wurde mit den entsprechenden Maßgaben durch § 3 VermVerkProspV umgesetzt.

Daran anknüpfend soll im Prospekt die Beschreibung der angebotenen Vermögensanlagen und ihrer Hauptmerkmale sowie die Anlageziele der Vermögensanlage erfolgen, § 7 Abs. 3 S. 1 Nr. 2 VermAnlG. Welche Informationen über die Vermögensanlage konkret angegeben werden müssen, bestimmt § 4 VermVerkProspV im Einzelnen. Es sind Art, Anzahl und Gesamtbetrag der angebotenen Vermögensanlagen zu nennen, oder eine etwaige Mindestanzahl und ein Mindestbetrag, soweit der Gesamtbetrag noch nicht feststeht, § 4 S. 1 Nr. 1 VermVerkProspV. Ebenso sind u.a. die Hauptmerkmale der Anteile (Nr. 1a), die Höhe des Erwerbspreises (Nr. 9), Einzelheiten zu seiner Zahlung (Nr. 5), weitere Kosten für den Anleger (Nr. 10), die Gesamthöhe etwaiger Provisionen (Nr. 12), die wesentlichen Grundlagen für die Verzinsung und Rückzahlung (Nr. 13) und Angaben zur Laufzeit sowie der Kündigungsfrist nach Maßgabe des § 5a VermAnlG zu nennen. Auch der Umfang der Darstellung der Anlageziele und der Anlagepolitik sind in der VermVerkProspV normiert. Ihr § 9 regelt die für die

486 Verordnung über Vermögensanlagen-Verkaufsprospekte vom 16. Dezember 2004, die zuletzt durch Art. 1 der Verordnung vom 20. August 2015 (BGBL. I 2015, 1434) geändert worden ist.

487 Umfassend zu den genauen inhaltlichen Ausformungen der VermVerkProspV, *Bußalb/Vogel*, WM 2015, 1785 (1785 ff.).

488 Vertiefend *Wetzig*, 99–106.

Darstellung notwendigen Angaben. Darunter fallen Angaben, die das Projekt betreffen, das durch das Angebot finanziert werden soll, § 9 Abs. 1 VermVerkProspV. Zusätzlich sind Angaben über Anlageziele und -politik erforderlich. Dies umfasst die Beschreibung des Anlageobjekts (§ 9 Abs. 2 Nr. 1) sowie der daran bestehenden Eigentumsverhältnisse (Nr. 2) und seine etwaigen dinglichen Belastungen (Nr. 3) oder Beschränkungen rechtlicher oder tatsächlicher Art (Nr. 4). Als Anlageobjekt werden nach § 9 Abs. 2 S. 2 VermVerkProspV dabei die Gegenstände verstanden, zu deren voller oder teilweiser Finanzierung die von den Erwerbern der Vermögensanlagen aufgebrachten Mittel bestimmt sind. Auch die voraussichtlichen Gesamtkosten des Anlageobjekts sind aufzugliedern (§ 9 Abs. 2 Nr. 9 VermVerkProspV).

Daneben muss die Verordnung festlegen, welche erforderlichen Angaben im Prospekt zum Emittenten der Vermögensanlagen, zu seinem Kapital und seiner Geschäftstätigkeit, seiner Vermögens-, Finanz- und Ertragslage, einschließlich des Jahresabschlusses und des Lageberichts sowie deren Offenlegung, enthalten sein müssen, § 7 Abs. 3 S. 1 Nr. 4 VermAnlG. Dies wird zum einen durch die §§ 5 und 6 VermVerkProspV realisiert, die die notwendigen Angaben über den Emittenten und dessen Kapital festschreiben. Zum andern ist es § 7 VermVerkProspV, der festlegt, über welche Personen, die in Beziehung zum Emittenten stehen, Informationen im Prospekt erteilt werden müssen und welche Informationen dies sind. Diese Angaben sollen es dem Anleger ermöglichen, die Zuverlässigkeit dieser Personen einzuschätzen.[489] Des Weiteren besteht die Pflicht, die letzten nach §§ 24, 25 VermAnlG aufgestellten und geprüften Jahres- und Lageberichte sowie etwaige Zwischenberichte in den Verkaufsprospekt zu integrieren (§ 10 Abs. 1 Nr. 1, 2 VermVerkProspV). Ebenso müssen die voraussichtliche Vermögens-, Finanz- und Ertragslage für das laufende und folgende Geschäftsjahr dargestellt werden, § 10 Abs. 4 VermVerkProspV. Beruhend auf § 7 Abs. 3 S. 1 Nr. 5 VermAnlG sind im Verkaufsprospekt auch die nach der VO als erforderlich festgelegten Angaben zu den Geschäftsaussichten des Emittenten der Vermögensanlagen und über seine Geschäftsführungs- und Aufsichtsorgane enthalten. Parallel zu § 7 VermVerkProspV sieht § 12 vergleichbare Pflichten für die Mitglieder der Geschäftsführung oder des Vorstands, von Aufsichtsgremien und Beiräten des Emittenten vor. Auch damit soll die Zuverlässigkeit der verantwortlichen Personen für den Anleger nachprüfbar sein.[490] Die Pflicht und den Umfang der Auskunft über Geschäftsaussichten normieren

489 BT-Drucks. 17/6051, 50.
490 Vgl. BT-Drucks. 17/6051, 51.

die §§ 13, 13a VermVerkProspV. Wie gem. § 7 Abs. 3 S. 1 Nr. 6 VermAnlG normiert, sind nach den verschiedenen Regelungen der VermVerkProspV dem Verkaufsprospekt die entsprechenden Unterlagen beizufügen. Um im Einzelfall verhältnismäßige Entscheidungen zu ermöglichen, enthält die Verordnungsermächtigung in § 7 Abs. 3 S. 2 VermAnlG auch die Befugnis, Ausnahmeregelung bezüglich der Aufnahme einzelner Angaben in den Verkaufsprospekt vorzusehen.[491] Die Umsetzung dieser Befugnis erfolgt durch § 15 VermVerkProspV, der in seinem Absatz 1 für Emittenten, die vor weniger als 18 Monaten gegründet worden sind und noch keinen Jahresabschluss und Lagebericht nach § 24 des Vermögensanlagengesetzes erstellt haben („Jungemittenten"), abweichende Regelungen trifft.

b.) Gültigkeitsdauer, § 8a VermAnlG

Eine Neuerung wird in Bezug auf die bislang nicht regulierte Gültigkeitsdauer für Verkaufsprospekte eingeführt. Nach § 8a VermAnlG ist ein Verkaufsprospekt nach seiner Billigung zwölf Monate lang für das öffentliche Angebot gültig, sofern er um die Nachträge, die nach § 11 VermAnlG erforderlich sind, ergänzt wird. Diese Vorschrift, die sich an § 9 Abs. 1 WpPG orientiert, soll dazu dienen, dass das öffentliche Angebot nur mit aktuellen Angaben betrieben wird.[492] Zusätzlich ist die Gültigkeit von den Nachträgen nach § 11 VermAnlG[493] abhängig und endet dementsprechend ohne weitere Maßnahmen der BaFin in dem Moment, in dem ein solcher Nachtrag nicht vorgelegt wird.[494]

c.) Prospektbezogene Regelungen

Der zu erstellende Verkaufsprospekt ist gem. § 8 VermAnlG der BaFin zur Billigung vorzulegen.[495] Eine Veröffentlichung ist erst nach der Billigung zulässig. Die genauen Anforderungen an die Art und Frist der Veröffentlichung statuiert § 9 VermAnlG. Gem. § 9 Abs. 1 VermAnlG ist der Prospekt mindestens einen Tag vor Beginn des öffentlichen Angebots zu veröffentlichen. Die Veröffentlichung hat gem. § 9 Abs. 2 VermAnlG entweder auf der Internetseite des Anbieters und im Bundesanzeiger zu erfolgen oder er muss auf der Internetseite des Anbieters

491 Zur Intention der weitestgehend übernommenen Vorgängerregelung des § 8g VerkProspG, BT-Drucks. 15/3174, 43.

492 BT-Drucks. 18/3994, 43 f.; *Möllers/Kastl*, NZG 2015, 849 (851).

493 Zu den Pflichten nach § 11 VermAnlG unten, Seite 105 f.

494 BT-Drucks. 18/3994, 44.

495 Zu der Rechten und Pflichten der BaFin, siehe Seite 142 ff.

veröffentlicht und bei den im Verkaufsprospekt benannten Zahlstellen zur kostenlosen Ausgabe bereitgehalten werden, was dann im Bundesanzeiger bekannt zu machen ist. Darüber hinaus ist der Verkaufsprospekt, soweit die entsprechenden Vermögensanlagen über ein elektronisches Informationsverbreitungssystem angeboten werden, auch dort mit entsprechendem Hinweis zu veröffentlichen. Der BaFin ist durch den Anbieter unverzüglich Datum und Ort der Veröffentlichung schriftlich mitzuteilen, was den Aufwand verringert, zu kontrollieren, ob der Verkaufsprospekt auch tatsächlich veröffentlicht wurde.[496] Daneben ist der Anbieter verpflichtet, die BaFin über die Beendigung des öffentlichen Angebots sowie die vollständige Tilgung der Vermögensanlage zu informieren, § 10a Abs. 1 S. 1 VermAnlG. Die vollständige Tilgung der Vermögensanlage ist nach § 10a Abs. 1 S. 2 VermAnlG erfolgt, wenn die Hauptforderung sowie alle Nebenleistungen gezahlt sind. Bevor der Verkaufsprospekt veröffentlicht wird, ist er nach § 14 Abs. 1 S. 1 VermAnlG bei der BaFin zu hinterlegen. Der hinterlegte Verkaufsprospekt wird durch die BaFin zehn Jahre lang aufbewahrt, § 14 Abs. 2 S. 2 VermAnlG. Dies soll dem Anleger die Realisierung von Schadensersatzansprüchen ermöglichen, wobei sich die Dauer der Aufbewahrung auf die Verjährungsvorschriften bezieht.[497]

d.) Auswirkungen für den Anleger

Betrachtet man die gesetzlichen Vorgaben für die Veröffentlichung eines Verkaufsprospekts, die sich aus dem VermAnlG und der VermVerkProspV ergeben, so wird deutlich, dass der Anleger durch die im Prospekt zu veröffentlichenden Angaben auf alle Informationen zugreifen kann, die er benötigt, um sich ein vollständiges Bild von der Vermögensanlage zu machen. Diese Möglichkeit, auf umfassende Informationen zuzugreifen, versetzt den Anleger in die Lage, eine Entscheidung zu treffen, bei der er, rein abstrakt, alle Risiken einschätzen kann. Hervorzuheben ist, dass der Anleger nach § 7 Abs. 1 VermAnlG, § 2 Abs. 2 S. 5, 6 VermVerkProspV über die wahren Risiken aufzuklären ist. Auch der sich aus dem Prospekt ergebende Überblick über die Liquiditätslage stärkt die Entscheidungsgrundlage des Anlegers.[498] Ebenso kann er aus den Angaben die eigene Position im Verhältnis zu den Personen, die hinter dem Emittenten

496 BT-Drucks. 14/8017, 110.

497 BT-Drucks. 17/6051, 33 i.V.m. BT-Drucks. 14/8017, 109.

498 BT-Drucks. 18/3994, 57; *Bußalb/Vogel*, WM 2015, 1785 (1786); *Kollrus*, MDR 2015, 1334 (1338).

stehen, besser einschätzen.[499] Die Angabe des Jahresabschlusses und dessen Analyse – durch die oftmals verwendeten betriebswirtschaftlichen Kennzahlen – versetzt ihn in die Position, über Informationen mit hoher Aussagekraft zu verfügen.[500] Zusätzlich wird dem Anleger eine umfassende Einschätzung des Emittenten und seiner wirtschaftlichen Lage eröffnet. Insofern ist es ihm durch den Prospekt möglich, unabhängig die Entscheidung zu treffen, ob ihn das Verhältnis von Chancen und Risiken zu einer Investition bewegt.[501] Damit liefert der Vermögensanlagen-Verkaufsprospekt einen umfassenden Gesamtüberblick. Als standardisierte Informationsgrundlage ermöglicht er dem potenziellen Anleger zugleich, verschiedene Vermögensanlagen miteinander zu vergleichen.[502] Die Vielzahl an Informationen ist nach dem Willen des Gesetzgebers inhaltlich aufgearbeitet und potenziell nachvollziehbar darzustellen, sodass eine umfassende Bewertung durch den Anleger selbst ermöglicht wird. Dafür entscheidend ist wiederum, dass sich dieser der Informationen annimmt und sie ins Verhältnis zu seinen persönlichen Anlagezielen setzt. So kann der Gesetzgeber zwar vorgeben, dass eine Auswertbarkeit möglich ist, ob aber eine tatsächliche Auswertung erfolgt, liegt beim Anleger und ist durch dessen Kenntnisse und Fähigkeiten limitiert. In diesem Zusammenhang ist es von besonderer Wichtigkeit, dass dem Anleger durch die Angaben im Prospekt die bestehenden Investitionsrisiken deutlich gemacht werden. Zu nennen ist hier insbesondere die Pflicht, diese Risiken in einen gesonderten Abschnitt des Prospekts (§ 2 Abs. 2 S. 4 VermVerkProspV), und zusätzlich das maximale Risiko der Investition darzustellen.

5. Nachtragspflicht, § 11 VermAnlG

Neben der Pflicht zur Erstellung des Prospekts besteht nach § 11 Abs. 1 S. 1 VermAnlG für den Anbieter auch die Pflicht, diesen durch entsprechende Nachträge während der Dauer des öffentlichen Angebots auf einem aktuellen Stand zu halten. Diese Norm bezieht sich auf wichtige neue Umstände sowie auf wesentliche Unrichtigkeiten der im Verkaufsprospekt enthaltenen Angaben, die die Beurteilung der Vermögensanlage oder des Emittenten beeinflussen können. Der § 11 Abs. 1 S. 2 VermAnlG liefert entsprechende Regelbeispiele für das Vorliegen eines wichtigen Umstands. Klargestellt ist die Nachtragspflicht für neu offengelegte Jahresabschlüsse und Lageberichte sowie für neu offengelegte Konzernabschlüsse

499 *Hanten/Reinholz*, ZBB 2012, 36 (41).
500 *Brösel*, 79 f.; *Bußalb/Vogel*, WM 2015, 1785 (1789).
501 Vgl. *Kollrus*, MDR 2015, 1334 (1337 f.).
502 *Wetzig*, 120.

des Emittenten (§§ 11 Abs. 1 S. 2 Nr. 1, Nr. 2 VermAnlG). Durch das Regelbeispiel des § 11 Abs. 1 S. 2 Nr. 3 VermAnlG wird auf Umstände Bezug genommen, die sich erheblich auf die Geschäftsaussichten des Emittenten auswirken und zur Beeinträchtigung der Verpflichtungen des Emittenten gegenüber seinen Anlegern führen können.

Die Regelbeispiele konkretisieren die Nachtragspflicht und stellen durch das in § 11 Abs. 1 S. 2 Nr. 3 VermAnlG genannte Erfordernis der Erheblichkeit klar, dass nicht jeder erdenkliche Vorfall der Nachtragspflicht unterliegt, sondern nur solche, die sich auf die Geschäftsaussichten auswirken können oder als wichtig einzustufen sind.[503] Etwaige Nachträge sind durch die BaFin zu billigen.[504] Daneben sind die Nachträge in den Text der entsprechenden Abschnitte des Verkaufsprospekts einzuarbeiten.[505] Der Anbieter muss dementsprechend stets eine um sämtliche Nachträge ergänzte Fassung des Verkaufsprospekts vorhalten.[506] Durch die Pflicht zur Einarbeitung und die der Gesetzesbegründung zu entnehmende Klarstellung, dass das schlichte Anhängen der Nachträge nicht genügt,[507] wird die Auswertung der neuen Informationen für den Anleger wesentlich erleichtert. Er kann damit stets auf Grundlage aktueller Informationen eine fundierte Anlageentscheidung treffen[508]. Der ergänzte Prospekt bedarf keiner erneuten Billigung durch die BaFin.[509] Jedoch muss er gem. § 11 Abs. 3 S. 4 VermAnlG ebenso wie der ursprüngliche Prospekt nach den Vorgaben des § 9 Abs. 2 S. 1, 2 VermAnlG veröffentlicht werden. Flankiert wird die Nachtragspflicht von einem Widerrufsrecht[510] des Anlegers. Dieses besteht gem. § 11 Abs. 2 VermAnlG dann, wenn der Anleger eine auf den Erwerb einer Vermögensanlage gerichtete Willenserklärung vor Veröffentlichung des Nachtrags abgegeben hat und noch keine Erfüllung eingetreten ist. Der Widerruf muss binnen zwei Werktagen nach Veröffentlichung des Nachtrags erklärt werden. Diese kurze Zeitspanne verdeutlicht den Stornierungscharakter des Nachtragswiderrufsrechts. Auf die Möglichkeit des Widerrufs ist nach § 11 Abs. S. 4 VermAnlG an hervorgehobener Stelle

503 Vgl. BT-Drucks. 18/3994, 44.

504 Gem. §§ 11 Abs. 1 S. 3–5 VermAnlG.

505 *Bußalb/Vogel*, WM 2015, 1733 (1737); *Heisterhagen/Conreder*, DStR 2015, 1929 (1930 f.).

506 BT-Drucks. 18/3994, 45.

507 BT-Drucks. 18/3994, 45.

508 Zur Vorgängerregelung des § 11 VerkProspG, BT-Drucks. 14/8017, 110.

509 Diese erübrigt sich durch die Billigung des ursprünglichen Prospekts und des Nachtrags, BT-Drucks. 18/3994, 45.

510 Vertiefend zu dessen Voraussetzungen *Hartrott/Voigt*, RdF 2012, 87 (90 f.).

hinzuweisen. Der Nachtrag und die sich daraus ergebende Aktualisierung des Verkaufsprospekts ist Voraussetzung für dessen Gültigkeit nach § 8a VermAnlG. Insgesamt ist die Vorschrift des § 11 VermAnlG stark an die des § 16 WpPG angelehnt, wodurch ein gewisser Gleichlauf der kapitalmarktrechtlichen Regelungssysteme erzielt wird.[511]

6. Veröffentlichung eines Vermögensanlagen-Informationsblattes, § 13 VermAnlG

Neben der Pflicht des Anbieters, einen Verkaufsprospekt zu veröffentlichen, besteht die Pflicht, vor Beginn des öffentlichen Angebots ein Vermögensanlagen-Informationsblatt zugänglich zu machen. Die dafür einzuhaltenden Voraussetzungen normiert § 13 VermAnlG.

a.) Begriff und Funktion

Das Vermögensanlagen-Informationsblatt ist eines von mehreren am Kapitalmarkt zu findenden Produktinformationsblättern (PIB)[512]. Produktinformationsblätter sollen es dem Anleger ermöglichen, auf Informationen über das Finanzprodukt zuzugreifen, die in kurzer, verständlicher und prägnanter Weise aufgearbeitet wurden.[513] Für das VIB wurden die Produktinformationsblätter für Finanzinstrumente (§ 31 Abs. 3a WpHG) als Vorlage genutzt. Entsprechend orientiert sich § 13 VermAnlG an § 5a WpDVerOV[514],[515] womit das Streben des Gesetzgebers nach einem angeglichenen kapitalmarktrechtlichen Regulierungsniveau deutlich wird.[516] Dabei stellt sich jedoch die Frage, inwieweit die Begrifflichkeiten des PIB, welches auf europarechtlichen Bestrebungen beruht, mit denen des VermAnlG, einem rein nationalen Gesetz, gleichzusetzen sind.[517] In diesem Zusammenhang wird man für die Auslegung in jedem Fall den Willen des Gesetzgebers, einheitliche rechtliche Rahmenbedingungen schaffen zu wollen, beachten müssen. Neben

511 Vgl. *Hartrott/Voigt*, RdF 2012, 87 (90); *Wetzig*, 114.

512 Dazu *Podewills*, ZBB 2011, 169 (169 ff.).

513 Vgl. BT-Drucks. 17/6051, 33.

514 Verordnung zur Konkretisierung der Verhaltensregeln und Organisationsanforderungen für Wertpapierdienstleistungsunternehmen (Wertpapierdienstleistungs-Verhaltens- und Organisationsverordnung) vom 20.07.2007.

515 BT-Drucks. 17/6051, 34; *Bußalb/Vogel*, WM 2012, 1416 (1422).

516 *Hartrott/Voigt*, RdF 2012, 87 (90); *Schott/Brinkmann*, RdF 2011, 238 (240).

517 Diese Frage werfen *Rinas/Pobortscha*, BB 2012, 1615 (1616) auf.

der Möglichkeit, sich im Überblick Informationen zu der Vermögensanlage zu verschaffen, soll es das VIB in Bezug auf Vermögensanlagen auch ermöglichen, dass die verschiedenen Anlageprodukte miteinander verglichen werden können.[518] Ihre Funktion als „Beipackzettel"[519] wird dabei nicht unkritisch betrachtet,[520] dennoch sind sie als eine zentrale Informationsquelle für die Beurteilung der Vermögensanlage anzusehen[521]. Dementsprechend sollen sie ausschließlich beurteilungserhebliche Informationen enthalten, woraus folgt, dass sich ein VIB zum einen immer nur auf eine bestimmte Vermögensanlage beziehen darf, zum anderen ein werbender Charakter nach § 13 Abs. 4 S. 4 VermAnlG untersagt ist.

b.) Normadressat

Gem. § 13 Abs. 1 VermAnlG trifft denjenigen, der im Inland öffentlich Vermögensanlagen i.S.v. § 1 VermAnlG anbietet, die Pflicht, vor Beginn des öffentlichen Angebots neben dem Verkaufsprospekt auch ein VIB zu erstellen. Diese Pflicht bezieht sich nicht auf solche Vermögensanlagen, die in § 1 Abs. 2 VermAnlG genannt sind, aber in den Bereich der Ausnahmevorschrift des § 2 VermAnlG fallen. Anders als im Rahmen der Prospektpflicht nach § 6 VermAnlG, sieht das Vermögensanlagegesetz für die Erstellung des Vermögensanlagen-Informationsblattes keine Privilegierungen vor. Damit besteht für jedes öffentliche Angebot von Vermögensanlagen die Pflicht zur Aufarbeitung im oben genannten Sinne. Das Informationsblatt ist zeitgleich mit dem Verkaufsprospekt bei der BaFin zu hinterlegen, § 14 Abs. 1 S. 2 VermAnlG. Es unterliegt indes keiner konkreten Prüfung und keinem Billigungsverfahren durch die Bundesanstalt.[522]

c.) Inhalt

Der Gesetzgeber hat nicht nur die generelle Pflicht zur Veröffentlichung normiert, sondern auch die weiteren formal- und materiell-inhaltlichen Anforderungen konkretisiert. Das VIB darf nicht mehr als drei DIN A4 Seiten umfassen und muss die wesentlichen Informationen in übersichtlicher und leicht verständlicher Weise

518 BT-Drucks. 17/6051, 33.

519 *Casper*, BB 2011, Heft 20, I.

520 Vgl. dazu *Bruchwitz/Voß*, BB 2011, 1226 (1232 f.); *Hanten/Reinholz*, ZBB 2012, 36 (45 f.); *Podewills*, ZBB 2011, 169 (176); *Rinas/Pobortscha*, BB 2012, 1615 (1617 f.); *Schott/Brinkmann*, RdF 2011, 238 (240); *Wetzig*, 116 f.

521 BT-Drucks. 18/3994, 48.

522 BT-Drucks. 17/6051, 33.

enthalten.[523] Die Art der Darstellung soll den Anleger nicht in die Irre führen.[524] Vielmehr muss er nach § 13 Abs. 4 S. 1 VermAnlG in der Lage sein, die Informationen ohne weitere Dokumente verstehen können. Die Verwendung des Begriffs „Fonds“ ist ebenso wie ein Hinweis auf die Befugnisse der BaFin nach dem VermAnlG untersagt.

aa.) Formale Anforderungen

Unter formalen Gesichtspunkten hat das VIB bestimmte Angaben zu enthalten. Aus dem Informationsblatt muss hervorgehen, wer als Anbieter der Vermögensanlage zu qualifizieren, und damit zur Erstellung des Papiers verpflichtet ist, § 13 Abs. 3 Nr. 1 VermAnlG. Darüber hinaus sind bestimmte Hinweise aufzunehmen. Neben dem, dass das VIB nicht durch die BaFin geprüft wird[525], muss ebenso auf den Verkaufsprospekt, den Ort seiner Ausgabe und seine Kostenlosigkeit, hingewiesen werden[526]. Daneben ist, gem. § 13 Abs. 3 Nr. 3a VermAnlG, in gleicher Art und Weise eine Angabe bezüglich des letzten offengelegten Jahresabschlusses aufzunehmen. Zusätzlich sind direkt an den Anleger zu richtende Äußerungen einzubeziehen. Das umfasst sowohl den Hinweis, dass eine Anlageentscheidung stets auf die Prüfung des gesamten Verkaufsprospekts der betroffenen Vermögensanlagen gestützt werden sollte, als auch, als zentrale Änderung des VIB durch das KASG[527], folgenden drucktechnisch hervorgehobenen Hinweis auf der ersten Seite des VIB: „Der Erwerb dieser Vermögensanlage ist mit erheblichen Risiken verbunden und kann zum vollständigen Verlust des eingesetzten Vermögens führen.“[528] Es ist auch auf die Voraussetzung eines Haftungsanspruchs wegen eines fehlerhaften VIBs[529] aufmerksam zu machen, § 13 Abs. 3 Nr. 5 VermAnlG. Besondere formale Hinweispflichten ergeben sich aus § 13 Abs. 3a VermAnlG für die Fälle, in denen Privilegierungstatbestände einschlägig sind, was die §§ 2a, b VermAnlG betrifft. Der Anleger ist in diesen Fällen explizit darauf aufmerksam zu machen, dass kein Verkaufsprospekt erstellt und von der BaFin gebilligt wurde. Vielmehr muss darauf verwiesen werden, dass weitergehende Informationen unmittelbar beim Anbieter oder Emittenten der

---

523 §§ 13 Abs. 2 S. 1 und 2 1. HS VermAnlG.
524 *Bußalb/Vogel*, WM 2012, 1416 (1422).
525 § 13 Abs. 3 Nr. 2 VermAnlG.
526 § 13 Abs. 3 Nr. 3 VermAnlG.
527 So *Casper*, ZBB 2015, 265 (273).
528 § 13 Abs. 6 VermAnlG.
529 Zum Haftungsanspruch unten, Seite 156 ff.

Vermögensanlage erhältlich sind.[530] Dementsprechend sind auch die Hinweise in Bezug auf die Haftung an das Fehlen eines Verkaufsprospekts anzupassen, § 13 Abs. 3a S. 2 VermAnlG.

bb.) Materielle Anforderungen

Neben den formalen werden auch materielle Anforderungen an das VIB gestellt. Dem Informationsblatt müssen die Art der Vermögensanlage, die damit verfolgte Anlagestrategie sowie die Anlagepolitik und die Anlageobjekte zu entnehmen sein.[531] Der Inhalt der Begrifflichkeiten lässt sich nach § 9 VermVerkProspV bestimmen.[532] Indes ist aufgrund der vorgegebenen eigenständigen Verständlichkeit ein Verweis auf den Verkaufsprospekt nicht zulässig, woraus ein hohes Maß an Komprimierung folgt.[533] Auch in das Vermögensanlagen-Informationsblatt sind ab dem 03.01.2017 Angaben über den Zielmarkt im Sinne einer „product governance"[534] aufzunehmen. Eine ebenso gegebene Neuerung, die durch das KASG in das VermAnlG integriert wurde, ist die Angabe des auf Grundlage des letzten aufgestellten Jahresabschlusses berechneten Verschuldungsgrads des Emittenten, § 13 Abs. 2 S. 2 Nr. 2b VermAnlG. Dieser soll, als Darstellung des Verhältnisses von Eigen- zu Fremdkapital, eine wesentliche Kennziffer zur Verifizierung des Anlegerrisikos sein und damit eine direkte Einschätzung etwaiger Ausfallrisiken ermöglichen.[535] Es sind die Laufzeit und die Kündigungsfrist der Vermögensanlage nach § 5a VermAnlG und die mit der Vermögensanlage verbundenen Risiken aufzuzeigen.[536] Darüber hinaus sind Angaben über die Aussichten für die Kapitalrückzahlung und die Erträge unter verschiedenen Marktbedingungen zu machen. Dies umfasst in jedem Fall die Angabe der erwarteten Gesamtauszahlung, aufgeteilt in laufende Auszahlungen und Schlusszahlung.[537] Auch die mit der Vermögensanlage verbundenen Kosten und Provisionen sind aufzuzeigen. Darunter sind sowohl unmittelbare als auch mittelbare Kosten zu verstehen, wobei eine Aufschlüsselung

---

530 § 13 Abs. 3a VermAnlG normiert folgenden explizit aufzunehmenden Hinweis: „Für die Vermögensanlage wurde kein von der Bundesanstalt gebilligter Verkaufsprospekt erstellt. Weitergehende Informationen erhält der Anleger unmittelbar vom Anbieter oder Emittenten der Vermögensanlage".

531 § 13 Abs. 2 S. 2 Nr. 1 und Nr. 2 VermAnlG.

532 *Rinas/Pobortscha*, BB 2012, 1615 (1617).

533 Vgl. *Rinas/Pobortscha*, BB 2012, 1615 (1617).

534 *Casper*, ZBB 2015, 265 (273).

535 BT-Drucks. 18/3994, 47.

536 § 13 Abs. 2 S. 2 Nr. 3 und 4 VermAnlG.

537 *Rinas/Pobortscha*, BB 2012, 1615 (1618).

nach Einzelpositionen nicht erforderlich ist.[538] Die Aufzählung des Absatzes 2 ist nicht abschließend.[539] Vielmehr sind auch weitere Informationen aufzunehmen, soweit diese als wesentlich zur Einschätzung der Vermögensanlage anzusehen sind. Die Angaben sind nach dem oben dargestellten Maßstab, in verständlicher und kurzer Form sowie allgemeinverständlicher Sprache zu erteilen, wobei als Maßstab der Empfängerhorizont eines durchschnittlichen Anlegers dient.[540] Vermögensanlagen-Informationsblatt und Verkaufsprospekt müssen inhaltlich übereinstimmen.[541] Die Darstellung soll in komprimierter Form erfolgen, dennoch darf es deshalb nicht zu Informationsverlusten beim Anleger kommen.[542]

d.) Nachtragspflicht

Der § 13 Abs. 5 VermAnlG legt fest, dass die Angaben, die das VIB enthält, während des öffentlichen Angebots aktualisiert werden müssen, wenn sie unrichtig oder mit Angaben des Verkaufsprospekts unvereinbar geworden sind[543]. Darüber hinaus ist das Datum der letzten Aktualisierung des Vermögensanlagen-Informationsblattes anzugeben. Dem Anleger soll so die Möglichkeit eingeräumt werden, die Angaben in Prospekt und VIB besser vergleichen und etwaige Nachträge leichter identifizieren zu können.[544] Die Nachtragspflicht ist insofern auch in Bezug zur Pflicht des Gleichlaufs von Verkaufsprospekt und VIB zu setzen. Die so aktualisierte Fassung muss gem. § 13 Abs. 4 S. 2 VermAnlG stets auf der Internetseite des Anbieters abrufbar sein.

e.) Ordnungswidrigkeit nach § 29 VermAnlG

Nach §§ 29 Abs. 1 Nr. 6, 7, Abs. 3 VermAnlG sind die oben genannten Pflichten zum Teil bußgeldbewehrt. Dadurch soll eine effiziente Umsetzung der Anforderungen gewährleistet und der Anlegerschutz verbessert werden.[545]

538 *Rinas/Pobortscha*, BB 2012, 1615 (1618).
539 § 13 Abs. 2 S. 2 VermAnlG: „insbesondere“.
540 Vgl. BT-Drucks. 17/6051, 34; *Hanten/Reinholz*, ZBB 2012, 36 (44).
541 Kritisch zu den haftungsrechtlichen Folgen *Bruchwitz/Voß*, BB 2011, 1226 (1232).
542 BT-Drucks. 17/6051, 34.
543 Auch wenn nach § 11 VermAnlG Nachträge zum Prospekt erfolgten.
544 BT-Drucks. 18/3994, 48.
545 Vgl. BT-Drucks. 18/3994, 52.

7. Informationspflichten, § 15 VermAnlG

Neben der reinen Pflicht zur Veröffentlichung des Verkaufsprospekts und des Vermögensanlagen-Informationsblattes normiert § 15 VermAnlG die damit verbundenen Pflichten zur Anlegerinformation. Bestand vor dem Gesetz zur Novellierung des Finanzanlagenvermittler- und Vermögensanlagenrechts[546] nur die Pflicht des Anbieters zur Veröffentlichung, so hat er nach Einführung des § 15 VermAnlG weitergehende Anforderungen zu erfüllen. Gem. § 15 Abs. 1 S. 1 VermAnlG hat der Anbieter auf Verlangen des am Erwerb Interessierten diesem während der Dauer des öffentlichen Angebots[547] jederzeit den Verkaufsprospekt und eine aktuelle Fassung des Vermögensanlagen-Informationsblattes zu übermitteln. Dabei müssen die Unterlagen Textform aufweisen, sind auf explizites Verlangen hin sogar in ausgedruckter Form an den Anfragenden zu übermitteln. Die gleiche Pflicht trifft den Emittenten der Vermögensanlage in Bezug auf den letzten Jahresabschluss und Lagebericht, § 15 Abs. 1 S. 2 VermAnlG. Der Anbieter muss Personen, die in den Vertrieb der Vermögensanlage eingebunden sind[548], auf deren Antrag das Vermögensanlagen-Informationsblatt übermitteln. Damit wird für den Fall des Fremdvertriebs die Vorlage des VIBs an den Kunden vor Vertragsschluss ermöglicht.[549]

Für den Fall, dass die Vermögensanlage im Eigenvertrieb angeboten wird, also Emittent und Anbieter identisch sind, normiert § 15 Abs. 2 VermAnlG besondere Pflichten, die gegenüber dem Anleger zu erfüllen sind. Gem. § 15 Abs. 2 VermAnlG hat der Anbieter demjenigen, der am Erwerb einer Vermögensanlage interessiert ist, im Falle des Eigenvertriebs rechtzeitig vor Vertragsschluss das Vermögensanlagen-Informationsblatt in der jeweils aktuellen Fassung zur Verfügung zu stellen. Soweit der Interessierte es verlangt, hat der Anbieter auch den Verkaufsprospekt bereit zu stellen. Ebenso bedarf es des Hinweises an den potenziellen Anleger, wo und auf welche Weise er die Unterlagen nach Satz 1 im Geltungsbereich des Gesetzes erhalten kann.[550] Soweit in der Situation des Eigenvertriebs durch den Anbieter keine Anlageberatung erbracht wird, hat er

---

546 Zur Entwicklung der Regulierung oben, Seite 44 ff.

547 Die Dauer des öffentlichen Angebots richtet sich gem. § 15 Abs. 1 S. 1 VermAnlG nach § 11 Abs. 1 VermAnlG. Damit wird ein zeitlicher Gleichlauf der Pflichten geschaffen.

548 Das Gesetz spricht von einer Person, die in Bezug auf Vermögensanlagen Anlageberatung, Anlage- oder Abschlussvermittlung erbringt oder Vermögensanlagen verkauft.

549 Vgl. *Bruchwitz/Voß*, BB 2011, 1226 (1232); *Hanten/Reinholz*, ZBB 2012, 36 (47).

550 § 15 Abs. 2 S. 2 VermAnlG.

denjenigen, der am Erwerb einer Vermögensanlage interessiert ist, auf bestimmte Umstände aufmerksam zu machen. Dies muss rechtzeitig vor Vertragsschluss und in Textform geschehen. Insofern ist darauf hinzuweisen, dass eine Prüfung dahingehend unterbleibt, ob die Vermögensanlage den Anlagezielen des Interessierten entspricht, ob die hieraus erwachsenden Anlagerisiken für den Anleger in Bezug auf seine Anlageziele finanziell tragbar sind oder ob der Anleger mit seinen Kenntnissen und Erfahrungen die hieraus erwachsenden Anlagerisiken verstehen kann, § 15 Abs. 2 S. 3 VermAnlG. Um die tatsächliche Information des Anlegers zu dokumentieren, und sicher zu gehen, dass zumindest der Hinweis auf den möglichen Totalverlust[551] zur Kenntnis genommen worden ist, hat er dies vor Vertragsschluss gem. § 15 Abs. 3 S. 1 VermAnlG unter Nennung von Ort und Datum durch seine Unterschrift mit Vor- und Familienname auf dem Vermögensanlagen-Informationsblatt zu bestätigen.

In § 15 Abs. 4 VermAnlG finden sich Erleichterungen in Bezug auf die Form der Bestätigung, soweit ausschließlich Fernkommunikationsmittel beim Vertrieb genutzt werden. So muss die Bestätigung der eigenhändigen Unterschrift gleichwertig sein. Das in § 15 Abs. 4 VermAnlG aufgestellte Erfordernis der „Gleichwertigkeit" der Bestätigungsform wird durch eine auf § 15 Abs. 5 VermAnlG basierende Verordnung[552] konkretisiert. Es sind insofern die Anforderungen des § 2 der Verordnung zur Durchführung des § 15 Abs. 4 des Vermögensanlagengesetzes (VIBBestV) einzuhalten. Insgesamt wird der potenzielle Anleger durch die Vorschriften zur Anlegerinformation in die Lage versetzt, die Informationen, die ihm eine fundierte Entscheidung ermöglichen sollen, auch tatsächlich vollumfänglich zu erhalten.[553] Die Pflicht zur Anlegerinformation dient damit unmittelbar dem Informationszweck, der mit der Prospektpflicht verfolgt wird.[554] Das mit dem KASG neu eingeführte Erfordernis des § 15 Abs. 3 VermAnlG, den Warnhinweis nach § 13 Abs. 6 VermAnlG zu bestätigen, kann zwar auf der einen Seite als Bevormundung des Anlegers verstanden werden[555], auf der anderen Seite verhindert es überhastete Entscheidungen und ermöglicht diesem, sich etwaige hohe Risiken bewusst zu machen.[556] Indes bleibt anzumerken, dass das

551 Unter den Vorgaben des § 13 Abs. 6 VermAnlG.

552 Verordnung zur Durchführung des § 15 Absatz 4 des Vermögensanlagengesetzes (VIBBestV).

553 Vgl. *Hanten/Reinholz*, ZBB 2012, 36 (47); *Hartrott/Voigt*, RdF 2012, 87 (91).

554 *Bruchwitz/Voß*, BB 2011, 1226 (1232).

555 Dazu ausführlich *Casper*, ZBB 2015, 265 (274).

556 BT-Drucks. 18/3994, 48.

Bestätigungserfordernis uneingeschränkt jeden potenziellen, und damit auch einen institutionellen Anleger trifft.

8. Veröffentlichungspflichten nach § 11a VermAnlG

Ebenso wie die Pflicht zur Anlegerinformation besteht eine durch das KASG neu eingefügte Mitteilungspflicht des Emittenten. Gem. § 11a Abs. 1 S. 1 VermAnlG ist er verpflichtet, jede Tatsache, die sich auf ihn oder die von ihm emittierte Vermögensanlage unmittelbar bezieht und nicht öffentlich bekannt ist, unverzüglich zu veröffentlichen, § 11a Abs. 3 S. 1 VermAnlG. Diese Pflicht ist auf solche Tatsachen begrenzt, die geeignet sind, die Fähigkeit des Emittenten erheblich zu beeinträchtigen, seine Verpflichtungen gegenüber dem Anleger zu erfüllen. Die damit bestehende Beschränkung auf Tatsachen schließt andere Informationen, wie beispielsweise Prognosen, aus dem Anwendungsbereich der Norm aus.[557] In zeitlicher Hinsicht beginnt die Mitteilungspflicht nach Beendigung des öffentlichen Angebots der Vermögensanlage und endet gem. § 11a Abs. 1 S. 2 VermAnlG mit vollständiger Tilgung derselben. Der zeitliche Geltungsbereich ermöglicht es, dass die Anleger sowie etwaige Zweiterwerber auch in diesem Zeitraum auf aktuelle Informationen zur wirtschaftlichen Situation[558] des Emittenten zugreifen können.[559] Die Pflicht zur Aktualisierung des Verkaufsprospekts und des Vermögensanlagen-Informationsblattes endet nämlich mit Beendigung des öffentlichen Angebots.[560] Strukturell besteht eine große Ähnlichkeit des § 11a VermAnlG zu § 15 WpHG a.F..[561] Gerade für die Merkmale „nicht öffentlich bekannt“ und „unmittelbar bezieht“ können die zu § 15 WpHG a.F., respektive § 13 WpHG a.F. entwickelten Grundsätze herangezogen werden.[562] „Nicht öffentlich bekannt“ ist eine Tatsache damit dann, wenn nicht eine unbestimmte Vielzahl von Personen auf sie zugreifen kann und keine Bereichsöffentlichkeit besteht.[563] Eine solche Bereichsöffentlichkeit ist dann gegeben, wenn die Verbreitung über Informationssysteme erfolgt, die bevorzugt von professionellen Anlegern und institutionellen Marktteilnehmern genutzt werden, aber nur soweit die Anzahl der Personen, die

---

557 *Casper*, ZBB 2015, 265 (270).

558 Insbesondere zur Vermögens-, Finanz- und Ertragslage.

559 BT-Drucks. 18/3994, 45.

560 *Möllers/Kastl*, NZG 2015, 849 (851).

561 *Buck-Heeb*, NJW 2015, 2535 (2538 f.); *Dieckmann*, WPg 2015, 130 (133); *Riethmüller*, DB 2015, 1451 (1453); kritisch zu einer pauschalen Gleichstellung *Casper*, ZBB 2015, 265 (270 f.).

562 *Buck-Heeb*, NJW 2015, 2535 (2539); *Casper*, ZBB 2015, 265 (270).

563 BT-Drucks. 12/6679, 46.

auf die Information zugreifen können, nicht von Anfang an begrenzt ist.[564] Ein unmittelbarer Bezug zum Emittenten oder der von ihm emittierten Vermögensanlage besteht insbesondere dann, wenn Umstände berührt sind, die im Tätigkeitsbereich des Emittenten liegen.[565] Des Weiteren muss es sich um eine solche Tatsache handeln, die geeignet ist, die Fähigkeit des Emittenten zur Erfüllung seiner Verpflichtung gegenüber dem Anleger erheblich zu beeinträchtigen. Eine Information erst bei bereits drohender Zahlungsunfähigkeit ist insofern als nicht ausreichend anzusehen. Vielmehr überzeugt es, in diesem Zusammenhang den Begriff der Unternehmenskrise heranzuziehen.[566] Eine Unternehmenskrise lässt sich als insolvenznahes Ereignis verstehen, welches bei ungehindertem Fortlauf dazu führt, dass einer oder mehrere Gründe zur Eröffnung des Insolvenzverfahrens vorliegen könnten.[567] Gem. § 11a Abs. 3 VermAnlG sind die in Rede stehenden Tatsachen, zur Veröffentlichung entsprechenden Medien zuzuleiten. Dies soll solche Medien umfassen, bei denen davon ausgegangen werden kann, dass sie die Informationen im Inland verbreiten und jederzeit zugänglich sind. Diese Formulierung ist an § 3a Abs. 1 S. 1 der Verordnung zur Konkretisierung von Anzeige-, Mitteilungs- und Veröffentlichungspflichten sowie der Pflicht zur Führung von Insiderverzeichnissen nach dem Wertpapierhandelsgesetz angelehnt, womit auch an dieser Stelle die dazu entwickelten Grundsätze heranzuziehen sind.[568] Bevor die Informationen zugeleitet werden, sind sie der BaFin zu übermitteln, § 11a Abs. 2 S. 1 VermAnlG. Die BaFin veröffentlicht die Information auf ihrer Internetseite binnen drei Werktagen.[569] Daneben ist der BaFin im Anschluss an die Zuleitung an die Medien mitzuteilen, an wen und unter welchen Umständen diese erfolgt ist. Welche Medien genau zur Erfüllung der Mitteilungspflicht geeignet sind, ist unklar. Weitere Konkretisierung erfährt das Verfahren der Veröffentlichung durch die auf § 11a Abs. 4 VermAnlG gestützte Verordnung zur Durchführung des § 11a VermAnlG[570].

---

564 *Assmann*/Schneider, § 13 WpHG Rn. 34; *Schwark*/Zimmer/*Kruse*, § 13 WpHG Rn. 30.

565 *Assmann*/Schneider, § 15 WpHG Rn. 55 ff.

566 So als Einziger *Casper*, ZBB 2015, 265 (270).

567 Mit Bezug zur Insolvenznähe *Huber*, NZI 2015, 447 (448); *Urlaub*/*Kamp*, ZIP 2014, 1465 (1466); auf den ungehinderten Fortlauf abstellend *Casper*, ZBB 2015, 265 (270 f.); Bork/Hölzle/*Niemann*, Kap. 26 Rn. 1 ff. vertiefend zu betriebswirtschaftlichen Ursachen der Unternehmenskrise.

568 BT-Drucks. 18/3994, 45.

569 § 11a Abs. 2 S. 2 VermAnlG; Vorschrift weist Ähnlichkeit mit § 15 WpHG a.F. auf.

570 Vermögensanlagen-Veröffentlichungs- und Mitteilungspflichtenverordnung (VermVerMiV).

Die Norm des § 3 Abs. 1 S. 1 Nr. 1 VermVerMiV statuiert, dass die Informationen nur Medien zugeleitet werden sollen, bei denen davon ausgegangen werden kann, dass eine möglichst schnelle und zeitgleiche Verbreitung im Inland erfolgt und die Informationen damit unverzüglich und jederzeit zugänglich sind. Setzt man diese Vorgabe in Bezug zu den Gesetzgebungsmaterialien, laut derer der § 3a der Verordnung zur Konkretisierung von Anzeige-, Mitteilungs- und Verfentlichungspflichten sowie der Pflicht zur Führung von Insiderverzeichnissen nach dem Wertpapierhandelsgesetz (WpAIV) herangezogen werden soll[571], so wird man, statt an nur ein Medium zuzuleiten, wohl auf die Zuleitung an einen Mix von Medien abstellen müssen.[572] Inhaltlich sind § 2 VermVerMiV die Anforderungen an die Information zu entnehmen. Satz 2 der Norm stellt klar, dass nur die aufgeführten Angaben enthalten sein dürfen. Zwar sieht § 2 S. 1 Nr. 6 VermVerMiV die Möglichkeit, respektive Pflicht zur Erläuterung der Information vor, es ist jedoch nicht zulässig, durch positive Äußerungen den Charakter der Information zu verschleiern.[573]

9. Rechnungslegung, §§ 23, 24 VermAnlG

Neben den oben beschriebenen Informationspflichten besteht für Emittenten von Vermögensanlagen auch die Pflicht zur Rechnungslegung. Für Emittenten, die nicht durch ihre Rechtsform zur Erstellung eines Jahresabschlusses nach dem Handelsgesetzbuch verpflichtet sind, normiert § 23 Abs. 1 S. 1 VermAnlG entsprechende Pflichten. So ist in solchen Fällen, für den Schluss eines jeden Geschäftsjahres ein Jahresbericht zu erstellen und spätestens sechs Monate nach Ablauf des Geschäftsjahres beim Betreiber des Bundesanzeigers elektronisch einzureichen. Ebenso ist den Anlegern der Jahresbericht auf Anforderung hin zur Verfügung zu stellen. Der § 23 VermAnlG betrifft vor allem Gesellschaften des bürgerlichen Rechts und Einzelkaufleute.[574] Für die Erstellung verweist § 24 Abs. 1 S. 1 VermAnlG auf die §§ 264–289a HGB. Zusätzlich zu den dort genannten Inhalten sind im Lagebericht die Gesamtsummen der im laufenden Geschäftsjahr gezahlten Vergütungen darzustellen. Damit sind zum einen – aufgeteilt in feste und variable

---

571 BT-Drucks. 18/3994, 45.

572 BaFin Leitfaden für Emittenten, 79 f., abrufbar unter: www.bafin.de/SharedDocs/Downloads/DE/Leitfaden/WA/dl_emittentenleitfaden_2013.pdf?__blob=publicationFile&v=1 (zuletzt abgerufen am 02.12.2016); *Bußalb/Vogel*, WM 2015, 1733 (1738); auf den Leitfaden Bezug nehmend *Casper*, ZBB 2015, 265 (271).

573 Vgl. *Bußalb/Vogel*, WM 2015, 1733 (1738).

574 *Bußalb/Vogel*, WM 2012, 1416 (1424).

Vergütungen – diejenigen Vergütungen anzugeben, die allgemein ausgezahlt wurden, aber auch die Zahl der Begünstigten und gegebenenfalls die vom Emittenten der Vermögensanlagen gezahlten besonderen Gewinnbeteiligungen.[575] Zum anderen – unterteilt in Führungskräfte und Mitarbeiter – diejenigen, die an diese ausbezahlt wurden und deren berufliche Tätigkeit sich wesentlich auf das Risikoprofil des Emittenten von Vermögensanlagen auswirkt, § 24 Abs. 1 S. 3 Nr. 2 VermAnlG. Diese zusätzlichen Inhalte sollen es dem Anleger ermöglichen, etwaige Risiken zu erkennen und einzuschätzen, was vor allem für den Fall außerordentlicher Gewinnbeteiligungen[576] erheblich werden kann.[577]

Diesem Anliegen folgend ist nach § 24 Abs. 1 S. 1 2. HS VermAnlG auch eine Kapitalflussrechnung aufzunehmen. Sie soll als wichtiges Analyseinstrument die Einschätzungsmöglichkeiten des Anlegers verbessern.[578] Unternehmen, die nach § 267 Abs. 1 HGB als klein einzustufen sind, unterliegen dieser Pflicht ebenso wenig wie Jungemittenten, die weniger als 18 Monate vor der Einreichung des Verkaufsprospekts zur Billigung gegründet wurden, § 24 Abs. 1 S. 5 VermAnlG. Sie haben stattdessen die in § 15 VermVerkProspV festgelegten Angaben in ihren Verkaufsprospekt aufzunehmen. Der Jahresabschluss ist nach §§ 25 Abs. 1 S. 1, 2 VermAnlG durch einen Abschlussprüfer nach den Vorschriften der §§ 316 ff. HGB zu prüfen und mit einem Bestätigungsvermerk zu versehen. Dadurch soll sowohl die Vollständigkeit der erforderlichen Angaben festgestellt als auch dem Anleger die notwendige Sicherheit über eine korrekte Rechnungslegung verschafft werden.[579] Eine Offenlegung hat gem. § 26 Abs. 1 VermAnlG innerhalb von 6 Monaten nach dem Abschlussstichtag des Geschäftsjahres[580] zu erfolgen.

10. Werbebeschränkungen, § 12 VermAnlG

Soweit der Anbieter die Vermögensanlage bewerben möchte, hat er die Vorgaben des § 12 VermAnlG einzuhalten. Entgegen der ursprünglich geplanten strikten Regulierung[581] verfolgt § 12 vor allem das Ziel, Werbung für Vermögensanlagen in dem Maße zu versachlichen, dass dem Anleger eine ausreichend

575 § 24 Abs. 1 S. 3 Nr. 1 VermAnlG.

576 Vor allem von Geschäftsführern, Gesellschaften und Treuhändern.

577 BT-Drucks. 17/6051, 39.

578 BT-Drucks. 18/3994, 50; auf eine Verbesserung der Informationsmöglichkeit stellen *Bußalb/Vogel*, WM 2012, 1416 (1424) ab.

579 BT-Drucks. 17/6051, 39.

580 Beurteilung nach § 325 Abs. 1a HGB.

581 *Dieckmann*, WPg 2015, 130 (133 f.) kritisch *Casper*, ZBB 2015, 265 (272 f.).

fundierte und risikobewusste Entscheidung eröffnet bleibt.[582] So hat der Anbieter gem. § 12 Abs. 1 VermAnlG dafür zu sorgen, dass in Werbung auf die wesentliche Merkmale der Vermögensanlage[583] hingewiesen und ein Hinweis auf den Verkaufsprospekt aufgenommen wird. Es soll ersichtlich sein, dass und wo weitergehende Information erhältlich sind.[584] Ein Hinweis auf das VIB ist nicht vorgesehen.[585] Des Weiteren ist, vergleichbar der Regelung des § 13 Abs. 6 VermAnlG, nach der Vorschrift des § 12 Abs. 2 S. 1 VermAnlG ein explizit vorgegebener Warnhinweis[586] in die Werbebotschaft aufzunehmen. Dieser Hinweis hat an hervorgehobener Stelle zu erfolgen, wobei eine Hervorhebung in Fettdruck, Umrahmung oder Farbe als ausreichend anzusehen ist.[587] Für textbasierte Kurzwerbung in elektronischen Medien, die nicht länger als 210 Schriftzeichen ist, genügt es gem. § 12 Abs. 2 S. 2 VermAnlG, wenn ein deutlich mit dem Wort „Warnhinweis" gekennzeichneter Link in die Werbung integriert wird, der zum vollständigen Warnhinweis in einem separaten Dokument führt. Dieser Verzicht wird vor allem damit begründet, dass der Umfang des Warnhinweises von 141 Zeichen dazu führt, dass dem Anbieter ansonsten bei Kurzwerbung nur noch ein Drittel der 210 Zeichen für die tatsächliche Werbung zur Verfügung stehen.[588] Der Anbieter ist verpflichtet, den Hinweis „Der in Aussicht gestellte Ertrag ist nicht gewährleistet und kann auch niedriger ausfallen" in seine Werbung aufzunehmen, soweit die Vermögensanlage nicht lediglich eine vertraglich festgelegte Verzinsung vorsieht.[589] Eine Bewerbung der Vermögensanlage mit den gesetzlichen Befugnissen und Pflichten der BaFin ist ebenso unzulässig wie die Verwendung des Begriffs „Fonds", §§ 12 Abs. 4, 5 VermAnlG. So soll der Anleger vor einer Werbung geschützt werden, die bei ihm ein trügerisches Sicherheitsgefühl erzeugt, weil er glaubt, die BaFin hätte eine inhaltliche Prüfung der Vermögensanlage vorgenommen und das Verlustrisiko sei insofern überprüft

---

582 Vgl. BT-Drucks. 18/3994, 45.

583 *Bröker/Machunsky*, NJ 2015, 397 (402), stellen beispielhaft auf die Verzinsung ab.

584 *Wobbe*, WPg 2015, 1069 (1074).

585 *Kollrus*, MDR 2015, 1334 (1339).

586 Dieser lautet: „Der Erwerb dieser Vermögensanlage ist mit erheblichen Risiken verbunden und kann zum vollständigen Verlust des eingesetzten Vermögens führen".

587 *Bußalb/Vogel*, WM 2015, 1733 (1739); eine Handhabung entsprechend § 355 BGB und Art. 246 EGBGB schlagen *Bröker/Machunsky*, NJ 2015, 397 (402) vor.

588 BT-Drucks. 18/4708, 65.

589 § 12 Abs. 3 VermAnlG.

worden.[590] Auch Videos haben die o.g. Hinweise zu enthalten, wenn sie Werbung für Vermögensanlagen darstellen.[591]

III. Besondere Ausnahmeregelungen für Schwarmfinanzierung, § 2a VermAnlG

Die oben beschriebenen Anforderungen an den rechtlichen Rahmen der Emission greifen für das Crowdinvesting nur bedingt ein. Durch den neu geschaffenen § 2a VermAnlG wird das Ziel verfolgt, Crowdinvesting unter den dort genannten Voraussetzungen, als über Internet-Dienstleistungsplattformen vermittelte Finanzierungsform, von bestimmten Anforderungen des Vermögensanlagengesetzes auszunehmen, um so die Finanzierung von kleineren und mittleren Unternehmen zu unterstützen.[592] Welche Pflichten genau zu beachten sind und welche vom VermAnlG vorgesehenen, emissionsbezogenen Pflichten nicht eingreifen, ist festzustellen. Danach ist genauer auf die Voraussetzungen einzugehen, die notwendig sind, damit die Ausnahmeregelung des § 2a VermAnlG für ein Crowdinvestment eingreift.

1. Normadressaten in der Crowdinvesting-Emission

Vorab ist jedoch die besondere Dreiecksbeziehung der Schwarmfinanzierung in Bezug auf die Begrifflichkeiten des VermAnlG zu betrachten. Hierbei kommt der Rolle der Crowdinvesting-Plattformen besondere Bedeutung zu.[593] Sie eröffnet dem Kapitalsuchenden die Möglichkeit, den Kontakt zur Crowd – als große Zahl potenzieller Anleger – zielgerichtet herzustellen. Crowdinvesting-Plattformen sind im Regelfall Anlagevermittler.[594] Diese vertreiben die Vermögensanlage nicht im eigenen Interesse, was offenkundig deutlich wird. Eine Übernahme etwaiger Verantwortlichkeit besteht damit nicht.[595] Explizit für Crowdinvesting-Plattformen bleibt festzuhalten, dass sie unter dem Gesichtspunkt einer historischen Auslegung im Regelfall nicht Anbieter i.S.d. VermAnlG sind.[596] Wenn in der Begründung zum Gesetzesentwurf zu § 2a VermAnlG

590 BT-Drucks. 18/3994, 68.
591 *Bußalb/Schermuly*, WM 2016, 2005 (2008 f.).
592 BT-Drucks. 18/3994, 40.
593 Zu den Adressaten allgemein, Seite 94 f.
594 Dazu oben, Seite 84 ff.
595 Vgl. *Rinas/Pobortscha*, BB 2012, 1615 (1616).
596 BT-Drucks. 18/3994, 64: „Beim Vertrieb von Schwarmfinanzierungen fallen der Anbieter und der Betreiber der Internetplattform regelmäßig auseinander".

diesbezüglich vorgegeben ist, dass die Dienstleistungsplattform, die die Erstellung des Vermögensanlagen-Informationsblattes übernimmt, allein dadurch nicht Anbieter wird,[597] so wird sie erst recht nicht Anbieter, wenn sie nur das vom Kapitalsuchenden erstellte Informationsblatt auf der Plattform bereithält. Da die Pflicht, ein VIB zu erstellen, den Anbieter der Vermögensanlage trifft, ist nach dem Verständnis der am Gesetzgebungsprozess beteiligten Organe die Plattform damit regelmäßig nicht als Anbieter einzuordnen. Vielmehr ist davon auszugehen, dass weitergehende, für das Anlegerpublikum deutlich hervortretende Umstände erforderlich sind, um die Anbietereigenschaft der Dienstleistungsplattform zu begründen.[598] Ersichtlich verantwortlich ist vielmehr der Kapitalsuchende, der auf der Plattform um die Gunst der Crowd bemüht ist und als Anbieter nach außen auftritt. Es sind im Regelfall aber auch ihm zuzuschreibende Vermögensanlagen, die auf Grund eines öffentlichen Angebots im Inland ausgegeben werden. Er ist damit sowohl Anbieter als auch Emittent der angebotenen Vermögensanlagen.[599] Dieses Zusammentreffen von Emittenten- und Anbietereigenschaft ist im Rahmen des Crowdinvesting die Regel.

2. Fehlende Prospektpflicht

Nimmt man die emissionsbezogenen Pflichten, die das VermAnlG vorsieht, in den Blick, so besteht die wohl erheblichste Abweichung für Crowdinvesting darin, dass die Erstellung eines Vermögensanlagen-Verkaufsprospekts nicht erforderlich ist. § 2a Abs. 1 VermAnlG normiert insoweit, dass die §§ 6 bis 11a VermAnlG, keine Anwendung finden, wenn seine Voraussetzungen vorliegen. Damit entfällt die Pflicht, einen Verkaufsprospekt gem. § 6 VermAnlG zu erstellen. Ist dies der Fall, greifen infolgedessen die sich direkt auf den Verkaufsprospekt beziehenden Vorschriften zu dessen Inhalt, Billigung, Gültigkeit, sowie Frist und Form (§§ 7–9 VermAnlG) ebenso wenig ein. Dies gilt auch für diejenigen Vorschriften, die sich mittelbar auf den Verkaufsprospekt beziehen, weil sie dessen Bestehen voraussetzen. Somit entfalten auch die Vorschriften über die Vorgehensweise bei der Veröffentlichung eines unvollständigen Verkaufsprospekts

597 BT-Drucks. 18/3994, 41.

598 Vgl. *Danwerth*, ZBB 2016, 20 (28) der jedoch nach Feststellung der möglichen Doppelstellung darauf abstellt, dass die Dienstleistungsplattform zugleich Emittent sein kann; a.A. *Casper*, ZBB 2015, 265 (276) der eine Anbietereigenschaft der Dienstleistungsplattformen annimmt.

599 *Klöhn/Hornuf/Schilling*, ZBB 2016, 142 (145); zur Möglichkeit der Doppelstellung BT-Drucks. 17/6051, 32.

(§ 10 VermAnlG), die Veröffentlichung ergänzender Angaben (§ 11 VermAnlG) und über Veröffentlichungspflichten nach Beendigung des öffentlichen Angebots (§ 11a VermAnlG) keine Wirkung. Die Pflicht, in der Werbung für die Vermögensanlage auf den Verkaufsprospekt hinzuweisen (§ 12 Abs. 1 VermAnlG), entfällt. Ebenso sind Vorschriften, deren Anwendbarkeit nicht ausdrücklich ausgeschlossen ist, die aber das Vorliegen eines Verkaufsprospekts voraussetzen[600], nur unter Berücksichtigung der fehlenden Prospektpflicht anzuwenden.[601]

3. Eingeschränkte Pflichten gegenüber der BaFin

Zusätzlich bestehen auch nur begrenzte Pflichten gegenüber der BaFin, die das öffentliche Angebot von Vermögensanlagen überwacht. Besteht keine Verpflichtung, einen Verkaufsprospekt zu erstellen, so kann ein solcher auch nicht gem. § 14 Abs. 1 S. 1 VermAnlG bei der BaFin vorzulegen sein. Entsprechendes gilt für die Vorlage von Nachträgen zum Verkaufsprospekt[602], die Möglichkeit weitere Angaben zu fordern (§ 15a VermAnlG) und die Befugnis der BaFin, die Veröffentlichung des Prospekts nach § 17 VermAnlG zu untersagen. Ebenso wenig kann das öffentliche Angebot auf Grund von Mängeln in Bezug auf den Verkaufsprospekt untersagt werden, §§ 18 Abs. 1 Nr. 2–6 VermAnlG. Auch ein Auskunftsverlangen der BaFin, das sich an den prospektbezogenen Pflichten orientiert, ist bei Eingreifen des § 2a VermAnlG nicht gegeben.[603] Unabhängig von der Prospektpflicht bedarf es durch den Ausschluss von § 10a VermAnlG im Rahmen eines Crowdinvestments keiner Mitteilung an die Bundesanstalt, wenn das öffentliche Angebot beendet wird und die ausgegebenen Anlagen vollständig getilgt sind.

4. Besonderheiten bzgl. der Jahresberichte

Durch § 2a VermAnlG werden auch die Pflichten in Bezug auf den zu erstellenden Jahresbericht modifiziert.

Die §§ 23 Abs. 2 Nr. 2–4, 24 Abs. 5–8, 25 VermAnlG sind nicht anzuwenden. Es ist für Emittenten von Vermögensanlagen, die unter § 2a VermAnlG fallen, im Übrigen nicht erforderlich, Lageberichte zu erstellen oder einen Abschlussprüfer einzusetzen, § 2a Abs. 2 VermAnlG.[604] Bestehen solche Pflichten indes auf

600 Exemplarisch § 15 Abs. 1 VermAnlG.
601 BT-Drucks. 18/3994, 41.
602 § 14 Abs. 3 S. 1 VermAnlG.
603 Vgl. § 19 Abs. 1 Nr. 2 VermAnlG.
604 Dazu BT-Drucks. 18/3994, 41.

Grund anderer gesetzlicher Vorgaben, so sind sie durch § 2a VermAnlG nicht ausgeschlossen.[605]

5. Mindestlaufzeit

Greift die Vorschrift des § 2a VermAnlG ein, so ist beim Crowdinvesting auch keine gesetzlich vorgegebene Mindestlaufzeit nach § 5a VermAnlG zu beachten. Indes wird in der Praxis zumeist eine Laufzeit der Vermögensanlage vereinbart, die 24 Monate deutlich überschreitet.[606]

6. Vermögensanlagen-Informationsblatt, § 13 VermAnlG

Die Pflicht zur Erstellung des Vermögensanlagen-Informationsblattes ist demgegenüber nicht ausgeschlossen. Ein solches ist unter den oben beschriebenen Vorgaben anzufertigen, und die entsprechenden formalen Schritte sind einzuhalten.[607] Liegt ein Crowdinvestment vor, dass unter § 2a VermAnlG fällt, so ist darüber hinaus § 13 Abs. 3a VermAnlG zu beachten. Der § 13 Abs. 3a S. 1 VermAnlG statuiert die Pflicht, folgenden Hinweis aufzunehmen: „Für die Vermögensanlage wurde kein von der Bundesanstalt gebilligter Verkaufsprospekt erstellt. Weitergehende Informationen erhält der Anleger unmittelbar vom Anbieter oder Emittenten der Vermögensanlage." Ebenso sind Angaben über die Voraussetzungen einer Haftung für ein fehlerhaftes VIB aufzunehmen.[608] Die Vorschriften über die Kenntnisnahme des Warnhinweises durch den Anleger, die durch Unterschrift sowie Angabe von Ort und Datum vor Vertragsschluss zu bestätigen ist, § 15 Abs. 3 VermAnlG, und die dazu bestehende Ausnahme für ausschließlich durch Fernkommunikation zustande gekommene Verträge nach § 15 Abs. 4 VermAnlG, bleiben durch § 2a VermAnlG unberührt. Ebenso wenig ist die Pflicht ausgeschlossen, das VIB der BaFin zuzuleiten, denn § 14 Abs. 1 S. 2 VermAnlG wird in § 2a Abs. 1 VermAnlG nicht genannt.

---

605 BT-Drucks. 18/3994, 41.

606 Exemplarisch *Companisto* (https://www.companisto.com/de/how-it-works – zuletzt abgerufen am 02.12.2016).

607 Zu den Anforderungen an das VIB, oben Seite 107 ff.

608 Es ist gem. § 13 Abs. 3a S. 2 VermAnlG der Hinweis aufzunehmen, dass Ansprüche auf der Grundlage einer in dem Vermögensanlagen-Informationsblatt enthaltenen Angabe nur dann bestehen können, wenn die Angabe irreführend oder unrichtig ist und die Vermögensanlage während der Dauer des öffentlichen Angebots, spätestens jedoch innerhalb von zwei Jahren nach dem ersten öffentlichen Angebot der Vermögensanlagen im Inland, erworben wird.

7. Widerrufsrecht, § 2d VermAnlG

Durch die Sonderregelung von Crowdinvesting wird die Anwendung von Normen nicht nur ausgeschlossen, sondern es wurde mit § 2d VermAnlG auch eine ausschließlich auf diese Finanzierungsform anzuwendende Vorschrift geschaffen, die in Zusammenhang mit dem fehlenden Verkaufsprospekt steht. So soll das dort normierte Widerrufsrecht den Umstand ausgleichen, dass der Anleger auf weniger Informationen zugreifen konnte oder potenziell erhebliche Informationen nicht vorhanden waren und er seine Entscheidung damit nicht auf Grundlage einer vergleichbaren Informationsgrundlage treffen konnte wie Anleger, denen ein Verkaufsprospekt gem. §§ 6, 7 VermAnlG zur Verfügung stand.[609] Der § 2d VermAnlG normiert für den Anleger ein Recht zum Widerruf. So ist er gem. § 2d Abs. 1 VermAnlG an seine Willenserklärung, die auf den Abschluss eines Vertrages über eine Vermögensanlage im Sinne der §§ 2a bis 2c gerichtet ist, nicht mehr gebunden, wenn er sie fristgerecht in Textform widerrufen hat. Der Widerruf ist gegenüber dem Anbieter so zu erklären, dass der Entschluss des Anlegers deutlich hervortritt, wobei eine Begründung nicht erforderlich ist.[610] Es besteht eine Widerrufsfrist von 14 Tagen ab Vertragsschluss, soweit ein deutlicher Hinweis auf das Bestehen dieses Rechts enthalten ist, §§ 2d Abs. 3 S. 1, 2 VermAnlG. Das Recht auf Widerruf erlischt spätestens 12 Monate nach Vertragsschluss.[611] Die Rückabwicklung wird durch § 2d Abs. 4 VermAnlG, angelehnt an § 355 Abs. 3 S. 1 BGB, geregelt.[612] Gem. § 2d Abs. 4 S. 2 VermAnlG schuldet der Emittent dem Anleger für den Zeitraum, der zwischen der Auszahlung und der Rückzahlung des Anlagebetrags liegt, die vereinbarte Gegenleistung. Das Widerrufsrecht des § 2d VermAnlG setzt keinen spezifischen situativen Kontext voraus, sondern stellt vielmehr ein allgemeines Reurecht dar.[613] Darüber hinaus ist es nicht erforderlich, dass der Anleger zugleich Verbraucher i.S.v. § 13 BGB ist, womit der Widerruf auch Unternehmern oder professionellen Kunden[614] offensteht.[615] Ist der Anleger zugleich auch Verbraucher, so würde für ihn im Regelfall auch die Möglichkeit des Widerrufs nach §§ 312g Abs. 1, 312c BGB bestehen. Denn Crowdinvesting nach § 2a VermAnlG setzt einen Fernabsatz

609 BT-Drucks. 18/4708, 65.
610 § 2d Abs. 2 VermAnlG.
611 § 2d Abs. 3 S. 3 VermAnlG.
612 *Casper*, ZBB 2015, 265 (280).
613 *Danwerth*, WM 2016, 1212 (1214 f.).
614 Zum Begriff: § 31a Abs. 2 WpHG.
615 *Casper*, ZBB 2015, 265 (279).

i.S.d. § 312c Abs. 2 BGB durch die Einbindung der Internet-Dienstleistungsplattformen[616] faktisch voraus.

Dieser zusätzlichen Möglichkeit, sich vom Vertrag zu lösen, könnte § 312g Abs. 3 BGB entgegenstehen, der diese Widerrufsmöglichkeit bei Vorliegen bestimmter speziellerer Widerrufsrechte nachrangig stellt[617]. Anders als in Bezug auf § 305 KAGB, enthält die Vorschrift jedoch keinen Ausschluss des Widerrufsrechts nach § 312g Abs. 1 BGB, für den Fall der Vorschrift des § 2d VermAnlG. Der § 312g Abs. 3 BGB soll eine Doppelung von Widerrufsrechten vermeiden, erfasst dennoch dem Wortlaut nach nur die dort genannten Fälle.[618] Damit wäre das Widerrufsrecht nach § 312g Abs. 1 BGB an sich neben dem des § 2d VermAnlG anwendbar[619]. Andererseits könnte es sich bei der fehlenden Nennung in § 312g Abs. 3 BGB durchaus um ein Redaktionsversehen des Gesetzgebers handeln, denn § 2d VermAnlG wurde nachträglich durch den Finanzausschuss in das KASG eingefügt[620]. Eine weitergehende rechtliche Bewertung der Norm ist insofern im weiteren Verlauf der Auseinandersetzung vorzunehmen.[621]

IV. Ausgestaltung und Voraussetzungen der Ausnahmeregelung, § 2a VermAnlG

Nachdem klargestellt wurde, welche Pflichten im Rahmen eines Crowdinvestments nach § 2a VermAnlG einzuhalten sind, sind die Voraussetzungen dieser Befreiung von den o.g. Vorgaben in den Mittelpunkt der Untersuchung zu stellen. Festzuhalten ist, dass Vermögensanlagen, die durch Crowdinvesting emittiert werden, im Regelfall von allen Vorgaben des VermAnlG erfasst sind. Nur unter den Voraussetzungen des § 2a VermAnlG, der spezielle Vorgaben für die Crowdinvesting-Emission vorsieht, sind sie im oben beschriebenen Umfang von bestimmten Pflichten des VermAnlG befreit. Im Kern greift die Privilegierung nur dann ein, wenn die Abwicklung des Crowdinvestments durch Vermögensanlagen i.S.v. §§ 1 Abs. 2 Nr. 3, 4 oder 7 VermAnlG erfolgt („1.“), der Verkaufspreis aller vom Anbieter ausgegeben Vermögensanlagen desselben Emittenten 2,5 Millionen

616 Dazu unten, Seite 133 ff.

617 Jauernig/*Stadler*, § 312g Rn. 13; Palandt/*Grüneberg*, § 312g Rn. 17; MünchKommBGB/*Wendehorst*, § 312g Rn. 69.

618 Erman/*Koch*, § 312g Rn. 26, 28.

619 So *Kollrus*, MDR 2015, 1334 (1337); *Riethmüller*, DB 2015, 1451 (1455) lässt die Konkurrenzfrage offen.

620 Vgl. BT-Drucks. 18/4708, 65.

621 Insofern unten, Seite 238 ff.

Euro nicht übersteigt („2.“) und die Vermögensanlagen ausschließlich über eine Internet-Dienstleistungsplattform im Wege der Anlageberatung oder Anlagevermittlung vermittelt werden („3.“).

1. Privilegierte Formen von Vermögensanlagen

Betrachtet man § 2a Abs. 1 VermAnlG, so fällt auf, dass nur bestimmte Vermögensanlagen des § 1 Abs. 2 VermAnlG privilegiert sein können. So werden durch die Norm Vermögensanlagen im Sinne von §§ 1 Abs. 2 Nr. 3, 4, 7 VermAnlG, also partiarische-, Nachrangdarlehen und sonstige Vermögensanlagen genannt. Dies wirft im Verhältnis von stiller Beteiligung, Genussrechten und partiarischen Darlehen die Frage der Abgrenzung dieser Rechtsinstitute zueinander auf. War die Abgrenzung vor dem KASG in Bezug auf den Anwendungsbereich des § 1 Abs. 2 VermAnlG a.F. und damit für die Frage bedeutend, ob eine Prospektpflicht bestand, so ist sie nun von Bedeutung, wenn es um eine mögliche Privilegierung nach § 2a VermAnlG und damit um das Entfallen der Prospektpflicht geht.[622]

a.) Die Abgrenzung von partiarischem Darlehen zu stiller Beteiligung

In Bezug auf die Voraussetzungen des Privilegierungstatbestands des § 2a VermAnlG erscheint vor allem die Frage der Abgrenzung von partiarischen Darlehen und stiller Gesellschaft von besonderer Bedeutung zu sein. Gerade in der Anfangszeit des Crowdinvesting wurde die Finanzierung nahezu ausschließlich über stille Beteiligungen abgewickelt.[623] Besondere Probleme ergeben sich bei der Frage, wie diese beiden Rechtsinstitute voneinander abzugrenzen sind[624], denn auch der typischen stillen Beteiligung kommt eine gewisse Kreditfunktion zu[625], und bei beiden Erscheinungsformen erhält der Kapitalgeber eine Beteiligung am Gewinn des kapitalsuchenden Unternehmens. Anders als bei der stillen Gesellschaft verpflichten sich die Parteien eines partiarischen Darlehensvertrages nicht

---

622 Vgl. *Bujotzek/Mocker*, BKR 2015, 358 (359); *Casper*, ZBB 2015, 265 (268).

623 *Klöhn/Hornuf/Schilling*, ZBB 2016, 142 (149 f.).

624 BFHE 124, 374 (378) = *BFH*, NJW 1978, 1280 (1280); Blaurock/*Blaurock*, Rn. 5.32; EBJS/*Gehrlein*, § 230 Rn. 77; MünchHdBGesR/*Keul*, § 73 Rn. 11; MünchKommHGB/*Schmidt*, § 230 Rn. 58; Staub/*Harbarth*, § 230 Rn. 28; speziell in Bezug auf § 2a VermAnlG: *Casper*, ZBB 2015, 265 (277 f.); *Danwerth*, ZBB 2016, 20 (25); *Klöhn/Hornuf*, DB 2015, 47 (50); *Riethmüller*, DB 2015, 1451 (1454); gegen eine Abgrenzung *Schön*, ZGR 1993, 210 (214 ff.).

625 MünchKommHGB/*Schmidt*, § 230 Rn. 58.

zur Verfolgung eines gemeinsamen Zwecks.[626] Ob ein solcher gemeinsamer Zweck vorliegt, ist somit das Hauptkriterium der Abgrenzung beider Rechtsinstitute.[627] Es ist damit von entscheidender Bedeutung, ob sich die Betroffenen durch den Vertrag zur Erreichung eines gemeinsamen Zwecks verbunden haben und ihre schuldrechtlichen Beziehungen ein gesellschaftsrechtliches Element in sich tragen oder ob die Parteien ohne jeden gemeinsamen Zweck lediglich ihre eigenen Interessen verfolgen und ihre Beziehung zueinander ausschließlich durch die Verschiedenheit ihrer eigenen Interessen bestimmt wird.[628] Die gemeinsame Zweckverfolgung richtet sich zum einen darauf, einen gemeinsamen Erfolg durch den gesellschaftlichen Zusammenschluss zu erzielen[629], zum anderen ist aber auch die Frage entscheidend, ob für beide Parteien der Absprache Beiträge vorgesehen sind, die den gemeinsamen Zweck fördern.[630] Ergibt sich, dass die Parteien den Erfolg (in Form von Gewinn) nur durch Leistung und Gegenleistung, also durch das Austauschverhältnis erreichen wollen, so wird gleichgerichteten eigenen Interessen nachgegangen.[631] Bei der Auslegung des Vertrages sind insoweit dessen Zweck und die wirtschaftlichen Ziele der Parteien zu berücksichtigen.[632] Der Wortlaut des Vertrages ist diesbezüglich besonders zu würdigen[633], wobei die Vertragsbezeichnung durch die Parteien eine andere Bewertung nicht ausschließt[634]. In diesem Zusammenhang ist auch auf die Kenntnis der Parteien von diesen beiden Rechtsinstituten und deren Unterschieden abzustellen.[635] Es ist für die Einordnung indes unerheblich, dass der Kapitalsuchende die Mittel

---

626 MünchHdBGesR/*Keul*, § 73 Rn. 10.

627 BGHZ 127, 176 (177 f.) = *BGH*, NJW 1995, 192 (192); BGHZ 3, 75 (81) = *BGH*, NJW 1951, 710 (710); Blaurock/*Blaurock*, Rn. 5.32; Oetker/*Schubert*, § 230 Rn. 26; MünchKommHGB/*Schmidt*, § 230 Rn. 54; Staub/*Harbarth*, § 230 Rn. 28.

628 *BGH*, NJW 1995, 192 (192) = ZIP 1994, 1847 (1847); *BGH*, NJW 1990, 573 (574) = WM 1989, 1850 (1851); *BGH*, WM 1965, 1052 (1053) = DRiZ 1965, 304 (304).

629 *Lienau/Lotz*, DStR 1991, 618 (620).

630 EBJS/*Gehrlein*, § 230 Rn. 77; MünchKommHGB/*Schmidt*, § 230 Rn. 58.

631 BGHZ 127, 176 (177 f.) = *BGH*, NJW 1995, 192 (192); MünchHdBGesR/*Keul*, § 73 Rn. 10.

632 BFHE 124, 374 (378) = *BFH*, NJW 1978, 1280 (1280); Blaurock/*Blaurock*, Rn. 5.35; EBJS/*Gehrlein*, § 230 Rn. 77.

633 *BGH*, WM 1967, 321 (322) = BB 1967, 349 (349); Röhricht/Graf v. Westphalen/Haas/*Mock*, § 230 Rn. 57.

634 So schon *BGH*, BB 1951, 849 (850) = DB 1951, 895 (895).

635 St.Rspr. BGHZ 127, 176 (178) = *BGH*, NJW 1995, 192 (192); MünchKommBGB/*Ulmer/Schäfer*, Vor § 705 Rn. 110; Staub/*Harbarth*, § 230 Rn. 28.

benötigt, um die Unternehmensgründung vollziehen zu können.[636] Fehlt es im Vertragstext an Anhaltspunkten oder Beschreibungen des gemeinsamen Zwecks, der verfolgt werden soll, so ist dies ein Indiz für das Vorliegen eines partiarischen Darlehens.[637] Werden demgegenüber vertragliche Pflichten festgelegt, die den Kapitalnehmer treffen sollen, ist dies als Anhaltspunkt für den Willen einer gemeinsamen Zweckverfolgung anzusehen. Diese Pflichten, die auf die Erzielung von Gewinn hinwirken, werden damit zu dessen Hauptpflichten, womit dann die Gewinnerwirtschaftung als gemeinsamer Zweck indiziert sein kann.[638] Auch die Dauer der Kapitalüberlassung kann ein indizielles Kriterium sein[639], lässt jedoch keine eindeutigen Schlüsse zu[640]. Die Vereinbarung von Kontrollrechten kann als Anhaltspunkt für das Vorliegen einer stillen Gesellschaft gewertet werden.[641] Kontrollrechte können aber auch in Form sog. „Financial Convenants" gewährt werden, um etwaigen Kreditgebern Informationsmöglichkeiten einzuräumen.[642] Jedoch ist auch das Fehlen einer Vereinbarung von Kontrollrechten unproblematisch, denn das Gesetz sieht diese als Folge des Bestehens einer stillen Gesellschaft in § 233 HGB vor.[643] Ebenso können die Kontrollrechte bei der stillen Gesellschaft abbedungen werden[644], sodass ein solcher Ausschluss allenfalls als Indiz für das Vorliegen eines partiarischen Darlehensvertrages anzusehen ist[645]. Damit tragen etwaige Kontrollrechte als eines von mehreren Indizien zur Auslegung des Vertrages bei. Ein weiteres Indiz für das Vorliegen eines partiarischen Darlehens stellt die Vereinbarung einer Festverzinsung mit zusätzlicher Gewinnbeteiligung dar.[646] Anders als die oben genannten Umstände schließt die Vereinbarung einer Verlustbeteiligung das Vorliegen eines partiarischen Darlehens

636 *BGH*, WM 1967, 321 (322) = BB 1967, 349 (349).
637 *BGH*, WM 1967, 321 (322) = BB 1967, 349 (349).
638 MünchKommHGB/*Schmidt*, § 230 Rn. 62; ähnlich MünchKommBGB/*Ulmer*/*Schäfer*, Vor § 705 Rn. 109.
639 *BGH*, NJW 1995, 192 (192) = BB 1994, 2436 (2437); *Lienau*/*Lotz*, DStR 1991, 618 (620).
640 MünchKommHGB/*Schmidt*, § 230 Rn. 61.
641 Blaurock/*Blaurock*, Rn. 5.36; EBJS/*Gehrlein*, § 230 Rn. 77; Staub/*Harbarth*, § 230 Rn. 46.
642 Dazu *Zülch*/*Kretzmann*/*Böhm*/*Holzamer*, DB 2015, 689 (689 ff.).
643 So schon RGZ 31, 33 (34) = *RG*, JurionRS 1893, 10051.
644 Dazu oben, Seite 66 f.
645 Röhricht/Graf v. Westphalen/Haas/*Mock*, § 230 Rn. 60; Staub/*Harbarth*, § 230 Rn. 46.
646 *OLG Hamm*, NZI 2000, 544 (545) = JurionRS 2000, 20394; *OLG Hamburg*, WM 1994, 499 (500) = JurionRS 1993, 15695.

aus.[647] Ist eine Verlustbeteiligung ausgeschlossen oder fehlen dazu Regelungen, spricht dies nicht zwingend gegen eine stille Gesellschaft, kann aber wiederum als dahingehendes Indiz gewertet werden.[648] Fehlt es an Anhaltspunkten, um zu bewerten, ob ein gemeinsamer Zweck vorliegt oder sind eindeutige objektive Anhaltspunkte nicht gegeben, so hat die Bewertung im Rahmen einer Gesamtwürdigung zu erfolgen.[649] Die Abgrenzung von stiller Gesellschaft und partiarischem Darlehen ist fließend und eine Frage des Einzelfalls. Einerseits führt diese Schwierigkeit der Abgrenzung bzgl. des Eingreifens von § 2a VermAnlG zu Rechtsunsicherheiten und der Ausschluss der stillen Gesellschaft aus dem Anwendungsbereich des § 2a VermAnlG stößt auf entsprechend starke Kritik[650]. Andererseits wird diese Problematik die Kapitalsuchenden in Zukunft zwingen, möglichst eindeutige Vertragsgestaltungen zu wählen, die ihren Willen zum Abschluss eines partiarischen Darlehens hervorheben. Welche Auswirkungen dies hat und ob eine Erweiterung des Anwendungsbereichs des § 2a VermAnlG auf weitere Vermögensanlagen, z.B. die stille Gesellschaft, als wünschenswert und unter der Zielsetzung der Privilegierung konsequent einzustufen ist, wird im späteren Verlauf festzustellen sein.[651]

b.) Die Abgrenzung von partiarischem Darlehen und Genussrecht

Die Abgrenzung von paritarischem Darlehen und Genussrecht erfährt für die Frage des Crowdinvesting und dessen Privilegierung nach § 2a VermAnlG weitaus weniger Aufmerksamkeit.[652] Anders als partiarische Darlehen, die Austauschverträge darstellen und bei denen die Gewinnbeteiligung ein Teil des Schuldverhältnisses ist, sind Genussrechte abstrakte schuldrechtliche Beziehungen. Stehen beim partiarisches Darlehen die Kapitalüberlassung einerseits und die Gewinnbeteiligung andererseits zueinander im Gegenseitigkeitsverhältnis,

647 *BGH*, WM 1965, 1052 (1053) = DRiZ 1965, 304 (304); *BGH*, WM 1957, 1335 (1336 f.) = DB 1957, 1046 (1046); *OLG Hamm*, NJW-RR 1999, 1415 (1416) = NZI 1999, 271 (272); Blaurock/*Blaurock*, Rn. 5.33; MünchHdBGesR/*Keul*, § 73 Rn. 14; Oetker/*Schubert*, § 230 Rn. 28; MünchKommHGB/*Schmidt*, § 230 Rn. 60; Röhricht/Graf v. Westphalen/Haas/*Mock*, § 230 Rn. 58.

648 *BGH*, WM 1967, 321 (322) = BB 1967, 349 (349); *BGH*, WM 1959, 944 (946) = JurionRS 1959, 15038; *BGH*, WM 1958, 293 (294) = JurionRS 1957, 13737.

649 Staub/*Harbarth*, § 230 Rn. 29.

650 *Casper*, ZBB 2015, 265 (277 f.); *Danwerth*, ZBB 2016, 20 (25); *Klöhn/Hornuf*, DB 2015, 47 (50); *Riethmüller*, DB 2015, 1451 (1454); *Wobbe*, WPg 2015, 1069 (1071).

651 Dazu unten, Seite 223 ff.

652 Lediglich *Klöhn/Hornuf*, DB 2015, 47 (50) beziehen sich darauf kurz.

so besteht der Rechtsgrund für die Übertragung des Genussrechts neben dem Genussrecht selbst, sodass es als abstraktes Verpflichtungsgeschäft zu qualifizieren ist.[653] Anders als partiarische Darlehensverträge gewähren Genussrechte mitgliedschaftsähnliche Vermögensrechte[654], die es auch ermöglichen, eine Verlustbeteiligung festzulegen[655]. Genussrechte können auch unentgeltlich eingeräumt werden und andere Rechte als eine Gewinn- oder Umsatzbeteiligung statuieren.[656] Eine solche Beteiligung ist indes für das partiarische Darlehen begriffsnotwendig. Als Sonderform des Darlehensvertrages nach § 488 BGB beinhaltet es die Kapitalüberlassung auf Zeit, sodass eine Rückzahlungspflicht nach bestimmter Zeit auf ein Darlehen hinweist.[657] Jedoch können auch Genussrechte in ihrer Laufzeit befristet werden.[658] Soweit Genussrechte verbrieft werden, liegen Wertpapiere in Form von Genussscheinen vor, die als solche nicht mehr in den Anwendungsbereich des VermAnlG fallen, § 1 Abs. 2 1. Hs. VermAnlG. Eine solche Verbriefung ist bei der Ausgabe an eine Vielzahl von Personen üblich.[659] Insgesamt führt die geringere Häufigkeit der Abwicklung einer Crowdinvesting-Emission durch Genussrechte in der Vergangenheit[660] dazu, dass die Frage der Abgrenzung als weniger bedeutend einzustufen ist. Dennoch sind Schwierigkeiten, die damit verbunden sind, offensichtlich, sodass auch die Aufnahme von Genussrechten in die Aufzählung der potenziell privilegierten Vermögensanlagen nach § 2a VermAnlG gefordert wird[661].

c.) Vermögensanlagen i.S.v. § 1 Abs. 2 Nr. 7 VermAnlG

Von § 2a VermAnlG sind auch sonstige Anlagen erfasst, die einen Anspruch auf Verzinsung und Rückzahlung gewähren oder im Austausch für die zeitweise Überlassung von Geld einen vermögenswerten, auf Barausgleich gerichteten Anspruch vermitteln, § 1 Abs. 2 Nr. 7 VermAnlG. Zwar ist unklar, ob es sich dabei um zwei Tatbestandsalternativen handelt[662], im Ergebnis bezieht die Regelung aber wohl alle Vermögensanlagen ein, die für die Überlassung von Kapital

653 *Frantzen*, 19 f.
654 Statt Vieler Spindler/Stilz/*Seiler*, § 221 Rn. 22.
655 Hölters/*Haberstock*/*Greitemann*, § 221 Rn. 39.
656 Siehe oben, Seite 68 ff.
657 KölnKommAktG/*Lutter*, § 221 Rn. 233.
658 *Frantzen*, 156.
659 Baumbach/*Hueck*, § 29 Rn. 92.
660 Darstellung bei *Klöhn*/*Hornuf*/*Schilling*, ZBB 2016, 142 (149 f.).
661 So *Klöhn*/*Hornuf*, DB 2015, 47 (50).
662 *Bußalb*/*Vogel*, WM 2015, 1733 (1735).

Zinsen oder andere Vorteile, die zu Geldzahlungen führen, versprechen.[663] Es ist davon auszugehen, dass die Intention des Gesetzesentwurfs, einen möglichst lückenlosen Schutz der Anleger gewährleisten zu können[664], auch für das Crowdinvesting-Privileg gilt. Vor dem KASG wurden gesetzliche Vorgaben durch die Crowdinvesting-Plattformen oftmals durch entsprechende Vertragsgestaltungen bewusst umgangen.[665]

Jedenfalls können damit auch solche Ausgestaltungen der Abwicklung, die keiner der in § 1 Abs. 2 Nr. 1–6 VermAnlG aufgeführten zuzuordnen sind, zu einer Privilegierung nach § 2a VermAnlG führen.[666]

d.) Partiarische Nachrangdarlehen

Die Privilegierungsmöglichkeit für Crowdinvesting erfasst partiarische Darlehen nach § 1 Abs. 2 Nr. 3 VermAnlG, zusätzlich Nachrangdarlehen gem. § 1 Abs. 2 Nr. 4 VermAnlG und sonstige Vermögensanlagen i.S.v. § 1 Abs. 2 Nr. 7 VermAnlG. Inzwischen ist es im Bereich von Crowdinvesting üblich, die Finanzierung über partiarische Nachrangdarlehen abzuwickeln.[667] Welchem Tatbestand des § 1 Abs. 2 VermAnlG diese Kombination zuzuordnen ist, kann dahinstehen und bezieht sich auf den jeweiligen Einzelfall.[668] Die beiden Tatbestände des § 1 Abs. 2 Nr. 3 und 4 VermAnlG schließen sich insofern sachlich nicht gegenseitig aus, in jedem Fall würde aber § 1 Abs. 2 Nr. 7 VermAnlG eingreifen.[669] Somit besteht auch für die Abwicklung über partiarische Nachrangdarlehen die Möglichkeit, unter die Privilegierung des § 2a VermAnlG zu fallen.

2. Volumengrenze der gesamten Emission

Soll das Crowdinvestment durch die Ausgabe von Vermögensanlagen abgewickelt werden, die unter den Anwendungsbereich des § 2a VermAnlG fallen, so ist für eine Privilegierung erforderlich, dass der Verkaufspreis sämtlicher Vermögensanlagen desselben Emittenten, die von dem Anbieter angeboten werden,

---

663 *Casper*, ZBB 2015, 265 (269).

664 BT-Drucks. 18/3994, 38 f.

665 Umfassend darstellend *Bader*, WM 2014, 2249 (2250 ff.).

666 Vorstellbar wäre beispielsweise der Erwerb einer Immobilie durch die Crowd, die dem Zielunternehmen dann zu verringerten Konditionen zur Verfügung gestellt wird.

667 *Klöhn/Hornuf/Schilling*, ZBB 2016, 142 (149 f.).

668 In Bezug darauf, wie die Vergütung und der Nachrang ausgestaltet sind, respektive welches Element die Ausgestaltung überwiegt.

669 So auch *Danwerth*, ZBB 2016, 20 (23).

2,5 Millionen Euro nicht übersteigt. Besondere Aufmerksamkeit ist dabei erneut den Begriffen Anbieter und Emittent zu schenken. Das Dreiecksverhältnis des Crowdinvesting ist dadurch gekennzeichnet, dass der Emittent im Regelfall zugleich auch als Anbieter auf der Crowdinvesting-Plattform auftritt.[670] Jedoch wird angeführt, dass die Formulierung des § 2a Abs. 1 VermAnlG nahelegt, die Plattform als Anbieter der Vermögensanlage anzusehen.[671] Betrachtet man über den Absatz 1 hinaus auch den Absatz 3 des § 2a VermAnlG, so spricht dies gegen ein solches Begriffsverständnis. Zum einen wird die Dienstleistungsplattform begrifflich explizit neben den Emittenten gestellt, zum anderen wird sie dabei auch nicht mit dem Begriff des Anbieters verbunden. Ihr wird durch den Gesetzgeber eine eigenständige Rolle im Emissionsprozess zugeordnet. Sieht man die Plattform als Anbieter an, so wirft dies im Hinblick auf den Wortlaut des Absatz 1 an anderer Stelle Probleme auf. Die Norm engt den Anwendungsbereich scheinbar auf den einzelnen Anbieter ein[672]. Dem Wortlaut nach muss demnach die Volumengrenze an den Vermögensanlagen bemessen werden, die ein (einzelner) Anbieter von demselben Emittenten anbietet, nicht aber an der Gesamtzahl der auf den Emittenten bezogenen Vermögensanlagen. Gegen eine solche Auslegung spricht jedoch, dass der Emittent dann auf unterschiedlichen Plattformen (die ja alle jeweils Anbieter wären) jeweils 2,5 Mio. Euro an Kapital einsammeln könnte, ohne der Prospektpflicht zu unterliegen, denn durch die Begrenzung auf den konkreten Anbieter[673], wäre auch die Privilegierung auf diesen begrenzt.[674] Der Schutzzweck der Volumengrenze wird damit unterlaufen. Versteht man den Emittenten zugleich auch als Anbieter stellt sich dieses Problem nicht. Zusätzlich zeigen die Gesetzgebungsmaterialien an, dass die Plattform an sich nicht als Anbieter einzuordnen ist.[675]

Daneben hätte die Einordnung der Plattform als Anbieter auch zur Folge, dass im Falle einer Aufteilung der Emission auf mehrere Plattformen, der einzelne Anleger bei der jeweiligen Plattform die vorgesehenen Grenzwerte investieren könnte und so durch die Kumulation der Beträge weit mehr als die maximal

---

670 Dazu oben, Seite 119 f.

671 So *Casper*, ZBB 2015, 265 (276); auch *Danwerth*, ZBB 2016, 20 (28).

672 Wortlaut: „...der Verkaufspreis sämtlicher von dem Anbieter angebotener Vermögensanlagen desselben Emittenten...“.

673 Die der Wortlaut nahe legt.

674 Die Plattform als Anbieter bewertend und damit dieser die Privilegierung zuordnend, *Casper*, ZBB 2015, 265 (277); *Danwerth*, ZBB 2016, 20 (28).

675 BT-Drucks. 18/3994, 41, 64.

vorgesehenen 10.000 Euro zeichnen könnte.[676] Eine solche Überschreitung ist indes explizit nicht gewollt.[677] Verneint man die Anbietereigenschaft der Crowdinvesting-Plattformen, so wird diese Rolle entweder zugleich durch den Emittenten oder einen Dritten wahrgenommen. Dass der Emittent selbst nur seine eigenen Vermögensanlagen anbieten kann, erscheint logisch, ebenso jedoch auch das Bedürfnis, dass etwaige Dritte durch den Emittenten zwischengeschaltet werden, um gegenüber der Crowd auf der Plattform aufzutreten. Besteht diese Möglichkeit nicht, ist der Kapitalsuchende gezwungen, stets selbst als Anbieter aufzutreten, was in allen anderen Emissionsfällen des VermAnlG nicht der Fall ist und ihn entsprechend benachteiligt. Wird ein Dritter als Anbieter eingeschaltet, besteht ebenfalls das oben angesprochene Problem. Eine Mehrfachausgabe über verschiedene Plattformen zur Umgehung der Grenzwerte ist mit dem Gesetzeszweck nicht vereinbar. Die Norm des § 2a VermAnlG ist damit im Ergebnis vielmehr so auszulegen, dass sämtliche Vermögensanlagen eines Emittenten 2,5 Millionen Euro nicht übersteigen dürfen, unabhängig davon, ob der Emittent selbst Anbieter ist oder ein Dritter diese Rolle übernimmt. Auch die Gesetzesbegründung spricht insofern von einem Gesamtbetrag, der je Emittent eingeworben werden darf.[678] Unterschiedliche Vermögensanlagen nach § 1 Abs. 2 Nr. 3, 4, 7 VermAnlG sind dem Wortlaut nach[679] zusammenzurechnen.[680]

Daneben ist fraglich, welcher zeitliche Geltungsbereich für die Privilegierung des § 2a VermAnlG vorgesehen ist. Mangels Regelung in § 2a VermAnlG wäre davon auszugehen, dass ohne zeitliche Grenze alle angebotenen Tranchen eines Emittenten zusammen zu zählen sind.[681] Das hätte zur Folge, dass ein Emittent in der gesamten Zeit seiner geschäftlichen Tätigkeit insgesamt 2,5 Millionen Euro über privilegiertes Crowdinvesting einsammeln dürfte.

Der § 2a Abs. 4 VermAnlG trifft eine zeitliche Regelung für Vermögensanlagen, die als Einzelausnahmen nicht in den Anwendungsbereich der §§ 5a bis 26 VermAnlG fallen, weil sie weniger als 20 Anteile umfassen, weniger als 10.0000 Euro eingesammelt werden, oder jeder Anteil 200.000 Euro übersteigt.[682] So kann die Befreiung nach den Absätzen 1 und 2 nicht in Anspruch genommen werden,

676 *Danwerth*, ZBB 2016, 20 (28).

677 BT-Drucks. 18/3994, 41, 66: „In jedem Fall ist die Einzelanlage auf 10 000 Euro beschränkt".

678 BT-Drucks. 18/3994, 41, 64.

679 § 2a Abs. 1 VermAnlG: „...sämtlicher Vermögensanlagen...".

680 *Casper*, ZBB 2015, 265 (277).

681 *Casper*, ZBB 2015, 265 (276).

682 Zu den Einzelausnahmen des Anwendungsbereichs des VermAnlG, Seite 40 ff.

solange eine Vermögensanlage des Emittenten nach § 2 Abs. 1 Nr. 3 öffentlich angeboten wird oder eine auf diese Weise angebotene Vermögensanlage des Emittenten nicht vollständig getilgt ist. Ziel des Absatzes 4 ist es, zu verhindern, dass die festgelegten Einzelbetragsgrenzen durch eine Kombination der Befreiungstatbestände des § 2 Abs. 2 Nr. 3 VermAnlG mit der Privilegierung des § 2a VermAnlG umgangen werden. Diese Sperrwirkung wird damit an die Finanzierungsfunktion der Vermögensanlage geknüpft, die dann entfällt, wenn das Angebot dieser Vermögensanlage beendet ist und sie getilgt wurde.[683] Gilt dies für Vermögensanlagen, die außerhalb des Anwendungsbereichs des § 2a VermAnlG liegen, so hat dies erst recht für diejenigen Vermögensanlagen zu gelten, die ausschließlich über privilegiertes Crowdinvesting nach § 2a VermAnlG emittiert worden sind.[684] Das Schutzbedürfnis der Anleger, dem durch die Volumengrenze Rechnung getragen wird, entfällt, wenn der Emittent durch ausstehende Vermögensanlagen nicht mehr finanziell gebunden ist. Dies ist der Fall, wenn das öffentliche Angebot der Vermögensanlagen beendet ist und diese getilgt wurden. Ob eine Tilgung der Vermögensanlagen tatsächlich erforderlich ist, wird durch den Wortlaut des § 2a Abs. 1 VermAnlG in Frage gestellt. Demnach ist der Verkaufspreis sämtlicher „angebotener Vermögensanlagen“ zusammen zu rechnen.[685] Mit dem Bezug auf das „Angebot“ der Vermögensanlagen ist jedoch nicht klar zu erkennen, ob auch früher angebotene Vermögensanlagen erfasst sein sollen, denn zeitlich hat der Umstand des öffentlichen Angebots in dieser Form keine Aussagekraft. Unter teleologischen Gesichtspunkten spricht die Finanzierungsfunktion der Vermögensanlagen klar dafür, sowohl die Beendigung des öffentlichen Angebots als auch die Tilgung der Vermögensanlage als zeitliche Grenze des § 2a VermAnlG festzusetzen.[686]

3. Vermittlung über Internet-Dienstleistungsplattform

Durch § 2a Abs. 3 VermAnlG erfährt die Möglichkeit der Privilegierung weitere Einschränkungen. So sind nur solche Vermögensanlagen von den o.g. Pflichten[687] befreit, die im Wege der Anlageberatung oder Anlagevermittlung über Internet-Dienstleitungsplattformen vermittelt werden, die durch Gesetz oder Verordnung

683 *Casper*, ZBB 2015, 265 (277); *Danwerth*, ZBB 2016, 20 (28 f.); *Nietsch/Eberle*, DB 2014, 2575 (2576).

684 Diesen Erst-Recht-Schluss zieht *Casper*, ZBB 2015, 265 (277).

685 Darauf abstellend *Danwerth*, ZBB 2016, 20 (29).

686 So auch *Casper*, ZBB 2015, 265 (277); *Danwerth*, ZBB 2016, 20 (29); *Nietsch/Eberle*, DB 2014, 2575 (2576).

687 Zu den generell vorgesehenen Pflichten des VermAnlG, Seite 94 ff.

dazu verpflichtet sind, die Einhaltung der in § 2a Abs. 3 Nr. 1–3 VermAnlG festgeschriebenen Einzelinvestitionsschwellen für den Anleger zu prüfen. Damit hat der Gesetzgeber die vermittelnden Plattformen in den Mittelpunkt der Privilegierung des § 2a VermAnlG gestellt. Ist diese spezifische Vermittlung Voraussetzung für die Befreiung der Emission, so liegt der Schluss nahe, dass § 2a VermAnlG kein Emittenten-, sondern vielmehr ein Vermittler-Privileg darstellt.[688]

a.) Erlaubnispflicht

Normiert § 2a Abs. 3 VermAnlG, dass die Vermittlung im Wege der Anlageberatung oder Anlagevermittlung zu erfolgen hat, so ist sowohl eine aufsichtsrechtliche als auch eine schuldrechtliche Dimension zu erkennen.[689] Aufsichtsrechtlich besteht damit im Regelfall die Pflicht zur Registrierung nach § 34f GewO.[690]

b.) Anlageberatung/-vermittlung

Schuldrechtlich hängt die Tätigkeit als Anlagevermittler von der konkreten Emission ab. Die Anlagevermittlung ist im Fall des § 2a VermAnlG indes eine notwendige Voraussetzung für das Eingreifen der Privilegierung. Die damit erforderliche Anlagevermittlung betrifft das Verhältnis von Anleger und Plattform in Bezug auf die konkrete Emission, innerhalb derer der Anleger entsprechende Vermögensanlagen erwirbt. Zwischen ihnen besteht damit auch schuldrechtlich ein Anlagevermittlungsverhältnis, aus dem die Plattform die entsprechenden Pflichten treffen.[691]

c.) Prüfungspflicht der Einzelinvestitionsgrenze

Neben den Pflichten, die generell aus der Anlagevermittlung erwachsen, normiert § 2a Abs. 3 VermAnlG eine weitergehende Prüfungspflicht der Internet-Dienstleistungsplattformen. Diese sollen, verpflichtet durch § 2a Abs. 3 VermAnlG, prüfen, ob die Schwellenwerte der zulässigen Einzelinvestition durch den Anleger eingehalten werden. Diese Pflicht zur Prüfung ist Voraussetzung einer Befreiung nach § 2a VermAnlG. Als gesetzlicher Anknüpfungspunkt ist mit § 31 Abs. 5a WpHG bereits eine entsprechende Norm durch das KASG eingeführt worden. Deren Anwendungsbereich ist jedoch begrenzt, denn sie erfasst

---

688 *Riethmüller*, DB 2015, 1451 (1453).
689 Zur Differenzierung oben, Seite 75.
690 Zu den Voraussetzungen der Registrierung, Seite 78 ff.
691 Zu den Pflichten bei der Anlagevermittlung, Seite 87 ff.

nur Wertpapierdienstleistungsunternehmen. Diese stellen wiederum nur einen geringen Teil der Marktteilnehmer auf dem Crowdinvestingmarkt dar.[692] Gerade für die Plattformen, die § 34f GewO unterliegen, gilt diese Norm nicht. Sie haben sich vor allem an der FinVermV zu orientieren. Dabei ist die Pflicht nach § 15 FinVermV zur Bereitstellung des VIB, das vom Anbieter anzufertigen ist, besonders hervorzuheben.

Die Pflicht zu prüfen, ob die Einzelgrenzwerte eingehalten wurden, wird entsprechend in § 16 Abs. 3a FinVermV konkretisiert. Die Plattform hat demnach die Einhaltung der Betragsgrenzen zu prüfen. Erteilt der Anleger keine Selbstauskunft über sein monatliches Nettoeinkommen oder sein frei verfügbares Vermögen, so liegt die Betragsgrenze starr bei 1.000 Euro, § 2a Abs. 3 Nr. 1 VermAnlG. Ansonsten wird sie, unter den Voraussetzungen der § 2a Abs. 3 Nr. 2, 3 VermAnlG, je nach finanzieller Leistungsfähigkeit des Anlegers, bei maximal 10.000 Euro angesetzt. Alleinige Grundlage der Prüfung der Plattform ist dabei die vom Anleger zu erteilende Selbstauskunft.[693] Die Plattform darf dabei von der Richtigkeit der Angaben ausgehen, es sei denn, ihr ist die Unrichtigkeit der Angaben positiv bekannt oder infolge von grober Fahrlässigkeit unbekannt, vgl. § 16 Abs. 4 S. 1 FinVermV.[694] Entsprechend ist die genaue Erhebung des monatlichen Nettoeinkommens oder des frei verfügbaren Vermögens durch die Plattform nicht erforderlich.[695] Sie darf die Anleger jedoch nicht dazu verleiten, Angaben nach den Absätzen 1 bis 3a zurückzuhalten.[696]

4. Ausnahme der Privilegierung nach § 2a Abs. 4 VermAnlG

Durch § 2a Abs. 4 VermAnlG wird eine Privilegierung von Crowdinvesting nach § 2a VermAnlG in bestimmten Fällen ausgeschlossen. Soweit eine Vermögensanlage des Emittenten nach § 2 Abs. 1 Nr. 3 VermAnlG öffentlich angeboten wird oder eine auf diese Weise angebotene Vermögensanlage des Emittenten nicht vollständig getilgt ist, kann die Befreiung, die durch die §§ 2a Abs. 1, 2 VermAnlG ermöglicht werden soll, nicht in Anspruch genommen werden. Davon sind Vermögensanlagen betroffen, auf die die §§ 5a–26 VermAnlG nicht anwendbar sind, weil von derselben Vermögensanlage nicht mehr als 20 Anteile angeboten werden, weil der Verkaufspreis der im Zeitraum von zwölf Monaten

692 Vgl. *Riethmüller*, DB 2015, 1451, (1454); i.Ü. oben, Seite 76 ff.
693 BT-Drucks. 18/3994, 54.
694 Schon im Rahmen des Gesetzgebungsverfahrens BT-Drucks. 18/3994, 54.
695 *Riethmüller*, DB 2015, 1451 (1454).
696 § 16 Abs. 4 S. 2 FinVermV.

angebotenen Anteile insgesamt 100 000 Euro nicht übersteigt oder, weil der Preis jedes angebotenen Anteils der Vermögensanlage mindestens 200 000 Euro je Anleger beträgt. Damit soll verhindert werden, dass die durch § 2a VermAnlG festgelegten Grenzwerte durch die Aufspaltung auf mehrere Einzelemissionen umgangen werden.[697]

5. Zeichnungsgrenze der Einzelinvestition

Liegen die oben genannten Voraussetzungen vor, so greift der Befreiungstatbestand des § 2a VermAnlG ein und die für Emissionen geltenden Vorschriften des VermAnlG sind nur in eingeschränktem Umfang anzuwenden. Damit sind die Volumengrenze der Gesamtemission und die Vermittlung über eine Internet-Dienstleistungsplattform die Hauptelemente der Privilegierungsvoraussetzung. Neben diesen steht die Zeichnungsgrenze für den einzelnen Anleger. Die Zeichnungsgrenze ist keine Voraussetzung der Privilegierung der Emission nach § 2a VermAnlG. Eine solche stellt insofern nur die Einbindung einer Plattform dar, die zur Prüfung dieser Zeichnungsgrenze verpflichtet ist. Dennoch besteht durch diese Vorgabe, die gesetzlich oder durch Verordnung normiert sein muss, eine mittelbare Verknüpfung von Zeichnungsgrenze und Befreiungstatbestand. Die Einzelanlageschwellen sollen den Anlegerschutz verbessern, indem sie die Bildung von Klumpenrisiken beim Anleger, aber auch beim Emittenten verhindern.[698] Soweit der Anleger insgesamt einen höheren Betrag investieren möchte, zwingt ihn die Zeichnungsgrenze zur Risikodiversifikation.[699] Gibt der Anleger im Rahmen der Emission über eine Crowdinvesting-Plattform dieser gegenüber[700] keine Selbstauskunft über sein durchschnittliches monatliches Nettoeinkommen oder über sein frei verfügbares Vermögen ab, so ist es ihm nach den Vorgaben des § 2a Abs. 3 Nr. 1 VermAnlG nicht gestattet, Vermögensanlagen desselben Emittenten für mehr als 1.000 Euro zu erwerben.[701] Gibt der Anleger eine Selbstauskunft über sein frei verfügbares Vermögen ab, und liegt dieses bei mindestens 100.000 Euro, so kann er entsprechende Vermögensanlagen für bis zu 10.000 Euro zeichnen.[702] Legt man § 2a Abs. 3 Nr. 3 VermAnlG zugrunde,

697 BT-Drucks. 18/3994, 42.

698 BT-Drucks. 18/3994, 41.

699 *Buck-Heeb*, NJW 2015, 2535 (2536); *Casper*, ZBB 2015, 265 (278); *Danwerth*, ZBB 2016, 20 (30); *Dieckmann*, WPg 2015, 130 (132); *Möllers/Kastl*, NZG 2015, 849 (851); *Nietsch/Eberele*, DB 2014, 2575 (2579).

700 BT-Drucks. 18/3994, 54, zur Plattform als Adressatin der Selbstauskunft.

701 Statt Vieler *Kollrus*, MDR 2015, 1334 (1337).

702 § 2a Abs. 3 Nr. 2 VermAnlG.

besteht für den einzelnen Anleger die Möglichkeit, ebenfalls durch Selbstauskunft gegenüber der Plattform verifiziert, das Doppelte seines durchschnittlichen Nettomonatsgehalts in Vermögensanlagen desselben Emittenten anzulegen, jedoch ebenfalls begrenzt auf 10.000 Euro.

Die Einzelanlagenschwellen, die in § 2a Abs. 3 VermAnlG festgelegt sind, gelten indes nicht für Kapitalgesellschaften. Zwar waren auch Kapitalgesellschaften nach dem ersten Entwurf des KASG von den Zeichnungsgrenzen erfasst[703], im Laufe des Verfahrens wurden sie jedoch von den dortigen Vorgaben befreit. Dies wurde mit der ihnen zuzubilligenden Professionalität im Umgang mit Kapitalanlagen begründet.[704] Fraglich bleibt, ob die Anknüpfung an die Rechtsform als Kapitalgesellschaft zwingend mit einer erhöhten Professionalität am Kapitalmarkt einhergeht.[705]

a.) Unbestimmtheit der Norm

Aus dem reinen Wortlaut der Norm bleibt vieles der relativ komplexen Regelung der Einzelanlageschwellen unklar.

Im Mittelpunkt einer Investition, die die 1.000 Euro als starre Grenze übersteigen soll, steht die Selbstauskunft des Anlegers. Lässt sich der Gesetzesbegründung noch entnehmen, dass der Umfang der Selbstauskunft auf das beschränkt sein soll, was zur Prüfung der Einhaltung erforderlich ist[706], so sind weitergehende Beschreibungen der Selbstauskunft nicht zu finden[707]. Dem Begriff der Selbstauskunft dürfte aber per se mehr als eine schlichte Erklärung des Anlegers zu entnehmen sein, über die entsprechenden Mittel zu verfügen. Dennoch ist die Durchführung der Selbstauskunft vor dem Hintergrund, dass die genaue Gesamthöhe des Vermögens oder Monatseinkommens nicht festgestellt werden muss,[708] fraglich. Möglicherweise werden in Zukunft die Banken entsprechende Erklärungen über die Verfügbarkeit des Kapitals, ohne dessen konkrete Nennung,

703 Vgl. BT-Drucks. 18/3994, 10; dort fehlt noch die Ausnahme „..., der keine Kapitalgesellschaft ist,...“.

704 BT-Drucks. 18/4708, 64.

705 In diesem Sinne zweifelnd *Casper*, ZBB 2015, 265 (278); *Danwerth*, ZBB 2016, 20 (32); allein auf den Aspekt der Professionalität abstellend *Klöhn/Hornuf*, DB 2015, 47 (52); auch unten, Seite 233 ff.

706 Vgl. BT-Drucks. 18/3994, 54.

707 *Danwerth*, ZBB 2016, 20 (30).

708 BT-Drucks. 18/3994, 54; darauf Bezug nehmend *Kollrus*, MDR 2015, 1334 (1336 f.).

abgeben.[709] Ob, und wenn ja in welchem Umfang, Belege für die Angaben in der Selbstauskunft zu erbringen sind, ist dennoch unklar und wird wohl den Plattformen selbst und ihrem Empfinden des „Erforderlichen" überlassen bleiben. Andererseits bleibt auch die Frage, wie das durchschnittliche Nettomonatseinkommen zu ermitteln, insbesondere welcher Zeitraum für die Ermittlung vorgesehen ist, unbeantwortet.[710] Das Gleiche gilt für die Frage, ab wann Vermögen in Form von Bankguthaben oder Finanzinstrumenten als „frei verfügbar" einzustufen ist.[711] Soweit die Motivation des Gesetzgebers darin lag, Verlusten beim Anleger vorzubeugen, die diesen finanziell zu stark belasten, stellt sich darüber hinaus die Frage, ob nicht derjenige, der sowohl über frei verfügbares Vermögen in Höhe von über 100.000 Euro als auch über ein durchschnittliches monatliches Nettoeinkommen von über 5.000 Euro verfügt, durch die Kumulation der beiden Zeichnungsgrenzen der §§ 2a Abs. 3 Nr. 2 und Nr. 3 VermAnlG insgesamt 20.000 Euro investieren können sollte.[712] Die Gesetzesbegründung, die festlegt, dass die Einzelanlage in jedem Fall auf 10.000 Euro begrenzt sein soll,[713] spricht deutlich gegen den Gedanken einer solchen Kumulation.

b.) Zeitliche Reichweite

Auch für die Frage, auf welchen Zeitraum sich die Begrenzung des Erwerbs von Vermögensanlagen ein und desselben Emittenten bezieht, trifft § 2a Abs. 3 VermAnlG, vergleichbar mit der Volumengrenze nach Abs. 1, keine Regelung. Das Schutzbedürfnis des Anlegers vor Klumpenrisiken besteht jedoch nur solange, wie der Vermögensanlage eine Finanzierungsfunktion zukommt. Klumpenrisiken entfallen mit der Tilgung der Vermögensanlage zeitgleich mit dem Bedürfnis der Risikodiversifikation, welches nur solange gegeben sein kann, wie auch ein Ausfallrisiko besteht. Damit sind die Volumengrenze der gesamten Crowdinvesting-Emission und die Zeichnungsgrenze der Einzelinvestition des jeweiligen Anlegers zeitlich kongruent.[714]

---

709 Zur Bankauskunft allgemein: Nr. 2 (2) AGB-Banken.

710 *Danwerth*, ZBB 2016, 20 (30).

711 Die Frage nach etwaigen Kündigungsfristen aufwerfend *Danwerth*, ZBB 2016, 20 (30).

712 *Danwerth*, ZBB 2016, 20 (30).

713 BT-Drucks. 18/3994, 41, 66.

714 Im Ergebnis so auch *Danwerth*, ZBB 2016, 20 (33).

c.) Rechtliche Folgen der Überschreitung

Da die Zeichnungsgrenze der Einzelinvestition nicht zu den tatbestandlichen Voraussetzungen der Privilegierung der Emission gehört, stellt sich zusätzlich die Frage, welche rechtlichen Folgen sich ergeben, falls die normierten Einzelschwellenwerte überschritten werden. Zum einen ist davon auszugehen, dass ein solcher Verstoß aufsichtsrechtliche Konsequenzen für die Plattform, die die Einhaltung der gesetzlich festgelegten Grenzen zu prüfen hat, nach sich ziehen kann. Solche Konsequenzen setzen indes ein gewisses Fehlverhalten der Plattform voraus, was insofern entweder eine fehlende oder eine fehlerhafte Prüfung voraussetzt. Entsprechende Anknüpfungspunkte finden sich dann für Wertpapierdienstleistungsunternehmen in § 39 Abs. 1 Nr. 17a WpHG, für Finanzanlagenvermittler nach § 34f GewO im § 146 Abs. 2 Nr. 11a GewO. Zum anderen stellt sich die Frage, ob eine Überschreitung der Einzelschwellenwerte Auswirkungen auf das Verhältnis von Anleger und Emittent, also den Vertrag, in dem die Vermögensanlage gezeichnet wird (Zeichnungsvertrag), hat. Soweit § 2a Abs. 3 VermAnlG als Verbotsgesetz im Sinne des § 134 BGB zu qualifizieren ist, ergibt sich aus einer Überschreitung der Zeichnungsgrenze die Nichtigkeit des Vertrages. Die Entscheidung, ob ein Verbotsgesetz vorliegt, kann sich zwar nicht allein am Wortlaut der Norm orientieren[715], dennoch stellt er ein gewichtiges Kriterium für die Auslegung dar. § 2a Abs. 3 VermAnlG setzt dem Wortlaut nach nur die Pflicht der Internet-Dienstleistungsplattform zur Prüfung der Schwellenwerte fest, ein Anhaltspunkt für ein gesetzliches Verbot im Sinne des § 134 BGB ist nicht ersichtlich.[716] Damit bleibt die Zeichnung selbst wirksam. Die Zeichnung der Vermögensanlagen unter Überschreitung der vorgesehenen Grenzwerte des § 2a Abs. 3 VermAnlG könnte demnach einen Anspruch des Anlegers auf Rückabwicklung begründen. Ein gesetzlich vorgesehener Fall der Rückabwicklung findet sich als Rechtsfolge des § 22 VermAnlG. So könnte sich aus § 22 Abs. 4a VermAnlG ein solcher Anspruch auch im oben beschriebenen Fall ergeben.[717] Dort wird festgelegt, dass der Erwerber vom Anbieter der Vermögensanlage deren Übernahme gegen Erstattung des Erwerbspreises verlangen kann, soweit dieser den ersten Erwerbspreis der Vermögensanlage nicht überschreitet.

Auch die Erstattung der mit dem Erwerb verbundenen üblichen Kosten ist erfasst. Voraussetzung dafür ist entweder, dass ihm das Vermögensanlagen-Informationsblatt des Anbieters von diesem nicht zur Verfügung gestellt wurde,

---

715 Beispielhaft BGHZ 118, 142 (146) = *BGH*, NJW 1992, 2021 (2022).

716 *Danwerth*, ZBB 2016, 20 (33).

717 Diesen Anspruch als Lösungsweg aufzeigend *Casper*, ZBB 2015, 265 (278).

oder dass das VIB den Warnhinweis nach § 13 Abs. 6 VermAnlG[718] nicht enthalten hat, oder dass dessen Kenntnisnahme nicht nach § 15 Abs. 3 oder 4 VermAnlG bestätigt worden ist[719]. Eine Überzeichnung unterfällt nicht den gesetzlich vorgesehenen Fällen der Rückabwicklung.[720] Damit stellt sich die Frage, ob im Falle der Überschreitung die Voraussetzungen einer analogen Anwendung des § 22 Abs. 4 VermAnlG vorliegen. Neben der erforderlichen Regelungslücke, die durchaus darin gesehen werden kann, dass weder das Gesetz, noch die Gesetzesmaterialien Ausführungen für den Fall der o.g. Überschreitung der Betragsgrenze enthalten, ist eine vergleichbare Interessenlage erforderlich. Kennzeichnend für die Fälle des § 22 Abs. 4a VermAnlG ist die fehlende, respektive unvollständige Information des Anlegers vor seiner Entscheidung. Durch die gesetzliche Pflicht, das VIB auszuhändigen, den Warnhinweis aufzunehmen und sich dessen Kenntnisnahme bestätigen zu lassen, soll der Anleger die für ihn bestmögliche Anlageentscheidung treffen können. Er soll zum einen über die komprimierten Informationen des VIB verfügen, zum anderen soll er sich durch den Warnhinweis und dessen Bestätigung die potenziellen Risiken vor Augen führen. Unterbleibt die Informationsbereitstellung oder der klare Hinweis auf die Risiken, so ist der Anleger nicht an die Vermögensanlage gebunden. Im Fall der Überschreitung der Zeichnungsgrenzen ist zwischen den verschiedenen Ursachen zu differenzieren. Allen Konstellationen ist gemein, dass der Anleger um die Höhe seines Vermögens und seines Einkommens weiß. Kennt der Anleger die Zeichnungsgrenzen und macht im Rahmen der Selbstauskunft falsche Angaben, um mehr als den Grenzbetrag zu investieren, so ist er weder schutzbedürftig[721], noch ist seine Situation mit den oben beschriebenen Konstellationen des Informationsdefizits vergleichbar. Erfolgt die Überschreitung in Kenntnis der Zeichnungsgrenzen nicht aufgrund von Fehlangaben des Anlegers, sondern schlichtweg wegen einer fehlerhaften oder unterbliebenen Prüfung der vermittelnden Plattform, oder dementsprechend sogar in Unkenntnis des Anlegers von den gesetzlichen Einzelschwellenwerten, könnte indes eine Vergleichbarkeit bestehen. Normadressat der Informationspflichten ist der Anbieter oder der Emittent der Vermögensanlage. Er hat dafür Sorge zu tragen, dass der potenzielle Anleger im Vorfeld der Zeichnung Zugang zu den o.g. Informationen erhält und sich die Risiken der Investition verdeutlicht. Die vermittelnde Crowdinvesting-Plattform, die die Einhaltung der Zeichnungsgrenzen zu prüfen hat, ist selbst

718 Zum Warnhinweis, Seite 109.
719 Zu den Anforderungen an die Bestätigung, Seite 112 ff.
720 Direkt anwendend *Casper*, ZBB 2015, 265 (278).
721 *Casper*, ZBB 2015, 265 (278); *Danwerth*, ZBB 2016, 20 (33).

nicht Anbieter der Vermögensanlage.[722] Sie hat zwar nach § 15 FinVermV das VIB bereitzustellen, ist jedoch explizit nicht ohne Weiteres verpflichtet, dieses zu erstellen. Auch in den übrigen Konstellationen ist sie nicht beteiligt. Die Rückabwicklung des § 22 Abs. 4a VermAnlG ist an ein vorgelagertes Fehlverhalten respektive die Missachtung gesetzlicher Informationspflichten geknüpft. Denjenigen, der diese Pflichten missachtet, treffen auch die Folgen der Rückabwicklung. Als Anbieter ist der Emittent im Rahmen der Prüfung der Einhaltung der Einzelanlageschwellen nach § 16 Abs. 3a FinVermV unbeteiligt. Diese Pflicht obliegt ausschließlich der vermittelnden Plattform. Den Anbieter mit der Rückabwicklung zu belasten, weil die Plattform ihre rechtlichen Pflichten missachtet hat, wäre unbillig, denn auf Seite des Emittenten würde sich genau das (Klumpen-) Risiko realisieren, vor dem die Prüfungspflicht der Plattformen und die Zeichnungsgrenze schützen sollen[723]. Verneint man die Vergleichbarkeit der Interessenlagen und damit die analoge Anwendung des § 22 Abs. 4a VermAnlG, so steht der einzelne Anleger auch nicht schlechter. Er kann sich an die vermittelnde Plattform halten, mit der er einen schuldrechtlichen Anlagevermittlervertrag eingegangen ist.[724] Aus diesem Verhältnis ergibt sich für die Plattform auch dem Anleger gegenüber die Pflicht der Prüfung.[725] Unterbleibt eine solche, steht dem Anleger Schadensersatz wegen Pflichtverletzung zu.[726] Hat er bewusst Falschangaben gemacht, entfällt ein solcher Anspruch.[727]

Im Ergebnis ist eine vergleichbare Interessenlage zu negieren. Eine analoge Anwendung des § 22 Abs. 4a VermAnlG scheidet aus. Als rechtliche Folge der Überschreitung der Zeichnungsgrenze bleibt damit die zuvor beschriebene Möglichkeit des Anlegers, sich an die Plattform zu halten und etwaige Ansprüche aus dem bestehenden schuldrechtlichen Anlagevermittlerverhältnis geltend zu machen.[728] Daneben können die Plattform die o.g. aufsichtsrechtlichen Konsequenzen treffen.

---

722 Dazu oben, Seite 119 f.; so aber *Casper*, ZBB 2015, 265 (276), sodass eine Anwendung der Norm konsequent erscheint.

723 BT-Drucks. 18/3994, 41.

724 Zum Haftungspotenzial des Verhältnisses unten, Seite 184 ff.

725 Dazu oben, Seite 87 ff.

726 Zur Haftung der Plattform in der Emission, Seite 183 ff.

727 Dann mangels Pflichtverletzung im Rahmen der Prüfung, bei der sich die Plattform an sich auf die Angaben des Anlegers verlassen darf, BT-Drucks. 18/3994, 54.

728 Zur Haftung der Plattform unten, Seite 183 ff.

V. Aufsicht durch die BaFin über Emissionen nach dem VermAnlG

Auch die Rolle der BaFin ist im Rahmen der Emission nach dem VermAnlG und den Besonderheiten der Crowdinvesting-Emission nach § 2a VermAnlG zu beleuchten. So gilt es die Auswirkungen der Privilegierung auf die aufsichtsrechtlichen Befugnisse festzustellen. Neben den oben beschriebenen Regelungen des VermAnlG, die durch das KASG zum Teil modifiziert, zum Teil aber auch neu geschaffen wurden, sind im Rahmen der gesetzlichen Novellierung zusätzliche Rechte der Bundesanstalt für Finanzdienstleistungsaufsicht statuiert worden. Es ist in diesem Zusammenhang zwischen der Aufsicht über die Crowdinvesting-Plattformen sowie deren Tätigkeit[729] und der Aufsicht über das öffentliche Angebot von Vermögensanlagen zu unterscheiden. Die Aufsichtsbefugnisse der BaFin im Rahmen der Emission beziehen sich damit auf denjenigen, der die Vermögensanlagen öffentlich anbietet. Für das Crowdinvesting ist dies im Regelfall nicht die beteiligte intermediäre Plattform, sondern die emittierende Gesellschaft.[730] So gilt es zu klären, welche Rechte der BaFin im Rahmen der Emission von Vermögensanlagen genau zustehen und ob etwaige Einschränkungen dieser Rechte für den Fall einer über § 2a VermAnlG privilegierten Crowdinvesting-Emission bestehen.

1. Gesetzlicher Anknüpfungspunkt

Die Anknüpfung für die generelle Befugnis zur Aufsicht im Rahmen des öffentlichen Angebots von Vermögensanlagen findet sich in § 3 VermAnlG. Demnach übt die BaFin die Aufsicht über das Angebot von Vermögensanlagen nach den Vorschriften des VermAnlG aus, § 3 S. 1 VermAnlG. Sie ist gem. § 3 S. 2 VermAnlG im Rahmen dieser Aufsicht befugt, alle Anordnungen zu treffen, die erforderlich und geeignet sind, um das Angebot von Vermögensanlagen mit diesem Gesetz und den auf Grund dieses Gesetzes erlassenen Bestimmungen im Einklang zu halten. Damit obliegt ihr die Durchsetzung der gesetzlichen Bestimmungen.[731] Durch das KASG wurde der § 4 Abs. 1a des FinDAG neu eingefügt, der den kollektiven Verbraucherschutz als generelles Aufsichtsziel der BaFin statuiert. So soll eine stärkere Berücksichtigung kollektiver Verbraucherfragen ermöglicht werden.

---

729 Dazu oben, Seite 76 ff.

730 Zur Anbietereigenschaft beim Crowdinvesting, oben Seite 119 f.

731 BT-Drucks. 17/6051, 32.

Innerhalb ihrer gesetzlich normierten aufsichtsrechtlichen Tätigkeit[732] kann die BaFin alle Anordnungen treffen, die geeignet und erforderlich sind, um verbraucherschutzrelevante Missstände zu verhindern oder zu beseitigen. Indes muss eine generelle Klärung dieser Situation im Interesse des Verbraucherschutzes geboten erscheinen. Als Missstand im Sinne der Norm gilt ein erheblicher, dauerhafter oder wiederholter Verstoß gegen ein Verbraucherschutzgesetz, der nach seiner Art oder seinem Umfang die Interessen nicht nur einzelner Verbraucherinnen oder Verbraucher gefährden kann oder beeinträchtigt. Insgesamt werden auf diesem Wege eine einheitliche Auslegung und eine einheitliche Anwendung bei Maßnahmen zum Schutz des kollektiven Verbraucherinteresses sichergestellt.[733] Dennoch ist es notwendig, dass die BaFin diese Auslegung und Anwendung von Maßnahmen nur im Rahmen des gesetzlich zugewiesenen Umfangs wahrnehmen kann.[734] Entsprechend hat sie auch bei der Aufsicht bzgl. der Emission von Vermögensanlagen, zusätzlich zu den Regelungen des VermAnlG, die Belange des kollektiven Verbraucherschutzes zu berücksichtigen. Ob sich aus dieser Novellierung tatsächliche praktische Folgen ergeben werden, bleibt abzuwarten.[735]

2. Spezifische Rechte und Pflichten nach VermAnlG

Neben der generellen Festlegung der Aufsichts- und Anordnungsbefugnis der BaFin in § 3 VermAnlG finden sich weitere explizit normierte Rechte und Pflichten. Wie bereits in Bezug auf die Pflichten des Anbieters festgestellt, obliegt es der BaFin nach § 8 Abs. 1 VermAnlG, den Verkaufsprospekt des Anbieters zu billigen. Sie prüft den Prospekt dabei auf Vollständigkeit, Kohärenz und inhaltliche Verständlichkeit. Angesichts dieses Umfangs kommt eine solche Prüfung der, der materiellen Richtigkeit des Prospekts faktisch sehr nahe.[736]

Fehlen Angaben, so hat die BaFin eine entsprechende Mitteilung an den Anbieter zu machen, § 8 Abs. 3 VermAnlG. Darüber hinaus kann die BaFin vom Anbieter gem. § 15a VermAnlG fordern, dass weitere Angaben, auch wenn diese gesetzlich nicht vorgesehen sind, in den Verkaufsprospekt aufgenommen werden, wenn dies zum Schutz des Anlegerpublikums geboten erscheint. Als Konsequenz dieser Rechte besteht auch die Pflicht, die Veröffentlichung des Verkaufsprospekts

---

732 Eine Erweiterung dieser Tätigkeiten ist durch § 4 Abs. 1a FinDAG nicht vorgesehen, BT-Drucks. 18/3994, 36.

733 BT-Drucks. 18/3994, 36.

734 Vgl. *Kollrus*, MDR 2015, 1396 (1398).

735 Insofern kritisch *Möllers/Kastl*, NZG 2015, 849 (855).

736 Vgl. *Jesch/Siemko*, BB 2014, 2570 (2571).

unter den Voraussetzungen des § 17 VermAnlG zu untersagen. Dabei ist der BaFin kein Entschließungsermessen eingeräumt. Nach Absatz 1 der Norm untersagt sie die Veröffentlichung, wenn die nach §§ 7 Abs. 1 und 2 VermAnlG geforderten Vorgaben nicht eingehalten werden, respektive den Vorgaben der VermVerkProspV nicht genügt wird. Ist aus diesem Grund die Veröffentlichung des Verkaufsprospekts nicht zugelassen, so wird auch das öffentliche Angebot gem. § 18 Abs. 1 Nr. 3 VermAnlG untersagt. Eine Veröffentlichung wird auch dann untersagt, wenn Anhaltspunkte dafür vorliegen, dass entgegen der Pflicht des Anbieters, die sich aus dem § 14 Abs. 1 S. 2 VermAnlG ergibt, kein VIB hinterlegt wurde.[737] Zwar fehlt es an einer expliziten Normierung der Prüfung des VIB durch die Bundesanstalt, sodass eine Billigung des VIB wie beim Verkaufsprospekt nicht erforderlich ist[738], dennoch erfolgt eine formale Prüfung. Dies ergibt sich aus den Grundsätzen eines ordnungsgemäßen Verwaltungsverfahrens, im Zuge derer das VIB auf offensichtliche und für jedermann erkennbare, formale Mängel überprüft wird.[739] Nur wenn keine offensichtlichen Mängel erkennbar sind, kann das VIB als hinterlegt angenommen werden.[740] Neben der Pflicht zur Billigung trifft die BaFin auch die Pflicht, den Verkaufsprospekt und das VIB für einen Zeitraum von zehn Jahren aufzubewahren, § 14 Abs. 2 VermAnlG.

Zusätzlich sind der BaFin im VermAnlG umfangreiche Möglichkeiten eingeräumt worden, bestimmte Verhaltensweisen zu unterbinden. Sie kann gem. § 16 Abs. 1 S. 1 VermAnlG Emittenten und Anbietern Werbung untersagen, wenn Missstände zu befürchten sind. Dies ist insbesondere dann der Fall, wenn die in § 12 VermAnlG geforderten Hinweise nicht oder nur unrichtig enthalten sind oder mit verbotenen Begriffen geworben wird.[741] Ebenso kann eine Untersagung daran geknüpft werden, dass die Vermögensanlage durch die Werbung als sicher dargestellt wird, obwohl die Rückzahlung der Vermögensanlage nicht oder nicht vollständig gesichert ist, § 16 Abs. 1 S. 2 Nr. 4 VermAnlG. Auch die Irreführung über ein vermeintlich besonders günstiges Angebot, oder die Rolle der BaFin im Prüfungsverfahren, bieten einen rechtlichen Anknüpfungspunkt für die Bundesanstalt, die Werbung zu untersagen.[742] Die Aufzählung der Fälle in § 16 Abs. 1 S. 2 VermAnlG sind explizit exemplarisch, womit die BaFin umfangreiche Möglichkeiten hat, die Anleger vor falscher Werbung zu

737 Vgl. § 17 Abs. 2 VermAnlG.
738 BT-Drucks. 17/6051, 33.
739 *Bußalb/Vogel*, WM 2012, 1416 (1422 f.).
740 *Bußalb/Vogel*, WM 2012, 1416 (1423).
741 § 16 Abs. 1 S. 2 Nr. 1–3 VermAnlG.
742 § 16 Abs. 1 S. 2 Nr. 5, 6 VermAnlG.

schützen.[743] Das gesamte öffentliche Angebot von Vermögensanlagen wird gem. § 18 Abs. 1 VermAnlG durch die BaFin untersagt, wenn einer der dort normierten Fälle vorliegt. Verstöße gegen die Laufzeit- und Kündigungsfristenbestimmung des § 5a S. 1 VermAnlG oder gegen das Verbot der Nachschusspflicht nach § 5b VermAnlG ziehen ebenso eine Untersagung des öffentlichen Angebots der Vermögensanlage nach sich, wie die fehlende Veröffentlichung eines gültigen Verkaufsprospekts.[744] Gleiches gilt in dem Fall, dass im Verkaufsprospekt gem. § 7 Abs. 2 S. 3 VermAnlG unzulässige Begriffe verwendet werden oder aber der Anbieter seiner Nachtragspflicht[745] nicht nachgekommen ist, §§ 18 Abs. 1 Nr. 4, 5 VermAnlG.

Ebenso folgt aus einer Veröffentlichung des Verkaufsprospekts oder etwaiger Nachträge vor Billigung durch die BaFin eine Untersagung des öffentlichen Angebots. Erstellt der Anbieter entgegen § 13 VermAnlG kein VIB, so hat die Bundesanstalt gem. § 18 Abs. 1 Nr. 7 VermAnlG gleichermaßen eine Untersagung auszusprechen. Eine Untersagung kann gem. § 18 Abs. 2 VermAnlG auch aufgrund einer Produktintervention nach § 4b WpHG erfolgen.[746] Flankiert werden diese Rechte durch ein Informationsrecht der Bundesanstalt, das sich in § 19 Abs. 1 VermAnlG findet. Sie kann sowohl vom Emittenten, als auch vom Anbieter der Vermögensanlage Auskünfte, die Vorlage von Unterlagen und die Überlassung von Kopien verlangen. Gem. § 19 Abs. 1 Nr. 1 VermAnlG soll sie so prüfen können, ob die Beteiligten den Pflichten und den Verboten nachkommen, die ihnen durch die §§ 5a, 5b, 6, 8 Abs. 1 VermAnlG und §§ 8a–13, 14 Abs. 1, 15 VermAnlG auferlegt werden. Ebenso können die Auskünfte eingeholt werden, um zu prüfen, ob der Verkaufsprospekt den inhaltlichen Anforderungen der §§ 7 Abs. 1, 2 des VermAnlG sowie der VermVerkProspV genügt oder ob die Angaben kohärent und verständlich sind, § 19 Abs. 1 Nr. 2 VermAnlG. Des Weiteren besteht für die BaFin die Möglichkeit, die Rechnungslegung von Emittenten von Vermögensanlagen zu überprüfen, wenn konkrete Anhaltspunkte für einen Verstoß gegen Rechnungslegungsvorschriften bestehen.[747] Werden Maßnahmen nach §§ 15a–19 VermAnlG getroffen, so macht die Bundesanstalt diese auf ihrer Internetseite öffentlich bekannt, soweit dies bei Abwägung der betroffenen Interessen zur Beseitigung oder Verhinderung von Missständen geboten ist. Diese Maßnahmen nach § 26b Abs. 1 VermAnlG,

---

743 BT-Drucks. 18/3994, 48 f.

744 Gem. § 18 Abs. 1 Nr. 1 und 2 VermAnlG.

745 Gem. § 11 Abs. 1 VermAnlG; dazu oben, Seite 105 f.

746 Zur Produktintervention nach § 4d WpHG, Seite 146 f.

747 § 24 Abs. 5 VermAnlG.

stehen nicht im Ermessen der Behörde.[748] Die BaFin soll so potenzielle Anleger warnen und dem Stellenwert des besonderen Schutzes des Anlegerpublikums genügen.[749]

Um etwaigen Fehleinschätzungen von Risiken zuvor zu kommen[750], kann die BaFin bei Vorliegen von Anhaltspunkten für bestimmte Verstöße eine entsprechende Bekanntmachung auf ihrer Internetseite gem. § 26b Abs. 2 VermAnlG vornehmen. Die Anhaltspunkte müssen sich darauf beziehen, dass ein Anbieter Vermögensanlagen öffentlich anbietet, obwohl eine Nachschusspflicht vorgesehen ist, ein Verkaufsprospekt nicht veröffentlicht wurde oder der Verkaufsprospekt nicht mehr gültig ist, respektive vor Billigung veröffentlicht wurde. Auch Bußgeldentscheidungen, die sich auf § 29 VermAnlG stützen, werden gem. § 26c Abs. 1 VermAnlG nach Rechtskraft auf der Internetseite veröffentlicht. Die Bekanntmachung hat sowohl die Vorschrift, gegen die verstoßen wurde, als auch die Namen der ermittelten und verantwortlichen natürlichen oder juristischen Personen zu enthalten.[751] Diese auch als „Naming" und „Shaming" bekannten Maßnahmen[752] stehen zum Teil im Ermessen der BaFin[753] und sollen den Anleger mittelbar in die Lage versetzen, die Vertrauenswürdigkeit bestimmter Personen beurteilen zu können. Sie tragen damit dem allgemeinen Interesse an der Transparenz der Geschäftstätigkeit von Emittenten und Anbietern von Vermögensanlagen Rechnung.[754]

3. Produktintervention nach WpHG

Daneben wurde durch das KASG ein weiteres aufsichtsrechtliches Instrument normiert. War bereits durch § 4a WpHG der BaFin das Recht eingeräumt, alle Anordnungen zu treffen, die erforderlich und geeignet sind, um Missstände zu beseitigen, die sich auf die Finanzmarktstabilität oder das Vertrauen in die Funktionsfähigkeit der Märkte nachteilig auswirken, so erweitert § 4b WpHG den Handlungsspielraum. Der § 4b WpHG greift die Vorgaben der ab dem 03.01.2017 geltenden MIFIR[755] auf, um die Erweiterung des Anlegerschutzes

---

748 *Bußalb/Schermuly*, WM 2016, 2005 (2005).

749 Vgl. BT-Drucks. 18/3994, 51.

750 BT-Drucks. 18/3994, 51.

751 § 26c Abs. 2 S. 1 VermAnlG.

752 Zum „Shaming" und „Naming" *Nartowska/Knierbein*, NZG 2016, 256 (256 ff.).

753 *Bußalb/Schermuly*, WM 2016, 2005 (2005 ff.) trennen für die Rechtsfolge nach § 26b Abs.1 und Abs. 2 VermAnlG; *Möllers/Kastl*, NZG 2015, 849 (853) gehen auf diesen Rechtsfolgenunterschied nicht ein.

754 BT-Drucks. 18/3994, 51; vgl. *Möllers/Kastl*, NZG 2015, 849 (853).

755 Verordnung (EU) Nr. 600/2014 des Europäischen Parlaments und des Rates vom 15. Mai 2014 über Märkte für Finanzinstrumente und zur Änderung der Verordnung (EU) Nr. 648/2012.

möglichst effizient zu gestalten.[756] Die Anwendbarkeit für Vermögensanlagen ergibt sich sowohl aus § 2 Abs. 2b WpHG, der Vermögensanlagen im Sinne des VermAnlG als Finanzinstrumente nach dem WpHG qualifiziert, als auch aus der expliziten Normierung der Anwendbarkeit in § 18 Abs. 2 VermAnlG.[757] Aus § 4b Abs. 1 WpHG folgt für die BaFin die Möglichkeit, die Vermarktung, den Vertrieb oder den Verkauf von bestimmten Finanzinstrumenten und strukturierten Einlagen, ebenso wie den von Finanzinstrumenten oder strukturierten Einlagen, die bestimmte Merkmale aufweisen, zu beschränken oder zu verbieten. Genauso können diese Maßnahmen für bestimmte Formen von Finanztätigkeiten oder der Finanzpraxis erlassen werden. Jedoch dürfen diese Maßnahmen nur dann getroffen werden, wenn Tatsachen die Annahme rechtfertigen, dass erhebliche Bedenken für den Anlegerschutz oder Gefahren für die Funktion und Integrität der Finanzmärkte bestehen oder ein Derivat negative Auswirkungen auf den Preisbildungsmechanismus in den zugrunde liegenden Märkten hat, § 4b Abs. 2 Nr. 1 WpHG. Darauf Bezug nehmend muss die Maßnahme dann auch geeignet sein und unter Berücksichtigung der festgestellten Risiken den Ansprüchen der Verhältnismäßigkeit genügen.[758] Die Maßnahmen können sowohl als individueller Verwaltungsakt an einzelne Marktteilnehmer gerichtet werden, als auch im Wege der Allgemeinverfügung, ohne konkreten Adressaten erlassen werden.[759] Wird eine solche Maßnahme der Produktintervention vorgenommen, so ist sie nach § 4b Abs. 4 WpHG, vergleichbar mit der Regelung des § 26b VermAnlG, auf der Internetseite der Bundesanstalt bekannt zu machen.[760] Damit bieten sich vielfach Anknüpfungspunkte, um die Aufsicht über das öffentliche Angebot von Vermögensanlagen auszuüben und die Einhaltung der gesetzlichen Vorgaben sicherzustellen.

4. Besonderheiten bzgl. Crowdinvesting

Im Zuge dessen stellt sich die Frage, ob das Eingreifen der Privilegierung der Emission nach § 2a VermAnlG Auswirkungen auf die Befugnisse der BaFin und damit auf die Effektivität oder den Umfang der Aufsicht in Bezug auf das öffentliche Angebot der Vermögensanlagen hat.

756 BT-Drucks. 18/3994, 53.

757 Dazu explizit BT-Drucks. 18/3994, 53.

758 So § 4b Abs. 2 Nr. 3 und 4 WpHG; *Kollrus*, MDR 2015, 1396 (1398).

759 BT-Drucks. 18/3994, 53.

760 *Kollrus*, MDR 2015, 1396 (1398) ordnet diese Maßnahme dem „Shaming" zu.

a.) Entfallende Pflichten nach dem VermAnlG

Für die Crowdinvesting-Emission ist der Entfall der Prospektpflicht nach § 6 VermAnlG kennzeichnend. Zusammen mit der Pflicht zur Erstellung des Prospekts entfallen auch die Aufsichtsbefugnisse, die diese absichern sollen. Somit bestehen die Befugnisse der BaFin nach §§ 8, 15a und 17 VermAnlG nicht. Ebenso entfällt die Möglichkeit, nach § 24 Abs. 5 VermAnlG zu prüfen, ob die Vorschriften der Rechnungslegung eingehalten worden sind. Die formale Prüfung des VIB im Rahmen des ordnungsgemäßen Verwaltungsverfahrens bleibt demgegenüber erhalten. Indes kann eine Untersagung des öffentlichen Angebots gem. § 18 Abs. 1 VermAnlG nur gem. Nr. 7 erfolgen, wenn entgegen § 13 VermAnlG ein VIB durch den Anbieter nicht erstellt worden ist. Ebenso kann sich eine Untersagung auf § 18 Abs. 1 Nr. 1 2. Hs VermAnlG stützen, wenn die in Rede stehende Vermögensanlage unter Verstoß gegen § 5b VermAnlG eine Nachschusspflicht vorsieht. Auch die oben beschriebenen Rechte, Auskünfte zu erhalten, gelten nur eingeschränkt und damit in Bezug auf die Einhaltung der Nachschusspflicht sowie die Erstellung des Informationsblattes, § 19 Abs. 1 Nr. 1 VermAnlG. Die Vorschriften über die Bekanntmachung von Maßnahmen im Wege des „Naming“ und „Shaming“ gelten auch für das Crowdinvesting. Der § 26b Abs. 1 VermAnlG gilt in vollem Umfang, § 26b Abs. 2 VermAnlG indes nur eingeschränkt, für den Fall, dass der Verdacht besteht, dass gegen das Verbot der Nachschusspflicht aus § 5b VermAnlG verstoßen wird. Die Bekanntmachung von Bußgeldentscheidungen nach § 26c VermAnlG gilt uneingeschränkt. Ebenso sind der BaFin die Maßnahmen der Produktintervention im Rahmen einer Crowdinvesting-Emission vollumfänglich zugänglich, sodass die mit § 4b WpHG verfolgten Ziele auch im Falle der Privilegierung durch § 2a VermAnlG zu verwirklichen sind.

b.) Rechtliche Folgen

Nimmt man diese Feststellungen in den Blick, so wird deutlich, dass sich durch eine Emission von Vermögensanlagen im Wege des Crowdinvesting kein Kontrolldefizit durch verminderte aufsichtsrechtliche Regulierungen ergibt. In genau dem Rahmen, den der Gesetzgeber für die Privilegierung gesteckt hat, erfolgt die Aufsicht durch die BaFin im selben Maß wie bei allen anderen Emissionen von Vermögensanlagen auch. Die reduzierten aufsichtsrechtlichen Möglichkeiten sind insofern nur das Spiegelbild der gesetzlichen Sonderrolle, die dem Crowdinvesting zu Teil wird. Das öffentliche Angebot von Vermögensanlagen, die im Wege des Crowdinvesting emittiert werden, unterliegt damit auch der Aufsicht der Bundesanstalt. Diese Kontrolle ist indes von der Aufsicht über die

Crowdinvesting-Plattformen, die regelmäßig nicht Anbieter i.S.d. VermAnlG sind, zu unterscheiden. Als Finanzanlagenvermittler unterliegen diese nach der Gewerbeordnung vielmehr der Aufsicht der nach Landesrecht zuständigen Behörden.[761] Damit betreffen die oben beschriebenen aufsichtsrechtlichen Befugnisse der BaFin in erster Linie den anbietenden Emittenten und nicht die intermediären Plattformen und deren Tätigkeit.

VI. Zusammenführung

Der gesetzliche Rahmen des öffentlichen Angebots von Vermögensanlagen ist eng gesteckt. Anbieter und Emittenten von Vermögensanlagen haben verschiedene gesetzliche Vorgaben einzuhalten, die vor allem dem Schutz und der Information des Anlegers dienen. Kernelement ist die Erstellung und Bereithaltung eines Vermögensanlagen-Verkaufsprospekts nach § 6 VermAnlG[762]. Das VermAnlG statuiert die inhaltlichen Vorgaben selbst und durch umfangreiche Konkretisierungen in der VermVerkProspV[763], die sich auf § 7 Abs. 3 VermAnlG stützt. Die Aktualität der Informationen des Verkaufsprospekts werden durch die Nachtragspflicht des § 11 VermAnlG und die Informationspflichten nach § 11a VermAnlG, die im Anschluss an die Beendigung des öffentlichen Angebots bestehen, abgesichert.[764] Zusätzlich zum Verkaufsprospekt besteht die Verpflichtung, ein Vermögensanlagen-Informationsblatt zu erstellen.[765] Crowdinvesting ist als besondere Form, Vermögensanlagen zu emittieren, durch § 2a VermAnlG im Zuge des KASG privilegiert worden.

Diese Privilegierung ist an die Einhaltung der Voraussetzungen des § 2a VermAnlG gebunden. So sind nur Vermögensanlagen nach §§ 1 Abs. 2 Nr. 3, 4 und 7 VermAnlG als Gegenstand einer privilegierten Crowdinvesting-Emission zulässig und ein Gesamtvolumen von 2,5 Mio. Euro darf nicht überschritten werden.[766] Die Vermittlung der Vermögensanlagen hat im Wege der Anlagevermittlung (oder -beratung) über eine Internet-Dienstleistungsplattform zu erfolgen. Diese unterliegen regelmäßig als Finanzanlagenvermittler den Vorgaben des § 34f GewO und unterstehen der Aufsicht der nach Landesrecht zuständigen Behörden. Entscheidend ist, dass diese verpflichtet sind, die Einhaltung der Einzelanlagenschwelle

761 Dazu oben, Seite 78 ff.
762 Zur Pflicht nach § 6 VermAnlG, Seite 98 ff.
763 Dazu oben, Seite 100 ff.
764 Zu den Veröffentlichungspflichten nach § 11a VermAnlG, Seite 114 ff.
765 Vertiefend, Seite 107 ff.
766 Zur Volumengrenze, Seite 130 ff.

nach § 2 Abs. 3 VermAnlG und § 16 Abs. 3a FinVermV zu prüfen. Somit lässt sich § 2a VermAnlG als Vermittler-Privileg begreifen.[767] Zusätzlich dazu wird der einzelne Anleger durch rechtlich normierte Einzelanlagenschwellen geschützt. Diese stellt keine tatbestandliche Voraussetzung der Privilegierung der Crowdinvesting-Emission dar, sondern ist als deren Rechtsfolge anzusehen. Ohne eine Selbstauskunft darf er über Crowdinvesting angebotene Vermögensanlagen im Wert von maximal 1.000 Euro zeichnen. Verfügt er über freies Bankguthaben von 100.000 Euro oder mehr und erteilt er eine entsprechende Selbstauskunft gegenüber der vermittelnden Plattform, so kann er bis zu 10.000 Euro investieren. Weist er sein Einkommen durch eine Selbstauskunft nach, so kann er bis zum doppelten des Nettomonatseinkommens, begrenzt auf 10.000 Euro, anlegen.[768] Das Hauptelement der Privilegierung ist das Entfallen der gesetzlichen Pflichten der §§ 6 bis 11a VermAnlG, also der Prospektpflicht nach § 6 und der daran anknüpfenden Pflichten. Die dadurch zur Verfügung gestellten Informationen liegen dem Anleger damit in dieser Form nicht vor. Demgegenüber bleibt die Pflicht des Anbieters, ein VIB zu erstellen und bereitzuhalten, unberührt. Die Aufsicht über die Einhaltung der Vorschriften in Bezug auf das öffentliche Angebot der Vermögensanlagen wird durch die Bundesanstalt für Finanzdienstleistungsaufsicht ausgeübt. Ihre rechtlichen Befugnisse sind durch das KASG deutlich erweitert worden, um die Märkte und die Anleger zu schützen. Insbesondere die Möglichkeit, Maßnahmen der Produktintervention nach § 4b WpHG treffen zu können, ist dabei hervorzuheben. Ihre Aufsicht erstreckt sich aber, trotz der Privilegierungsnorm des § 2a VermAnlG, auch auf alle aufsichtsbezogenen Aspekte der Crowdinvesting-Emission und umfasst dieselben Handlungsmöglichkeiten. Ein aufsichtsrechtliches Kontrolldefizit besteht damit nicht. Dennoch obliegt ihr nicht die Aufsicht über die Crowdinvesting-Plattformen und deren Tätigkeit, denn diese sind im Regelfall als Finanzanlagenvermittler gem. § 34f GewO zu qualifizieren. Die entsprechende aufsichtsrechtliche Befugnis kommt diesbezüglich den zuständigen Gewerbeämtern oder Industrie- und Handelskammern zu.[769] Legt man einer Gesamtbetrachtung die mit der Pflicht zur Erstellung von Verkaufsprospekten verfolgten Ziele zugrunde, so stehen dem Anleger bei einer privilegierten Crowdinvesting-Emission, unter dem Gesichtspunkt der rechtlichen Vorgaben des VermAnlG, weniger Informationen zur Beurteilung etwaiger Anlageentscheidungen und Risiken zur Verfügung als bei üblichen öffentlichen Angeboten von Vermögensanlagen. Klärungsbedürftig bleibt im Hinblick

767 *Riethmüller*, DB 2015, 1451 (1453).

768 Dazu insgesamt, Seite 136 ff.

769 Zur Zuständigkeit nach Landesrecht, Seite 83 f.

auf diese Feststellungen, ob – und wenn ja wie – sich eine solche Schlechterstellung des Anlegers in Vermögensanlagen einer privilegierten Crowdinvesting-Emission rechtfertigt. Um dieser Frage nachgehen zu können, ist im Vorfeld zu untersuchen, ob die Privilegierung neben dem möglichen Informationsdefizit, das vor allem durch das Fehlen des Verkaufsprospekts entsteht, weitere rechtliche Folgen nach sich zieht. Unter dem Aspekt des Anlegerschutzes ist dabei gerade entscheidend zu klären, welcher Schutz für den Anleger besteht, also unter welchen Aspekten er bei fehlenden oder fehlerhaften Informationen während der Emission den Ersatz etwaiger Schäden verlangen kann und sich dementsprechend Aufklärungspflichtige einer Haftung ausgesetzt sehen.

F. Haftungsfragen des Crowdinvesting

Nachdem die Pflichten von Emittent und Anbieter während der Emission beleuchtet und die Besonderheiten der gesetzlichen Regulierung einer Crowdinvesting-Emission herausgestellt wurden, gilt es festzustellen, welche Folgen Verstöße gegen diese Pflichten im Verhältnis zum Anleger haben. Als direkte Folge der Privilegierung nach § 2a VermAnlG und dem damit einhergehenden Entfall der Prospektpflicht nach § 6 VermAnlG stehen dem Anleger als Teil der Crowd im Verhältnis zu regulären Emissionen von Vermögensanlagen nach dem VermAnlG weniger spezialgesetzlich normierte Informationsquellen zur Verfügung.[770] Die Pflicht zur Informationserteilung steht im direkten Zusammenhang mit der Frage der rechtlichen Informationsverantwortlichkeit.[771] So vertraut der Anleger auf die Angaben, die ihm gegenüber gemacht werden. Besteht eine rechtliche Verantwortlichkeit im Sinne einer Haftung für die erteilte Information, so folgt daraus eine erhöhte Informationssicherheit.[772] Denn hat der Informationserteilende für die Folgen fehlerhafter oder fehlender Informationen einzustehen, so ist die Erteilung, respektive Verifizierung, der Angaben vor allem in seinem eigenen Interesse vorzunehmen. Davon profitiert der Anleger unmittelbar, denn sein Vertrauen in die Richtigkeit der Angaben wird geschützt. Dementsprechend könnte ein potenziell geringeres Haftungsrisiko der Informationspflichtigen zugleich mit einer verringerten Informationssicherheit für den Anleger einhergehen. Ob und wenn ja inwieweit sich die Privilegierung des § 2a VermAnlG auch auf Fälle von fehlerhafter oder fehlender Informationserteilung und damit auf die Verantwortlichkeit für die Angaben gegenüber der Crowd auswirkt, bedarf weiterer Prüfung. Dabei soll nicht auf die Ordnungswidrigkeiten- und Bußgeldvorschriften eingegangen, sondern vielmehr die Haftungsgrundlagen in der rechtlichen Beziehung des Anlegers zu den anderen Akteuren, die an der Emission beteiligt sind, in den Fokus der Betrachtung gestellt werden.[773]

---

770 Zu den Ausnahmen nach § 2a VermAnlG, Seite 119 ff.

771 Zum Wert von zutreffenden Informationen auf dem Kapitalmarkt: *Klöhn*, 155 ff.

772 Vgl. *Assmann*/Schütze, § 5 Rn. 2, der den „Funktionsschutz“ der Prospekthaftung hervorhebt.

773 Überblick zur Prospekthaftung im Crowdinvesting vor Inkrafttreten des KASG bei *Söpper*, 181 ff.

I. Verhältnis von Anleger zu anbietendem Emittenten

Der Verantwortlichkeit für bestimmte Angaben steht derjenige am nächsten, der die Angaben zu erteilen hat. Die oben beschriebenen Pflichten während der Emission betreffen vor allem den Anbieter und den Emittenten der Vermögensanlage. Im Rahmen des Crowdinvesting fällt die Rolle des Anbieters mit der des Emittenten im Regelfall zusammen.[774] Insofern ist die haftungsrechtliche Beziehung des Anlegers zum Emittenten, der zugleich auch als Anbieter der Vermögensanlage einzuordnen ist, von besonderem Interesse.

In diesem Zusammenhang soll auch auf die haftungsrechtliche Rolle der sog. „Gründer" eingegangen werden. Die „Gründer" sind diejenigen Personen, die sich auf der Crowdinvesting-Plattform um die Investition der Anleger bemühen. Sie sind es, die die Interaktion mit der Crowd im Rahmen der Finanzierungsphase abwickeln und entsprechende Fragen beantworten. Zumeist handelt es sich um die Hauptgesellschafter des Emittenten, der im Regelfall als Kapitalgesellschaft organisiert ist[775]. Die Initiatoren repräsentieren dabei die Gesellschaft, die als anbietender Emittent anzusehen ist, wobei sie im Regelfall als ihn vertretende Geschäftsführer tätig werden. Auch eine persönliche Haftung der „Gründer" gilt es insofern zu beleuchten.

1. Spezialgesetzliche Prospekthaftung nach §§ 20, 21 VermAnlG

Das VermAnlG sieht mit seinen §§ 20 und 21 spezialgesetzlich normierte Haftungstatbestände im Zusammenhang mit der Pflicht zur Veröffentlichung eines Vermögensanlagen-Verkaufsprospekts vor. Sind Angaben, die für die Beurteilung der Vermögensanlagen wesentlich sind, in einem Verkaufsprospekt unrichtig oder unvollständig (§ 20 Abs. 1 VermAnlG), so kann der Anleger als Erwerber von denjenigen, die für den Verkaufsprospekt die Verantwortung übernommen haben, und denjenigen, von denen der Erlass des Verkaufsprospekts ausgeht, als Gesamtschuldnern die Übernahme der Vermögensanlagen gegen Erstattung des Erwerbspreises verlangen. Wurde ein Verkaufsprospekt entgegen § 6 VermAnlG nicht veröffentlicht, so steht dem Erwerber der identische Anspruch zu (§ 21 Abs. 1 VermAnlG). In beiden Fällen sind auch die Kosten zu erstatten, die mit dem Erwerb üblicherweise verbunden sind.[776] Der Anspruch

774 Vgl. dazu oben, Seite 119 f.

775 Wie bereits oben dargestellt, ist eine solche Organisation Voraussetzung, um auf manchen Plattformen um die Crowd werben zu dürfen; für den Bereich der Unternehmensgründung generell: *Hahn*, 89 ff.

776 §§ 20 Abs. 1 S. 1, 21 Abs. 1 S. 1 VermAnlG.

aus § 21 Abs. 1 VermAnlG setzt voraus, dass das Erwerbsgeschäft vor der Veröffentlichung eines Verkaufsprospekts und innerhalb von zwei Jahren nach dem ersten öffentlichen Angebot der Vermögensanlagen im Inland abgeschlossen wurde. Für Fälle fehlerhafter Angaben i.S.v. § 20 Abs. 1 VermAnlG entsprechend nach Veröffentlichung des Verkaufsprospekts und während der Dauer des öffentlichen Angebots nach § 11 VermAnlG.[777] Sowohl im Fall des fehlenden Verkaufsprospekts als auch unrichtiger oder unvollständiger Informationen kann der Erwerber, für den Fall, dass er nicht mehr Inhaber der Vermögensanlagen ist, die Zahlung des Unterschiedsbetrags zwischen dem Erwerbspreis, soweit dieser den ersten Erwerbspreis nicht überschreitet, und dem Veräußerungspreis der Vermögensanlagen sowie der mit dem Erwerb und der Veräußerung verbundenen üblichen Kosten verlangen, was sich aus den §§ 20 Abs. 2, 21 Abs. 2 VermAnlG ergibt. Kennt der Erwerber die Pflicht zur Veröffentlichung eines Verkaufsprospekts, so ist eine Haftung nach § 21 Abs. 4 VermAnlG ausgeschlossen.

Gleiches gilt für die Fälle unrichtiger oder unvollständiger Informationen. Wenn die Vermögensanlagen nicht auf Grund des Verkaufsprospekts erworben wurden, der Sachverhalt, über den unrichtige oder unvollständige Angaben im Verkaufsprospekt enthalten sind, nicht zu einer Minderung des Erwerbspreises der Vermögensanlagen beigetragen hat oder der Erwerber die Unrichtigkeit oder Unvollständigkeit der Angaben des Verkaufsprospekts beim Erwerb kannte, ist ein Anspruch gem. § 20 Abs. 4 VermAnlG nicht gegeben. Eine Haftung für fehlerhafte Angaben nach der Vorschrift des § 20 Abs. 1, 2 VermAnlG kommt ebenso wenig in Betracht, wenn der Anspruchsgegner nachweist, dass er die Unrichtigkeit oder Unvollständigkeit der Angaben des Verkaufsprospekts nicht gekannt hat und die Unkenntnis zugleich nicht auf grober Fahrlässigkeit beruht.[778] Durch beide Haftungsnormen werden gemäß des § 20 Abs. 6 S. 2 VermAnlG und des § 21 Abs. 5 S. 2 VermAnlG weitergehende Ansprüche nach den Vorschriften des bürgerlichen Rechts aus Verträgen oder unerlaubten Handlungen nicht ausgeschlossen.

Die §§ 20 und 21 VermAnlG greifen für die Fälle eines privilegierten Crowdinvestments nach § 2a VermAnlG nicht ein. Parallel zum Entfall der Verpflichtung, einen Verkaufsprospekt nach § 6 VermAnlG zu veröffentlichen, entfällt logischerweise die Haftung für diesen. Der § 2a Abs. 1 S. 1 VermAnlG schließt insoweit die Anwendbarkeit der §§ 20 und 21 VermAnlG als spezialgesetzliche Ausformung der Prospekthaftung explizit aus.

777 Zu § 11 VermAnlG, siehe Seite 105 f.
778 Vgl. § 20 Abs. 3 VermAnlG.

2. Spezialgesetzliche Haftung nach § 22 VermAnlG

Neben der Prospekthaftung wird durch das VermAnlG auch eine Haftung im Zusammenhang mit dem zu veröffentlichenden Vermögensanlagen-Informationsblatt[779] normiert. Anders als im Rahmen der §§ 20, 21 VermAnlG ist für die Fehlerhaftigkeit des VIB nur der Anbieter verantwortlich, denn auch nur diesem obliegt gem. § 13 VermAnlG die Pflicht, ein VIB zu veröffentlichen. Im Falle des Crowdinvesting fällt dies jedoch zumeist auch mit der Eigenschaft, Emittent der Vermögensanlage zu sein, zusammen. Der § 22 VermAnlG sieht eine Haftung vor, wenn die Informationen im Verkaufsprospekt und im VIB nicht übereinstimmen, § 22 Abs. 1 S. 1 Nr. 1 VermAnlG. Mangels Verpflichtung, einen Verkaufsprospekt zu veröffentlichen, soll nur auf die Haftung nach Abs. 1a des § 22 VermAnlG eingegangen werden, der Haftungsvoraussetzungen speziell für die Fälle des § 2a VermAnlG normiert. Der § 22 Abs. 1a VermAnlG bildet eine eigenständige Anspruchsgrundlage. Zwar bezeichnet die Gesetzesbegründung den Abs. 1a als „Anpassung der Tatbestandsvoraussetzungen" des § 22 Abs. 1 VermAnlG.[780] Jedoch folgt daraus nicht zwingend die Abhängigkeit zu Abs. 1 der Norm. Vielmehr setzt § 22 Abs. 4 VermAnlG den Abs. 1a als eigenen Anspruch fest.[781] Damit streitet die systematische Einordnung der Norm für die Eigenständigkeit als Anspruchsgrundlage. Die Verweisung bezieht sich insofern nur auf die Rechtsfolge des Abs. 1.

a.) Fehlerhafte Angaben

Um eine Haftung des Anbieters eines privilegierten Crowdinvestments nach §§ 22 Abs. 1a i.V.m. Abs. 1 VermAnlG zu begründen, ist es erforderlich, dass die in dem Vermögensanlagen-Informationsblatt enthaltenen Angaben irreführend oder unrichtig sind und das Erwerbsgeschäft während der Dauer des öffentlichen Angebots nach § 11 VermAnlG, spätestens jedoch innerhalb von zwei Jahren nach dem ersten öffentlichen Angebot der Vermögensanlagen im Inland abgeschlossen wurde. Eine Abgrenzung zwischen unrichtigen und irreführenden Angaben wird dabei nur schwerlich möglich sein.[782] Als schwierig erweist sich in diesem Zusammenhang auch die Abgrenzung zwischen irreführenden Angaben und der Unvollständigkeit des VIB. Eine Haftung für die Unvollständigkeit des

---

779 Zum VIB und dessen Inhalt, Seite 107 ff.

780 BT-Drucks. 18/3994, 49.

781 § 22 Abs. 4 VermAnlG: „Der Anspruch nach Absatz 1, Absatz 1a oder Absatz 2 besteht nicht,...".

782 *Schott/Brinkmann*, RdF 2011, 238 (241).

VIB ist im § 22 VermAnlG nicht vorgesehen, sondern wurde bewusst nicht in den Umfang der Haftungsnorm aufgenommen. So soll einer Überfrachtung des VIB mit Informationen vorgebeugt und das Ziel des VIB, übersichtlich prägnante Informationen zu liefern, nicht konterkariert werden.[783] Nicht vollständig gemachte Angaben können insoweit zugleich irreführend sein.[784] Auch wenn aus diesem Grund eine weitergehende Konkretisierung des Umfangs der Angaben überzeugend erscheinen mag,[785] wird wohl auch die Geltendmachung irreführender Angaben wegen Unvollständigkeit nicht durchgreifen, denn die Vollständigkeit soll eben nicht Pflicht des Anbieters sein.[786] Sind jedoch im VIB enthaltene Angaben irreführend, weil für ihr Verständnis notwendige zusätzliche Angaben fehlen oder sich ohne diese ein irreführendes Bild der Vermögensanlage ergibt, stützt sich der Anspruch nicht auf die Unvollständigkeit, sondern gerade auf die irreführende Angabe selbst.[787]

b.) Kausalität

Der Anleger muss die Vermögensanlage „auf Grund" von Angaben im VIB erworben haben. Entgegen der Vermutung der Kausalität im Falle der Prospekthaftung nach § 20 VermAnlG wird für den Fall des fehlerhaften VIB die Kausalität zwischen fehlerhafter Information und Erwerb nicht vermutet, sondern ist vom Anleger selbst darzulegen und zu beweisen.[788]

c.) Verschuldensmaßstab

Für die Fälle des § 22 Abs. 1 und 2 VermAnlG ist die Verantwortlichkeit des Anbieters gem. § 22 Abs. 3 VermAnlG ausgeschlossen, wenn er nachweist, dass er die Unrichtigkeit des Vermögensanlagen-Informationsblattes nicht gekannt hat und dass die Unkenntnis nicht auf grober Fahrlässigkeit beruht. Er haftet damit nur im Falle von Vorsatz und grober Fahrlässigkeit. Dies beinhaltet zum einen

---

783 Vgl. BT-Drucks. 17/6051, 37 f.; dazu auch *Bußalb/Vogel*, WM 2012, 1416 (1423); *Schott/Brinkmann*, RdF 2011, 238 (241).

784 *Hartrott/Voigt*, RdF 2012, 87 (90); *Rinas/Pobortscha*, BB 2012, 1615 (1618); *Schott/Brinkmann*, RdF 2011, 238 (241).

785 So *Rinas/Pobortscha*, BB 2012, 1615 (1618); eher kritisch *Hartrott/Voigt*, RdF 2012, 87 (90).

786 Vgl. *Bußalb/Vogel*, WM 2012, 1416 (1423).

787 Ähnlich *Hartrott/Voigt*, RdF 2012, 87 (90), die davon sprechen, dass die Unvollständigkeit schnell eine Irreführung indizieren kann; Empfehlungen zum wohl erforderlichen Inhalt abgebend *Rinas/Pobortscha*, BB 2012, 1615 (1616 ff.).

788 BT-Drucks. 17/6051, 37.

die Festlegung des Verschuldensmaßstabs, zum anderen eine Verschuldensvermutung zum Vorteil des Anlegers.[789] Anders als im Falle des § 22 Abs. 4 VermAnlG führt § 22 Abs. 3 VermAnlG den Anspruch aus § 22 Abs. 1a VermAnlG nicht mit auf. Unter dem Gesichtspunkt, dass die redaktionelle Änderung des Abs. 4 bewusst vorgenommen wurde[790], ist ein Redaktionsversehen hierbei auszuschließen. Damit haftet der Anbieter im Fall des §§ 22 Abs. 1a VermAnlG auch für die Unkenntnis der Unrichtigkeit, die auf einfacher Fahrlässigkeit beruht. Die verringerten Voraussetzungen einer Haftung gegenüber dem Anleger sind in diesem Zusammenhang als Spiegelbild der verringerten Informationspflichten des Anbieters zu begreifen.

d.) Ausschlussmöglichkeit

Ein Ausschluss des Haftungsanspruchs kommt unter den Voraussetzungen des Abs. 4 in Betracht. Dieser schließt die Ansprüche nach Abs. 1, Abs. 1a und Abs. 2 für die Fälle aus, in denen der Erwerber die Unrichtigkeit der Angaben des VIB beim Erwerb kannte oder der Sachverhalt, über den unrichtige Angaben im VIB enthalten sind, nicht zu einer Minderung des Erwerbspreises der Vermögensanlagen beigetragen hat. Die Beweislast für den Nachweis der fehlenden Minderung des Erwerbspreises liegt beim Anbieter.

e.) „Fehlendes“ Vermögensanlagen-Informationsblatt

Neben dem Fall von unrichtigen oder irreführenden Angaben im VIB normiert § 22 Abs. 4a VermAnlG weitergehende Ansprüche. Demnach haftet der Anbieter, wenn er entgegen § 15 VermAnlG[791] das VIB nicht zur Verfügung stellt oder wenn es den Warnhinweis nicht enthält, der von § 13 Abs. 6 VermAnlG vorgesehen wird.[792] Daneben haftet er, wenn der Erwerber die Kenntnisnahme des Warnhinweises nicht bestätigt hat, § 22 Abs. 4a Nr. 3 VermAnlG.

f.) Rechtsfolge

Die Ansprüche nach §§ 22 Abs. 1, 1a, 4a VermAnlG enthalten als Rechtsfolge den Anspruch des Erwerbers auf Übernahme der Vermögensanlage gegen Erstattung des Erwerbspreises, soweit dieser den ersten Erwerbspreis der Vermögensanlage

---

789 *Assmann*/Schlitt/von Kopp-Colomb, § 13 VerkProspG Rn. 91, zur Regelung des §§ 13 VerkProspG, 45 Abs. 1 BörsG, die nahezu wortgleich ausfiel.

790 BT-Drucks. 18/3994, 49.

791 Zur Pflicht der Anlegerinformation, Seite 112 ff.

792 Vgl. § 22 Abs. 4a Nr. 1 und 2 VermAnlG.

nicht überschreitet. Daneben kann die Erstattung der Kosten verlangt werden, die mit dem Erwerb üblicherweise verbundenen sind. Ist der Erwerber nicht mehr Inhaber der Vermögensanlage, so kann er gem. § 22 Abs. 2 VermAnlG die Zahlung des Unterschiedsbetrags zwischen dem Erwerbspreis[793] und dem Veräußerungspreis der Vermögensanlagen verlangen. Zusätzlich sind auch in diesem Fall die Kosten zu ersetzen, die üblicherweise mit dem Erwerb und der Veräußerung verbunden sind.

Zum Teil wurde in Bezug auf die Vorgängerregelungen der Prospekthaftung des VermAnlG vorgebracht, dass die Übernahme gegen Erstattung des Erwerbspreises gegen gesellschaftsrechtliche Grundsätze verstieße.[794] Diese Einwände betreffen eine Haftung im Rahmen einer Crowdinvesting-Emission indes nicht. Crowdinvesting ist durch die Ausgabe solcher Vermögensanlagen gekennzeichnet, die Mezzanine-Kapital darstellen. Allenfalls Beteiligungen im Wege der stillen Gesellschaft nach §§ 230 ff. HGB könnten insoweit zu gesellschaftsrechtlichen Kollisionen führen. Hier ist die Eigenschaft der stillen Gesellschaft als Innengesellschaft hervorzuheben. Es fehlt an einem Gesellschaftsvermögen im Sinne von § 718 BGB, womit dann auch keine Liquidation stattfindet, sondern vielmehr eine rein schuldrechtliche Auseinandersetzung von Inhaber und stillem Gesellschafter erfolgt.[795] Die Kollision mit gesellschaftsrechtlichen Grundsätzen stellt sich in diesem Zusammenhang damit nicht. Darüber hinaus ist die Ausgabe von stillen Beteiligungen nicht durch § 2a VermAnlG privilegiert. Unter Bezugnahme der Privilegierung kommen zurzeit nur darlehensbasierte Konstruktionen in Form von partiarischen Darlehen, Nachrangdarlehen oder deren Kombination in Betracht. Diese sind aber als Mezzanine-Kapital formal juristisch als Fremdkapital einzustufen, sodass gesellschaftsrechtliche Belange durch ihre Rücknahme nicht tangiert werden. Die Erstattung des Erwerbspreises stellt auch keine Einlagenrückgewähr dar, denn der Anleger ist von Anfang an kein Gesellschafter. Die Übernahme der Vermögensanlage ist insoweit auch nicht als Erwerb eigener Anteile zu qualifizieren. Ebenso wenig werden durch die Erstattung des Erwerbspreises die Kapitalerhaltungsgrundsätze verletzt, denn diese betreffen das Verhältnis von Gesellschaft zu Gesellschafter.[796] Als Mezzanine-Kapitalgeber ist der Anleger aber schlichtweg Gläubiger der Gesellschaft.

793 Soweit dieser den ersten Erwerbspreis nicht überschreitet.

794 Überblick zur Problematik bei *Ziegler*, DStR 2005, 30 (30 ff.); *Ziegler*, NZG 2005, 301 (301 ff.), jeweils m.w.N.

795 Statt Vieler MünchKommHGB/*Schmidt*, § 235 Rn. 2.

796 Zum Beispiel § 30 Abs. 1 GmbHG.

g.) Verjährung des Anspruchs

Entgegen der früher in § 13 Abs. 1 VerkProspG i.V.m. § 46 BörsG, respektive § 13a Abs. 5 VerkProspG normierten verkürzten Verjährungsfrist der Ansprüche von 1 Jahr ab Kenntnis der anspruchsbegründenden Umstände, spätestens aber drei Jahre nach Erwerb, kennt das VermAnlG keine speziellen Verjährungsvorschriften. Es gelten die allgemeinen Verjährungsregeln des BGB.[797]

3. Allgemeine zivilrechtliche Prospekthaftung

Neben der spezialgesetzlichen Haftung für fehlerhafte VIBs bleiben gem. § 22 Abs. 6 S. 2 VermAnlG weitergehende Ansprüche, die nach den Vorschriften des bürgerlichen Rechts auf Grund von Verträgen oder unerlaubten Handlungen erhoben werden können, unberührt. Damit stellt sich die Frage, welche haftungsrechtlichen Auswirkungen es nach sich zieht, dass ein unter § 2a VermAnlG fallendes Crowdinvestment dem Anwendungsbereich des VermAnlG nicht vollständig entzogen ist, sondern nur die Normen der spezialgesetzlichen Prospekthaftung für unanwendbar erklärt werden. Es gilt festzustellen, ob das Rechtsinstitut der allgemeinen zivilrechtlichen Prospekthaftung auf Crowdinvestments Anwendung findet[798]. Dabei ist zwischen der allgemeinen zivilrechtlichen Prospekthaftung im engeren Sinne und der im weiteren Sinne zu differenzieren.[799]

a.) Die Prospekthaftung im engeren Sinne

Der zivilrechtlichen Prospekthaftung im engeren Sinne liegt der Gedanke zugrunde, dass derjenige, der durch die Ausgabe von Werbeprospekten das Vertrauen der Anleger für sich in Anspruch nimmt, auch für die Vollständigkeit und Richtigkeit dieser Unterlagen haftet.[800] Der Anleger macht die Angaben in solchen Werbeprospekten im Regelfall zur Grundlage seiner Anlageentscheidung, wobei diese Angaben die ansonsten notwendige individuelle Information des

---

797 *Schott/Brinkmann*, RdF 2011, 238 (241).

798 *Bader*, WM 2014, 2249 (2254); *Bujotzek/Mocker*, BKR 2015, 358 (360); *Klöhn/Hornuf*, ZBB 2012, 237 (248); *Meschkowski/Wilhelmi*, BB 2013, 1411 (1415); *Nastold*, ZVertriebsR 2014, 366 (367); *Nietsch/Eberle*, DB 2014, 1788 (1794); *Wunschel/Gaßner*, ZfIR 2015, 853 (863).

799 Beispielhaft Palandt/*Grüneberg*, § 311 Rn. 67, 71.

800 BGHZ 77, 172 (175) = *BGH*, NJW 1980, 1840 (1841); BGHZ 74, 103 (109) = *BGH*, NJW 1979, 1449 (1450); *Assmann*/Schütze, § 5 Rn. 23.

Anlegers durch Emittenten oder Anbieter ersetzen.[801] Das Vertrauen des Anlegers fußt dabei im Fall der zivilrechtlichen Prospekthaftung im engeren Sinne nicht auf der persönlichen Beziehung zu einer bestimmten Person, sondern ist als ein „typisiertes Vertrauen" zu verstehen, welches sich im Regelfall aus der Garantenstellung bestimmter Personen für die kapitalsuchende Gesellschaft herleitet.[802] Die angesprochenen Anleger sollen sich auf die Richtigkeit und Vollständigkeit der Angaben in solchen Prospekten verlassen können und davon ausgehen dürfen, dass die unmittelbar Verantwortlichen ihn mit der erforderlichen Sorgfalt geprüft haben und sie über alle Umstände aufklären werden, die für den Anlageentschluss von Bedeutung sind.[803] Jedoch setzt die Aufklärungspflichtverletzung, die im Rahmen der Prospekthaftung im engeren Sinne bestehen muss, keinen persönlichen Kontakt zwischen Anleger und Verantwortlichem voraus.[804] Die Ausgabe des Prospekts und das damit verbundene „typisierte Vertrauen" genügen. Ausgangspunkt der Haftung ist das Rechtsinstitut der culpa in contrahendo (cic), deren Grundgedanken der Vertrauenshaftung[805] der Bundesgerichtshof entsprechend weiterentwickelt hat.[806] Es geht insofern nicht um eine direkte Anwendung der Haftung aus vorvertraglichem Schuldverhältnis, sondern um eine Haftung ohne die Inanspruchnahme persönlichen Vertrauens.

aa.) Verantwortlichkeit für den Prospekt

Der Anspruch des Anlegers kann sich dabei gegen verschiedene Personen richten. Zum einen sind der Prospektherausgeber, die (mit-) herausgebenden Gründer, Initiatoren sowie diejenigen, die das Unternehmen gestalten, Anspruchsgegner des Anlegers.[807] Zum anderen haben die sog. „Hintermänner", also alle, die hinter

801 *BGH*, NJW 2011, 2719 (2721) = WM 2011, 1273 (1275).

802 *BGH*, NJW 2010, 1077 (1079) = WM 2010, 262 (264) ; *BGH*, WM 2010, 25 (26) = NJW 2010, 1279 (1280); BGHZ 177, 25 (30) = *BGH*, WM 2008, 1545 (1546 f.); *BGH*, NJW 2004, 3420 (3422) = WM 2004, 1869 (1871); BGHZ 123, 106 (109 f.) = *BGH*, NJW 1993, 2865 (2865); BGHZ 83, 222 (223 f.) = *BGH*, NJW 1982, 1514 (1514); BGHZ 79, 337 (341 f.) = *BGH*, NJW 1981, 1449 (1450); BGHZ 74, 103 (109) = *BGH*, NJW 1979, 1449 (1450); BGHZ 71, 284, (287 f.) = *BGH*, NJW 1978, 1625 (1625).

803 BGHZ 71, 284 (287 f.) = *BGH*, NJW 1978, 1625 (1625).

804 BGHZ 79, 337 (341) = *BGH*, NJW 1981, 1449 (1450); BGHZ 72, 382 (387) = *BGH*, WM 1979, 141 (143 f.).

805 Vgl. BGHZ 79, 337 (341) = *BGH*, NJW 1981, 1449 (1450).

806 *Krieger*, FS Stimpel, 307 (312 ff.) zeigt die genaue Entwicklung anhand der Entscheidungen auf; kritisch *Coing*, WM 1980, 206 (211 f.).

807 Statt Vieler *BGH*, NJW 2012, 758 (759) = WM 2012, 19 (20 f.); *BGH*, NJW 2010, 1077 (1079) = WM 2010, 262 (264); MünchKommBGB/*Emmerich*, § 311 Rn. 141 f. m.w.N.

dem Unternehmen stehen und die auf die Gestaltung des Anlagemodells entscheidend einwirken können, für die Richtigkeit des ausgegebenen Werbeprospekts einzustehen.[808] Dabei ist für die Bewertung der Verantwortlichkeit allein von Bedeutung, welches Maß an Einfluss auf die Gesellschaft im Rahmen des zu finanzierenden Projekts besteht.[809] In Betracht kommen zum Beispiel Generalbevollmächtigte[810], besonders einflussreiche Geschäftsführer oder Mehrheitsgesellschafter[811], Treuhandkommanditisten[812] oder Treugeber[813]. Ebenso können Garanten des Prospekts, soweit ihre Mitverantwortlichkeit nach außen hervorgetreten ist, vom Anleger in Anspruch genommen werden[814]. Oftmals handelt es sich bei solchen Garanten um Personen mit beruflicher Sachkenntnis, wie es Rechtsanwälte, Steuerberater oder Wirtschaftsprüfer sind.[815] Ihre Haftung ist dann aber auf den Umfang ihrer Mitwirkung am Prospekt begrenzt, da sich eine entsprechende Garantenstellung auch nur im Rahmen dieser Mitwirkung bilden kann[816]. Indes kann es auch zu einer Haftung für alle wesentlichen Angaben kommen.[817] Neben diesen Personen trifft natürlich gerade den Anbieter des in Rede stehenden Anlageobjekts die Verantwortung für den veröffentlichten Prospekt. Dementsprechend wird auch der anbietende Emittent von Vermögensanlagen, die im Rahmen einer privilegierten Crowdinvesting-Emission ausgegeben werden, als potenzieller Prospektherausgeber erfasst. Neben der herausgebenden kapitalsuchenden Gesellschaft haben nach den o.g. Maßstäben auch die Gesellschafter dieser Gesellschaft („Gründer") als Prospektverantwortliche einzustehen. Als Rechtsfolge gilt es, dass negative Interesse zu ersetzen, womit der Anleger

---

808 St.Rspr. *BGH*, NJW 2013, 1877 (1878) = WM 2013, 689 (690); *BGH*, NJW 2012, 758 (759 f.) = WM 2012, 19 (20 f.); *BGH*, NZG 2010, 1395 (1396) = JurionRS 2010, 24550; *BGH*, NJW 2010, 1077 (1079) = WM 2010, 262 (264); *BGH*, NJW-RR 2008, 1119 (1121) = WM 2008, 1116 (1118).

809 *BGH*, NJW 2010, 1077 (1079) = WM 2010, 262 (264); *BGH*, NJW-RR 2007, 1332 (1333) = WM 2007, 1503 (1505); zustimmend *Nobbe*, WM 2013, 193 (199).

810 BGHZ 79, 337 (343) = *BGH*, NJW 1981, 1449 (1450).

811 BGHZ 111, 314 (318 f.) = *BGH*, NJW 1990, 2461 (2642).

812 *BGH*, NJW-RR 2008, 1129 (1130) = WM 2008, 1205 (1206).

813 Statt Vieler *BGH*, NJW-RR 2012, 937 (937 f.) = WM 2012, 1184 (1184).

814 *BGH*, NJW 2013, 1877 (1878) = WM 2013, 689; *BGH*, NJW 2012, 758 (759 f.) = WM 2012, 19 (20 f.); *BGH*, NJW 2010, 1279 (1280) = WM 2010, 25 (26); *BGH*, WM 2008, 725 (727) = NJW-RR 2008, 1365 (1367); MünchKommBGB/*Emmerich*, § 311 Rn. 146 ff. m.w.N.

815 MünchKommBGB//*Emmerich*, § 311 Rn. 146.

816 Statt Vieler BGHZ 79, 337 (349) = *BGH*, NJW 1981, 1449 (1450).

817 BGHZ 191, 310 (317) = *BGH*, WM 2012, 19 (21).

so zu stellen ist, als hätte er die in Rede stehende Anlage nicht erworben.[818] Hält der Anleger an der Anlage fest, so kann sich für ihn ein Anspruch auf Ausgleich der entsprechenden Wertdifferenz ergeben.[819]

Bei den Vermögensanlagen, die im Crowdinvesting nach § 2a VermAnlG bedeutend sind, also partiarische- oder Nachrangdarlehen, sowie Beteiligungen nach § 1 Abs. 2 Nr. 7 VermAnlG, kommt der Problematik des Erwerbs eigener Anteile[820], wie bereits festgestellt, keine weitergehende Bedeutung zu.[821]

bb.) Prospektbegriff

Zusätzlich zu der Frage, ob die allgemeine zivilrechtliche Prospekthaftung im engeren Sinne neben der spezialgesetzlichen Prospekthaftung des VermAnlG anwendbar ist[822], ist im Vorfeld die Frage zu beantworten, ob die Unterlagen, die den Anlegern beim Crowdinvesting zur Verfügung gestellt werden, überhaupt unter den Begriff des Prospekts im Sinne der allgemeinen zivilrechtlichen Prospekthaftung fallen. Ist dies nicht der Fall, erübrigt sich die Frage nach einer etwaigen Anwendungskonkurrenz.

Entwickelt wurde die allgemeine zivilrechtliche Prospekthaftung für die Fälle, in denen eine gesetzlich normierte Pflicht zu Herausgabe von Verkaufsprospekten nicht bestand.[823] Entscheidend ist damit die Qualifikation von Unterlagen als Prospekt. Nach höchstrichterlichem Verständnis handelt es sich bei einem Prospekt um eine marktbezogene schriftliche Erklärung, die Angaben enthält, die für die Beurteilung der angebotenen Anlage erheblich sind oder den Anschein eines solchen Inhalts erweckt. Dabei muss sie, tatsächlich oder zumindest dem von ihr vermittelten Eindruck nach, den Anspruch erheben, eine das Publikum umfassend informierende Beschreibung der Anlage zu sein.[824] Mangels Schriftform können damit weder Werbemaßnahmen mittels Rundfunk oder Film,

---

818 *BGH*, DStR 2003, 1494 (1495 f.) = NJOZ 2003, 680 (681).

819 *Assmann*/Schütze, § 5 Rn. 106.

820 Insbesondere im Falle der Publikums-KG; für das Crowdinvesting wird jedoch regelmäßig entweder eine Kapitalgesellschaft in Form von GmbH oder UG gewählt werden, vgl. Fn. 775. In jedem Fall werden keine „Anteile“ erworben.

821 Zur kapitalsuchenden Gesellschaft als Adressatin der Haftung: FA-BKR/*Reiter*/*Methner*/*Nittel*/*Ebermann*, Kap. 8 Rn. 192 f.; Jauernig/*Stadler*, § 311 Rn. 65; *Mülbert*/*Steup*, WM 2005, 1633 (1647); zur Problematik bei der Publikums-KG: *Assmann*/Schütze, § 5 Rn. 70 f.

822 Dazu unten, Seite 169 ff.

823 Statt Vieler Palandt/*Grüneberg*, § 311 Rn. 67.

824 BGHZ 191, 310 (319 f.) = *BGH*, WM 2012, 19 (22).

noch mündliche Erklärungen Anknüpfungspunkt für die Bildung von typisiertem Vertrauen sein.[825]

Der Schriftform kommt immer auch eine Dokumentationsfunktion zu. Diese Funktion betrifft die Informationen, die an den Anleger weitergegeben und dann zur Grundlage seiner Entscheidung gemacht werden. Auch die Herausgabe von solchen Informationen im Internet oder auf elektronischen Datenträgern wird diesem Kriterium gerecht, sodass auch sie dem Prospektbegriff unterfallen können.[826] Als weiteres erhebliches Element des Prospektbegriffs ist der Eindruck zu qualifizieren, der mit dem in Rede stehenden Dokument vermittelt wird. Nur solche Angaben, die objektiv erhebliche Informationen enthalten und auch einen entsprechenden Eindruck der Erheblichkeit vermitteln, sind geeignet, als Prospekt verstanden zu werden.[827] Ein solcher Eindruck kann sich auch aus der Zusammenschau mehrerer körperlich getrennter Dokumente ergeben, wenn im Ergebnis eine Gesamtbetrachtung den gewonnen Eindruck bestätigt.[828]

Die anbietenden Emittenten eines Crowdinvestments stellen potenziellen Anlegern oftmals eine Vielzahl von Einzeldokumenten zur Verfügung.[829] Zumeist umfassen Sie Businesspläne, Finanzgraphiken, Beispielrechnungen oder Strategiebeschreibungen, womit die Möglichkeit, dass diese Einzeldokumente in einer Zusammenschau einen Prospekt im oben beschriebenen Sinn bilden, zwar einzelfallabhängig bleibt, insoweit aber auch nicht von vornherein auszuschließen ist.[830]

825 *Assmann*/Schütze, § 5 Rn. 36; *Nobbe*, WM 2013, 193 (196).

826 So *Assmann*/Schütze, § 5 Rn. 36; *Klöhn*, WM 2012, 96 (102); *Nobbe*, WM 2013, 193 (198); auf moderne Kommunikationsmittel abstellend Schimansky/Bunte/Lwowski/*Siol*, § 45 Rn. 48.

827 Vgl. *BGH*, WM 2000, 1503 (1504) = NJW 2000, 3346 (3346); *Assmann*/Schütze, § 5 Rn. 37.

828 BGHZ 191, 310 (319) = *BGH*, WM 2012, 19 (22); *Klöhn*, WM 2012, 96 (100 f.); *Nobbe*, WM 2013, 193 (198), der von einem Konglomerat mehrerer miteinander verknüpfter Dokumente spricht.

829 *Schramm/Carstens*, 99 ff., die die Kommunikation mit der Crowd als wichtiges Element einer erfolgreichen Crowdinvesting-Emission herausstellen.

830 Im Ergebnis auch *Bader*, WM 2014, 2249 (2255); *Nietsch/Eberle*, DB 2014, 1788 (1794).

cc.) Mangel des Prospekts

Die allgemeine zivilrechtliche Prospekthaftung im engeren Sinne setzt die Mangelhaftigkeit des Prospekts voraus. Durch den Prospekt soll es dem Anleger ermöglicht werden, sich vollständig und richtig über die mit dem Anlageobjekt einhergehenden Gesamtumstände zu informieren.[831]

Dem vermittelten Gesamtbild, also dem Eindruck, der sich nach einer sorgfältigen Lektüre für einen durchschnittlichen Anleger ergibt, ist dabei erhebliche Bedeutung beizumessen.[832] Die Beurteilungsperspektive und der anzulegende Maßstab der Bewertung der Richtigkeit des Prospekts entsprechen denen aller Prospekthaftungstatbestände, womit sich die Bewertung am Empfängerhorizont des Prospektadressaten – ex-ante betrachtet – orientiert.[833] Insofern ist von einem sorgfältigen Anleger auszugehen, der sich mit dem Prospekt auseinandersetzt und ihn eingehend liest.[834] Orientiert sich der Kapitalsuchende mit seinem Angebot spezifisch an Kleinanlegern, so ist der Maßstab der Bewertung an die geschäftliche Unerfahrenheit der Prospektadressaten anzugleichen und es sind entsprechend höhere Anforderungen an das vermittelte Gesamtbild des Prospekts zu stellen.[835]

Ein Prospektmangel liegt vor, soweit wesentliche Angaben des Prospekts unrichtig oder unvollständig sind.[836] Damit tritt der Aspekt der Wesentlichkeit der konkreten Angabe neben den der Unrichtigkeit oder Unvollständigkeit.[837] Beziehen sich die Angaben im Prospekt auf Tatsachen, sind diese als unrichtig einzuordnen, wenn sie von den tatsächlichen Gegebenheiten abweichen.[838] Angaben, die nicht dem Beweis zugänglich sind, etwa Werturteile oder Prognosen, sind dann als unrichtig anzusehen, wenn sie ohne Tatsachengrundlage und in wirtschaftlich unvertretbarer Weise geäußert werden.[839] Ein fehlerhaftes Gesamtbild des

831 Vgl. *BGH*, WM 2008, 391 (392) = BKR 2008, 163 (163).

832 Dazu *BGH*, WM 2008, 391 (392) = ZIP 2008, 412 (413).

833 *Assmann*/Schütze, § 5 Rn. 41.

834 *BGH*, WM 2013, 258 (258) = MDR 2013, 355 (356); *BGH*, NJOZ 2008, 2685 (2687) = JurionRS 2008, 13304; *BGH*, WM 2008, 725 (727) = NJW-RR 2008, 1365 (1367). Auf den Aspekt der Sorgfältigkeit abstellend *BGH*, WM 2006, 522 (523) = NJW-RR 2006, 770 (771).

835 BGHZ 195, 1 (10 f.) = *BGH*, WM 2012, 2147 (2150).

836 Exemplarisch BGHZ 79, 337 (344) = *BGH*, NJW 1981, 1449 (1451).

837 Assmann/*Schütze*, § 5 Rn. 49; Schimansky/Bunte/Lwowski/*Siol*, § 45 Rn. 54.

838 *Nobbe*, WM 2013, 193 (194) m.w.N.

839 *BGH*, NJW-RR 2012, 1312 (1314) = WM 2012, 1293 (1295); *BGH*, NJW 2010, 2506 (2507) = MDR 2010, 924 (925); *BGH*, WM 2009, 2303 (2305) = NJW-RR 2010, 115 (117); *BGH*, NJW 1982, 2823 (2824) = WM 1982, 862 (863).

Anlageobjekts kann auch dadurch erzeugt werden, dass Angaben, die im Regelfall für den Anlageentschluss von Bedeutung sind – wie etwa spezielle Nachteile oder besondere Risiken –, im Prospekt fehlen. Die Unvollständigkeit des Prospekts wird durch das Fehlen solcher Informationen indiziert.[840] Trotz Richtigkeit und Vollständigkeit der enthaltenen Angaben, kann sich dennoch ein Prospektmangel daraus ergeben, dass der Gesamteindruck, der vermittelt wird, den tatsächlichen Gegebenheiten nicht entspricht.[841] Dies kann vor allem durch die übermäßige Einbindung positiver Werturteile erfolgen, aber auch dadurch, dass dem Anleger bestimmte weitere Angaben vorenthalten werden.[842]

dd.) Kausalität

Ein Anspruch des Anlegers setzt neben dem Mangel des Prospekts auch in zweifacher Hinsicht Kausalität voraus. Auf der einen Seite muss der Mangel des Prospekts der Grund für den Erwerb des in Rede stehenden Anlageobjekts sein. Eine solche haftungsbegründende Kausalität liegt immer dann vor, wenn sich der Anleger bei Kenntnis der wahren Sachlage gegen den Erwerb der Anlage entschieden hätte.[843] Die Anforderungen, die an den Nachweis der haftungsbegründenden Kausalität gestellt werden, sind gering.[844] Bringt der Anleger vor, dass er das Anlageobjekt in Kenntnis der Unrichtigkeit nicht erworben hätte, so wird, gestützt auf die allgemeine Lebenserfahrung, vermutet, dass der Prospektfehler für die Anlageentscheidung ursächlich geworden ist.[845] Dies findet seinen Grund insbesondere darin, dass das Recht des Anlegers, seine Entscheidung aufgrund der Abwägung von Nutzen und Risiken zu treffen, durch die falschen Informationen

---

840 Statt Vieler *BGH*, WM 2013, 258 (258) = MDR 2013, 355 (356); BGHZ 195, 1 (14 f.) = *BGH*, WM 2012, 2147 (2151); *BGH*, WM 2012, 1293 (1295) = NJW-RR 2012, 1312 (1314); *BGH*, WM 2010, 1310 (1311) = NJW 2010, 2506 (2507).

841 *BGH*, MDR 2013, 665 (665) = WM 2013, 734 (735); BGHZ 195, 1 (12 f.) = *BGH*, WM 2012, 2147 (2150); *BGH*, WM 2012, 1293 (1295) = NJW-RR 2012, 1312 (1314); BGHZ 191, 310 (322 f.) = *BGH*, WM 2012, 19 (23); *BGH*, NJW 2010, 2506 (2507) = WM 2010, 1310 (1311).

842 Vgl. *Assmann*/Schütze, § 5 Rn. 61.

843 St. Rspr. BGHZ 115, 213 (223) = *BGH*, WM 1991, 2092 (2096) m.w.N.

844 Vgl. *Assmann*/Schütze, § 5 Rn. 171.

845 *BGH*, NZG 2010, 709 (710) = WM 2010, 972 (974); *BGH*, NJW 2010, 1077 (1079) = WM 2010, 262 (264); *BGH*, NJW-RR 2008, 1119 (1121) = WM 2008, 1116 (1117); *BGH*, BKR 2008, 163 (164 f.) = WM 2008, 391 (393); *BGH*, NJW 2006, 2042 (2043) = WM 2006, 905 (906); *BGH*, NJW 2000, 3346 (3347) = ZIP 2000, 1296 (1298); BGHZ 84, 141 (148) = *BGH*, NJW 1982, 2493 (2494); BGHZ 79, 337 (346) = *BGH*, NJW 1981, 1449 (1451).

beschnitten wurde.[846] Kennt der Anleger die wahren Gegebenheiten[847], oder hätte er das Anlageobjekt auch im Fall vollständiger und zutreffender Information gezeichnet, fehlt es an der Kausalität des Mangels für den Erwerb, womit dann der Anspruch entfällt, da es am Pflichtwidrigkeitszusammenhang fehlt.[848]

Auf der anderen Seite ist auch die haftungsausfüllende Kausalität nachzuweisen. Wird der Erwerb der Anlage, die aufgrund des fehlerhaften Prospekts gezeichnet wurde, als Schaden geltend gemacht, wird eine solche im Regelfall zu bejahen sein.

ee.) Verschulden der Verantwortlichen

Als Fortbildung der „culpa in contrahendo" ist das Rechtsinstitut der allgemeinen zivilrechtlichen Prospekthaftung im engeren Sinne als Verschuldenshaftung einzuordnen.[849] Den Maßstab der Verantwortlichkeit normieren dementsprechend die §§ 276, 278 BGB, womit eine Beschränkung der Verantwortlichkeit auf Vorsatz und grobe Fahrlässigkeit, wie sie von den spezialgesetzlichen Ausformungen der Prospekthaftung vorgesehen wird[850], nicht in Betracht kommt.[851] Vom Verschulden der Anspruchsgegner ist auf Grund des tatbestandlich vorausgesetzten Mangels des Prospekts im Regelfall auszugehen.[852]

b.) Die Prospekthaftung im weiteren Sinne

Neben der allgemeinen zivilrechtlichen Prospekthaftung im engeren Sinne steht diejenige im weiteren Sinne. Diese stellt jedoch einen direkten Anwendungsfall der Haftung für Verschulden bei Vertragsschluss dar.[853] Ein Anspruch des Anlegers folgt dementsprechend unmittelbar aus den §§ 280 Abs. 1, 311 Abs. 2 und Abs. 3 BGB. Die sprachliche Bezeichnung rührt aus dem Zusammenhang mit der

---

846 *BGH*, WM 2010, 1310 (1311) m.w.N = NJW 2010, 2506 (2507) m.w.N.

847 FA-BKR/*Reiter/Methner/Nittel/Ebermann*, Kap. 8 Rn. 196.

848 *BGH*, NJW 2010, 1077 (1079) = WM 2010, 262 (264); *BGH*, NJW-RR 2003, 1393 (1395) = WM 2003, 1818 (1820); BGHZ 123, 106 (114) = *BGH*, NJW 1993, 2865 (2866); BGHZ 115, 213 (223) = *BGH*, WM 1991, 2092 (2096).

849 Exemplarisch BGHZ 71, 284 (291) = *BGH*, NJW 1978, 1625 (1625).

850 Vgl. zur Privilegierung bei §§ 20, 21 VermAnlG, Seite 154 ff.

851 *Siol*, DRiZ 2003, 204 (208); kritisch *Nobbe*, WM 2013, 193 (200).

852 *BGH*, WM 2006, 905 (906) = NJW 2006, 2042 (2043); *BGH*, WM 1992, 1892 (1893) = ZIP 1992, 1561 (1562).

853 Staudinger/*Feldmann/Löwisch*, § 311 Rn. 188 ff. Deshalb wird Sie z.T. auch als „uneigentliche Prospekthaftung" bezeichnet.

Verwendung eines Prospekts her[854], seine Verwendung ist indes keine Anspruchsvoraussetzung. Entsprechend der §§ 280 Abs. 1, 311 Abs. 2, Abs. 3 BGB knüpft die allgemeine Prospekthaftung im weiteren Sinne nicht an die Inanspruchnahme typisierten, sondern persönlichen Vertrauens bei Vertragsverhandlungen an.[855] Die Inanspruchnahme persönlichen Vertrauens bei Verhandlungen mit dem Anleger ist damit als entscheidendes Kriterium einer Haftung zu qualifizieren.[856] Der zur Aufklärung verpflichtete Anspruchsgegner muss sich entweder den fehlerhaften Prospekt zu eigen gemacht haben, indem er ihn während der Vertragsverhandlungen genutzt hat, oder er muss durch weitergehendes Verhalten einen zusätzlichen Vertrauenstatbestand i.S.v. § 311 Abs. 3 BGB geschaffen haben.

Aus der Nutzung des fehlerhaften Prospekts folgt der Aufklärungsmangel. Dieser Aufklärungsmangel ist ein Verstoß gegen die Pflichten aus § 241 Abs. 2 BGB, die im Rahmen der Vertragsverhandlungen gem. § 311 Abs. 2 BGB zu beachten sind. Neben der Verwendung eines fehlerhaften Prospekts kommt ein Verstoß gegen Aufklärungspflichten auch in Betracht, wenn darüber hinaus fehlerhafte oder unvollständige Angaben gemacht werden.[857] Anspruchsgegner einer allgemeinen zivilrechtlichen Prospekthaftung im weiteren Sinne kann jeder sein, der während der Vertragsverhandlungen in persönlichen Kontakt mit dem potenziellen Anleger tritt. Abgesehen von den sog. „Hintermännern“[858] überschneiden sich die Kreise der möglichen Anspruchsgegner von Prospekthaftung im engeren und weiteren Sinne.[859] Eine Haftung setzt die Verletzung von Aufklärungspflichten bei Verhandlungen mit dem Anleger voraus. Daher sind von der Haftung nur solche Personen betroffen, die tatsächlich mit dem Anleger in Kontakt getreten sind. Für die Prospekthaftung im weiteren Sinne kommt es damit entscheidend darauf an, dass persönliches Vertrauen in Anspruch genommen worden ist. Daher haftet derjenige, der Vertragspartner ist oder werden soll oder als ein für ihn agierender Vertreter oder Beauftragter aufgetreten ist und dabei für seine Person Vertrauen in Anspruch genommen und die Vertragsverhandlungen beeinflusst hat.[860] Damit dient die Prospekthaftung im weiteren Sinne auch dazu, eine Haftung Dritter zu ermöglichen, die selbst nicht Partei des späteren Vertrages sind.[861] Vor allem

854 *Suchomel*, NJW 2013, 1126 (1128).
855 Statt Vieler Palandt/*Grüneberg*, § 311 Rn. 71.
856 *BGH*, NJW-RR 2013, 1255 (1256) = WM 2013, 1597 (1598 f.).
857 BGHZ 177, 25 (30 f.) = *BGH*, WM 2008, 1545 (1547).
858 Dazu oben, Seite 161 f.
859 MünchKommBGB/*Emmerich*, § 311 Rn. 158.
860 *BGH*, WM 2009, 400 (401) = NZG 2009, 430 (431).
861 Explizit § 311 Abs. 3 S. 1 BGB „… die nicht selbst Vertragspartei werden sollen“.

die Initiatoren und „Gründer“ des Anlageobjekts können für beanspruchtes persönliches Vertrauen haften.[862] Sie stehen auch in einer entsprechenden Beziehung zum Emittenten, die von § 311 Abs. 3 BGB vorausgesetzt wird.[863] Auch eine mittelbare Verantwortlichkeit für das Verhalten Dritter, die eingeschaltet wurden, kann gem. § 278 BGB in Betracht kommen.[864]

c.) Anwendungsverhältnis zur spezialgesetzlichen Prospekthaftung

Im Ergebnis besteht die Möglichkeit, dass beide Formen der allgemeinen zivilrechtlichen Prospekthaftung ihren Anspruchsvoraussetzungen nach auch für eine privilegierte Crowdinvesting-Emission nach § 2a VermAnlG in Betracht kommen. Da die spezialgesetzliche Prospekthaftung nach §§ 20, 21 VermAnlG durch § 2a VermAnlG ausgeschlossen ist, stellt sich, wie bereits einleitend angedeutet, für den speziellen Fall des Crowdinvesting die Frage nach der Anwendungskonkurrenz von spezialgesetzlicher- und allgemeiner zivilrechtlicher Prospekthaftung. Auch hier ist zwischen der Anwendbarkeit der allgemeinen zivilrechtlichen Prospekthaftung im engeren und im weiteren Sinne zu trennen.

aa.) Anwendbarkeit der Prospekthaftung im engeren Sinne

Sowohl die allgemeine zivilrechtliche Prospekthaftung im engeren Sinne als auch die spezialgesetzliche Prospekthaftung aus §§ 20, 21 VermAnlG knüpfen an die Inanspruchnahme typisierten Vertrauens des Anlegers an. Nach den gesetzlichen Anordnungen des § 20 Abs. 6 S. 2 VermAnlG und des § 21 Abs. 5 S. 2 VermAnlG bleiben weitergehende Ansprüche, die nach den Vorschriften des bürgerlichen Rechts auf Grund von Verträgen oder unerlaubten Handlungen erhoben werden können, unberührt. Diese Normierungen führen für die Klärung des Anwendungsverhältnisses jedoch nicht weiter, denn die Haftung für Verschulden bei Vertragsschluss, die die Grundlage des Rechtsinstituts der allgemeinen zivilrechtlichen Prospekthaftung im engeren Sinne bildet, folgt nicht aus einem vertraglichen Verhältnis, sondern unmittelbar aus dem Gesetz.[865] Damit lässt sich

862 *BGH*, NJW-RR 2012, 937 (938) = WM 2012, 1184 (1184); *BGH*, NJW 1995, 130 (130) = DStR 1995, 27 (27); BGHZ 83, 222 (227 f.) = *BGH*, NJW 1982 1514 (1515); FA-BKR/*Reiter*/*Methner*/*Nittel*/*Ebermann*, Kap. 8, Rn. 206; *Assmann*/Schütze, § 5 Rn. 24; *Nobbe*, WM 2013, 193 (203); *Suchomel*, NJW 2013, 1126 (1128 f.).

863 Staudinger/*Feldmann*/*Löwisch*, § 311 Rn. 167.

864 MünchKommBGB/*Emmerich*, § 311 Rn. 159.

865 MünchKommBGB/*Emmerich*, § 311 Rn. 39; *Nobbe*, WM 2013, 193 (202); *Suchomel*, NJW 2013, 1126 (1129).

die Normierung aus den § 20 Abs. 6 S. 2 und § 21 Abs. 5 S. 2 VermAnlG nicht zur Klärung des Anwendungsverhältnisses heranziehen.

Demgegenüber ist die Haftungsprivilegierung des § 20 Abs. 3 VermAnlG[866] von weitergehender Bedeutung. Die mit ihr verbundene Besserstellung des Haftenden kann nicht eingreifen, wenn neben der spezialgesetzlichen Prospekthaftung auch die allgemeine zivilrechtliche Prospekthaftung im engeren Sinne Anwendung findet. Damit geht letztlich die spezialgesetzliche Prospekthaftung als *lex specialis* und *lex posterior*, der allgemeinen zivilrechtlichen Prospekthaftung im engeren Sinne, in ihrem Anwendungsbereich vor.[867] Zwar lässt sich vorbringen, dass gerade in Bezug auf die Haftung für einfache Fahrlässigkeit ein Anwendungsbereich erhalten bleibt, der den Anlegerschutz verbessert[868], dies läuft jedoch dem explizit geäußerten Willen des Gesetzgebers zuwider. Für den § 46 BörsG, eine Vorgängervorschrift des § 20 VermAnlG, wurde anlässlich des Gesetzgebungsverfahrens festgehalten, dass die Haftungsprivilegierung des Verantwortlichen den Umstand ausgleichen soll, dass auf das Erfordernis des tatsächlichen rechtsgeschäftlichen Kontakts verzichtet wird.[869] Ebenso könnte man die Entscheidung des Gesetzgebers, bestimmte Ausnahmen von der spezialgesetzlichen Prospekthaftung zu machen, als Anlass sehen, auch die Anwendbarkeit der allgemeinen zivilrechtlichen Prospekthaftung im engeren Sinne zu verneinen. Soweit der Gesetzgeber die spezialgesetzliche Haftung für nicht angebracht hält,

---

866 § 20 Abs. 3 VermAnlG: „Nach Absatz 1 oder Absatz 2 kann nicht in Anspruch genommen werden, wer nachweist, dass er die Unrichtigkeit oder Unvollständigkeit der Angaben des Verkaufsprospekts nicht gekannt hat und dass die Unkenntnis nicht auf grober Fahrlässigkeit beruht".

867 So die h.M.: FA-BKR/*Reiter/Methner/Nittel/Ebermann*, Kap. 8 Rn. 190; *Assmann/Schütze*, § 5 Rn. 27 ff.; Erman/*Kindl*, § 311 Rn. 96a; *Habersack/Mülbert/Schlitt*, § 29 Rn. 73; Kümpel/Wittig/*Oulds*, Rn. 15.245; Palandt/*Grüneberg*, § 311 Rn. 68; MünchKommBGB/*Emmerich*, § 311 Rn. 135; Schimansky/Bunte/Lwowski/*Siol*, § 45 Rn. 29; Staudinger/*Feldmann/Löwisch*, § 311 Rn. 180; *Benecke*, BB 2006, 2597 (2600); *Bohlken/Lange*, DB 2005, 1259 (1263); *Bultmann*/Hoepner/Lischke, Rn. 382; *Ellenberger*, 106 f.; *Fleischer*, BKR 2004, 339 (343); *Janert/Schuster*, BB 2005, 987 (991); *Keul/Erttmann*, DB 2006, 1664 (1665); *Kiethe*, MDR 2006, 843 (845); *Klöhn*, WM 2012, 97 (101); *Madaus*, Jura 2006, 881 (887); *Mülbert/ Steup*, WM 2005, 1633 (1648); *Nobbe*, WM 2013, 193 (202); *Schnauder*, NJW 2013, 3207 (3211 f.); *Spindler*, NJW 2004, 3449 (3455); *Suchomel*, NJW 2013, 1126 (1131); *Ziegler*, DStR 2005, 30 (34).

868 *Kersting*, JR 2009, 221 (224).

869 BT-Drucks. 13/8933, 80; *Suchomel*, NJW 2013, 1126 (1130).

könne erst recht nicht die noch strengere allgemeine Haftung greifen.[870] Dem steht jedoch die Intention des Gesetzgebers entgegen, den Anbieter von den spezialgesetzlichen Pflichten und damit verbundenen Kosten zu befreien, was nicht mit der Verminderung des Anlegerschutzes einhergehen soll, respektive dem Anbieter nicht ermöglichen soll, typisiertes Vertrauen ohne Haftungsrisiko ausnutzen zu können.[871] Im Anwendungsbereich der spezialgesetzlich normierten Prospekthaftung nach §§ 20, 21 VermAnlG ist damit die allgemeine zivilrechtliche Prospekthaftung im engeren Sinne ausgeschlossen.[872] Im Umkehrschluss bleibt die allgemeine zivilrechtliche Prospekthaftung im engeren Sinne außerhalb des Geltungsbereichs spezialgesetzlicher Prospekthaftung anwendbar.[873] In den Fällen des § 2 VermAnlG[874] gilt damit weiterhin die allgemeine zivilrechtliche Prospekthaftung im engeren Sinne, soweit nicht anderweitige spezielle Prospekthaftungstatbestände eingreifen.[875] Zwar besteht in diesen Fällen nicht die spezialgesetzlich normierte Pflicht, einen Verkaufsprospekt zu veröffentlichen, dennoch ist den (vor-)vertraglichen Aufklärungspflichten nachzukommen. Gerade für den Fall, dass Dokumente zur Information des Anlegers genutzt werden, die einen Prospekt nach den Maßstäben der allgemeine zivilrechtliche Prospekthaftung im engeren Sinne bilden, ist die Möglichkeit der Haftung von Bedeutung. In einer solchen Konstellation ist nicht ersichtlich, warum jemand, der sich eines solchen Prospekts bedient, nicht auch für dessen Richtigkeit, unabhängig von der Frage eines persönlichen Kontakts, einzustehen haben soll.

bb.) Auswirkungen des § 2a VermAnlG

Anders als die Ausnahmen nach § 2 VermAnlG, die dem gesamten Regelungsbereich des VermAnlG nicht unterfallen, sind die Vorschriften des VermAnlG auf die Konstellationen des Crowdinvesting anwendbar. Der § 2a VermAnlG

---

870 *Assmann*/Schütze, § 5 Rn. 30; für das Crowdinvesting *Meschkowski*/*Wilhelmi*, BB 2013, 1411 (1415).

871 Vgl. *Klöhn*, FS Hoffmann-Becking, 679 (687); ebenso *Nietsch*/*Eberle*, DB 2014, 1788 (1794).

872 Vgl. *BGH*, NJW 2015, 236 (240 f.) = WM 2015, 22 (30); *Nobbe*, WM 2013, 193 (202); *Suchomel*, NJW 2013, 1126 (1131), jeweils m.w.N.; wohl auch *Bujotzek*/*Mocker*, BKR 2015, 358 (359).

873 *BGH*, WM 2008, 391 (392) = ZIP 2008, 412 (413); Palandt/*Grüneberg*, § 311 Rn. 68; *Bader*, WM 2014, 2249 (2255).

874 Dazu oben, 40 ff.

875 Explizit für § 2 VermAnlG: MünchKommBGB/*Emmerich*, § 311 Rn. 135, 137; i.Ü. *Klöhn*, FS Hoffmann-Becking, 679 (687); a.A. Erman/*Kindl*, § 311 Rn. 96a.

schließt insoweit, zum Zwecke der Privilegierung, nicht die Anwendbarkeit des gesamten VermAnlG aus, sondern ordnet unter bestimmten Voraussetzungen an, dass an sich einschlägige Vorschriften im konkreten Fall nicht anzuwenden sind. Die übrigen Anordnungen des VermAnlG beanspruchen auch in dem konkreten privilegierten Fall weiterhin Geltung. Explizit bezieht sich die Ausnahme auf den Entfall der Prospektpflicht nach § 6 VermAnlG und die im Zusammenhang mit dem Verkaufsprospekt stehenden Regelungen, insbesondere auch die spezialgesetzliche Prospekthaftung nach §§ 20, 21 VermAnlG.[876] Dass der Ausschluss der §§ 20 und 21 VermAnlG im Falle des privilegierten Crowdinvesting zur Anwendbarkeit der allgemeinen zivilrechtlichen Prospekthaftung im engeren Sinne führt, erscheint indes zweifelhaft.[877] Mit § 2a VermAnlG wird die Entlastung von Crowdinvestinganbietern verfolgt, um eine Finanzierung kleiner und mittlerer Unternehmen weiterhin zu ermöglichen.[878] Die Anbieter sollen explizit keiner Prospektpflicht unterliegen.[879] Dies trägt dem Umstand Rechnung, dass mit der Erstellung von Verkaufsprospekten ein hoher Kostenaufwand verbunden ist, der für die o.g. Fälle nicht entstehen soll, weil sich ansonsten die Gefahr ergibt, dass Crowdinvesting als Unternehmensfinanzierungsform bereits durch die Kosten, die der Emission vorgelagert sind, unattraktiv und nicht wirtschaftlich wird.[880] Außerdem treffen den anbietenden Emittenten des Crowdinvestments, trotz fehlender Prospektpflicht, emissionsbezogene Pflichten, die auch die Information des Anlegers zum Gegenstand haben.[881] Seinen Aufklärungspflichten kann der Anbieter[882] durch die Erfüllung dieser emissionsbezogenen Pflichten nachkommen. Anders als eine vollständige Ausnahme unterliegen die rechtlichen Beziehungen der Akteure während der Emission gesetzlichen Regularien, denn die Norm des § 2a VermAnlG bildet keine Bagatellgrenze, sondern soll nur unter Einhaltung ihrer gesetzlichen Vorgaben zu einer tatsächlichen Privilegierung führen. Insbesondere diese Privilegierungsvoraussetzungen des § 2a VermAnlG zeigen, dass Gesetzgeber die Beziehungen der Parteien bewusst und abschließend regeln wollte.

---

876 Zum Entfallen der emissionsbezogenen Pflichten, Seite 119 ff.; zu §§ 20, 21 VermAnlG beim Crowdinvesting, Seite 154 ff.

877 Die Problematik anzeigend *Bujotzek/Mocker*, BKR 2015, 358 (359).

878 Vgl. BT-Drucks. 18/3994, 40.

879 BT-Drucks. 18/3994, 40.

880 Vgl. *Casper*, ZBB 2015, 265 (276).

881 Zu den Pflichten, Seite 119 ff.

882 Oder der Emittent.

Lässt man die Anwendung der allgemeinen zivilrechtlichen Prospekthaftung im engeren Sinne zu, so werden die Regulierungsbemühungen des Gesetzgebers, ebenso wie der Wille zur finanziellen Entlastung der Crowdinvesting-Emission, schlichtweg unterlaufen. Die Einhaltung der Voraussetzungen des § 2a VermAnlG bringen den Betroffenen infolgedessen auch keinen Nutzen. Denn es besteht das latente Risiko, dass die Dokumente, die den Anlegern im Rahmen der Crowdinvesting-Emission zugänglich gemacht werden, als Prospekt qualifiziert werden[883] und, gerade unter dem Aspekt einer möglichen Unvollständigkeit[884], dann eine Haftung im oben beschriebenen Sinne bestehen kann.

Dieses Risiko wäre für den Betroffenen nur zu vermeiden, indem er einen vollumfänglichen Verkaufsprospekt erstellen ließe, obwohl ihm die gesetzliche Pflicht dazu nicht obliegt und er gerade vom damit verbundenen Kostenaufwand befreit werden soll. Auch das Argument, dass die freiwillig erteilen Informationen Gegenstand typisierter Haftung sein können, überzeugt für die Privilegierungsnorm des § 2a VermAnlG nicht. Anders als im Fall der vollständigen Ausnahme aus dem Anwendungsbereich, statuiert das VermAnlG für ein Crowdinvestment weiterhin Informationspflichten. Der Anleger kann sich über diese Pflichten erkundigen und den Informationen, die ihm auf Grund dieser Pflichten erteilt werden, entsprechendes Vertrauen entgegenbringen. Die Erfüllung der Aufklärungspflichten findet damit in einem gesetzlich normierten Rahmen statt, in dem sowohl die Informationserteilung als auch die Erfüllung von Hinweispflichten eine wichtige Rolle spielen. Im Ergebnis bleibt festzuhalten, dass trotz des Ausschlusses der spezialgesetzlichen Prospekthaftung nach §§ 20, 21 VermAnlG die allgemeine zivilrechtliche Prospekthaftung im engeren Sinne für ein nach § 2a VermAnlG privilegiertes Crowdinvestment nicht einschlägig ist.[885] Eine Anwendung dieses Rechtsinstituts liefe dem Willen des Gesetzgebers, eine Regulierung innerhalb des VermAnlG zu schaffen, zuwider. Generalisiertes Vertrauen kann sich insofern nur in Bezug auf das zu veröffentlichende Vermögensanlagen-Informationsblatt bilden. Hierfür ist jedoch mit § 22 VermAnlG eine spezialgesetzliche Haftungsnorm vorhanden.[886]

883 Zur Qualifikation als Prospekt, Seite 163 f.

884 Dazu oben, Seite 165 f.

885 Vgl. zum damaligen Verkaufsprospektgesetz, inhaltlich aber ähnlich *BGH*, NJW 2015, 236 (240 f.) = WM 2015, 22 (30).

886 Zu § 22 VermAnlG, Seite 156 ff.

cc.) Anwendbarkeit der Prospekthaftung im weiteren Sinne

Das Verhältnis von spezialgesetzlicher Prospekthaftung zur allgemeinen zivilrechtlichen Prospekthaftung im weiteren Sinne ist durch die divergierenden Schutzrichtungen geprägt. Anders als die allgemeine zivilrechtliche Prospekthaftung im engeren Sinne knüpft die im weiteren Sinne nicht an das typisierte Vertrauen der Anleger an, sondern statuiert die Haftung für tatsächlich persönlich in Anspruch genommenes Vertrauen. Sie setzt das Vorliegen eines persönlichen Kontakts voraus, was für die spezialgesetzliche Prospekthaftung als gerade nicht notwendig festgehalten wurde.[887] Das Vorliegen spezialgesetzlicher Prospekthaftungstatbestände verdrängt damit eine mögliche Haftung aus allgemeiner zivilrechtlicher Prospekthaftung im weiteren Sinne nicht.[888] Vielmehr steht sie neben der spezialgesetzlichen Prospekthaftung und greift für den Fall von Aufklärungspflichtverletzungen bei der Inanspruchnahme persönlichen Vertrauens ein.[889] Daraus folgt auch, dass ein gesetzlich normierter Ausschluss der spezialgesetzlichen Prospekthaftung keine Auswirkungen auf die Prospekthaftung im weiteren Sinne haben kann. Ihre Rechtsfolge ergibt sich unmittelbar aus den §§ 280 Abs. 1, 311 Abs. 2 oder Abs. 3 BGB. Die Anwendbarkeit dieser Normen steht durch den Ausschluss etwaiger spezialgesetzlicher Haftungstatbestände indes nicht zur Disposition. Vielmehr kann persönliches Vertrauen jederzeit in Anspruch genommen werden, wodurch dann auch ein entsprechendes Haftungsbedürfnis besteht.

d.) Die Prospekthaftung im weiteren Sinne in der Crowdinvesting-Emission

Legt man das oben gesagte zugrunde, wird deutlich, dass auch der Ausschluss der §§ 20, 21 VermAnlG in § 2a VermAnlG auf die allgemeine zivilrechtliche Prospekthaftung im weiteren Sinne keine Auswirkungen haben kann. Sie bleibt damit auch im Fall eines privilegierten Crowdinvestments anwendbar.

Der Emittent der Vermögensanlage ist im Regelfall als Kapitalgesellschaft organisiert.[890] Seine vertretungsbefugten Organe, zumeist die „Gründer" als hinter dem Emittenten stehende Gesellschafter, handeln für ihn gegenüber der Crowd. Haftungsgrund der allgemeinen zivilrechtlichen Prospekthaftung im weiteren Sinne ist die Inanspruchnahme persönlichen Vertrauens durch Personen, die bei

---

887 Vgl. BT-Drucks. 13/8933, 80.

888 Explizit BT-Drucks. 15/3174, 44.

889 Dazu oben, Seite 168.

890 Siehe Fn. 775 und Fn. 433.

den Beitritts- oder Anlageverhandlungen den Anlegern tatsächlich gegenüber treten, womit auch nur gegenüber diesen Personen eine Prospekthaftung im weiteren Sinne bestehen kann.[891] Der § 311 Abs. 3 S. 1 BGB hat es gerade zum Ziel, die Möglichkeit zu eröffnen, dass ein Schuldverhältnis mit Pflichten nach § 241 Abs. 2 BGB zu Personen entstehen kann, die selbst nicht Vertragspartei werden sollen. Damit kann neben der Haftung der Gesellschaft aus § 22 VermAnlG zugleich die persönliche Haftung derjenigen bestehen, die als Vertreter der Gesellschaft[892] in die Verhandlungen mit den Teilnehmern der Crowd eintreten. Auf die Bedeutung einer solchen Haftung für den Emittenten der Vermögensanlage, den die o.g. Personen repräsentieren, wird im weiteren Verlauf eingegangen.[893] Vorerst wird die haftungsrechtliche Rolle der Personen in den Fokus gestellt, die die Verhandlungen mit der Crowd tatsächlich führen.

Im Regelfall sind es die „Gründer", die Namens der Gesellschaft gegenüber der Crowd auftreten und für eine Beteiligung werben.[894] Als Gründer sind sie regelmäßig zugleich Gesellschafter der kapitalsuchenden Gesellschaft, welche die Vermögensanlagen anbietet und emittiert. Diese Verbindung steht der Möglichkeit einer Eigenhaftung i.S.v. § 311 Abs. 3 BGB jedoch nicht entgegen.[895] Zwar kann aus einer solchen Verbindung nicht unmittelbar auf ein wirtschaftliches Eigeninteresse geschlossen werden[896], die Inanspruchnahme persönlichen Vertrauens ist davon jedoch zu trennen. Dies hat auch im Hinblick auf die allgemeine zivilrechtliche Prospekthaftung im engeren Sinne zu gelten. Greift in diesen Fällen eine Haftung für typisiertes Vertrauen für Gründer, Initiatoren und Hintermännern ein, welche keinen tatsächlichen Kontakt der Personen voraussetzt, so müssen diese erst recht dann haften, wenn sie darüber hinaus persönlichen Kontakt suchen.[897]

---

891 MünchKommBGB/*Emmerich*, § 311 Rn. 158.

892 Im Regelfall sind dies die Gesellschafter der kapitalsuchenden Gesellschaft. Diese werden im Folgenden als „Gründer" bezeichnet. Natürlich können aber auch Dritte, die von der Gesellschaft unabhängig sind, die Verhandlungen führen. Diese sind unter dem Gesichtspunkt einer potenziellen Haftung den „Gründern" gleichzustellen.

893 Siehe unten, Seite 178.

894 *Schramm/Carstens*, 84 ff., die ausschließlich die „Gründer" selbst ansprechen.

895 Vgl. *BGH*, NJW 1990, 1907 (1908) = WM 1990, 966 (968); *BGH*, WM 1990, 759 (760) = MDR 1990, 800 (800); *BGH*, NJW 1990, 389 (389) = WM 1989, 1715 (1716); *BGH*, NJW 1984, 2284 (2286) = WM 1984, 475 (477); BGHZ 87, 27 (33) = *BGH*, NJW 1983, 1607 (1608 f.).

896 *BGH*, WM 2002, 195 (200) = NJW 2002, 208 (212); Erman/*Kindl*, § 311 Rn. 93.

897 Explizit BGHZ 177, 25 (30 f.) = *BGH*, WM 2008, 1545 (1547).

Dass die allgemeine zivilrechtliche Prospekthaftung im engeren Sinne für den Fall des § 2a VermAnlG nicht eingreift, steht diesem Rückschluss nicht entgegen, denn der Grundgedanke des Schutzes von typisiertem Vertrauen gilt auch für die spezialgesetzliche Prospekthaftung, die mit den Normen der §§ 20, 21 VermAnlG im VermAnlG grundlegend vorgesehen ist. Der Ausschluss der §§ 20, 21 VermAnlG ändert daran nichts, da der Ausschluss durch § 2a VermAnlG unmittelbar dazu dient, den Verpflichteten wirtschaftlich zu entlasten und nicht den Schutz der Anleger generell zu reduzieren.

Im Rahmen einer Crowdinvesting-Emission ist die Präsentation der kapitalsuchenden Gesellschaft und ihres Konzepts für eine erfolgreiche Kapitalbeschaffung enorm wichtig. Das Ziel einer solchen Präsentation ist es, eine persönliche Beziehung zu den einzelnen Anlegern zu begründen, um sie für das „Projekt“[898] und damit die Zeichnung der Vermögensanlage zu begeistern. Als besonders bedeutend wird dabei die Expertise der „Gründer“ angesehen.[899] Sie stehen aus Sicht der einzelnen Anleger unmittelbar für das Projekt, in das investiert werden soll, wodurch sie eine zusätzliche, persönliche Gewähr für das Zustandekommen und die Erfüllung des Vertrages bieten[900]. Dass dadurch persönliches Vertrauen i.S.v. § 311 Abs. 3 BGB erzeugt wird, kann damit nicht nur als ein Nebeneffekt der Verhandlungsführung, sondern vielmehr als das beabsichtigte Ziel der Vertreter der kapitalsuchenden Gesellschaft angesehen werden. Die sog. „Gründer“ nehmen potenziell persönliches Vertrauen während der Vertragsverhandlungen über die Zeichnung der Vermögensanlage in Anspruch und können damit der Haftung nach §§ 280 Abs. 1, 311 Abs. 2, Abs. 3 BGB – der Prospekthaftung im weiteren Sinne – unterliegen.[901]

Gegenstand der Prospekthaftung im weiteren Sinne ist die Verletzung von Aufklärungspflichten.[902] Seinen Aufklärungspflichten genügt der Verpflichtete, wenn er den anderen Teil unaufgefordert über erkennbar entscheidungserhebliche Umstände informiert.[903] Das Informationsbedürfnis des anderen Teils bestimmt dabei den Umfang der zu leistenden Aufklärung, womit über alle

898 „Projekt“ als vielfache Bezeichnung für die kapitalsuchende Gesellschaft und ihr Geschäftskonzept.

899 Exemplarisch *Schramm/Carstens*, 102 ff.

900 St.Rspr. *BGH*, NJW-RR 2006, 993 (994) = JurionRS 2005, 30672.

901 Für Initiatoren BGHZ 83, 222 (223 f.) = *BGH*, NJW 1982, 1514 (1514); *BGH*, NJW 1995, 130 (130) = DStR 1995, 27 (27).

902 Dazu oben, Seite 167 f.

903 MünchKommBGB/*Bachmann*, § 241 Rn. 110.

Umstände, die für den Empfänger erheblich sind, aufzuklären ist.[904] Dies ist immer dann der Fall, wenn der andere Teil nach Treu und Glauben unter Berücksichtigung der Verkehrsanschauung redlicherweise die Mitteilung von Tatsachen erwarten durfte, die für seine Willensbildung offensichtlich von ausschlaggebender Bedeutung sind.[905] Bedient sich der Verhandlungsführende zur Aufklärung des Anlegers eines Prospekts, so hat er für dessen Richtigkeit und Vollständigkeit einzustehen, denn dieser wird zum Gegenstand des Vertrauens des Anlegers[906], das er durch den persönlichen Kontakt in Anspruch nimmt. Damit kann eine Haftung für die Inanspruchnahme persönlichen Vertrauens insbesondere auch dann eintreten, wenn die Unterlagen, die einen „Prospekt" im Sinne der allgemeinen zivilrechtlichen Prospekthaftung im engeren Sinne bilden, fehlerhaft oder unvollständig sind.[907] Gerade im Fall mehrerer Einzeldokumente, die im Wege einer Gesamtbetrachtung als Verkaufsprospekt im o.g. Sinne anzusehen sind, kann im Einzelfall Unsicherheit in Bezug auf diese Einordnung bestehen.[908] Dies ist indes für die Aufklärungspflichtverletzung unerheblich. Nutzt der zur Aufklärung Verpflichtete etwaige Unterlagen, um seine Aussagen zu stützen oder überhaupt Informationen zu erteilen, so sind diese Unterlagen zugleich Gegenstand seiner Aufklärungshandlung.[909]

Ebenso können Aufklärungspflichten durch mündliche Äußerungen verwirklicht werden, denn auch wenn sich auf diese kein typisiertes Vertrauen beziehen kann, so sind sie dennoch Teil der Aufklärungshandlung des Verhandlungsführenden.[910] Beim Crowdinvesting ist dies gerade für Interviews oder Videoaufzeichnungen, die der Crowd zwecks Präsentation zur Verfügung gestellt werden, erheblich. Damit sind alle aktiven Äußerungen, die „Gründer" gegenüber der Crowd treffen und die für die Anlageentscheidung von Bedeutung sind, Gegenstand einer möglichen Eigenhaftung nach den §§ 280 Abs. 1, 311 Abs. 2, Abs. 3 BGB. Im Rahmen der Vollständigkeit ist dabei zu beachten, dass Crowdinvesting zumeist in der Start-Up-Phase der Unternehmensfinanzierung

904 Stauginger/*Olzen*, § 241 Rn. 447.
905 *BGH*, NJW 2010, 3362 (3362) = MDR 2010, 1306 (1307).
906 Derleder/Knops/*Bamberger*, § 50 Rn. 40.
907 Dazu oben, Seite 165 f.
908 Zur Gesamtschau von Einzeldokumenten, Seite 163 f.
909 Vgl. *BGH*, WM 1998, 1527 (1529) = MDR 1998, 1359 (1360); *OLG Schleswig*, NJW-RR 2003, 172 (172) = ZIP 2002, 1725 (1726).
910 Vgl. BGHZ 177, 25 (30 f.) = *BGH*, WM 2008, 1545 (1547); MünchKommBGB/*Bachmann*, § 241 Rn. 144.

genutzt wird.[911] Gerade in dieser Phase können bestimmte Informationen, die im Normalfall für die Anlageentscheidung wesentlich sind, noch nicht vorhanden sein. Unter dem Gesichtspunkt der Billigkeit der Aufklärung, hat der Verhandlungsführende gegebenenfalls über das Fehlen dieser Informationen aufzuklären, respektive anzuzeigen, dass er selbst nicht über diese Informationen verfügt. Insofern wird man bei der Bewertung der Frage, ob der Anleger redlicherweise mit einer Aufklärung rechnen konnte, den potenziellen Gründungsstatus der kapitalsuchenden Gesellschaft, und damit die Zumutbarkeit einer Informationserteilung, berücksichtigen müssen.[912] Eine Aufklärungspflichtverletzung ist jedoch dann zu bejahen, wenn der Pflichtige auf Nachfrage des Anlegers die Situation nicht aufklärt. Erteilt er dann sogar bewusst nicht verifizierte oder falsche Informationen, kann er nach §§ 280 Abs. 1, 311 Abs. 2, Abs. 3 BGB dafür entsprechend haftbar gemacht werden.[913] Maßstab der Verantwortlichkeit ist der § 276 BGB, sodass auch einfache Fahrlässigkeit eine Haftung auslösen kann.[914] Etwaige spezialgesetzliche Privilegierungen sind aufgrund der divergierenden Schutzrichtung unerheblich.

e.) Haftung der emittierenden und anbietenden Gesellschaft

Für die potenzielle Aufklärungspflichtverletzung, die der „Gründer" begeht und für die ihn persönlich eine Prospekthaftung im weiteren Sinne trifft, kann daneben die emittierende und anbietende Gesellschaft im Einzelfall einzustehen haben. Sie ist als Vertragspartei ebenso aufklärungspflichtig wie derjenige, der das persönliche Vertrauen der Anleger in Anspruch nimmt.[915] Werden falsche oder nach den oben dargestellten Maßstäben unvollständige Angaben gemacht, die für die Anlageentscheidung erheblich sind, so wird diese Handlung als eigene zugerechnet.[916] Die Gesellschaft hat für das Verhalten ihrer Organe, oder das Verhalten derjenigen Personen, derer sie sich zur Erfüllung ihrer Pflichten

---

911 Zur „Early-Stage-Gap", Seite 33 ff.

912 Das Kriterium der Zumutbarkeit betont *Klingler*, 22.

913 MünchKommBGB/*Emmerich*, § 311 Rn. 65.

914 Palandt/*Grüneberg*, § 311 Rn. 28.

915 Statt Aller Jauernig/*Stadler*, § 311 Rn. 48.

916 Für die GmbH und ihre(n) Geschäftsführer als wohl häufigster Fall ergibt sich die Organstellung aus § 35 Abs. 1 S. 1 GmbHG, die Zurechnung nach § 31 BGB (analog): BGHZ 159, 280 (292) = *BGH*, NJW 2004, 2731 (2734); MünchKommGmbHG/*Merkt*, § 13 Rn. 34 f.; MünchKommGmbHG/*Stephan*/*Tieves*, § 35 Rn. 227; Jauernig/*Mansel*, § 31 Rn. 1; zur Zurechnung generell Roth/*Altmeppen*, § 35 Rn. 7.

bedient, einzustehen.[917] Die emittierende und anbietende Gesellschaft ist als Vertragspartei tauglicher Adressat einer Prospekthaftung im weiteren Sinne und haftet damit wegen vorvertraglicher Pflichtverletzung. Ihre Haftung tritt neben die des Repräsentanten.[918]

4. Deliktsrechtliche Haftung

Neben den beschriebenen Anspruchsgrundlagen kann sich eine Haftung des anbietenden Emittenten, respektive der mit ihm verbundenen „Gründer" unter deliktsrechtlichen Gesichtspunkten ergeben.

a.) Deliktsrechtliche Haftung und § 2a VermAnlG

In diesem Zusammenhang kommt eine Schlechterstellung des Anlegers durch die privilegierte Crowdinvesting-Emission dann in Betracht, wenn solche Aspekte für eine Haftung von Bedeutung sind, die durch § 2a VermAnlG abweichend geregelt werden. Knüpft eine deliktsrechtliche Haftung nicht an spezifische Emissionsaspekte an, bei denen gerade eine unterschiedliche Behandlung angeordnet wird, so kann auch keine Ungleichbehandlung aus der Privilegierung durch § 2a VermAnlG folgen. Damit sind auch für die nachfolgenden Ausführungen die Auswirkungen des § 2a VermAnlG auf die Emission zu berücksichtigen. Direkte Auswirkungen hat dies für eine Bewertung der Haftungsnormen des §§ 823 Abs. 2 BGB i.V.m. 263 StGB und der Norm des § 826 BGB nicht. Diese Normen knüpfen in ihrem Tatbestand nicht an solche Aspekte an, auf die § 2a VermAnlG unmittelbare Auswirkungen hat. Aus ihnen kann sich damit keine systematische Schlechterstellung des Crowdinvesting-Anlegers in Bezug auf die deliktsrechtliche Haftung des Emittenten und Anbieters oder der Gründer ergeben. Die Haftung nach diesen Normen wird nicht durch § 2a VermAnlG beeinflusst, wodurch eine privilegierte Crowdinvesting-Emission oder aber eine reguläre Emission nach dem VermAnlG gleichermaßen betroffen sind. Ihre tatbestandlichen Voraussetzungen können im Rahmen beider Arten der Emission von Vermögensanlagen ohne weiteres verwirklicht werden.

Die Norm des § 823 Abs. 1 BGB ist für den Fall von Informationsfehlern ohne Bedeutung, denn die hier einschlägigen, ausschließlichen Vermögensschäden sind von ihr nicht erfasst.[919]

---

917 MünchKommBGB/*Arnold*, § 31 Rn. 2.

918 Erman/*Westermann*, § 311 Rn. 8.

919 Statt Vieler MünchKommBGB/*Wagner*, § 823 Rn. 247.

b.) Haftung nach § 823 Abs. 2 BGB i.V.m. § 264a StGB

Anders als die oben genannten Vorschriften kann sich die Privilegierung von Crowdinvesting auf eine deliktisrechtliche Haftung im Zusammenhang mit dem Straftatbestand des Kapitalanlagebetrugs nach § 264a StGB auswirken. Die Strafnorm des § 264a StGB, die Sanktion des Kapitalanlagebetrugs und ein Schutzgesetz i.S.v. § 823 Abs. 2 BGB[920], stellt ein abstraktes Gefährdungsdelikt im Vorfeld des Betruges dar.[921] Nach § 264a Abs. 1 StGB wird mit Freiheitsstrafe bis zu drei Jahren oder mit Geldstrafe bestraft, wer im Zusammenhang mit dem Vertrieb von Wertpapieren, Bezugsrechten oder von Anteilen, die eine Beteiligung an dem Ergebnis eines Unternehmens gewähren sollen, oder dem Angebot, die Einlage auf solche Anteile zu erhöhen, unrichtige vorteilhafte Angaben macht oder nachteilige Tatsachen verschweigt. Taugliche Tatmittel sind Prospekte sowie Darstellungen oder Übersichten über den Vermögensstand. Die Tathandlung muss sich dabei auf solche Umstände beziehen, die für die Entscheidung über den Erwerb oder die Erhöhung erheblich sind und zusätzlich gegenüber einem größeren Kreis von Personen erfolgen.

aa.) Tatbestandliche Anknüpfungen

Die Haftung auf Schadensersatz nach § 823 Abs. 2 BGB setzt einen Verstoß gegen das in Rede stehende Schutzgesetz voraus. Im Rahmen des Verstoßes gegen die strafrechtliche Norm des § 264a Abs. 1 StGB ist festzuhalten, dass die emittierende Gesellschaft selbst, soweit sie eine juristische Person ist, den Tatbestand der Norm nicht verwirklichen kann. Das StGB kennt die Täterschaft von juristischen Personen nicht[922], dennoch kann es zu einer zivilrechtlichen Haftung der Gesellschaft als Emittent kommen, denn die „Gründer“, die als natürliche Personen den Anlegern gegenüber auftreten, sind taugliche Täter eines Kapitalanlagebetrugs. Ihr Verhalten wird der emittierenden Gesellschaft zugerechnet[923], sodass auch Sie hierüber einer Haftung nach § 823 Abs. 2 BGB i.V.m. § 264a Abs. 1 StGB

---

920 *BVerfG*, NJW 2008, 1726 (1727) = WM 2008, 721 (722); *BVerfG*, NZG 2003, 77 (79) = NJW 2003, 501 (503); *BGH*, WM 2000, 1503 (1504) = NJW 2000, 3346 (3346); BGHZ 116, 7 (7) = *BGH*, NJW 1992, 241 (241); FA-BKR/*Reiter*/*Methner*/*Nittel*, Kap. 8 Rn. 220 m.w.N; Lackner/Kühl/*Heger*, § 264a Rn. 1.

921 Exemplarisch Park/*Park*, § 264a StGB Rn. 183.

922 MünchKommStGB/*Joecks*, Vorb § 25 Rn. 16.

923 Für die Gesellschaftsform der GmbH erfolgt die Zurechnung im Regelfall in analoger Anwendung des § 31 BGB, dazu Fn. 916.

unterliegen kann.[924] Taugliche Tatobjekte sind Anteile, die eine Beteiligung an dem Ergebnis eines Unternehmens gewähren sollen. Davon sind insbesondere auch partiarische Darlehen erfasst.[925]

bb.) Crowdinvesting nach § 2a VermAnlG

Daneben ist es erforderlich, dass auch die übrigen tatbestandlichen Voraussetzungen der Norm, im Rahmen eines Crowdinvestments nach § 2a VermAnlG, an sich erfüllbar sind. Die Norm knüpft an verschiedene Tatmittel an. Diese Tatmittel der strafbaren Handlung sind der Prospekt oder die Darstellung oder Übersicht über den Vermögensstand. Ob diese Tatmittel auch beim Crowdinvesting vorliegen, entscheidet über die Anwendbarkeit der maßgeblichen Strafnorm. Der Prospektbegriff des § 264a Abs. 1 StGB erfasst alle Schriftstücke, die zumindest den Eindruck erwecken wollen, sämtliche Angaben zu enthalten, die für die Beurteilung der Anlage erforderlich, sowie geeignet und bestimmt sind, Beteiligungsbeschlüsse herbeizuführen.[926] Auch solche Unterlagen können Prospekte nach § 264a Abs. 1 StGB sein, die in Zusammenschau mit anderen Unterlagen den Eindruck vermitteln, vollständige Informationen über die in Rede stehende Beteiligung zu vermitteln.[927] Gesetzlich vorgeschriebene Prospekte sind insofern erfasst[928]. Für das Crowdinvesting bedeutet dies, dass im Einzelfall zu prüfen ist, ob die Unterlagen, die der Crowd zur Verfügung gestellt wurden, den Ansprüchen an eine vollständige Information i.S.d. § 264a Abs. 1 StGB genügen. In jedem Fall unterfällt auch das von § 13 VermAnlG geforderte Vermögensanlagen-Informationsblatt dem Begriff des Prospekts.[929] Taugliches Tatmittel können auch Darstellungen oder Übersichten über den Vermögensstand des Emittenten sein.[930] Darstellungen sind – ein untechnisches Verständnis zugrunde gelegt – alle Äußerungen, die Bezug auf den Vermögensstand nehmen, sodass

---

924 Vgl. MünchKommBGB/*Wagner*, § 823 Rn. 388.

925 So die ganz h.M.: Assmann/Schütze/*Worms*, § 11 Rn. 28; *Fischer*, § 264a Rn. 8; Kindhäuser/Neumann/Paeffgen/*Hellmann*, § 264a Rn. 21; Lackner/Kühl/*Heger*, § 264a Rn. 3; Park/*Park*, § 264a Rn. 199; Schönke/Schröder/*Perron*, § 264a Rn. 10; SK/*Hoyer*, § 264a Rn. 30; *Möhrenschlager*, wistra 1982, 201 (205); *Mutter*, NStZ 1991, 421 (422); *Schmidt-Lademann*, WM 1986, 1241 (1242); *Worms*, wistra 1987, 242 (246).

926 Statt Vieler *Fischer*, § 264a Rn. 12.

927 Lackner/Kühl/*Heger*, § 264 a Rn. 10; Schönke/Schröder/*Perron*, § 264a Rn. 19; SK/*Hoyer*, § 264a Rn. 19.

928 Exemplarisch Lackner/Kühl/*Heger*, § 264a Rn. 10.

929 MünchKommStGB/*Wohlers/Mühlbauer*, § 264a Rn. 79.

930 MünchKommStGB/*Wohlers/Mühlbauer*, § 264a Rn. 82.

dem Begriff ein umfassender Sinn beizumessen ist.[931] Damit sind mündliche Äußerungen ebenso erfasst wie Ton- oder Bildaufnahmen.[932] Übersichten sind dagegen schriftliche Zusammenstellungen von Daten, die einen Gesamtüberblick ermöglichen.[933] Insbesondere erfasst sind Handels-, Steuer- oder Vermögensbilanzen, aber auch jeder andere Status mit vermögensrechtlichem Bezug.[934] Jedoch ist auch in Bezug auf Darstellungen oder Übersichten erforderlich, dass sie den Eindruck vermitteln, einen Anspruch auf Vollständigkeit zu erheben.[935]

Bezieht man die oben gewonnenen Erkenntnisse ein, so wird deutlich, dass im Rahmen einer Crowdinvesting-Emission taugliche Tatmittel zur Verwirklichung des Tatbestands des § 264a Abs. 1 StGB vorhanden sind. Die Tathandlung der Erteilung unrichtiger vorteilhafter Angaben oder das Verschweigen nachteiliger Tatsachen über erhebliche Umstände[936] hat in Abgrenzung zur Individualtäuschung, die nicht von § 264a Abs. 1 StGB erfasst ist, gegenüber einem größeren Kreis von Personen zu erfolgen.[937] Ein solcher großer Kreis von Personen ist im Rahmen einer Crowdinvesting-Emission indes unproblematisch zu bejahen, denn die Vielzahl von Personen und die sich daraus für den Kapitalsuchenden ergebende Anonymität des Einzelnen als Teil der Crowd ist für Crowdinvesting ein kennzeichnendes Element. Ohne spezifischen Bezug zu § 2a VermAnlG stehen das Vorliegen des Vorsatzes zur Verwirklichung des Tatbestands, sowie der Nachweis der haftungsausfüllenden Kausalität nach § 823 Abs. 2 BGB.

cc.) Schlussfolgerung

Trotz der tatbestandlichen Voraussetzung eines „Prospekts" kann im Ergebnis damit auch eine Crowdinvesting-Emission nach § 2a VermAnlG von § 264a Abs. 1 StGB und infolgedessen auch von einer deliktsrechtlichen Haftung nach § 823 Abs. 2 i.V.m. § 264a Abs. 1 StGB erfasst sein. Liegen dessen Voraussetzungen vor, so haften sowohl die „Gründer" persönlich, als auch die Gesellschaft durch Zurechnung deren Verhaltens. Insgesamt besteht dann eine

---

931 Schönke/Schröder/*Perron*, § 264a Rn. 21.

932 SK/*Hoyer*, § 264a Rn. 20.

933 MünchKommStGB/*Wohlers*/*Mühlbauer*, § 264a Rn. 81.

934 Park/*Park*, § 264a StGB Rn. 210.

935 BT-Drucks. 10/318, 22; i.Ü. Lackner/Kühl/*Heger*, § 264a Rn. 10; insoweit kritisch zu den mündlichen Äußerungen Kindhäuser/Neumann/Paeffgen/*Hellmann*, § 264a Rn. 29.

936 Durch die oben beschriebenen Tatmittel.

937 MünchKommStGB/*Wohlers*/*Mühlbauer*, § 264a Rn. 54.

gesamtschuldnerische Haftung von „Gründer(n)“ und emittierender Gesellschaft nach § 840 BGB.[938]

c.) Gleichlauf

Die Ausführungen lassen deutlich werden, dass sich aus den besonderen Anordnungen des § 2a VermAnlG keine Auswirkungen auf eine potenzielle deliktsrechtliche Haftung im Rahmen des öffentlichen Angebots von Vermögensanlagen ergeben. Im Ergebnis ist damit ein deliktsrechtlicher Haftungsgleichlauf von regulären Emissionen und solchen, die im Wege eines nach § 2a VermAnlG privilegierten Crowdinvesting realisiert werden, festzustellen.

II. Ansprüche gegen die Crowdinvesting-Plattform

Neben dem Emittenten und seinen Repräsentanten ist auch die Internet-Dienstleistungsplattform am öffentlichen Angebot der Vermögensanlagen beteiligt. Es gilt zu klären, welche Ansprüche dem Anleger gegen die eingebundene Crowdinvesting-Plattform zustehen, wenn er auf Grund von fehlerhaften Informationen während der Crowdinvesting-Emission eine entsprechende Vermögensanlage erwirbt.[939] In Bezug auf die Anwendbarkeit der §§ 20, 21 VermAnlG und der allgemeinen zivilrechtlichen Prospekthaftung im engeren Sinne ist auf die oben gemachten Ausführungen zu verweisen.[940]

1. Haftung nach § 22 VermAnlG

Jedoch ist es fraglich, ob die Crowdinvesting-Plattform für ein fehlerhaftes Vermögensanlagen-Informationsblatt einzustehen hat. Adressat des Haftungsanspruchs aus § 22 Abs. 1 VermAnlG ist der Anbieter der Vermögensanlage.[941] Anbieter ist derjenige, der für das öffentliche Angebot der Vermögensanlage verantwortlich ist und den Anlegern gegenüber nach außen erkennbar als Anbieter auftritt.[942]

---

938 Vgl. MünchKommBGB/*Arnold*, § 31 Rn. 45.

939 Die mögliche Haftung der Plattformen gegenüber dem Anleger nach alter Rechtslage thematisieren *Bader*, WM 2014, 2249 (2254 f.); *Jansen/Pfeifle*, ZIP 2012, 1842 (1848 ff.); indirekt *Klöhn/Hornuf*, ZBB 2012, 237 (249 ff.); *Meschkowski/Wilhelmi*, BB 2013, 1411 (1413 f.); *Nietsch/Eberle*, DB 2014, 1788 (1795). Zur neuen Rechtslage: *Bujotzek/Mocker*, BKR 2015, 358 (359 f.); *Nastold*, ZVertriebsR 2014, 366 (367 f.); *Wunschel/Gaßner*, ZfIR 2015, 853 (865 ff.).

940 Siehe oben, Seite 154 f., Seite 169 ff.

941 Zu den übrigen Voraussetzungen, Seite 156 ff.

942 BT-Drucks. 17/6051, 32.

Notwendig ist damit zu klären, ob die Einschaltung einer Internet-Dienstleistungsplattform, die von § 2a VermAnlG zur tatbestandlichen Voraussetzung einer Privilegierung gemacht wird, dazu führt, dass diese Plattform auch Verantwortung für das zu veröffentlichende VIB übernimmt. Wie bereits ausgeführt, ist die Dienstleistungsplattform selbst nicht Anbieter der Vermögensanlage.[943] Selbst wenn sie das VIB erstellt, führt dies nicht ohne weiteres dazu, dass sie nach außen hin die Verantwortung für das öffentliche Angebot übernimmt.[944] In der Gesetzesbegründung[945] wird insofern zusätzlich klargestellt, dass die Dienstleistungsplattform und der Anbieter oder der Emittent ihre Beziehung im Innenverhältnis regeln müssen und die jeweiligen Aufgaben und Funktionen im Hinblick auf die Frage, wer Anbieter ist, auf der Dienstleistungsplattform deutlich zum Ausdruck bringen sollen. Dies verdeutlicht, dass sie nur durch besondere zusätzliche Umstände zum Anbieter der Vermögensanlage werden kann.[946] Im Regelfall ist die Eigenschaft, Anbieter zu sein, damit nicht gegeben. Fehlt es an der Anbietereigenschaft, so ist die Plattform auch nicht tauglicher Anspruchsgegner nach § 22 Abs. 1 VermAnlG, womit dem Anleger im Falle eines fehlerhaften VIB ihr gegenüber ein solcher Anspruch nicht zusteht.

2. Haftung aus Anlagevermittlerverhältnis

Unabhängig davon steht die Plattform als Anlagevermittler selbst in einer vertraglichen Beziehung zum Anleger. Eine von § 2a Abs. 3 VermAnlG vorgeschriebene Voraussetzung der Privilegierung ist der Vertrieb im Wege der Anlagevermittlung.[947] Die schuldrechtliche Beziehung, die im Rahmen der Anlagevermittlung entsteht, ist als Dienstvertrag mit Geschäftsbesorgungscharakter zu bewerten.[948] Aus dieser vertraglichen Beziehung zum Anleger ist die Crowdinvesting-Plattform verpflichtet, die im Rahmen der Anlagevermittlung gebotene Auskunft zu erteilen.[949]

---

943 Siehe oben, Seite 119 f.

944 BT-Drucks. 18/3994, 41, 64.

945 BT-Drucks. 18/3994, 41.

946 Vgl. *Klöhn/Hornuf/Schilling*, ZBB 2016, 142 (145).

947 § 2a Abs. 3 VermAnlG: „…, die ausschließlich im Wege der Anlageberatung oder Anlagevermittlung über eine Internet-Dienstleistungsplattform vermittelt werden,…".

948 Statt Vieler Assmann/Schütze/*Edelmann*, § 3 Rn. 9; Derleder/Knops/*Bamberger*, § 50 Rn. 27.

949 Vgl. *BGH*, BKR 2015, 250 (252) = WM 2014, 2310 (2311 f.); *BGH*, NZG 2012, 631 (632) = WM 2012, 837 (838); Palandt/*Grüneberg*, § 280 Rn. 52; MünchKommBGB/*Emmerich*, § 311 Rn. 127.

a.) Haftungsvoraussetzungen

Eine Haftung aus diesem Vertragsverhältnis setzt eine Pflichtverletzung voraus. In Bezug auf die Pflichten des Anlagevermittlers sei auf zuvor Ausgeführtes verwiesen.[950] Von besonderer Bedeutung ist in diesem Zusammenhang, dass der Gesetzgeber die Prüfung der Angemessenheit der Anlage für den Anleger nach § 16 Abs. 2 FinVermV[951] zum festen Pflichtenbestandteil des privilegierten Crowdinvesting nach § 2a VermAnlG macht.[952] Dementsprechend hat die Plattform auch eine Plausibilitätsprüfung der Anlage vorzunehmen. Insofern sind die Unterlagen, vor allem das Vermögensanlagen-Informationsblatt[953], die der anbietende Emittent auf der Plattform präsentieren möchte, im Vorfeld der Veröffentlichung durch die Crowdinvesting-Plattformen einer Prüfung zu unterziehen. Da auf den Crowdinvesting-Plattformen eine weitergehende Erklärungen durch die Plattform selbst nicht stattfinden, müssen die in Rede stehenden Unterlagen geeignet sein, nach Form und Inhalt die nötigen Informationen wahrheitsgemäß und verständlich zu vermitteln.[954] Es gilt deshalb für die Plattform festzustellen, ob durch die Unterlagen ein schlüssiges Gesamtbild der Vermögensanlage vermittelt wird. Zu beachten ist dabei, dass sich der Umfang der notwendigen Aufklärung an der Aufklärungsbedürftigkeit des Anlegers zu orientieren hat. Crowdinvesting ist im Regelfall eine Frühphasenfinanzierung. Dieser Aspekt wirkt sich auch auf die Plausibilitätsprüfung aus, denn die Aussagekraft etwaiger Angaben ist in dieser Phase geringer als zu späteren Finanzierungszeitpunkten. Möchte der Anleger jedoch bewusst Vermögensanlagen erwerben, die zur Start-Up-Finanzierung genutzt werden sollen, ist sein Bedürfnis nach Aufklärung in dieser Hinsicht verringert.[955] Durch die Aufklärung seitens des Anlagevermittlers soll dem Anleger nicht das Risiko seiner Investition genommen werden, vielmehr soll er in die Lage versetzt werden, die Risiken selbst zu bewerten.[956] Entschließt er sich generell in einem Bereich zu investieren, der mit höheren

950 Siehe Abschnitt D II 2 c.), Seite 87 ff.

951 Zur Geltung der FinVermV, Seite 82 f.

952 BT-Drucks. 18/3994, 41.

953 Vgl. für einen Verkaufsprospekt *BGH*, WM 2009, 739 (740) = NZG 2009, 471 (472); *Dörr*, WM 2010, 533 (534); *Wagner*, DStR 2004, 1836 (1838).

954 Vgl. FA-BKR/*Reiter/Methner/Nittel/Ebermann*, Kap. 8 Rn. 23; *Jansen/Pfeifle*, ZIP 2012, 1842 (1850).

955 Vgl. Assmann/Schütze/*Edelmann*, § 3 Rn. 17, 32.

956 *BGH*, WM 1988, 1685 (1687) = NJW-RR 1989, 150 (151); BGHZ 70, 356 (361 f.) = *BGH*, NJW 1978, 997 (998); vgl. FA-BKR/*Reiter/Methner/Nittel/Ebermann*, Kap. 8 Rn. 19 f.

Investitionsrisiken belastet ist, so kann dies nicht zum Nachteil des eingebundenen Anlagevermittlers gereichen.[957] Für Crowdinvesting bedeutet dies, dass die Unterlagen des anbietenden Emittenten, vor allem das Vermögensanlagen-Informationsblatt, den gesetzlichen Anforderungen, aber auch denen des Plausibilitätskriteriums genügen müssen.

Die Angemessenheit der Vermögensanlage für den Anleger beurteilt sich danach, ob dieser über die erforderlichen Kenntnisse und Erfahrungen verfügt, um die Risiken im Zusammenhang mit der Art der Finanzanlage angemessen beurteilen zu können. Die Plattformen orientieren sich dabei an einer Anlegergruppe, die sie gezielt ansprechen. Im Regelfall erfolgt ein klarer Hinweis auf die hohen Risiken und das Ziel, sich nur an solche Investoren wenden zu wollen, die ausreichend Erfahrung und Kompetenz haben, um die Risiken dieser Vermögensanlagen zu verstehen und eigenverantwortlich Investmententscheidungen zu treffen.[958] Solchen Anlegern, die nicht zu dem gewünschten Personenkreis der erfahrenen Investoren zu zählen sind, wird durch die klaren Hinweise in jedem Fall die mögliche Unangemessenheit der Anlage aufgezeigt[959]. Sind die Projekte insofern plausibel, so können sie sich ohne weiteres auf der Webseite der Crowdinvesting-Plattform präsentieren, denn die Risiken eines Start-Up-Investments, dessen Unterlagen dem Plausibilitätskriterium genügen und das mit keinem Verlustrisiko behaftet ist, welches über das „übliche" Investitionsrisiko hinausgeht, sind für einen erfahrenen und kompetenten Investor an sich als angemessen anzusehen.

Eine Haftung nach §§ 280 Abs. 1 S. 1, 675 Abs. 1, 611 BGB tritt damit dann ein, wenn die Plattform die Unterlagen nicht auf Plausibilität prüft oder die Vermögensanlage für das Zielpublikum als nicht angemessen zu bewerten war. Ein Fehler in den Unterlagen, die die Plattform auf Plausibilität zu prüfen hat, der dazu führt, dass der Anleger fehlerhaft über eine Anlage aufgeklärt ist, kann damit die vertragliche Haftung der Plattform begründen. Dies ist indes nur dann der Fall, wenn der Fehler im Rahmen einer korrekten Plausibilitätsprüfung erkannt worden wäre und er entsprechend negative Auswirkungen auf die Plausibilität

957 Dennoch weisen die Plattformen zusätzlich allgemein, in Form von Disclaimern, sehr umfangreich auf die Risiken von Start-Up-Finanzierungen hin („Totalverlust"), z.B. *Companisto* (www.companisto.com/de – zuletzt abgerufen am 02.12.2016).

958 Exemplarisch Punkt 7.1 der Seedmatch-AGB (www.seedmatch.de/agb) und die Investorenhinweise (www.seedmatch.de/investorenhinweise – jeweils zuletzt abgerufen am 02.12.2016).

959 Entsprechend der Vorgaben von § 16 Abs. 2 S. 3 FinVermV.

gehabt hat. Damit haftet die Plattform für Fehler, die ihr bei ihrer Vorauswahlprüfung unterlaufen oder bei Fehlern im Rahmen der Prüfung der Materialien, die über ihre Plattform präsentiert werden.[960] Die Fehler müssen dazu führen, dass die Plausibilität der Anlage anders beurteilt worden ist. Darüber hinaus kann sich eine Haftung der Plattform auch aus einer Pflichtverletzung in Bezug auf § 16 Abs. 3a FinVermV ergeben.[961] Nach dieser Vorschrift ist die Plattform verpflichtet, die Einhaltung der Zeichnungsgrenzen des § 2a Abs. 3 VermAnlG zu prüfen. Unterlässt sie dies oder prüft sie fehlerhaft, so verletzt sie ihre Pflichten aus dem Anlagevermittlerverhältnis. Als Schaden ist im Fall des Kapitalverlusts die Differenz anzusehen, die zwischen der gesetzlich vorgesehenen Investitionshöhe und der tatsächlichen getätigten Investition besteht. Ausgeschlossen ist die Pflichtverletzung und damit der Haftungsanspruch in den Fällen, in denen die fehlerhafte Prüfung der Einzelzeichnungsgrenze auf Fehlangaben des Anlegers beruht, § 16 Abs. 4 FinVermV.

b.) Haftungsausschluss durch AGB

Vielfach finden sich in den Allgemeinen Geschäftsbedingungen (AGB) der Plattformen Ausschlüsse in Bezug auf die Haftung für Fehlverhalten.[962] Fraglich ist, wie weit solche Ausschlüsse, im Rahmen des für die Privilegierung nach § 2a VermAnlG vorausgesetzten vertraglichen Anlagevermittlerverhältnisses, gehen können. Kern der Beziehung der Parteien ist ein Auskunftsvertrag. Um diesen zu erfüllen, muss der Anlagevermittler eine richtige und vollständige Auskunft erteilen.[963] Dies beinhaltet auch die oben beschriebene Pflicht zur Prüfung der Plausibilität. Die Plausibilitätsprüfung ist damit Teil der Hauptpflicht („Kardinalpflicht“) aus dem Anlagevermittlerverhältnis. Bezieht sich der Haftungsausschluss auch auf sog. „Kardinalpflichten“, so ist er unwirksam.[964] Damit kann sich der Anlagevermittler, also auch die Internet-Dienstleistungsplattform, nicht durch AGB von der Haftung für die oben beschriebenen Verstöße freizeichnen.[965]

---

960 Vgl. *Wunschel/Gaßner*, ZfIR 2015, 853 (864).

961 Zu den Pflichten nach § 16 Abs. 3a FinVermV, Seite 134 f.

962 Exemplarisch in Nr. 13.3 der Seedmatch-AGB (www.seedmatch.de/agb) oder Nr. 11.1 der Companisto-AGB (www.companisto.com/de/page/business-terms – jeweils zuletzt abgerufen am 02.12.2016).

963 Vgl. dazu oben, Seite 87 ff.

964 Explizit für den Fall der Anlagevermittlung *BGH*, WM 2000, 426 (429) = NJW-RR 2000, 998 (999).

965 Vgl. *Jansen/Pfeifle*, ZIP 2012, 1842 (1850).

Dies ergibt sich aus § 307 Abs. 2 Nr. 2 BGB.[966] Daneben sind die Prüfung der Angemessenheit des Anlageobjekts für den Anleger und damit auch die denklogisch vorgelagerte Prüfung der Plausibilität der Vermögensanlage als gesetzliche Pflicht in § 16 Abs. 2 FinVermV statuiert. Ein Ausschluss dieser Pflicht wäre damit zugleich i.S.v. § 307 Abs. 2 Nr. 1 BGB eine Abweichung vom gesetzlich vorgesehenen wesentlichen Grundgedanken der Regelung des § 16 Abs. 2 FinVermV.[967] Klauseln in den AGB der Plattformen, die entweder deren Pflichten unzulässig begrenzen oder die Haftung für einen Verstoß gegen diese vertraglichen Pflichten beschränken, sind damit unwirksam und können dem Anleger, als Vertragspartner der verwendenden Plattform, nicht entgegengehalten werden.[968] Ebenso wenig kommt ein Ausschluss der gesetzlich normierten Prüfungspflichten nach § 16 Abs. 3a FinVermV oder § 31 Abs. 5a WpHG in Betracht. Zusätzlich sind die generellen Klauselverbote der §§ 309 Abs. 1 Nr. 7 a), b) BGB zu beachten.

3. Die Prospekthaftung im weiteren Sinne

Neben den genannten Haftungsnormen steht die allgemeine zivilrechtliche Prospekthaftung im weiteren Sinne.[969] Sie sichert die Haftung bei Verstößen gegen Aufklärungspflichten durch die Verwendung fehlerhafter Unterlagen und mündliche Äußerungen. Die Pflicht zur Aufklärung entsteht dadurch, dass während der Vertragsverhandlungen besonderes persönliches Vertrauen in Anspruch genommen wird, welches erheblichen Einfluss auf den Vertragsschluss hat. Das Verhältnis, aus dem die potenziellen Aufklärungspflichten entstehen können, ist der Vertrag zwischen Emittent und Anleger über den Erwerb der Vermögensanlage, die er als Teil der Crowd im Rahmen eines privilegierten Crowdinvestments erhalten soll. Diese Pflicht überschneidet sich mit denen aus dem bestehenden Anlagevermittlungsverhältnis.

Damit stellt sich die Frage, ob die Prospekthaftung im weiteren Sinne, die sich auf §§ 280 Abs. 1, 311 Abs. 2, Abs. 3 BGB stützt, überhaupt neben die Haftung für vertragliche Pflichtverletzungen treten kann. Einerseits bestehen die Pflichten zur Aufklärung über die für den Anlageentschluss wesentlichen Umstände schon

966 Staudinger/*Coester*, § 307 Rn. 275.

967 Zum Verhältnis von § 307 Abs. 2 Nr. 1 und 2 BGB, Wolf/Lindacher/*Pfeiffer*, § 307 Rn. 133.

968 Im Ergebnis so auch *Uffmann*, JZ 2016, 928 (934); zur alten Rechtslage *Jansen*/*Pfeifle*, ZIP 2012, 1842 (1850).

969 Dazu allgemein oben, Seite 167 f.

aus einer vertraglichen Beziehung der Parteien. Dort sind sie sogar Hauptpflichten des Schuldverhältnisses, womit die Notwendigkeit, Aufklärungspflichten aus dem Grundgedanken der culpa in contrahendo herzuleiten, nicht gegeben ist.[970] Dies gilt vor allem unter dem Aspekt, dass diese Aufklärungspflichten aus dem Auskunftsvertrag bereits bei der Vertragsanbahnung des Vertragsschlusses von Emittent und Anleger gelten.[971] Andererseits ist bereits fraglich, ob eine Crowdinvesting-Plattform in der Crowdinvesting-Emission im Regelfall überhaupt einer allgemeinen zivilrechtlichen Prospekthaftung im weiteren Sinne unterliegt.[972] Um eine Prospekthaftung im weiteren Sinne zu begründen, ist es erforderlich, dass die Internet-Dienstleistungsplattform als „Dritter" in die konkreten Vertragsverhandlungen eingebunden wurde, denn nur so kann überhaupt eine erhebliche Beeinflussung durch die Inanspruchnahme persönlichen Vertrauens erfolgen. Dies setzt voraus, dass der „Dritte" unmittelbar oder mittelbar an den Verhandlungen teilgenommen haben muss.[973] Ebenso kann eine Eigenhaftung in Betracht kommen, wenn der verhandlungsführende Dritte ein eigenes unmittelbares wirtschaftliches Interesse am Vertragsschluss hat.[974] Die Crowdinvesting-Plattform ist im Rahmen eines privilegierten Crowdinvestments als Anlagevermittler tätig. Sie wird oftmals als Kapitalgesellschaft organisiert sein[975], wobei ihr das Verhalten ihrer Vertreter entsprechend zuzurechnen ist. An sich ist der Anlagevermittler in die direkten Vertragsverhandlungen eingebunden, womit es ihm möglich ist, den oben beschriebenen Einfluss auf den Vertragsschluss auszuüben.[976]

Indes weist die Tätigkeit einer Crowdinvesting-Plattform Besonderheiten auf. In erster Linie stellt sie ein digitales Forum zur Verfügung, auf dem potenzielle Anleger und Kapitalsuchende zusammenfinden können.[977] Im Rahmen eines Vorauswahlverfahrens bestimmt sie, wer sich dem Kreis potenzieller Kapitalgeber

970 Vgl. Assmann/Schütze/*Edelmann*, § 3 Rn. 87; MünchKommBGB/*Emmerich*, § 311 Rn. 64; *Schwarze*, § 33 Rn. 2.

971 Vgl. *BGH*, WM 2012, 1577 (1578) = JurionRS 2012, 19159.

972 Diese Frage in Bezug auf das KASG aufwerfend *Bujotzek/Mocker*, BKR 2015, 358 (359 f.).

973 BGHZ 159, 94 (102) = *BGH*, NJW 2004, 2523 (2525); *BGH*, NJW-RR 2005 23 (25) = JurionRS 2004, 14301.

974 Statt Vieler Palandt/*Grüneberg*, § 311 Rn. 61 m.w.N.

975 Z.B. die Companisto GmbH und die Seedmatch GmbH.

976 Zur generellen Tätigkeit Assmann/Schütze/*Edelmann*, § 3 Rn. 7 f.

977 Zur Bedeutung dieser Plattform für Crowdfunding/ -investing, Seite 31 f.

präsentieren darf.[978] Bezugnehmend auf dieses Konzept, wird deutlich, dass der Vorauswahlprozess keinen Einfluss auf die konkrete Verhandlung über den Erwerb einer Vermögensanlage hat, sondern ausschließlich die Frage betrifft, ob überhaupt konkrete Verhandlungen zwischen Anbieter und Anleger stattfinden können. Damit ist die Vorauswahl den späteren konkreten Verhandlungen vorgelagert. Entscheidendes Kriterium der Eigenhaftung im Sinne der §§ 280 Abs. 1, 311 Abs. 2, Abs. 3 BGB ist jedoch die Einflussnahme des Dritten auf die Entscheidung des anderen Teils.[979]

Die generelle Vorprüfung eines jeden Projekts, das auf Plattform angeboten wird, wird sich indes nur schwerlich als Einflussnahme interpretieren lassen, die den einzelnen Anleger dazu bringen sollte, genau in das konkrete Projekt zu investieren. Auf die Entscheidung des Anlegers, ob und wenn ja in welches der Projekte, die auf der Plattform angeboten werden, er investiert, also von wem er eine Vermögensanlage erwirbt, nimmt die Plattform selbst keinen Einfluss.[980] Aus der bloßen Stellung als Anlagevermittler kann nicht auf die Inanspruchnahme eines qualifizierten Vertrauens geschlossen werden.[981]

Die Verhandlungen selbst finden auf der Plattform statt. Den Rahmen bildet ein standardisiertes Profil des Emittenten, welches in Bezug auf das Layout von der Plattform vorgegeben wird. Selbst wenn man bereits die Vorauswahl oder die standardisierte Präsentation den einzelnen Vertragsverhandlungen zuordnet, so wird kein besonderes persönliches Vertrauen in Anspruch genommen. Das besondere persönliche Vertrauen ist durch eine zusätzliche Gewähr für die erfolgreiche Durchführung des Vertrages gekennzeichnet.[982] Den Kriterien der Vorprüfung genügt zu haben, ist indes vielmehr eine Eigenschaft, die jedem Projekt auf der Plattform zukommt. Das sich daraus ergebende Vertrauen ist jeder Vertragsverhandlung zwischen einem Emittenten und einem Anleger auf der Crowdinvesting-Plattform immanent. Dass die Plattform nun für jedes Projekt, das über sie abgewickelt wird, eine zusätzliche Gewähr bietet, erscheint lebensfremd und ergibt sich auch aus Sicht des Anlegers nicht. Objektiv betrachtet ist die Vorprüfung lediglich die Grundlage jeder potenziellen Vertragsverhandlung, ohne konkret auf einen spezifischen Vertragsschluss oder eine spezifische

---

978 Zum Verfahren der Vorauswahl, Seite 92 f.

979 Vgl. *BGH*, NJW 1990, 1907 (1908) = WM 1990, 966 (968) m.w.N.; *BGH*, WM 1984, 889 (890) = BB 1984, 1254 (1254).

980 Vgl. *Meschkowski/Wilhelmi*, BB 2013, 1411 (1413 f.).

981 Für den handelnden Anlageberater einer Bank *OLG Braunschweig*, ZIP 1993, 1457 (1458) = WM 1994, 59 (59 f.) – damit erst recht für den Anlagevermittler.

982 Vgl. Fn. 900.

Vertragserfüllung hinzuwirken. Infolgedessen besteht auch kein besonderes persönliches Vertrauen beim Anleger, durch das die spezifische Vertragsverhandlung beeinflusst wird. Vielmehr handelt es sich dabei um ein Vertrauen, welches jedem Anlagevermittler zu Teil wird. Auch ein wirtschaftliches Eigeninteresse der Plattform fehlt. Zwar erhält sie nur bei erfolgreichen Finanzierungsrunden eine Provision vom Kapitalsuchenden, ein solches mittelbares Interesse reicht indes nicht aus, um ein unmittelbares wirtschaftliches Eigeninteresse am Vertragsschluss zu begründen.[983] Auch der Umstand, dass die Internet-Dienstleistungsplattform in die spätere Abwicklung eingebunden ist, betrifft nicht mehr die Verhandlung, sondern ist lediglich eine dem Vertragsschluss nachgelagerte Teilhabe. Prüft die Plattform, ob die Einzelanlageschwellen eingehalten werden oder wickelt sie die Finanzierung selbst ab, so sind darin Prozesse zu sehen, die dem konkreten Entschluss des Anlegers, den Vertrag abzuschließen, nachfolgen.[984]

Um eine Prospekthaftung im weiteren Sinne zu begründen, fehlt es, bezogen auf den Erwerb der Vermögensanlage, am persönlicher Kontakt des Anlegers zur Plattform und damit auch an der Möglichkeit, überhaupt besonderes persönliches Vertrauen dadurch in Anspruch zu nehmen, dass man eine besondere Gewähr für den Erfolg des Projekts bietet. Damit kommt eine Haftung der Crowdinvesting-Plattform für Aufklärungsmängel oder fehlerhafte Informationen in den verwendeten Unterlagen aus der allgemeinen zivilrechtlichen Prospekthaftung im weiteren Sinne (§§ 280 Abs. 1, 311 Abs. 2, Abs. 3 BGB) unter den üblichen Umständen nicht in Betracht.[985]

---

983 So die St.Rspr. *BGH*, NJW-RR 2006, 993 (994) = JurionRS 2005, 30672; *BGH*, WM 1991, 1730 (1731) = NJW-RR 1991, 1241 (1242); *BGH*, NJW-RR 1989, 110 (111) = WM 1988, 1888 (1889); BGHZ 88, 67 (70) = *BGH*, NJW 1983, 2696 (2697); *Uffmann*, JZ 2016, 928 (936); a.A. für Internet-Dienstleistungsplattformen *Nietsch/Eberle*, DB 2014, 1788 (1789).

984 Vergleicht man die Plattform mit dem Betreiber einer Verkaufsmesse, so wird die Situation deutlich: Nur weil der Messebetreiber vorab prüft, wer sich dem Publikum auf seiner Messe präsentieren darf und den Messeteilnehmern vorgibt, wie ihre Messestände zu präsentieren sind, ist er deshalb nicht automatisch an den potenziellen Vertragsabschlüssen zwischen dem Messeteilnehmer und dem Messepublikum beteiligt.

985 So auch *Meschkowski/Wilhelmi*, BB 2013, 1411 (1414); *Nastold*, ZVertriebsR 2014, 366 (368); *Wunschel/Gaßner*, ZfIR 2015, 853 (865 f.); a.A. *Uffmann*, JZ 2016, 928 (936 f.).

4. Deliktsrechtliche Haftung

Neben der Haftung aus den besonderen vertraglichen Beziehungen besteht davon unberührt die Möglichkeit der Haftung nach deliktsrechtlichen Grundsätzen. In Bezug auf die Privilegierungsnorm des § 2a VermAnlG ergeben sich für die Crowdinvesting-Plattformen indes, ebenso wie für die anbietenden Emittenten der Vermögensanlage, keine Besonderheiten in Bezug auf die Möglichkeit einer deliktsrechtlichen Haftung. Lediglich auf die Möglichkeit einer Strafbarkeit der beteiligten natürlichen Personen wegen Kapitalanlagebetrugs nach § 264a Abs. 1 StGB, respektive einer entsprechenden Beihilfe i.V.m. § 27 Abs. 1 StGB und der daraus folgenden Haftung nach § 823 Abs. 2 i.V.m. §§ 264a Abs. 1, (27 Abs. 1) StGB sei hingewiesen.[986]

III. Ansprüche gegen die BaFin

Auch die BaFin ist an der Emission beteiligt. Sie übt die Aufsicht über das öffentliche Angebot der Vermögensanlagen aus. Vor allem das VIB des Anbieters wird bei ihr, auch im Falle des Crowdinvesting nach § 2a VermAnlG gem. § 14 Abs. 1 S. 2 VermAnlG, hinterlegt. Soweit das VIB fehlerhaft ist, kann im Rahmen von Amtspflichtverletzungen infolgedessen ein Amtshaftungsanspruch gegen die BaFin in Betracht kommen, der sich nach Art. 34 GG i.V.m. § 839 BGB richtet. Elementarer Kern eines solchen Anspruchs ist die Verletzung einer drittbezogenen Amtspflicht.[987] Die Pflichten der BaFin im Rahmen der Emission von Vermögensanlagen betreffen auch solche Bereiche, die im Zusammenhang mit Interessen des Anlegers stehen.[988] Grundlegend erforderlich ist indes, dass die Pflicht, gegen die verstoßen wurde, auch dazu dient, die Interessen des Einzelnen, der durch die Pflichtverletzung Schaden genommen hat, zu schützen.[989]

Jedoch ist in § 4 Abs. 4 FinDAG explizit festgehalten, dass die BaFin ihre Pflichten ausschließlich im öffentlichen Interesse wahrnimmt.[990] Die Pflichten dienen damit nicht dem Interesse des einzelnen Betroffenen und Amtshaftungsansprüche sind ausgeschlossen.[991] Im Rahmen von Crowdinvesting nach

---

986 Dazu MünchKommStGB/*Wohlers*/*Mühlbauer*, § 264a Rn. 99 f.

987 Statt Vieler Jaunerig/*Teichmann*, § 839 Rn. 12 f.

988 Zu den Pflichten der BaFin oben, Seite 142 ff.

989 Vgl. Erman/*Mayen*, § 839 Rn. 59.

990 § 4 Abs. 4 FinDAG: „Die Bundesanstalt nimmt ihre Aufgaben und Befugnisse nur im öffentlichen Interesse wahr."

991 Vgl. EBJS/*Groß*, BankR IX Rn. IX 330 und Rn. IX 662.

§ 2a VermAnlG kommt eine Haftung der Bundesanstalt für Finanzdienstleistungsaufsicht mithin nicht in Betracht.

IV. Gesamtbetrachtung der haftungsrechtlichen Situation

Führt man die haftungsrechtlichen Ausführungen zusammen, so lässt sich die Situation des Anlegers wie folgt zusammenfassen:

1. Gegenüber dem anbietenden Emittenten

Greift im Regelfall bei Emissionen von Vermögensanlagen die in §§ 20, 21 VermAnlG normierte spezialgesetzliche Prospekthaftung ein, so wird diese durch § 2a VermAnlG für Emissionen von Vermögensanlagen im Wege des Crowdinvesting unter den dort genannten Voraussetzungen ausgeschlossen. Als spezialgesetzliche Haftungsnorm greift § 22 VermAnlG für ein unrichtiges oder fehlendes Vermögensanlagen-Informationsblatt auch bei der Crowdinvesting-Emission ein. Die allgemeine zivilrechtliche Prospekthaftung im engeren Sinne wird durch die Anordnung der spezialgesetzlichen Prospekthaftung im Anwendungsbereich des Vermögensanlagegesetzes verdrängt. Indes bleibt die allgemeine zivilrechtliche Prospekthaftung im weiteren Sinne, als Vertrauenshaftung, in ihrer Anwendbarkeit von der spezialgesetzlichen Prospekthaftung unberührt. Liegen ihre Voraussetzungen vor, so haften die Personen, die als Repräsentanten des anbietenden Emittenten auftreten (sog. „Gründer") und besonderes Vertrauen für die Richtigkeit ihrer Angaben in Anspruch nehmen, persönlich.[992] Die „Gründer" sind als natürliche Personen im Regelfall zwar nicht selbst Emittent[993] der gegenständlichen Vermögensanlagen, aber ihr Fehlverhalten in Bezug auf die Aufklärung des Anlegers durch fehlerhafte oder fehlende Informationen wird diesem zugerechnet, sodass er dann nach den Vorschriften der §§ 280 A bs. 1 S. 1, 241 Abs. 2, 311 Abs. 2 BGB i.V.m. § 31 BGB (analog) wegen vorvertraglicher Pflichtverletzung haftet. Die Privilegierung von Crowdinvesting durch § 2a VermAnlG hat auf eine etwaige deliktsrechtliche Haftung keinen Einfluss. Das Haftungsrisiko besteht insofern gleichermaßen bei regulären Emissionen nach dem VermAnlG wie auch bei Crowdinvesting-Emissionen. Ebenso kann auch bei Crowdinvesting-Emissionen an sich eine Strafbarkeit nach § 264a StGB entstehen. Die Privilegierung, die durch § 2a VermAnlG erfolgt, führt damit

992 Der Anspruch folgt aus §§ 280 Abs. 1 S. 1, 241 Abs. 2, 311 Abs. 2, Abs. 3 BGB.

993 Dies wird zumeist eine Kapitalgesellschaft sein, die hinter den Gründern steht und den rechtlichen Rahmen für die Unternehmensgründung liefert.

nicht dazu, dass derjenige, der Informationen im Zuge der Aufklärung und Beseitigung von Informationsasymmetrien erteilt, für deren Richtigkeit nicht verantwortlich wäre.

2. Gegenüber der intermediären Plattform

Als Intermediären kommt den Internet-Dienstleistungsplattformen für die Privilegierung nach § 2a VermAnlG besondere Bedeutung zu. Im Regelfall besteht eine spezialgesetzliche Haftung der Plattformen nach § 22 VermAnlG mangels Verantwortlichkeit für die Erstellung eines VIB nicht. Die Möglichkeit zu haften, wurzelt für die Plattformen vielmehr in ihrer Rolle als Anlagevermittler[994]. Aus dieser Beziehung zum Anleger ergibt sich die Pflicht zur Plausibilitätsprüfung der Unterlagen, die über die Plattform zur Verfügung gestellt werden, was auch das VIB umfasst, welches durch den anbietenden Emittenten zu erstellen ist. Wird diese Prüfung nicht oder fehlerhaft vorgenommen, verletzt die Plattform im Verhältnis zum Anleger ihre Pflichten, woraus eine entsprechende Haftung resultieren kann. Da es an der Inanspruchnahme persönlichen Vertrauens im Rahmen der konkreten Emission fehlt, kommt die allgemeine zivilrechtliche Prospekthaftung im weiteren Sinne als Haftungsgrundlage der Crowdinvesting-Plattform nicht in Betracht. Die Möglichkeit einer Haftung nach den Vorschriften des Deliktsrechts richtet sich nach allgemeinen Maßstäben und besteht auch für die intermediären Internet-Dienstleistungsplattformen.

3. Gegenüber der BaFin

Demgegenüber kommt eine Haftung der Bundesanstalt für Finanzdienstleistungsaufsicht für fehlende oder fehlerhafte Informationen im VIB, die dem Anleger während der Emission zugänglich gemacht werden, nicht in Betracht.

4. Haftungsrechtliche Auswirkungen des § 2a VermAnlG

Die Privilegierung durch die Norm des § 2a VermAnlG hat alles in allem auch haftungsrechtliche Auswirkungen. Insbesondere die spezialgesetzlich normierten Prospekthaftungstatbestände entfallen. Dennoch steht der Anleger im Falle von fehlenden oder fehlerhaften Informationen nicht schlechter. Unter dem Gesichtspunkt der Informationssicherheit wirkt sich die Sonderregelung für Crowdinvesting nur bedingt aus. Zwar besteht keine Pflicht, den gesetzlich vorgegebenen Informationskatalog in Form des Verkaufsprospekts bereitzustellen,

---

994 Respektive auch Anlageberater, was indes faktisch nicht der Fall ist, siehe Fn. 357.

und auch eine darauf fußende Haftung entfällt, dennoch können an sich alle entscheidungserheblichen Informationen, die der Crowd erteilt werden, Gegenstand haftungsrechtlicher Tatbestände sein. Insoweit können alle Äußerungen, auch solche durch Dokumente, die für sich allein oder als Konglomerat einen „Prospekt" im Sinne der allgemeinen zivilrechtlichen Prospekthaftung darstellen, sowie alle Informationen, die für Anlageentscheidung von Bedeutung sind, Gegenstand der Haftung sein, wenn und soweit sie dem potenziellen Anleger persönlich als Information erteilt werden. Kern der allgemeinen zivilrechtlichen Prospekthaftung im weiteren Sinne ist insofern die Inanspruchnahme persönlichen Vertrauens. In welcher Form solche Falschinformationen ausgegeben werden, ist nicht entscheidend. Erteilen die Gründer gegenüber der Crowd fehlerhafte Informationen oder bedienen sie sich fehlerhafter Dokumente, um Informationen zu erteilen, so löst dies im Regelfall eine entsprechende Haftung aus. Durch die oben beschriebene Zurechnung des Verhaltens zum Emittenten ist insgesamt eine der spezialgesetzlichen Prospekthaftung vergleichbare Haftung gegeben. Für die Informationen, die der Anleger zur Grundlage seiner Anlageentscheidung macht, besteht damit eine Informationssicherheit, die derjenigen der spezialgesetzlichen Prospektvorschriften des VermAnlG gleichzustellen ist.

G. Anlegerschutz im Crowdinvesting nach § 2a VermAnlG

Crowdinvesting stellt eine Möglichkeit dar, Kapital zu generieren. Soweit man von einem öffentlichen Angebot ausgeht, um das Kapital einzuwerben, findet Crowdinvesting auf einem Kapitalmarkt statt. Werden Finanzprodukte legal an einem unregulierten Markt gehandelt, so spricht man vom „Grauen Kapitalmarkt".[995] Mit Inkrafttreten des Vermögensanlagerechts im Jahr 2012 und dem daran anknüpfenden Kleinanlegerschutzgesetz wurde das Ziel verfolgt, unregulierte Märkte und Marktsegmente einer Regulierung zuzuführen und so die Pflichten, die auf regulierten Märkten bereits bestanden, auf Vermögensanlagen im bisherigen Graumarktbereich auszudehnen.[996] Die Privilegierung von Crowdinvesting in § 2a VermAnlG führt indes dazu, das eine Vielzahl von Pflichten, die das VermAnlG für Emissionen vorsieht, nicht zu beachten ist.

I. Bestehende Regulierung

Betrachtet man die Regulierung von Crowdinvesting, so wird deutlich, dass eine Ungleichbehandlung im Verhältnis zu andern Vermögensanlagen nicht aus den angebotenen Vermögensanlagen, als Instrumente der Abwicklung der Kapitalüberlassung, selbst folgen kann.[997] Die spätere Abwicklung und Umsetzung der Kapitalüberlassung beim Crowdinvesting birgt nämlich keine spezifischen Risiken durch die Beteiligung einer Vielzahl von (Klein-) Anlegern. Vielmehr sind die Besonderheiten des Crowdinvesting in den Umständen der Emission der Vermögensanlagen zu sehen. Somit betrifft auch die Frage nach einer ausreichenden Regulierung von Crowdinvesting durch das KASG nur das öffentliche Angebot, also die Emission unter Einbindung einer Internet-Dienstleistungsplattform. Die Privilegierungsvorschrift des § 2a VermAnlG schreibt vor, dass Normen des VermAnlG, unter bestimmten Voraussetzungen, nicht anzuwenden sind. Dies betrifft gem. § 2a Abs. 1 VermAnlG die §§ 5a, 6 bis 11a VermAnlG, §§ 12 Abs. 1, 14 Abs. 1 S. 1 und Abs. 3 S. 1 VermAnlG, die §§ 15a, 17, 18 Abs. 1 Nr. 2 bis 6, 19 Abs. 1 Nr. 2 VermAnlG und die §§ 20, 21, 23 Abs. 2 Nr. 2, 4, 24 Abs. 5 bis 8, 25 VermAnlG. Kern der Privilegierung ist die Befreiung von

---

995 Zum Begriff, Seite 42 f.

996 Zur historischen Entwicklung der Regulierung, Seite 44 ff.

997 Dazu oben, Seite 74.

der in § 6 VermAnlG vorgesehenen Pflicht, einen Vermögensanlagen-Verkaufsprospekt i.S.v. § 7 VermAnlG zu erstellen und die damit korrespondierenden Pflichten zu beachten. Rein faktisch sind durch die Ausnahmevorschrift des § 2a VermAnlG damit von den anbietenden Emittenten der Vermögensanlagen, die über ein Crowdinvestment angeboten werden, weniger gesetzliche Vorgaben einzuhalten. Die Regulierungsdichte des öffentlichen Angebots beim Crowdinvesting unter den Vorgaben des § 2a VermAnlG ist dementsprechend geringer. Eine Regulierung, wie sie das VermAnlG umfassend vorschreibt, erfolgt in diesem Bereich nicht. Fraglich ist, ob Crowdinvesting nach der Vorschrift des § 2a VermAnlG wegen dieser geringeren Regulierung als nicht ausreichend normiert zu qualifizieren ist und damit dem Gedanken eines fundierten Anlegerschutzes zuwiderläuft. Eine solche Einordnung erweist sich nur dann als stichhaltig, wenn weitergehender Regulierungsbedarf besteht. Fehlt es an einem solchen Regulierungsbedarf und werden die Ziele, die mit dem Erlass des Kleinanlegerschutzgesetzes verfolgt wurden, durch die vorhandenen Vorschriften erreicht, ist ein ausreichender Anlegerschutz auch im Falle des Crowdinvesting gegeben. Im Zuge des Gesetzgebungsverfahrens hat die Vorschrift des § 2a VermAnlG negative Bewertungen erfahren. Die Befreiung von der Prospektpflicht wurde, gerade in Bezug auf die hohen Risiken einer Finanzierung von Start-Up-Unternehmen, kritisch gesehen.[998] Ob eine vollumfängliche Ausdehnung der Pflichten nach dem VermAnlG, insbesondere der Prospektpflicht, auch auf eine Crowdinvesting-Emissionen nach § 2a VermAnlG notwendig erscheint, bildet den Kern der Frage, ob eine generell weitergehende Regulierung von Crowdinvesting durch den Gesetzgeber angezeigt ist, um einen angemessenen und vergleichbaren Anlegerschutz zu gewährleisten.

II. Grundlagen der Privilegierung von Crowdinvesting

Es gilt in diesem Zusammenhang festzustellen, ob der Anleger, wenn er Vermögensanlagen im Rahmen einer Crowdinvesting-Emission erwirbt, schlechter gestellt wird, als bei der Investition in andere Anlageobjekte, deren Emissionen den vollen Anforderungen des VermAnlG unterliegen. Dieser Frage kann nur

998 Stellungnahme des *Bundesverbandes der Verbraucherzentralen (VZBV)*, 4 sowie Stellungnahme der *Deutschen Kreditwirtschaft (DK)*, 10. Beide im Rahmen der öffentlichen Anhörung des Finanzausschusses am 16.03.2015 (abrufbar unter: www.bundestag.de/bundestag/ausschuesse18/a07/anhoerungen/37--sitzung/364620 – zuletzt abgerufen am 02.12.2016). Dazu auch *Buck-Heeb*, NJW 2015, 2535 (2536). Generell gegen eine Regulierung von Crowdinvesting *Beck*, 231.

unter Bezugnahme auf die Gesichtspunkte nachgegangen werden, die durch die Privilegierung und den dahinter stehenden Willen des Gesetzgebers aufgeworfen werden.

1. Informationsdefizit

Die Erstellung eines Vermögensanlagen-Verkaufsprospekts ist die Kernpflicht, die dem Anbieter von Vermögensanlagen durch das VermAnlG auferlegt werden. Der nach den Vorgaben von § 7 VermAnlG und der VermVerkProspV erstellte Prospekt umfasst umfangreiche Informationen, aufgrund derer der Anleger seine Entscheidung zum Erwerb einer bestimmten Vermögensanlage treffen kann.[999] Diese Kernpflicht und darauf bezogene Informationspflichten, wie beispielsweise die Pflicht nach § 11 VermAnlG, ergänzende Angaben zu veröffentlichen, bestehen beim Crowdinvesting nach § 2a VermAnlG nicht. Durch die umfangreichen Informationen, die der Prospekt enthält, wird der potenzielle Anleger in die Lage versetzt, die Vermögensanlage einzuschätzen. Damit wird es ihm ermöglicht, für sich zu entscheiden, ob die Vermögensanlage den von ihm gewünschten Anlagezielen entspricht und damit, ob er sie erwirbt oder von einer Investition Abstand nimmt.[1000] In der Situation eines privilegierten Crowdinvestments nach § 2a VermAnlG könnten dem Anleger auf Grund des Ausschlusses der Prospektpflicht faktisch weniger Information zur Verfügung stehen, die er aber an sich benötigt, um eine fundierte Anlageentscheidung zu treffen.[1001] Durch eine Investitionsentscheidung trotz fehlender Informationsgrundlage besteht die Gefahr, ein enorm hohes Verlustrisiko einzugehen. Damit gilt es zu klären, ob beim Crowdinvesting nach § 2a VermAnlG tatsächlich ein solches Informationsdefizit des Anlegers besteht.

a.) Interaktion mit der Crowd

Im Zuge dessen sind die besondere Rolle und die besonderen Mechanismen, die sich bei crowd-basierten Emissionen von Vermögensanlagen bilden, hervorzuheben. Anders als im Rahmen klassischer Emissionen, bei denen sich direkt an das Angebot der Vermögensanlage durch den Anbieter die Annahme durch den Anleger anschließt, bestehen beim Crowdinvesting Besonderheiten. Crowdinvesting „lebt“ von der Interaktion zwischen den potenziellen Anlegern und dem

---

999 Zum Wert und zur Notwendigkeit von Informationen *Klöhn*, WM 2012, 97 (98).

1000 Zum Inhalt des Prospekts, Seite 98 ff.; zu den Möglichkeiten, die sich dem Anleger daraus bieten, Seite 104 f.

1001 Diese Kritik klingt vor allem in der Stellungnahme des *VZBV*, 4 an.

Kapitalsuchenden.[1002] So ist bereits das Angebot der Vermögensanlage durch den Kapitalsuchenden mit dem Element des „Storytelling"[1003] durch das besondere Ziel geprägt, den potenziellen Geldgeber anzusprechen und eine Beziehung zu ihm aufbauen. Als besonders wichtige Elemente einer Crowdinvesting-Emission sind deshalb die Interaktionen und Kommunikation mit den potenziellen Anlegern, also der Crowd, die das gewünschte Kapital durch den Erwerb der angebotenen Vermögensanlagen stellen soll, zu sehen. Diese Interaktion erfolgt in Form von (Nach-) Fragen sowie insbesondere durch die Bereitstellung von Informationen über aktuelle Entwicklungen oder weiterführende Einblicke in interne Abläufe.[1004] Für den kapitalsuchenden Emittenten ist es von großer Bedeutung, die potenziellen Anleger von einer Investition zu überzeugen. Dies gelingt ihm im Regelfall nur dann, wenn er etwaige Nachfragen aus der Anlegerschaft beantwortet und damit Unklarheiten beseitigen kann. Der Crowd, als Gruppe möglicher Kapitalgeber, kommt in diesem Zusammenhang für die Emission eine besondere Rolle zu. Bei ihr handelt es sich um Nutzer der Plattform, die potenziell bereit sind, in das in Rede stehende Projekte zu investieren. Sie setzt sich dabei, auf Grund fehlender Zugangsbeschränkungen zu solchen Plattformen, aus einer Vielzahl unterschiedlicher Personen mit unterschiedlichen Hintergründen zusammen.[1005] Durch die Interaktion von Kapitalsuchendem und der Gruppe potenzieller Anleger können Informationen über das zu finanzierende Unternehmen und über die Vermögensanlage, die der Finanzierung dienen soll, gewonnen werden.

Im Regelfall kommt die Informationsfunktion dem Vermögensanlagen-Verkaufsprospekt zu.[1006] Im Falle des § 2a VermAnlG überzeugt der oben beschriebene Kritikpunkt eines Informationsdefizits in jedem Fall dann nicht, wenn im Rahmen der Interaktion und Kommunikation mit der Crowd diejenigen Informationen gewonnen werden, die der Einzelne benötigt, um eine fundierte Anlageentscheidung zu treffen. Damit würde sich die Notwendigkeit eines Vermögensanlagen-Verkaufsprospekts beim Crowdinvesting erübrigen.

1002 *Schramm/Carstens*, 142 ff.

1003 Zur Finanzierungsphase, Seite 93.

1004 *Schramm/Carstens*, 142 ff., die dieses Element zum entscheidenden Faktor für einen erfolgreichen Investment/Fundingprozess machen; allgemein *Lawton/Marom*, 10 ff.

1005 Zur Zusammensetzung der Crowd unten, Seite 204 f.

1006 BT-Drucks. 17/6051, 30.

b.) „Wisdom of Crowds“

Dem Prozess der Interaktion und insbesondere den Nachfragen kommt damit ein großer Stellenwert zu, denn sie lassen sich als der Prozess begreifen, der die Funktion des Prospekts zum Teil ersetzt. Dieser enthält regelmäßig alle entscheidungserheblichen Informationen, womit der Anleger, nach einer entsprechenden Lektüre, in die Lage versetzt wird, eine fundierte Anlageentscheidung zu treffen. Damit der Prozess der Interaktion diese Funktion ersetzen kann, ist festzustellen, ob während der Interaktion zum einen überhaupt Informationen erfragt werden, zum anderen, ob diese Informationen auch solche sind, die für eine fundierte Anlageentscheidung benötigt werden.

Anders als klassisch emittierte Vermögensanlagen finden sich bei Crowdinvestments die potenziellen Anleger auf der Plattform zusammen, über die die Vermögensanlage durch den Emittenten selbst angeboten wird. Der Einzelne möchte dort, als Teil einer Gruppe, investieren. In dieser Gruppenbildung liegt eine besondere Stärke crowd-basierter Finanzierungen. Sie ist vor allem darin zu sehen, dass eine Gruppe, unter bestimmten Voraussetzungen bzgl. der Bewertung und Einschätzung eines Unternehmens, das Kapital sucht, bessere Entscheidungen trifft als einzelne Anleger („wisdom of crowds“).[1007] Dabei beinhaltet das Element der Einschätzung auch die Informationsgewinnung im Rahmen der Interaktion. „Wisdom of crowds“ wird dabei vom Vorliegen bestimmter Elemente geprägt. Kern ist eine kollektive Entscheidung, die von mehreren Individuen einer Gruppe getroffen wird.[1008] Idealerweise ist die Gruppe dezentral organisiert, wobei die einzelnen Einschätzungen im Sinne einer Koordination gebündelt werden.[1009] Dabei muss der Einzelne in seiner Einschätzung der Situation unabhängig sein[1010]. Ebenso muss eine gewisse Heterogenität der Gruppe hinzukommen.[1011] Die Informationen, die das Ergebnis einer kollektiven Einschätzung der Mitglieder einer dezentral organisierten, heterogenen

1007 *Bradford*, Columbia Business Law Review 2012, 1 (114 f.); *Klöhn/Hornuf*, ZBB 2012, 237 (257); *Larrick/Mannes/Soll*, Social Judgment and Decision Making, 227 (233); vgl. *Lawton/Marom*, 9 ff.; *Mollick/Nanda*, 4 f.; *Surowiecki*, 189 f.; *Tomboc*, The John Marshall Journal of Information Technology & Privacy Law Vol. 30 (2013), 253 (278).

1008 Vertiefend dazu *Mallone/Laubacher/Dellarocas*.

1009 Vgl. *Surowiecki*, 185 f.

1010 Bzgl. des Informationsdefizits ist die Unabhängigkeit für die Bewertung der Frage, welche Informationen für eine Investitionsentscheidung für wichtig erachtet werden, gemeint.

1011 Vgl. *Larrick/Mannes/Soll*, Social Judgment and Decision Making, 227 (231); *Surowiecki*, 186.

Gruppe sind, stehen allen Mitgliedern der Gruppe offen. Meinungsvielfalt und -unabhängigkeit fördern den Wettbewerb verschiedener Ansichten und sind deshalb von besonderer Wichtigkeit.[1012] Unter diesen Voraussetzungen kann die Gruppe eine Entscheidung treffen, die der des Einzelnen überlegen ist.[1013] Zu klären gilt es, ob diese Voraussetzungen der „Weisheit der Vielen" im Falle eines Crowdinvestments nach § 2a VermAnlG gegeben sind und wie sie sich auf ein mögliches Informationsdefizit auswirken, denn aus dem schlichten Vorhandensein kollektiver Intelligenz kann nicht auf die Nutzung dieser kollektiven Intelligenz in der konkreten Situation geschlossen werden[1014].

c.) Die Rolle der Crowd in der Emission nach § 2a VermAnlG

In Bezug auf die Privilegierung, die Crowdinvesting durch § 2a VermAnlG erfährt, muss die „Weisheit der Vielen" im Rahmen der Interaktion mit dem anbietenden Emittenten zum Teil den fehlenden Vermögensanlagen-Verkaufsprospekt ersetzen. Entscheidend ist damit, dass sich die Gruppe diejenigen Informationen verschafft, die der einzelne Anleger für seine Entscheidung benötigt. Dementsprechend ist die Bewertung, welche Informationen im konkreten Fall für die Investitionsentscheidung und Risikobewertung erheblich sind, im Rahmen der oben beschriebenen Abläufe von großer Bedeutung und muss bestmöglich erfolgen.[1015] Der einzelne Anleger sollte seine Anlageentscheidung auf Grundlage eines, dem Verkaufsprospekt vergleichbaren Informationsstands treffen können. Ob die Entscheidung, die dann auf Grundlage dieser Informationen getroffen wird, selbst als gut oder schlecht zu bewerten ist, ist nachrangig. Somit ist zu untersuchen, ob die Voraussetzungen des „Wisdom of Crowds" auch im Falle des Crowdinvesting nach § 2a VermAnlG vorliegen.

aa.) Kollektive Entscheidung

Die Crowd setzt sich aus einer unbestimmten Vielzahl von einzelnen Anlegern zusammen. Diese Vielzahl an Individuen, die eine etwaige Finanzierungsentscheidung unter verschiedenen Gesichtspunkten treffen, sorgt dafür, dass eine

---

1012 *Surowiecki*, Introduction XIX.

1013 Auf die Kriterien *Surowieckies* beziehen sich auch *Klöhn/Hornuf*, ZBB 2012, 237 (256 f.).

1014 *Surowiecki*, 22.

1015 Dass die Crowd als Gruppe eine Investitionsentscheidung trifft, die der Entscheidung eines einzelnen Anlegers überlegen ist, ist für die Frage eines Informationsdefizits des Einzelnen an dieser Stelle zweitrangig.

Gruppenbewertung erfolgen kann. Diese Bewertung ist das Ergebnis einer kollektiven Entscheidung. Auch wenn die Gruppengröße der späteren tatsächlichen Investoren im Rahmen eines Crowdinvestments variiert, so handelt es sich immer um eine mehr oder weniger große Gruppe von Anlegern. Die Anzahl der potenziellen Investoren ist in der Mitgliederzahl der Plattform zu sehen, über die der Emittent die Vermögensanlage anbietet.[1016] Jedes Mitglied der Plattform kann die Informationen, die während der Emissionsphase bereitstehen und erfragt werden, einsehen und sich ein Bild über die Vermögensanlage verschaffen. Ebenso steht jedem Mitglied der Plattform die Möglichkeit offen, weitergehend mit dem Kapitalsuchenden zu interagieren. Eine mögliche Investitionsentscheidung steht unabhängig von dieser Interaktion oder deren Ergebnis. Zugleich besteht die Möglichkeit, durch den Austausch mit anderen zu dem Ergebnis zu kommen, dass noch Informationen fehlen, die für eine Bewertung erheblich sind und diese Informationen dann zu erfragen. In jedem Fall kann die Gesamtheit der Informationen, die durch die Interaktion gewonnen werden, als Ergebnis einer kollektiven Einschätzung begriffen werden.[1017]

bb.) Unabhängigkeit des Einzelnen

Der oben beschrieben Ablauf lässt auch deutlich werden, dass der Einzelne seine Entscheidung, ob und wenn ja in welcher Form und in Bezug auf welchen Aspekt der Vermögensanlage oder des zu finanzierenden Projekts er mit dem Kapitalsuchenden in Kontakt tritt, unabhängig treffen kann. Er ist, als einer von vielen Nutzern der Internet-Dienstleistungsplattform, regelmäßig keiner Beeinflussung im Hinblick auf die Frage, welche Informationen er als wichtig erachtet oder welche weiteren Informationen er als erforderlich einstuft, ausgesetzt. Als gleichberechtigter Teil der potenziellen Anleger kann er Informationen anfordern und zugleich seine Einschätzung von deren Relevanz auf die Auskünfte stützen, die bis zu dem Zeitpunkt seiner Interaktion erfragt wurden. Seine Fragen unterliegen keiner Vorprüfung oder Auswahl durch andere.[1018] Auf Grundlage aller Informationen kann er entscheiden, ob er vom Emittenten weitere Auskünfte benötigt, um aus seiner Sicht umfassend über die Investition zu entscheiden. Damit ist der

1016 Zum Beispiel *Companisto* mit 63.889 Mitgliedern oder *Seedmatch* mit 50.176 (beide Daten zuletzt abgerufen am 02.12.2016).

1017 Vgl. *Klöhn/Hornuf*, ZBB 2012, 237 (257).

1018 Diesen Aspekt sehen *Klöhn/Hornuf*, ZBB 2012, 237 (257) kritisch. Sie stellen auf die Möglichkeit ab, sich in Foren und Blogs vorab austauschen zu können, wodurch möglicherweise eine Beeinflussung gegeben wäre. Diese theoretische Möglichkeit einer Beeinflussung lässt die an sich bestehende Unabhängigkeit jedoch unberührt.

einzelne Anleger als Teil der Crowd in Bezug auf die Informationsbeschaffung unabhängig von anderen Crowd-Mitgliedern oder außenstehenden Dritten.

cc.) Heterogenität

Eine möglichst heterogene Zusammensetzung der Gruppe ist für eine bestmögliche Gruppenentscheidung wichtig. Je unterschiedlicher die beruflichen Hintergründe, das Alter und andere Aspekte sind, je weiter divergieren die Einschätzungen davon, was als wichtig zu erachten ist und dementsprechend beim Kapitalsuchenden erfragt wird. Theoretisch steht jedem, der die Voraussetzungen zum Abschluss eines Nutzungsvertrages mit der Plattformen erfüllt, die Möglichkeit offen, Teil der potenziellen Anlegerschaft zu sein. Rein faktisch gleichen sich die Anleger in vielerlei Hinsicht.[1019] Dass eine grundsätzliche Kenntnis des Einzelnen im Bereich des Kapitalmarktes und der Investition in Unternehmen besteht, ist positiv zu werten.[1020] Darüber hinaus wird die Vielfalt beruflicher Hintergründe als besonders entscheidend eingestuft.[1021] In diesem Zusammenhang ist davon auszugehen, dass die Diversität der Akteure auf den Finanzmärkten selbst ausreicht, um eine heterogene Zusammensetzung zu gewährleisten.[1022]

dd.) Dezentralisierte Gruppe

Die Anlegerschaft auf Crowdinvesting-Plattformen erfüllt auch das Kriterium, eine dezentral organisierte Gruppe zu sein.[1023] Ein wichtiges Element, um die Stärken von Dezentralisierung, die vor allem in der Spezialisierung und Unabhängigkeit der Einzelnen liegen[1024], zu nutzen, ist die Koordination der einzelnen Beiträge der Gruppenmitglieder.[1025] Im Rahmen des Crowdinvesting nach § 2a VermAnlG ist zwingend eine Internet-Dienstleistungsplattform in den Prozess der Emission eingebunden. Durch ihre zwingende Einbindung bestehen beim Crowdinvesting von Anfang an keine Koordinationsprobleme für die Gruppe potenzieller Anleger. Eine erfolgreiche Koordination von Beiträgen

---

1019 Auf diesen Punkt stellen *Klöhn/Hornuf*, ZBB 2012, 237 (257) ab.

1020 *Larrick/ Mannes/ Soll*, Social Judgment and Decision Making, 227 (230 f.).

1021 *Larrick/Mannes/Soll*, Social Judgment and Decision Making, 227 (231 f.); *Surowicki*, 182 f. der sich auf die Zusammenstellung des an der Apollo-Missionen beteiligten Teams bezieht.

1022 *Surowiecki*, 29 f.; in diesem Zusammenhang eher kritisch *Klöhn/Hornuf*, ZBB 2012, 237 (257 f.).

1023 *Klöhn/Hornuf*, ZBB 2012, 237 (257).

1024 *Larrick/Mannes/Soll*, Social Judgment and Decision Making, 227 (232).

1025 *Surowiecki*, 86 f.

zur Gruppenleistung setzt voraus, dass die einzelnen Gruppenmitglieder bereit sind, miteinander zu kooperieren. Fehlt es an dieser Kooperationsbereitschaft, dann fehlt es auch an Beiträgen, die entsprechend koordiniert werden können. Etwaige Kooperationsprobleme sind beim Crowdinvesting bereits der Natur der Gruppenentscheidung nach nicht ersichtlich, denn jedes einzelne Mitglied der Crowd kann einen Mehrwert an Informationen aus der Einschätzung der anderen Gruppenmitglieder ziehen.[1026] Die Kooperation innerhalb der Gruppe ist insoweit als ein Grundprinzip von Crowdinvesting zu begreifen. Zwar setzt § 2a VermAnlG zwingend die Einbindung einer Internet-Dienstleistungsplattform voraus.[1027] Jedoch fehlt es der Regulierung von Schwarmfinanzierung an einer weitergehenden Normierung der konkreten Pflichten der Plattformen, denen, als Verbindungsglied zwischen Anleger und Kapitalsuchendem, für die Koordination, besondere Bedeutung zukommt. Es ist hervorzuheben, dass die oben beschriebene Interaktion ein prägendes Element crowd-basierter Finanzierung darstellt. Aus Sicht der Plattformen besteht ein großes Interesse daran, eine möglichst umfassende und reibungslose Interaktion zu gewährleisten, um möglichst erfolgreiche Finanzierungen abzuwickeln.[1028] Auf die Frage einer weitergehenden gesetzlichen Regulierung ihrer Tätigkeit wird insofern im späteren Verlauf einzugehen sein.[1029] Insgesamt sind die Voraussetzungen einer weisen Gruppenentscheidung im Rahmen eines Crowdinvestments nach § 2a VermAnlG gegeben. Damit kann davon ausgegangen werden, dass sich die Gruppe potenzieller Anleger im Rahmen der Interaktion mit dem Kapitalsuchenden die aus ihrer Sicht erheblichen und erforderlichen Informationen verschafft.

ee.) Qualität der Bewertung

Natürlich stellt sich damit die Frage, ob die Informationen, die nach der Einschätzung der Crowd von Bedeutung sind, der Qualität der Prospektinformationen gleichkommen. Etwaige Einschätzungen und Finanzierungsentscheidungen einer Crowd weichen von der Einschätzung von Experten im Prinzip nicht ab.[1030] Damit sind sowohl die Einschätzung, welche Informationen als wichtig zu erachten sind (und deshalb nachgefragt werden), als auch etwaige Schlussfolgerungen, die aus diesen Informationen gezogen werden (auch in Bezug darauf,

1026 Zur Qualität der Informationen, siehe Fn. 1030.

1027 Dazu oben, Seite 133 ff.

1028 *Klöhn/Hornuf*, ZBB 2012, 237 (245).

1029 Dazu unten, Seite 236 ff.

1030 *Mollick/Nanda*, 2–5, 27; vgl. *Larrick/Mannes/Soll*, Social Judgment and Decision Making, 227 (230).

ob die Information zur Beantwortung der Frage ausreicht), als werthaltig anzusehen. Es ist insofern nicht ersichtlich, dass die Informationen, die dem Einzelnen zur Verfügung stehen, um seine Anlageentscheidung zu treffen, denen des Vermögensanlagen-Verkaufsprospekts qualitativ nachstehen. Dass eventuell insgesamt weniger Informationen zur Verfügung stehen, ist insofern unschädlich, als dass die fehlenden Informationen für die konkrete Investitionsentscheidung in diesem Zusammenhang von der Crowd als nicht erheblich eingestuft wurden. Geht man davon aus, dass diese Einschätzung der eines Finanzexperten nicht nachsteht[1031], so lässt sich aus der potenziellen quantitativen Abweichung kein Nachteil für den Anleger ableiten.

d.) Vergleich zu den Auswirkungen der §§ 6, 7 VermAnlG

In Bezug auf die Folgen, die sich aus den in §§ 6, 7 VermAnlG normierten inhaltlichen Anforderungen an die Erstellung eines Vermögensanlagen-Verkaufsprospekts ergeben[1032], sind vergleichbare Auswirkungen beim Crowdinvesting nach § 2a VermAnlG erkennbar. Der Einzelne ist als Mitglied der Crowd in den besonderen gruppendynamischen Prozess der Informationsgewinnung eingebunden und kann sich selbst in die Interaktion mit dem Kapitalsuchenden einbringen, um diejenigen Informationen zu erhalten, die er persönlich als wichtig erachtet. Die Rückfragen nach Informationen basiert auf dem „wisdom of crowds" und betrifft die entscheidenden Aspekte der in Rede stehenden Vermögensanlage und der sich darauf beziehenden Investitionsentscheidung des Anlegers. Dabei wird die Einschätzung der Wichtigkeit bestimmter Informationen, die der Gesetzgeber in § 7 VermAnlG und der VermVerkProspV vorgenommen hat, im Rahmen der Privilegierung des § 2a VermAnlG zum Teil von der Crowd übernommen. Sie schätzt für jede Emission nach § 2a VermAnlG von neuem ein, welche Informationen, über das Vermögensanlagen-Informationsblatt hinaus, im konkreten Fall entscheidungserheblich sind. Diese Einschätzung ist ein ureigener Effekt crowd-basierter Finanzierung. Das Ergebnis der Interaktion steht allen potenziellen Investoren genau wie ein Vermögensanlagen-Verkaufsprospekt bei Emissionen außerhalb von § 2a VermAnlG offen. Damit profitieren alle potenziellen Anleger von der Interaktion und können ihre Entscheidung für oder gegen einen Erwerb der Vermögensanlage treffen. Diese Investitionsentscheidung trifft der einzelne Anleger für sich allein, ohne dass andere beteiligt sind. Dabei muss der Anleger auch eine für ihn unvernünftige Entscheidung

---

1031 Siehe Fn. 1030.

1032 Zu den Folgen aus § 7 VermAnlG, Seite 104 f.

treffen dürfen.[1033] Im Spannungsfeld des Entfallens der Prospektpflicht und der Privilegierung von Schwarmfinanzierung nach § 2a VermAnlG ist nur entscheidend, dass der Anleger seine Entscheidung auf Grundlage ausreichender Informationen treffen kann. Bezugnehmend auf die gesetzlichen Pflichten, die für Crowdinvesting nach § 2a VermAnlG normiert sind, sowie die faktischen Abläufe, die dem Emissionsprozess crowd-basierter Finanzierung eigen sind, lässt sich festhalten, dass der Anleger für seine Entscheidung vor allem auch auf die von Anfang an zur Verfügung gestellten Informationen[1034], insbesondere ein Vermögensanlagen-Informationsblatt, zurückgreifen kann. Zugleich besteht für ihn die Möglichkeit, auch auf die Informationen zuzugreifen, die der Crowd – also die Gesamtheit aller potenziellen Anleger – im Rahmen des oben beschriebenen Interaktionsprozesses erteilt wurden. Durch das VIB und die gesetzlich normierten Warnhinweise wird er dabei immer in die Lage versetzt, wesentliche Aspekte eines potenziellen Investments, vor allem das Risiko des Totalverlusts, zu erkennen und Anknüpfungspunkte für etwaige Nachfragen zu finden. Die Informationspflichten des § 15 VermAnlG[1035] greifen auch im Falle des Crowdinvesting ein. Dabei ist der Prozess der Interaktion aus Sicht beider Seiten ein entscheidender Faktor für ein erfolgreiches Crowdinvestment.[1036] Anders als bei der Erstellung eines Vermögensanlagen-Verkaufsprospekts kann der Kapitalsuchende durch Transparenz, die aus der Interaktion folgt, seine Chancen auf eine erfolgreiche Finanzierung steigern.[1037] Eine solche Einflussnahme auf den Verlauf seiner Emission hat er im Rahmen einer Emission außerhalb des § 2a VermAnlG nur bedingt. Denn das Element der Interaktion im oben genannten Sinne ist einer klassischen Emission von Finanzprodukten fremd. Zusätzlich kann die Interaktion von Crowd und anbietendem Emittenten auch Informationen über laufende Veränderungen und etwaige Neuerungen beinhalten.[1038] Somit wird unter anderem auch die Wirkung, die § 11 VermAnlG vorsieht[1039], erreicht. Insgesamt steht dem Anleger eine Informationsgrundlage zur Verfügung, die mit der der §§ 6, 7 VermAnlG vergleichbar ist. Somit kann auch der Anleger, der im Rahmen eines Crowdinvestments erwirbt, seine Anlageentscheidung fundiert

1033 *BGH*, WM 2004, 24 (26) = NJW-RR 2004, 484 (485).

1034 Typischerweise auch Dokumente wie Businesspläne oder etwaige Vorstellungsclips, *Schramm/Carstens*, 142 ff.

1035 Dazu oben, Seite 112 ff.

1036 Vgl. *Dresner*, 127 ff.; *Lawton/Marom*, 85 ff.; *Schramm/Carstens*, 142 ff.

1037 Vgl. *Sixt*, 70 ff.

1038 *Schramm/Carstens*, 142 ff.

1039 Zu den Pflichten nach § 11 VermAnlG, Seite 105 f.

treffen. Ebenso wie im Rahmen eines Verkaufsprospekts ist es indes erforderlich, dass sich der Anleger selbst mit den Informationen auseinandersetzt. So sind die Auswertbarkeit von Informationen und deren tatsächliche Auswertung durch den Anleger voneinander zu trennen. Gerade in Bezug auf ein mögliches Übermaß von Informationen bietet Crowdinvesting dabei weitergehende Vorteile.

e.) Information Overload

Crowdinvesting stellt eine typische Form der Start-Up-Finanzierung dar.[1040] Gerade in diesem Bereich sind für die Kapitalsuchenden viele Dinge unklar und viele der starr erteilten Informationen eines Verkaufsprospekts haben eine geringere Aussagekraft, als zu späteren Zeitpunkten der Unternehmensentwicklung. Dass Emittenten, die sich in der Gründungsphase befinden, weniger Informationen erteilen können, wird auch in den Anforderungen des VermAnlG berücksichtigt. Dem sog. „Informationsmodell", das sich im Kapitalmarktrecht niederschlägt, liegt der Gedanke zugrunde, dass durch die Normierung von Informationspflichten die Informationsasymmetrie zwischen Anbieter und Anleger abgebaut werden kann und der Anleger auf Grundlage der Informationen eine optimale Investitionsentscheidung zu treffen vermag.[1041] Mit der Erteilung von Informationen steht aber auch die Problematik der Informationsüberforderung, der sog. Information Overload, in direktem Zusammenhang. Nach Beobachtungen der Verhaltenswissenschaft ist der Mensch nur fähig, eine begrenzte Menge an Informationen aufzunehmen.[1042] Je nachdem wie ausgeprägt die kognitiven Fähigkeiten des Informierten sind, ist auch die Fähigkeit begrenzt, die erhaltenen Informationen zu verarbeiten.[1043] Die Überhäufung des Anlegers mit allen erdenklichen Angaben, in der Absicht, seinen gesetzlich normierten Informationspflichten in jedem Fall nachzukommen und etwaige Regressfälle zu vermeiden, kann damit unter dem Aspekt der Beseitigung der Informationsasymmetrie zu einem gegensätzlichen Ergebnis führen.[1044] Neben der Menge an Informationen ist deren Verständlichkeit ein ebenso entscheidender Faktor.[1045]

1040 Zum wirtschaftlichen Nutzen in diesem Bereich unten, Seite 213 ff.

1041 Vgl. *Mülbert*, ZHR 177, 160 (184 ff.).

1042 *Möllers/Kernchen*, ZGR 2011, 1 (9 f.).

1043 Vgl. *Buck-Heeb*, WM 2014, 385 (385 f.); *Möllers/Kernchen*, ZGR 2011, 1 (14); einen indirekten Bezug zur Pflicht der Erstellung eines VIB stellt *Casper*, BB 05/2011, I her.

1044 *Buck-Heeb*, WM 2014, 385 (385 f.); *Koller*, FS Huber, 821 (824).

1045 *Fleischer*, 116; *Möllers/Kernchen*, ZGR 2011, 1 (14).

Kennzeichnend für einen Information Overload ist die Abnahme der Entscheidungsqualität ab dem Zeitpunkt der Überforderung des Betroffenen.[1046] Das Problem der Informationsüberlastung[1047] wird insofern auch mit der Pflicht zur Erstellung eines Vermögensanlagen-Verkaufsprospekts und der in ihm enthaltenen Menge an Informationen in Verbindung gebracht. Setzt man die Problematik des Information Overloads in Beziehung zu den Mechanismen crowd-basierter Finanzierung, wird deutlich, dass durch die Einschätzung einer Vielzahl von Crowd-Mitgliedern die vorteilhafte Situation entsteht, dass eine Bewertung der Relevanz einer Information für den Einzelfall erfolgt. Die Wahrscheinlichkeit, dass alle Informationen, die im Rahmen der Interaktion erfragt werden, zum einen entscheidungserheblich, zum anderen aber zugleich in einer für den potenziellen Anleger verständlichen Art und Weise erteilt werden, ist sehr hoch. Darüber hinaus besteht für das einzelne Mitglied der Crowd die Möglichkeit, den emittierenden Anleger selbst oder aber auch andere Crowd-Mitglieder um Erklärung zu bitten.[1048]

Damit kann die Entscheidung des Anlegers auf die vorhandenen Informationen gestützt werden und wird nicht wegen der Überforderung, die aus dem Information Overload resultiert, anderweitig getroffen. Zusätzlich wird dem Anleger durch die Pflicht der Veröffentlichung eines VIB und die darin enthaltenen Warnhinweise sowohl eine gewisse Informationsgrundlage zur Verfügung gestellt, als auch das im Regelfall immanente Risiko des Totalverlusts vor Augen geführt. Die Vorstellung der totalen Sicherheit einer bestimmten Vermögensanlage kann nicht entstehen.[1049] Legt man die obigen Erkenntnisse zugrunde, so beugt die Einbindung der Crowd in den Prozess der Bewertung der Wichtigkeit bestimmter Informationen dem Umstand vor, dass unnütze Informationen angehäuft werden, die eine Auswertung der entscheidungserheblichen Informationen erschweren.

f.) Konklusion

Bezugnehmend auf die eingangs gestellte Frage, ob dem einzelnen potenziellen Anleger im Vorfeld seiner Anlageentscheidung weniger Informationen zur Bewertung der Vermögensanlage zur Verfügung stehen als bei Eingreifen der

---

1046 Vgl. *Möllers/Kernchen*, ZGR 2011, 1 (14); *Mülbert*, ZHR 177, 160 (187).

1047 MünchKommBGB/*Emmerich*, § 311 Rn. 95.

1048 Zur Interaktion generell, Seite 199 f.

1049 Vor dieser Fehlvorstellung der Sicherheit einer Vermögensanlage soll das KASG gerade schützen, BT-Drucks. 18/3994, 1.

Pflicht, einen Vermögensanlagen-Verkaufsprospekt zu erstellen, lassen sich die obigen Feststellungen wie folgt zusammenfassen: Der potenzielle Anleger ist als Teil der Crowd nicht auf die gesetzlich normierten Informationen eines Vermögensanlagen-Verkaufsprospekts nach § 7 VermAnlG angewiesen. Die Gruppe der potenziellen Anleger, die Nutzer der vermittelnden Internet-Dienstleistungsplattform sind, über die der Emittent seine Vermögensanlage anbietet, ist in der Lage, sich diejenigen Informationen im Rahmen der Interaktion zu verschaffen, die sie für eine fundierte Anlageentscheidung als notwendig erachtet. Ihre Einschätzung der Notwendigkeit ist im Hinblick auf die kollektive Intelligenz der Crowd mit der Einschätzung von Experten vergleichbar. Dass der Anleger auch ohne vorherige Teilhabe an der Interaktion der Crowd mit dem Emittenten und den daraus gewonnen Informationen die Vermögensanlage zeichnen kann, ist Ausdruck seiner freien Entscheidungsmöglichkeit und schadet insofern nicht, denn auch einen Verkaufsprospekt muss der Anleger nicht zur Kenntnis nehmen. Es kann somit davon ausgegangen werden, dass alle Funktionen des Vermögensanlagen-Verkaufsprospekts und der daran anknüpfenden Folgepflichten erreicht werden. Insbesondere das Ziel, den Anleger zu informieren, das mit den Normen des § 7 VermAnlG und § 11 VermAnlG verfolgt wird, ist auch als wesentlicher Bestandteil der Interaktion von Crowd und Anbieter zu qualifizieren. Darüber hinaus wird auch die Vollständigkeit des Informationsstands in Bezug auf aktuelle Entwicklungen erreicht. Die besondere Gruppendynamik und die damit verbundenen Prozesse crowd-basierter Finanzierung treten im Ausmaß der Privilegierung des § 2a VermAnlG an die Stelle der gesetzlichen Vorgaben des VermAnlG. Zusätzlich wird das Problem eines Information Overload vermieden. Im Rahmen des Emissionsprozesses kommt der vermittelnden Plattform eine wichtige koordinative Aufgabe zu. Diese Lösung des Koordinationsproblems ist ein Prozess, der wesentlich zur Informationsgewinnung beiträgt. Zwar fehlt es insofern an einer weitergehenden gesetzlichen Regulierung der Internet-Dienstleistungsplattform und ihrer Tätigkeit[1050], dennoch leisten diese rein faktisch ihren Beitrag, sodass ein Informationsdefizit des Anlegers nicht besteht. Die Notwendigkeit des Vorliegens von Informationen wirft indes die Frage auf, wie sicher und verlässlich diese Informationen sind.

2. Informationssicherheit

Wie bereits in Bezug auf die Haftungsfragen des Crowdinvesting beschrieben, steht die Pflicht zur Informationserteilung im direkten Zusammenhang mit der Frage der rechtlichen Verantwortlichkeit für die Informationen, die erteilt

1050 Dazu vertiefend, Seite 236 ff.

wurden.[1051] So vertraut der Anleger auf die Angaben, die ihm gegenüber gemacht werden. Besteht eine rechtliche Verantwortlichkeit für die erteilte Information (im Sinne einer Haftung), so folgt daraus eine erhöhte Informationssicherheit.[1052] Hat der Informationserteilende für die Folgen fehlerhafter oder fehlender Informationen einzustehen, erteilt oder verifiziert er etwaige Angaben in seinem eigenen Interesse. Davon profitiert der Anleger insofern, als dass sein Vertrauen in die Richtigkeit der Angaben geschützt wird. Werden vom Prospektverantwortlichen im Vermögensanlagen-Verkaufsprospekt Angaben gemacht, so hat er für deren Richtigkeit einzustehen. Bei fehlerhaften oder fehlenden Angaben greift die Haftung aus §§ 20, 21 VermAnlG ein.[1053] Die gesetzlich normierten Informationen des Prospekts sind durch die Prospekthaftung abgesichert und der Anleger kann sich auf dessen Angaben verlassen. Für ein Crowdinvesting nach § 2a VermAnlG gilt die spezialgesetzliche Prospekthaftung indes nicht. Jedoch greift hierbei die allgemeine zivilrechtliche Prospekthaftung im weiteren Sinne ein.[1054] Die „Gründer", die im Rahmen der oben beschriebenen Interaktion mit der Crowd Angaben machen und Informationen herausgeben, haben im Regelfall für deren Richtigkeit persönlich einzustehen.[1055] Ein etwaiges Fehlverhalten wird dem Emittenten dann wie eigenes zugerechnet.[1056]

Die haftungsrechtliche Situation der Kapitalsuchenden ist für den häufigsten Fall des Crowdinvesting, dem der Start-Up-Finanzierung, durch eine Doppelrolle gekennzeichnet. Im Regelfall ist der Emittent der Vermögensanlage im Rahmen der Privilegierung des § 2a VermAnlG auch als Anbieter zu qualifizieren.[1057] Zugleich sind die sog. „Gründer" als natürliche Personen, die in die Verhandlungen mit der Crowd treten, im Regelfall die hinter der emittierenden Gesellschaft stehenden Gesellschafter.[1058] Als Repräsentanten, die das persönliche Vertrauen der Crowd-Mitglieder in Anspruch nehmen, sind sie persönlich für die Richtigkeit der Informationen verantwortlich, die von ihnen erteilt wurden. Die Haftung bezieht sich auf alle Informationen, die für den potenziellen Anleger erkennbar

1051 Zum Wert von zutreffenden Informationen auf dem Kapitalmarkt: *Klöhn*, 155 ff.; *Klöhn*, WM 2012, 97 (98).

1052 Vgl. *Assmann*/Schütze, § 5 Rn. 2, der den „Funktionsschutz" der Prospekthaftung hervorhebt.

1053 Dazu oben, Seite 154 ff.

1054 Zum Konkurrenzverhältnis, oben 169 ff.

1055 Dazu oben, Seite 174 ff.

1056 Siehe Fn. 916.

1057 Dazu oben, Seite 119 f.

1058 Zu den „Gründern", Seite 154 f.

entscheidungserheblich waren.[1059] Stellt man auf den Prozess der Interaktion der Crowd mit den Repräsentanten des anbietenden Emittenten ab, so wird deutlich, dass das Kriterium der Entscheidungserheblichkeit prinzipiell erfüllt sein wird. Denn die Mitglieder der Crowd werden im Zweifel nur solche Informationen erfragen wollen, die von ihnen als für eine Anlageentscheidung notwendig eingestuft wurden. Dass der angefragten Information diese Erheblichkeit zukommt, ist auch für den Repräsentanten erkennbar. Zusätzlich besteht die Haftung des Anbieters für etwaige Fehler im Vermögensanlagen-Informationsblatt nach § 22 VermAnlG. Des Weiteren besteht die Pflicht der Internet-Dienstleistungsplattform, in ihrer Rolle als Anlagevermittler, die von § 2a Abs. 3 VermAnlG vorgegeben ist, eine Plausibilitätsprüfung der angebotenen Vermögensanlage vorzunehmen.[1060] Im Ergebnis ist damit von einer zumindest vergleichbaren Informationssicherheit für den Anleger auszugehen, sodass eine Schlechterstellung durch die Privilegierung des § 2a VermAnlG unter dem Aspekt der Informationssicherheit nicht besteht. Die Informationen, die an die Crowd herausgegeben werden, unterliegen einem Haftungsregime, welches mit dem der Prospekthaftung nach §§ 20, 21 VermAnlG vergleichbar ist.

3. Wirtschaftliche Risiken von Schwarmfinanzierung

Soweit die Sonderbehandlung von Crowdinvesting spezifische wirtschaftliche Risiken in sich birgt, könnte auch darin eine Schlechterstellung des Anlegers zu sehen sein. Crowdinvesting wird im Regelfall von Unternehmen in der Phase der Unternehmensgründung (Early-Stage-Phase) als sog. Anschubfinanzierung genutzt. Im Bereich der Start-Up-Finanzierung besteht ein hohes Risiko, das eingesetzte Kapital bei einem Misserfolg des finanzierten Unternehmens vollständig zu verlieren.[1061] Das KASG wurde eingeführt, um gerade unerfahrene Anleger durch eine weiterführende Regulierung des Grauen Kapitalmarktes vor solchen Verlustrisiken zu schützen.[1062] Im Zusammenhang mit der geringeren Regulierungsdichte im Rahmen des Crowdinvesting ist fraglich, ob diese wirtschaftlichen Risiken, die bei

---

1059 Siehe oben, Fn. 903.

1060 Zum Anlagevermittlerverhältnis und zur Pflicht der Plausibilitätsprüfung, Seite 87 ff.

1061 Spezifisch für Crowdinvesting *Meschkowski/Wilhelmi*, BB 2013, 1411 (1411 f.); *Nietsch/Eberle*, DB 2014, 1788 (1789).

1062 BT-Drucks. 18/3994, 1 f.

der Finanzierung junger Unternehmen bestehen, nicht gegen eine Privilegierung von Crowdinvesting sprechen.[1063]

a.) Crowdinvesting als Finanzierungskanal

Crowdinvesting kann den Finanzierungsbedarf von Unternehmen in bestimmten Bereichen decken und dafür Sorge tragen, dass Kapital generiert wird, ohne dass auf klassische Finanzierungskanäle zurückgegriffen werden muss.[1064] Solche klassischen Finanzierungskanäle sind den Unternehmen, die sich in der Early-Stage-Phase befinden, mangels Sicherheiten und aussagekräftiger Prognosen oftmals nicht zugänglich.[1065] Bestimmte Unternehmen sind dementsprechend, trotz potenziell guter Entwicklungschancen[1066], von Anfang an von einer Finanzierung durch klassische Kapitalgeber ausgeschlossen. Durch Crowdinvesting wird die Möglichkeit eröffnet, dass der Kapitalbedarf dieser Unternehmen auch in der Zeitphase der Unternehmensgründung gedeckt wird. Es wird damit ein Bereich finanziert, der ansonsten keinen Kapitalzufluss erhalten würde, woraus ein gesamtwirtschaftlicher Nutzen resultieren kann.[1067] Dabei ist davon auszugehen, dass Crowdinvesting die Entstehung bestimmter Kosten vermeidet, gerade weil es sich als Finanzierungsform in einem weitgehend unregulierten Umfeld herausgebildet hat.[1068] Im Verhältnis zu einem Bankdarlehen oder Risikokapital einer Venture-Capital-Gesellschaft erweitert Crowdinvesting die Finanzierungsmöglichkeiten von Unternehmen. Für klassische Kapitalgeber entstehen mit der Überlassung von Kapital regelmäßig hohe Kosten.[1069] Die Höhe dieser Kosten kann dazu führen, dass eine Kapitalüberlassung als nicht rentabel eingestuft wird. Die Vermeidung bestimmter Finanzierungskosten

---

1063 Vgl. Stellungnahme *VZBV*, 4 (s. Fn. 998); zu den Risiken auch *Heminway/Hoffman*, Tennessee Law Review Vol. 78 (2010–2011), 879 (933 f.).

1064 Vgl. *Klöhn/Hornuf*, ZBB 2012, 237 (255).

1065 Vgl. *Burkett*, The Tennessee Journal of Business Law Vol. 13 (2011), 63 (70); *Herr/Bantleon*, DStR 2015, 532 (532); *Klöhn/Hornuf*, ZBB 2012, 237 (255); *Meschkowski/Wilhelmi*, BB 2013, 1411 (1411); *Nietsch/Eberle*, DB 2014,1788 (1789); *Schmitt/Doetsch*, BB 2013, 1451 (1452); *Tomboc*, The John Marshall Journal of Information Technology & Privacy Law Vol. 30 (2013), 253 (256 f.).

1066 *Klöhn/Hornuf*, ZBB 2012, 237 (255) stellen auf den „positiver Kapitalwert" ab. Kapitalwert meint dabei den diskontierten Gegenwartswert aller zukünftigen Zahlungsströme, die das Unternehmen generieren wird.

1067 *Schwartz*, Notre Dame Law Review Vol. 88 (2012–2013), 1457 (1466); *Schwartz*, Utah Law Review 2011, 407 (428).

1068 *Klöhn/Hornuf*, ZBB 2012, 237 (256).

1069 Zum Umfang des Ablaufs der Vorprüfung *Weitnauer*, 309 ff.; auf die damit verbundenen Kosten abstellend *Klöhn/Hornuf*, ZBB 2012, 237 (256).

durch Crowdinvesting spricht dafür, dass gerade in solchen Bereichen, in denen hohe Finanzierungskosten dazu führen, dass kein Kapital überlassen wird, ein wirtschaftlicher Nutzen entsteht und deshalb auch aus gesamtwirtschaftlicher Sicht eine „Förderung" der Finanzierungsform gutzuheißen ist.[1070] Die vorgelagerten oder auch ex-ante-Kosten einer Finanzierung setzen sich nach der Transaktionskostentheorie[1071] im Wesentlichen aus Informations-, Agentur- und Suchkosten zusammen[1072].[1073]

aa.) Informationskosten

Der Begriff der Informationskosten beschreibt dabei den finanziellen Aufwand, der betrieben werden muss, um diejenigen Informationen zu beschaffen, die für eine Finanzierungsentscheidung gebraucht werden.[1074] Dies geschieht zumeist durch eine Vorabprüfung, in der der Frage nachgegangen wird, ob sich eine Finanzierung des Kapitalsuchenden lohnt. Eine solche Vorabprüfung kann unterschiedlichen Umfang aufweisen und beispielsweise als Due-Diligence-Prüfung ausgeführt werden. Für institutionelle Kapitalgeber ist diese Vorprüfung von erheblicher Bedeutung, um nicht in unrentable Unternehmen zu investieren. Die damit verbundenen Kosten fallen unabhängig davon an, ob tatsächlich eine Finanzierung erfolgt oder nicht.[1075] Gerade im Bereich der Unternehmensgründung sind Prognosen, die den Ansprüchen institutioneller Geldgeber genügen, dahingehend nicht möglich, weshalb viele eine Finanzierung von Anfang an nicht in Betracht ziehen[1076], vor allem, um keine unnötigen Informationskosten zu erzeugen. Im Rahmen der Informationsbeschaffung ist crowd-basierte Finanzierung durch den „Wisdom of Crowds" geprägt.[1077] Mit Hilfe dieses besonderen Prozesses wird durch und für den potenziellen Anleger als Teil der Crowd eine Informationsgrundlage geschaffen, auf Grund derer er seine Investitionsentscheidung kostengünstig treffen kann. Durch die Aufteilung

---

1070 Vgl. *Franke/Hax*, 161 ff., zur Bedeutung niedriger Transaktionskosten für Kapitalgeber bei Beteiligungstiteln.

1071 *Erlei/Leschke/Sauerland*, 67 ff., zu Finanzierungskosten und der Transaktionskostentheorie als Gegenstand der Neuen Institutenökonomik.

1072 Auf diese drei Elemente stellen überzeugend *Klöhn/Hornuf*, ZBB 2012, 237 (256) ab.

1073 Exemplarisch *Picot/Dietl*, WiST 1990, 178 (178).

1074 Gabler Wirtschaftslexikon, 1566.

1075 Vgl. *Weitnauer*, 318.

1076 So *Klöhn/Hornuf*, ZBB 2012, 237 (256).

1077 Oben, Seite 201 f.

der Informationsbeschaffung[1078] auf alle potenziellen Anleger entstehen auf Seiten der Kapitalgeber, anderes als bei Banken oder VC-Gesellschaften, sehr geringe Informationskosten.

bb.) Agency-Kosten[1079]

Als Agency-Kosten werden die Kosten verstanden, die ihren Ursprung in der Vermittlung der Anlageentscheidung haben. Es sind alle Kosten, die dadurch entstehen, dass die Handlungen einer Person (des Agenten) Auswirkungen auf die Wohlfahrt eines Anderen (des Prinzipals) haben und der Agent geneigt sein kann, nicht stets im Interesse des Prinzipals zu handeln.[1080] Beteiligt sich der Anleger zum Beispiel an einem Venture-Capital-Fond, so überträgt er die gesamte Entscheidungsgewalt hinsichtlich des Für und Wider einer Investition an den Manager des Fonds.[1081] Zum einen entstehen direkte Kosten dadurch, dass dieser beschäftigt wird, zum anderen besteht aufgrund der Informationsasymmetrie hinsichtlich der Investitionsentscheidung die Gefahr, dass er den Interessen des Anlegers zuwiderhandelt (sog. „moral hazard“) und dadurch weitere Kosten für den Anleger entstehen.[1082] Demgegenüber treffen die vermittelnden Internet-Dienstleistungsplattformen beim Crowdinvesting nur eine Vorauswahl (Gatekeeper). Sie entscheiden, welches Unternehmen sich auf ihrer Plattform präsentieren darf, um Kapital einzuwerben. Dabei wird die Investitionsentscheidung mit nahezu allen Freiheiten vom Anleger selbst getroffen. Die Provision, die der Kapitalsuchende bei einer erfolgreichen Finanzierungsphase an die Plattformen zahlen muss, ist als geringer Kostenfaktor einzustufen. Für die Anleger ist die Nutzung der Plattform im Regelfall kostenlos.[1083] Die Agency-Kosten fallen insofern wesentlich geringer aus, als bei anderen Finanzierungskanälen.

1078 *Klöhn/Hornuf*, ZBB 2012, 237 (256) sprechen von einer besonders gelagerten Art der Arbeitsteilung.

1079 Auch „Agency-Costs“ – Vertiefend *Jensen/Meckling*, Journal of Econonomic Finance 1976, 305 (305 ff.).

1080 Gabler Wirtschaftslexikon, 52; umfassend zur Prinzipal-Agenten-Theorie *Eisenhardt*, Academy of Management Review 1989, 57 (57 ff.).

1081 Weiterführend zum Fondsmanagement *Weitnauer*, 79 ff.

1082 *Klöhn/Hornuf*, ZBB 2012, 237 (256).

1083 Beispielhaft Nr. 2.1 der Companisto-AGB oder Nr. 11.1 der Seedmatch-AGB (https://www.companisto.com/de/page/business-terms; https://www.seedmatch.de/agb – jeweils zuletzt abgerufen am 02.12.2016).

cc.) Suchkosten

Auch der finanzielle Aufwand, der dadurch entsteht, dass Kapitalsuchende mit Kapitalgebern zusammenfinden müssen, ist als Bestandteil der Finanzierungskosten zu beachten. Diese sog. Suchkosten entstehen u.a. wegen der geographischen Verstreuung von Investoren.[1084] Bezieht man das Problem potenzieller Suchkosten auf Crowdinvestments, wird deutlich, dass die Plattformen als Verbindungsstelle Anleger und Kapitalsuchende über das Internet ohne weitere Kosten zusammenführen.[1085] Durch zusätzlich spezifische Orientierung der einzelnen Plattformen wird diese Zusammenführung darüber hinaus weitergehend optimiert.

dd.) Schlussfolgerung

Nicht zuletzt aufgrund dieser Kostenvorteile hat sich Crowdinvesting inzwischen zu einem Finanzierungskanal entwickelt, der wirtschaftlich brauchbare Kapitalmengen generieren kann.[1086] Diesen generell zu regulieren ist konsequent, aber gerade bezüglich des Umfangs einer Regulierung stellt sich die Frage, wie Maß zu halten ist. Eine Überregulierung kann insoweit weitreichende Folgen haben. Gerade die historische Entwicklung in den USA lässt sich als gutes Beispiel anführen. Nach dem Börsencrash 1929 wurde der US-Securities Act 1933 erlassen.[1087] Dieser hatte zur Folge, dass Mikrofinanzierungen gerade junger Unternehmen nahezu ausblieben und eine Kapitalbeschaffung fast ausschließlich über Banken erfolgen konnte.[1088] Hand in Hand mit der starken Regulierung ging nämlich eine Erhöhung der Finanzierungskosten, die dadurch entstanden, dass gesetzliche Vorgaben einzuhalten waren. Erst erhebliche Bemühung und zu guter Letzt die Ausnahmevorschriften für Crowdfunding im JOBS-Act haben den Markt wiederbelebt. Gerade Informationskosten können, wenn gesetzliche Informationspflichten oder Marktbestimmungen eingehalten werden müssen, so hoch ausfallen, dass sich das kapitalsuchende Unternehmen überhaupt nicht leisten kann, Kapital der Crowd einzusammeln.[1089] Eine Überregulierung hätte damit zur Folge, dass die oben beschriebenen Finanzierungskostenvorteile

---

1084 Vgl. *Fink*, University of Detroit Mercy Law Review, Vol. 90 (2012), 1 (17); *Klöhn/Hornuf*, ZBB 2012, 237 (256).

1085 Vgl. *Heminway/Hoffman*, Tennessee Law Review Vol. 78 (2010–2011), 879 (931 f.).

1086 Dazu die Zahlen in der Einleitung, Seite 174 f.

1087 Dazu oben, Seite 22 ff.

1088 Vgl. *Dresner*, 6 ff.

1089 *Casper*, ZBB 2015, 265 (276); auch *Hazen*, North Carolina Law Review Vol. 90 (2011–2012), 1735 (1738).

entfallen. Durch die Privilegierung von Crowdinvesting werden Unternehmen in der Gründungsphase aber in die vorteilhafte Lage versetzt, die „Early-Stage-Gap" aus eigener Kraft schließen zu können.[1090]

b.) Intention des Gesetzgebers

Auch aus den bisherigen Bestrebungen, den Grauen Kapitalmarkt zu regulieren, lassen sich Schlüsse für eine Privilegierung von Crowdinvesting als Finanzierungsform ziehen. Betrachtet man die oben aufgezeigte Entwicklung bis hin zum Kleinanlegerschutzgesetz[1091], stellt sich die Frage, ob eine Privilegierung auch unter dem Blickwinkel der hinter der Regulierung stehenden Absichten des Gesetzgebers überzeugt.

aa.) Regulierung von Investmentvermögen

Investmentvermögen ist bereits früh stark reguliert worden.[1092] Gem. § 1 Abs. 1 KAGB handelt es sich bei Investmentvermögen um jeden Organismus für gemeinsame Anlagen, der von einer Vielzahl von Anlegern Kapital einsammelt, um es gemäß einer festgelegten Anlagestrategie zum Nutzen dieser Anleger zu investieren. In der Bündelung vieler Einzelbeiträge ist eine Parallele zur crowdbasierten Finanzierung zu sehen. Trotz dieser Parallele weist Investmentvermögen aber strukturelle Unterschiede zum Crowdinvesting auf. Zwar ist die Bündelung ebenso wie bei Schwarmfinanzierung ein wichtiges Element, jedoch erfolgt diese Bündelung dort immer erst in Bezug auf eine konkrete Investition. Ein Investmentvermögen setzt demgegenüber eine weitere Investitionsentscheidung, unabhängig von den Anlegern selbst, voraus. Gerade die Gefahr des „moral hazard" und dadurch bedingter hoher Agency-Kosten bestehen beim Crowdinvesting gerade nicht. Das Element der eigenen Entscheidungsfreiheit des Crowd-Mitglieds führt dazu, dass von der umfassenden Regulierung von Investmentvermögen nicht auf vermeintlich bestehenden Regulierungsbedarf beim Crowdinvesting geschlossen werden sollte. Schließlich ermöglicht die Entscheidungsfreiheit des Anlegers erst den besonderen gruppendynamischen Prozess, der dazu führt, dass der Einzelne vom „wisdom of crowds" profitieren kann.

1090 *Moritz/Block*, ZfKE Vol. 62 (2014), 57 (59) m.w.N.; *Nietsch/Eberle*, DB 2014, 1788 (1789); i.Ü. dazu auch oben, Seite 33 ff.

1091 Zur Entwicklung der Regulierung des Grauen Kapitalmarktes, Seite 44 ff.

1092 Siehe oben, Seite 43 f.

bb.) Regulierung von Vermögensanlagen

Im Fokus der Regulierungsbemühungen stand ebenfalls das öffentliche Angebot nicht in Wertpapieren verbriefter Vermögensanlageprodukte. Auch Crowdinvesting hat solche nicht-verbrieften Vermögensanlagen zum Gegenstand. Im Rahmen des öffentlichen Angebots dienen Verkaufsprospekte der Vertriebspublizität und damit dem Schutz des Anlegers durch ein Mehr an verfügbaren Informationen über die Vermögensanlage und die mit dem Vertrieb der Vermögensanlage zusammenhängenden Umstände. Dementsprechend hat sich der Gesetzgeber auch für einen Wechsel von der Zulassungspublizität hin zur Vertriebspublizität entscheiden. Dieser Paradigmenwechsel[1093], im Zuge der sog. Transparenzlösung[1094], folgt dem Grundgedanken, dass dort, wo den Anlegern die für eine risikobewusste Anlageentscheidung notwendigen Informationen fehlen und sie sich diese nicht mit zumutbaren Mitteln verschaffen können, der Verkaufsprospekt die notwenige Transparenz des Anlageprodukts schaffen kann[1095]. Alle Informationen, die wichtig sind, sollen für den Anleger im Prospekt verfügbar sein, um die Produkttransparenz zu erhöhen.[1096] Indes sollte eine Überregulierung bewusst vermieden werden.[1097]

Insofern lässt sich den Gesetzgebungsmaterialen das Ziel entnehmen, dass am Kapitalmarkt dort eine gesetzliche Informationsgrundlage geschaffen werden sollte, wo der Anleger ansonsten wegen vorhandener Informationsasymmetrien benachteiligt wird. Eine Regulierung ist damit dort angezeigt, wo eine Schutzbedürftigkeit des Anlegers besteht.[1098] Dieser Gedanke wird gerade auch in Bezug auf die Ausnahmen der Anwendbarkeit des VermAnlG in § 2 VermAnlG deutlich, der Vermögensanlagen in bestimmten Konstellationen explizit ausnimmt, um diese nicht übermäßig zu regulieren.[1099] Diese Schutzbedürftigkeit, die mit dem öffentlichen Angebot von Finanzprodukten einhergeht, besteht bei crowd-basierter Finanzierung nach § 2a VermAnlG in dieser Form nicht. Transparenz ist selbst als strukturell wesentlicher Faktor eines erfolgreichen Crowdinvestments einzustufen, weshalb eine gesetzliche Vorgabe in Form einer Prospektpflicht nicht notwendig erscheint.

1093 Zum Paradigmenwechsel oben, Seite 44 ff.
1094 BT-Drucks. 11/6340, 1.
1095 BT-Drucks. 11/6340, 14.
1096 Vgl. BT-Drucks. 11/6340, 11; BT-Drucks. 15/3174, 26, 41.
1097 BT-Drucks. 15/3174, 42.
1098 Vgl. BT-Drucks. 15/3174, 41.
1099 Dazu oben, Seite 40 ff.

cc.) *Crowdinvesting und Publizität*

Tragender Gedanke der Vertriebspublizität ist es, dem Anleger an der Stelle Informationen zu verschaffen, an der er selbst nicht in der Lage ist, solche zu erhalten. Diese Situation besteht beim Crowdinvesting gerade nicht, denn die Informationsbeschaffung durch die Crowd und auch den Anleger als Teil der Crowd ist ein gängiger Prozess dieser Finanzierungsform.[1100] Gerade diese Form der Informationsbeschaffung weist mit den oben beschriebenen gruppendynamischen Prozessen Besonderheiten auf. Er ist durch den vorherigen Prozess einer Interaktion gekennzeichnet, die z.B. am Wertpapiermarkt so nicht üblich ist. Fehlt es aufgrund dieser Interaktion an einem Informationsdefizit[1101] oder besteht für den Anleger dadurch die Möglichkeit, sich selbst Informationen zu verschaffen, so ist aus Sicht eines historischen Verständnisses der Regulierung des Grauen Kapitalmarktes eine Erweiterung der Prospektpflicht und der damit zusammenhängenden Folgepflichten auf Schwarmfinanzierung nicht angezeigt.

c.) *Abmilderung der Risiken durch die konkrete Umsetzung*

Crowdinvesting wird darüber hinaus durch das KASG nicht uneingeschränkt privilegiert, sondern erfährt eine Sonderbehandlung durch eine dezidierte Normierung. Eine Privilegierung erfolgt nur unter bestimmten Voraussetzungen und nur bis zu einem gewissen Grad.[1102] So sollen die wirtschaftlichen Risiken, die mit der Investition in ein junges Unternehmen einhergehen, reduziert werden. Die Norm des § 2a VermAnlG sieht vor, dass der einzelne Anleger Vermögensanlagen nur im Rahmen eines begrenzten Kapitalwertes erwerben können soll. Unabhängig von der Höhe dieser Grenzwerte[1103], folgt aus der Zeichnungsgrenze für den einzelnen Anleger eine erzwungene Diversifikation der Kapitalanlagen.[1104] Daraus resultiert wiederum ein überschaubares Verlustrisiko bei der zugleich bestehenden Möglichkeit, in einen Bereich zu investieren, der zuvor wenigen institutionellen Geldgebern vorbehalten war[1105]. Zugleich werden durch

1100 Dazu oben, Seite 199 ff.

1101 Zu den Folgen von Informationsasymmetrien *Tomboc*, The John Marshall Journal of Information Technology & Privacy Law Vol. 30 (2013), 253 (253 ff.). Zur Frage des Informationsdefizits, Seite 199 ff.

1102 Zu den Voraussetzungen der Privilegierung, Seite 124 ff.

1103 Zur Frage der Höhe der Zeichnungsgrenze unten, Seite 230 ff.

1104 *Bradford*, ZBB 2015, 376 (379); *Casper*, ZBB 2015, 265 (278); *Nietsch/Eberle*, DB 2014, 2575 (2579).

1105 Zur Frage ob die Höhe der Schwelle angemessen ist, unten, Seite 229 f.

die Zeichnungsgrenze auch Klumpenrisiken beim Kapitalsuchenden abgemildert, denn der Ausfall eines Kapitalgebers betrifft immer nur einen begrenzten Wert.[1106] Zusätzlich wird durch die Festlegung eines maximalen Gesamtemissionsvolumens unter § 2a VermAnlG verhindert, dass sich Kapitalblasen bilden.[1107] Sollten sich die hohen Investitionsrisiken realisieren, kann so verhindert werden, dass weiterreichende Schäden entstehen. Diese erhöhten Risiken sind primär mit der Finanzierungsphase verknüpft und nicht Kennzeichen von Crowdinvesting als spezifischer Emissionsform. Dennoch stellen die Obergrenze in Form eines Gesamtemissionsvolumens und die Zeichnungsgrenze der Beteiligung des einzelnen Anlegers eine effiziente Schutzmöglichkeit für die Märkte dar.

d.) Emotionale Verbundenheit des Anlegers

Den Risiken einer Investition in ein junges Unternehmen lassen sich crowdinvesting-spezifische Vorteile gegenüberstellen. Die Einbindung einer Crowd in den Finanzierungsprozess geht Hand in Hand mit einer emotionalen Bindung des Anlegers zum Unternehmen. Anders als institutionelle Kapitalgeber identifizieren sich die Mitglieder der Crowd im Regelfall mit dem Projekt, das sie mit ihrem Kapital unterstützen.[1108] Gerade soziale Netzwerke und andere Plattformen ermöglichen es den Anlegern, eine Vielzahl von Menschen über das Projekt in Kenntnis zu setzen.[1109] Zugleich kann ihre Investition ein positives Signal an andere sein, auch in das Unternehmen zu investieren.[1110]

Dementsprechend treten erfolgreiche Crowdfinanzierungen zunehmend in das mediale Bewusstsein der Öffentlichkeit.[1111] Damit resultiert aus crowd-basierter Finanzierung zugleich ein gewisser Marketingeffekt.[1112] Diese Besonderheit stellt

---

1106 BT-Drucks. 18/3994, 41; *Kollrus*, MDR 2015, 1334 (1336); *Möllers/Kastl*, NZG 2015, 849 (850).

1107 *Klöhn/Hornuf*, DB 2015, 47 (52).

1108 Grundlegend dazu *Gerber/Hui/Kuo*, Crowdfunding: Why people are motivated to post and fund projects on crowdfunding platforms; *Gerber/Hui*, Crowdfunding: Motivations and Deterrents for Participation; *Ordanini/Micelli/Pizzetti/Parasuraman*, Journal of Service Management Vol. 22, 443 (443 ff.).

1109 *Dresner*, 135; *Hazen*, North Carolina Law Review Vol. 90 (2011–2012), 1735 (1759 ff.) zu sozialen Netzwerken als Intermediäre und rechtlichen Risiken (USA).

1110 *Tomboc*, The John Marshall Journal of Information Technology & Privacy Law Vol. 30 (2013), 253 (270 ff.).

1111 „Drei Millionen in Drei Tagen" – www.zeit.de/2014/50/protonet-finanzierung-start-up-business-angels (zuletzt abgerufen am 02.12.2016).

1112 Siehe dazu oben, Seite 34 f.

inzwischen einen gewichtigen Grund dar, die Crowd in den Finanzierungsprozess einzubinden, um die damit verbundenen Synergien zu nutzen.[1113] Das Betrugsrisiko, das an sich am Kapitalmarkt besteht, ist dabei nicht als prinzipiell höher einzustufen.[1114] Zwar verfügen die einzelnen Anleger möglicherweise über weniger Erfahrung und Kenntnisse bezüglich des Finanzmarktes als Finanzexperten, dafür sind sie aber zum einen Teil der Crowd[1115], zum anderen sorgen die Plattformen mit der durchzuführenden Plausibilitätsprüfung für eine gewisse Grundsicherheit.[1116]

f.) Risikobewertung der ökonomischen Aspekte

Die wirtschaftlichen Risiken für den Anleger, der im Rahmen einer Crowdinvesting-Emission eine oder mehrere Vermögensanlagen erwirbt, sind wie folgt zu bewerten. Für den Anleger können sich durch die Kapitalüberlassung an junge Unternehmen, die sich in der Phase der Unternehmensgründung befinden, hohe Investitionsrisiken ergeben. Dies ließe sich als wirtschaftlicher Nachteil begreifen, der sich erst dadurch ergibt, dass dem Einzelnen die Möglichkeit eröffnet wird, in diesen Bereich zu investieren. Diesen Bereich soll Crowdinvesting jedoch gerade stärken, um dort eine tatsächliche Finanzierungsalternative darzustellen.[1117] Zugleich ist der Förderung von Crowdinvesting ein gesamtwirtschaftlicher Nutzen durch die Erhaltung eines alternativen Finanzierungskanals und die damit verbundene „Demokratisierung des Zugangs zu Kapital“[1118] nicht abzusprechen. Eine Überregulierung wie in den USA durch den Securities Act von 1933 steht diesem Effekt entgegen, da die Vermeidung von bestimmten Finanzierungskosten schlichtweg entfällt. Auch nach den Intentionen der gesetzesgebenden Organe, die im Rahmen des Gesetzgebungsverfahrens geäußert wurden, ist eine weitergehende Regulierung in Form der Einführung einer Prospektpflicht für Crowdinvesting-Emissionen nicht angezeigt. Vor allem die konkrete Ausgestaltung der Ausnahmevorschrift des § 2a VermAnlG reduziert die Risiken

---

1113 Vgl. *Moritz/Block*, ZfKE Vol. 62 (2014), 57 (68 f.) m.w.N.

1114 *Klöhn/Hornuf*, ZBB 2012, 237 (259); vgl. *Tomboc*, The John Marshall Journal of Information Technology & Privacy Law Vol. 30 (2013), 253 (266).

1115 Zur Aufdeckung von Betrugsversuchen durch die Crowd, *Tomboc*, The John Marshall Journal of Information Technology & Privacy Law Vol. 30 (2013), 253 (277).

1116 Ähnlich *Tomboc*, The John Marshall Journal of Information Technology & Privacy Law Vol. 30 (2013), 253 (271).

1117 Vgl. BT-Drucks. 18/3994, 40.

1118 Inzwischen gängiger Ausdruck. Exemplarisch *Seedmatch*: „Crowdinvesting ist die Demokratisierung von Venture Capital!“ (www.seedmatch.de/crowdinvesting – zuletzt abgerufen am 02.12.2016).

dem Grunde nach. Zugleich sind mit einer Schwarmfinanzierung in Form von Marketingeffekt und Identifizierung des Anlegers mit dem Projekt auch Vorteile für den Kapitalsuchenden verbunden, die über die bloße Überlassung von finanziellen Mitteln hinausgehen. Zusätzlich besteht die Möglichkeit eine gute Rendite für die Überlassung von Kapital zu erhalten.[1119] Etwaige Risiken resultieren insofern nicht aus der Finanzierungsform Crowdinvesting, sondern daraus, dass sich vor allem Start-Up-Unternehmen dieser Finanzierungsform bedienen. Deren Besserstellung ist aber explizites Ziel der Norm, das im Gesetzgebungsprozess geäußert wurde, sodass die Privilegierung gerade diesen Zweck verfolgt. Unter wirtschaftlichen Gesichtspunkten überwiegen die positiven Aspekte einer Privilegierung trotz erhöhter Investitionsrisiken in junge Unternehmen. Dementsprechend wird der Anleger auch unter wirtschaftlichen Gesichtspunkten durch eine Ausnahmeregelung für Crowdinvesting nicht schlechter gestellt.

III. Einordnung der Privilegierung von Crowdinvesting

Betrachtet man zusammenfassend die zu Anfang dargestellte Kritik, die am Gesetzentwurf und der darin enthaltenen und inzwischen umgesetzten generellen Privilegierung von Crowdinvesting geübt wurde, so lässt sich diese als unbegründet verwerfen. Der Anleger, der an einem Crowdinvestment nach § 2a VermAnlG partizipiert, steht nicht schlechter als ein Anleger, der eine Vermögensanlage im Rahmen einer regulären Emission erwirbt, die allen Vorschriften des VermAnlG vollumfänglich unterliegt. Wie oben aufgezeigt, wird beim Crowdinvesting die Informationsbeschaffung verlagert. An die Stelle eines Verkaufsprospekts tritt die Interaktion von Kapitalsuchendem und Crowd. Ein Informationsdefizit besteht unter diesem Gesichtspunkt nicht. Zugleich sind die Informationen, die der einzelne Anleger auf diesem Wege erhält, durch die allgemeine zivilrechtliche Prospekthaftung im weiteren Sinne abgesichert. Den besonderen Emissionsbedingungen des Crowdinvesting ist die Privilegierung dieser Finanzierungsform geschuldet. Zwar ist gerade die Finanzierung von Unternehmen in der Phase ihrer Gründung mit besonderen Risiken verbunden, dennoch überwiegt der wirtschaftliche Nutzen für alle Beteiligten etwaige Investitionsrisiken. Die Eröffnung eines neuen Finanzierungskanals schafft neue Möglichkeiten in der Unternehmensfinanzierung und demokratisiert den Zugang zu Kapital. Aus

1119 So beträgt lt. *Companisto* der durchschnittliche Wertzuwachs von Beteiligungen 15,32 %; im Gegenzug haben lediglich 5,57 % der Start-Ups, die über *Companisto* finanziert wurden haben Insolvenz angemeldet (www.companisto.com/de/portfolio-performance – zuletzt abgerufen am 02.12.2016).

Sicht des Anlegers führt gerade die Umsetzung der Privilegierung durch den § 2a VermAnlG dazu, dass keine weitreichenden Verluste eintreten. Die Einhaltung dieser Sicherung wird dabei durch die eingebundenen Plattformen geprüft. Ob die konkrete Höhe der Einzelzeichnungsgrenze gut gewählt ist, ist dabei eine zweitrangige Frage, die sich in Bezug auf die Bewertung einer generellen Privilegierung nicht auswirkt.[1120] Dem Problem einer möglichen Blasenbildung wird durch die Gesamtvolumengrenze entgegengewirkt. Auch ohne die gesamten Vorgaben des VermAnlG, vor allem die Prospektpflicht, ist dem Anleger ein vergleichbarer Schutz gegeben. Darüber hinaus fügt sich die Privilegierung auch historisch betrachtet in die bisherigen Regulierungsbestrebungen des Gesetzgebers hinsichtlich des sog. Grauen Kapitalmarktes ein.

IV. Reichweite der Privilegierung

Wurde auf der einen Seite der Nutzen einer Privilegierung von Crowdinvesting generell in Frage gestellt[1121], so ist auf der anderen Seite die Umsetzung und Ausgestaltung der Privilegierung kritisch betrachtet worden.[1122] Unter mehreren Gesichtspunkten wird die Umsetzung der als wünschenswert und positiv hervorgehobenen Privilegierung von Schwarmfinanzierung als unstimmig angesehen. Sie geht den Befürwortern in vielerlei Hinsicht nicht weit genug. Es gilt festzustellen, ob die Voraussetzungen der Privilegierung, gerade unter dem Gesichtspunkt des Anlegerschutzes, überzeugen.

1. Beschränkung auf bestimmte Vermögensanlagen

Mit Unverständnis und harscher Kritik wird die Beschränkung der Privilegierungsnorm des § 2a VermAnlG auf Vermögensanlagen i.S.v. §§ 1 Abs. 2 Nr. 3, 4 und 7 VermAnlG bedacht. In der aktuellen Fassung der Norm können nur partiarische Darlehen, Nachrangdarlehen sowie sonstige Vermögensanlagen nach § 1 Abs. 2 Nr. 7 VermAnlG privilegiert werden. Die früher oftmals genutzte Abwicklung über stille Beteiligungen oder Genussrechte[1123] sind explizit nicht mit erfasst.

1120 Zur Höhe der Einzelzeichnungsgrenze unten, Seite 230 ff.

1121 Siehe Fn. 998.

1122 Exemplarisch *Wobbe*, WPg 2015, 1069 (1071).

1123 Zur rechtlichen Bewertung der Abwicklung, Seite 74.

a.) Abgrenzungsproblematik und rechtliche Folgen

Hand in Hand mit der ausschließlichen Privilegierung der Vermögensanlagen nach §§ 1 Abs. 2 Nr. 3, 4 und 7 VermAnlG geht die Problematik, diese Vermögensanlagen von den nicht privilegierten Vermögensanlagen abzugrenzen. Besondere Relevanz erfährt diese Abgrenzung im Fall von darlehensbasierten Vermögensanlagen (§ 1 Abs. 2 Nr. 3, 4 VermAnlG) zu stillen Beteiligungen.[1124] Im Rahmen der Abgrenzungsproblematik wird deutlich, dass eine sichere Differenzierung der in Rede stehenden Vermögensanlagen faktisch mit großen Schwierigkeiten verbunden ist. Gerade die klare Einordnung von darlehensbasierten Vermögensanlagen im Verhältnis zu stillen Beteiligungen fällt schwer. Zum Teil wird die Abgrenzung als faktisch nicht möglich[1125] bezeichnet, womit in Bezug auf den neu geschaffenen Privilegierungstatbestand des § 2a VermAnlG die latente Gefahr besteht, dass Verträge über vermeintlich darlehensbasierte Vermögensanlagen von Gerichten als stille Beteiligungen oder unverbrieftes Genussrecht angesehen werden.[1126] Für die Emittenten von Crowdinvesting-Beteiligungen besteht insofern potenziell ein enormes, verdecktes Haftungsrisiko.[1127] Im Übrigen erscheint das Bedürfnis danach, nur bestimmte Vermögensanlagen dem Anwendungsbereich der Privilegierung zu unterstellen, fragwürdig. Eine Erweiterung des Anwendungsbereichs unter Einschluss von stillen Beteiligungen nach § 1 Abs. 2 Nr. 1 VermAnlG und Genussrechten nach § 1 Abs. 2 Nr. 5 VermAnlG beseitigt die Notwendigkeit einer Abgrenzung. Zur Abwicklung eines Crowdinvestments haben sich neben dem partiarischen Darlehen, dem Nachrangdarlehen oder der Kombination aus beiden in der Vergangenheit auch die stille Beteiligung und Genussrechte bewährt.[1128] Gerade für die Ausgestaltung von darlehensbasierten Abwicklungen besteht eine große vertragliche Gestaltungsfreiheit.[1129] Betrachtet man die rechtlichen Rahmenbedingungen eines Crowdinvestments außerhalb der Emission, wird deutlich, dass alle Möglichkeiten der Abwicklungen große Parallelen in ihrer Risikostruktur aufweisen. Keiner Abwicklung der Kapitalüberlassung wohnt dabei ein besonderes Risiko

---

1124 Zur Abgrenzungsproblematik, Seite 125 ff.

1125 *Casper*, ZBB 2015, 265 (277); *Klöhn/Hornuf*, DB 2015, 47 (50); *Weitnauer/Parzinger*, GWR 2013, 153 (154 f.); etwas weniger deutlich, aber ausführlich *Nietsch/Eberle*, DB 2015, 2575 (2580); *Nietsch/Eberle*, DB 2014, 1788 (1792 f.).

1126 Bereits *Bader*, WM 2014, 2249 (2254).

1127 *Casper*, ZBB 2015, 265 (277); vgl. *Riethmüller*, DB 2015, 1451 (1452).

1128 Vgl. *Klöhn/Hornuf/Schilling*, ZBB 2016, 142 (149 ff.).

1129 Zu den bestehenden Freiheiten der Ausgestaltung oben, Seite 53 ff.

inne, vielmehr genügen alle bisher auch in der Praxis genutzten Möglichkeiten der Investition den Anforderungen eines Crowdinvestments, ohne Risiken für den Anleger dadurch zu erhöhen, dass eine Vielzahl von Kleinstanlagen abgewickelt werden. Rein faktisch ist ein Unterschied[1130] zumeist nicht erkennbar, denn gerade die Gegenleistungen, die der Anleger dafür erhält, dass er Kapital überlässt, sind oftmals ähnlich ausgestaltet. Dennoch werden durch eine Begrenzung bestimmte Ausgestaltungsmöglichkeiten und gesetzliche Vorgaben von vornherein ausgeschlossen. Dies gilt insbesondere in Bezug auf die Möglichkeit der Abwicklung über die stille Beteiligung, die dispositive Mitbestimmungs- und Kündigungsrechte[1131] vorsieht. Betrachtet man die Anfangszeit des Crowdinvesting, erkennt man, dass diese Mitbestimmungsmöglichkeiten bei einer Abwicklung über stille Beteiligungen tatsächlich vereinbart wurden.[1132]

Zwar besteht die Besonderheit, dass die Verträge über darlehensbasierte Vermögensanlagen einer AGB-Kontrolle zugänglich sind[1133], dennoch wirkt sich diese Kontrollmöglichkeit nicht durchschlagend aus, denn die Hauptpflichten der Parteien sind von einer solchen ohnehin ausgenommen[1134]. Die Möglichkeit der AGB-Kontrolle wird darüber hinaus weiter relativiert, wenn zur Vorbeugung von Abgrenzungsschwierigkeiten für den Anleger positive Klauseln, z.B. über mögliche Mitbestimmungsrechte, vollends aus den Beteiligungsverträgen ausgenommen werden[1135]. Im Vergleich der verschiedenen Vermögensanlagen, die zur Abwicklung der Finanzierung genutzt werden können, wird deutlich, dass das Anlegerschutzbedürfnis bei den privilegierten darlehensbasierten Vermögensanlagen nicht reduziert ist.[1136] Anders als stille Beteiligungen, die in den §§ 230 ff. HGB, zwar zum Teil dispositiv, eine gesetzliche Regulierung erfahren haben, fehlt es an einer solchen gesetzlichen Regulierung dieses spezifischen Darlehensvertrags, sodass die Privilegierung sich auf diejenigen Vermögensanlageformen bezieht, die gesetzlich am wenigsten reguliert sind.[1137] Zugleich erfolgt keine crowdspezifische Risikoerhöhung im Rahmen der Abwicklung, denn alle Beteiligungsformen bieten die Möglichkeit, den Anforderungen an

---

1130 *Bader*, WM 2014, 2249 (2252); *Kollrus*, MDR 2015, 1334 (1336).

1131 So auch *Danwerth*, ZBB 2016, 20 (25 f.).

1132 *Klöhn/Hornuf/Schilling*, ZBB 2016, 142 (168).

1133 Zur Möglichkeit der AGB-Kontrolle, Seite 56 ff.

1134 Statt Vieler *BGH*, WM 2014, 897 (898) = NJW-RR 2014, 937 (937); zur AGB-Kontrolle bei stiller Beteiligung und Genussrecht, Seite 66 und Seite 73 f.

1135 *Klöhn/Hornuf*, DB 2015, 47 (50).

1136 *Klöhn/Hornuf*, DB 2015, 47 (50).

1137 *Riethmüller*, DB 2015, 1451 (1454).

ein Crowdinvestment, im Rahmen ihrer rechtlichen Ausgestaltung, gerecht zu werden.[1138] Eine besondere Gefährdung des Anlegers durch die Wahl einer bestimmten Vermögensanlage zur Abwicklung der Finanzierung besteht nicht. Damit wirft die Privilegierung nur einzelner Vermögensanlagen auch unter verfassungsrechtlichen Gesichtspunkten, insbesondere denen des Gleichbehandlungsgrundsatzes, Fragen nach ihrer Zulässigkeit auf.[1139]

Etwaige Risiken sind nicht in den einzelnen Grundformen zu suchen, sondern in der konkreten, einzelnen vertraglichen Ausgestaltung. Ist es das Ziel, Risiken für den Anleger zu reduzieren, sollten möglichst optimale Verträge ausgehandelt werden können. Anzumerken ist, dass in der Vergangenheit auch andere Abwicklungsformen als darlehensbasierte Vermögensanlagen genutzt wurden[1140]. Partiarische Darlehen wurden ursprünglich genutzt, um den Pflichten des Vermögensanlagegesetzes zu entgehen.[1141] Mit dem Wechsel zu darlehensbasierten Vermögensanlagen ging auch eine Minderung der Mitbestimmungsrechte der Anleger einher.[1142] Entscheidend für die Schutzbedürftigkeit des einzelnen Anlegers ist damit vielmehr, wie die jeweilige Vermögensanlage selbst ausgestaltet ist.[1143] Dieser vertraglichen Ausarbeitung kommt große Bedeutung zu. Im Rahmen der vertraglichen Ausgestaltung sind die Übergänge zwischen den einzelnen Vermögensanlagen, vor allem zwischen partiarischem Darlehen und stiller Beteiligung, fließend.[1144] Orientiert man sich für die Abgrenzung am Fehlen oder Bestehen eines gemeinsamen Zwecks[1145], kann eine Abgrenzung zum Teil nur sehr vage erfolgen. Daraus resultiert eine große Rechtsunsicherheit.[1146]

Der anbietende Emittent läuft damit konstant Gefahr, Vermögensanlagen im Rahmen der vermeintlich einschlägigen Privilegierung anzubieten, die an sich

---

1138 Vgl. *Nietsch/Eberle*, DB 2015, 2575 (2579).

1139 Dazu vertiefend *Danwerth*, ZBB 2016, 20 (26).

1140 *Klöhn/Hornuf/Schilling*, ZBB 2016 142 (149 ff.); vgl. *Herr/Banteleon*, DStR 2015, 532 (538).

1141 *Nietsch/Eberle*, DB 2015, 2575 (2579 f.).

1142 *Klöhn/Hornuf/Schilling*, ZBB 2016, 142 (168); zu dieser Entwicklung in Bezug auf den Anwendungsbereich des § 2a VermAnlG kritisch *Bujotzek/Mocker*, BKR 2015, 358 (359).

1143 *Klöhn/Hornuf*, DB 2015, 47 (50).

1144 Vertiefend, Seite 125 ff.; zum Teil wird die Notwendigkeit des partiarischen Darlehens sogar bestritten, *Schön*, ZGR 1993, 210 (210 ff.).

1145 BGHZ 3, 75 (81) = *BGH*, NJW 1951, 710 (710); BGHZ 127, 176 (177 f.) = *BGH*, NJW 1995, 192 (192); Blaurock/*Blaurock*, Rn. 5.32; Oetker/*Schubert*, § 230 Rn. 26; MünchKommHGB/*Schmidt*, § 230 Rn. 54; Staub/*Harbarth*, § 230 Rn. 28.

1146 Vgl. *Bujotzek/Mocker*, BKR 2015, 358 (359); *Casper*, ZBB 2015, 265 (277).

aber dem vollen Pflichtenkatalog des VermAnlG unterliegen. Das daraus wahrscheinlich in Zukunft resultierende Streben nach möglichst eindeutigen Vertragswerken führt nicht zu den bestmöglichen Verträgen für den Anleger, denn auf Klauseln, die z.B. eine Mitbestimmung normieren, wird in Abgrenzung zur stillen Beteiligung wohl endgültig verzichtet werden.[1147] Ist die klare Abgrenzung aber wegen der Wahrnehmung der Privilegierung von § 2a VermAnlG notwendig, so läuft dies mittelbar dem Schutz des Anlegers zuwider. Ob diese Entwicklung als positiv anzusehen ist, erscheint insbesondere unter dem Gesichtspunkt der Teilhabe der Crowd, gerade auf emotionaler Ebene[1148], eher zweifelhaft. Die Plattformen sind für die rechtliche Ausgestaltung der Beteiligungsverträge verantwortlich, womit man in Bezug auf das oben Gesagte davon ausgehen kann, dass sie in Zukunft all diejenigen Klauseln entfernen werden, die zu Abgrenzungsschwierigkeiten führen könnten.[1149] Betrachtet man den Wettbewerb der Plattformen untereinander, so wird deutlich, dass diese daran interessiert sein sollten, möglichst optimale Beteiligungsverträge auszuhandeln, um mehr Anleger an sich zu binden. Im Sinne eines „race-to-the-top" würde sich die Plattform im Wettbewerb durchsetzen können, die die besten Beteiligungsverträge mit den besten Bedingungen für die Crowd anbietet.[1150] An sich sind die Plattformen als wiederholt auftretende Akteure in diesem Zusammenhang daran interessiert, besonders gute Konditionen für zukünftige Anleger zu ermöglichen.[1151] Jedoch können potenziell bessere Ausgestaltung dann nicht in die Verträge aufgenommen werden, wenn sie zu der oben beschriebenen Rechtsunsicherheit führen. Der Privilegierung nach § 2a VermAnlG sicher zu unterfallen, ist sowohl für die Plattformen, als auch für die anbietenden Emittenten dabei von größerer Bedeutung, als den Anleger durch vertragliche Ausgestaltungen besser zu stellen.[1152] Aus dem Spannungsverhältnis von optimaler Vertragsgestaltung für den Anleger auf der einen Seite und der Abgrenzungsproblematik der Vermögensanlagen untereinander auf der anderen Seite, folgt damit eine indirekte Benachteiligung der Anleger.

1147 *Klöhn/Hornuf/Schilling*, ZBB 2016, 142 (168).

1148 Zum Marketingeffekt, Seite 34 f.

1149 *Klöhn/Hornuf*, DB 2015, 47 (51); *Uffmann*, JZ 2016, 928 (930).

1150 *Klöhn/Hornuf/Schilling*, ZBB 2016, 142 (147), die auch noch auf die Alternativen eingehen.

1151 *Danwerth*, ZBB 2016, 20 (26); *Klöhn/Hornuf*, DB 2015, 47 (51).

1152 *Riethmüller*, DB 2015, 1451 (1455); in die gleiche Richtung argumentiert *Uffmann*, JZ 2016, 928 (930).

b.) Beschränkung der Weisheit der Crowd

Zusätzlich führt die Begrenzung des Anwendungsbereichs von § 2a VermAnlG dazu, dass der crowd-spezifische Prozess einer optimalen Entscheidung durch die Weisheit der Gruppe („wisdom of crowds") nur eingeschränkt eingreifen kann. Der Selektionsprozess, der mit der Bewertung durch die Gruppe an potenziellen Anlegern einhergeht, kann nicht nur in Bezug auf Informationen des konkreten Einzelprojekts, sondern auch insgesamt, in Bezug auf alle Projekte, die auf Plattform angeboten werden, eingreifen.[1153] Gerade in Bezug auf bestimmte Projekte könnten andere Formen der Beteiligung von der Crowd möglicherweise als wünschenswerter oder besser geeignet bewertet werden, dem beiderseitigen Interesse zu dienen.[1154] Der mit dem „wisdom of crowds" einhergehende Auswahlprozess funktioniert zwar auch im konkreten Fall der Beschränkung, wie oben aufgezeigt, sehr gut, bezieht sich aber nur auf die konkrete Informationsbeschaffung, um ein Informationsdefizit zu vermeiden.[1155] Der Selektionsprozess durch die Crowd hat aber größeres Potential[1156] und wird durch die Beschränkung begrenzt.[1157] Vor allem eine übergreifende Bewertung verschiedenster Konditionen und Beteiligungsbedingungen von Projekten und deren Abwicklung wird durch die Einschränkung des Anwendungsbereichs limitiert. Eine weitergehende Vergleichsmöglichkeit wird nicht geboten, denn man beschränkt sich in der Abwicklung auf darlehensbasierte Anlageformen.[1158]

Die gruppenspezifischen Entscheidungsprozesse könnten damit durch eine Erweiterung des Anwendungsbereichs des § 2a VermAnlG auf Vermögensanlagen nach §§ 1 Abs. 2 Nr. 1 und 5 VermAnlG noch weitreichender genutzt werden. Argumente gegen eine solche Erweiterung sind nicht ersichtlich und wurden auch im Rahmen des Gesetzgebungsverfahrens nicht angeführt. Vielmehr könnten aus der Erweiterung die Vorteile von umfassenderen vertraglichen Gestaltungsmöglichkeiten erwachsen, die zu einer höheren Transparenz und weitreichenden Vergleichsmöglichkeiten führen. Von einer solchen Entwicklung würden vor allem die einzelnen Anleger profitieren.

1153 Vgl. *Casper*, ZBB 2015, 265 (277); *Danwerth*, ZBB 2016, 20 (25); *Klöhn/Hornuf*, DB 2015, 47 (50).

1154 *Riethmüller*, DB 2015, 1451 (1455).

1155 Dazu oben, Seite 201 ff.

1156 *Klöhn/Hornuf*, DB 2015, 47 (50) sprechen von einem enormen gesamtwirtschaftlichen Potenzial.

1157 *Danwerth*, ZBB 2016, 20 (25).

1158 Vgl. *Casper*, ZBB 2015, 265 (277); *Danwerth*, ZBB 2016, 20 (25 f.); *Klöhn/Hornuf*, DB 2015, 47 (50).

2. Grenzwerte

Die Privilegierungsnorm des § 2a VermAnlG legt in Bezug auf die Emission verschiedene Grenzwerte fest. Zum einen wird das zulässige Gesamtemissionsvolumen normiert, zum anderen besteht eine Zeichnungsgrenze der einzelnen Investition eines Anlegers.[1159] Die Grenzwerte sind ihrer Höhe nach Gegenstand rechtlicher Diskussionen geworden.

a.) Gesamtemissionsvolumen

Die gesamte Emission darf gem. § 2a Abs. 1 VermAnlG ein Volumen von 2,5 Mio. Euro nicht übersteigen.[1160] Soweit mehr als diese Summe eingesammelt werden soll, kann dies nur außerhalb der Privilegierung des § 2a VermAnlG erfolgen. Die Befreiung von den Pflichten des VermAnlG, insbesondere der Prospektpflicht, gilt in diesen Fällen nicht. In mehreren Stellungnahmen während des Gesetzgebungsprozesses wurde eine Erhöhung des Grenzwertes des Emissionsvolumens auf 5 Mio. Euro gefordert.[1161] Auch in der juristischen Fachwelt wird die Höhe dieses Grenzwertes diskutiert, zum Teil wird sich für eine vergleichbare Erhöhung ausgesprochen.[1162] Im Vergleich zu anderen Ländern, insbesondere den USA, Großbritannien, Frankreich, Italien oder den Niederlanden zeigt sich der Grenzwert des § 2a Abs. 1 VermAnlG als Mittelweg.[1163] Auch eine wirtschaftliche Betrachtung der Kostenfaktoren einer Emission außerhalb der Privilegierung macht deutlich, dass der aktuelle Grenzwert eine ausreichend hohe

1159 Die Zeichnungsgrenze ist keine Privilegierungsvoraussetzung, dennoch direkte Folge der Privilegierung. Zu den insgesamt damit verbundenen rechtlichen Fragen vgl. Seite 136 ff.

1160 Zu den genauen Voraussetzungen der Begrenzung des Gesamtemissionsvolumens, Seite 130 ff.

1161 Stellungnahmen anlässlich der öffentlichen Anhörung des Finanzausschusses zum Kleinanlegerschutzgesetz (abrufbar unter: www.bundestag.de/bundestag/ausschuesse18/a07/anhoerungen/37--sitzung/364620 – zuletzt abgerufen am 02.12.2016); *Companisto*, 4; *Genova*, 2; *Mietshäuser Syndikat*, 3; *Riethmüller*, 5 f.; bezugnehmend auf die Stellungnahmen der Branchenverbände *Nietsch/Eberle*, DB 2015, 2575 (2578).

1162 *Bujotzek/Mocker*, BKR 2015, 358 (359); *Dieckmann*, WPg 2015, 130 (135); *Heisterhagen/Conreder*, DStR 2015, 1929 (1934); *Möllers/Kastl*, NZG 2015, 848 (850); *Riethmüller*, DB 2015, 1451 (1453).

1163 Grenzwerte der jeweiligen Länder: Italien 5 Mio. €, UK 5 Mio. €, Niederlande 2,5 Mio. €, Frankreich 1 Mio. €, USA 1 Mio $, Österreich 250.000 €.

Schwelle darstellt.[1164] Der niedrige Kostenfaktor[1165] dient der Förderung der jungen Unternehmen, was wiederum als Kernargument der Gesetzesbegründung zur Privilegierung von Schwarmfinanzierung anzusehen ist[1166]. Eine Privilegierung macht aber nur solange Sinn, wie durch zu hohe Kostenfaktoren tatsächlich eine Begrenzung der wirtschaftlichen Leistungsfähigkeit der Finanzierungsform erfolgt. Dies ist bei einer Überschreitung des aktuellen Grenzwertes von 2,5 Mio. Euro jedoch nicht zwingend.[1167] Gerade im Hinblick auf die aktuell geringe Regulierung der Internet-Dienstleistungsplattformen, denen aber gerade hinsichtlich der Prüfung des Gesamtvolumens als Gatekeeper eine wichtige Rolle zukommt, sind Bedenken in Bezug auf eine Erhöhung geäußert worden.[1168] Man wird die Entwicklung des Crowdinvestingmarktes abwarten müssen, um festzustellen, ob der aktuell bestehende Schwellenwert des Gesamtemissionsvolumens ausreicht, um fundierte Finanzierungsrunden durchzuführen. Eine potenzielle Anhebung der Werte ist insoweit mit einem nur geringen gesetzgeberischen Aufwand verbunden. Im Moment ist ein etwaiger Erhöhungsbedarf nicht ersichtlich.

b.) Zeichnungsgrenze der Einzelanlage gem. § 2a Abs. 3 VermAnlG

Im Rahmen der rechtlichen Betrachtung der Sonderbehandlung von Crowdinvesting-Emissionen ist bereits auf die Probleme der Auslegung der Zeichnungsgrenze des § 2a Abs. 3 VermAnlG eingegangen worden.[1169] Neben den bestehenden rechtlichen Unklarheiten ist zum einen die Zeichnungsgrenze selbst, zum anderen der monetäre Grenzwert von 1.000 Euro, respektive bis zu 10.000 Euro, in die Kritik geraten.

Gerade im Verhältnis zu anderen Produkten werden unter diesem Gesichtspunkt verfassungsrechtliche Bedenken geäußert.[1170] In jedem Fall lassen sich stark paternalistische Tendenzen der Regelung nicht leugnen. Dennoch überwiegt der hinter der Zeichnungsgrenze stehende Gedanke des Anlegerschutzes die Bedenken

---

1164 Eine wirtschaftliche Betrachtung findet sich bei *Danwerth*, ZBB 2016, 20 (27). Im Ergebnis entstünden bei Prospektkosten von 50.000 Euro und einer Emission außerhalb der Privilegierung mit einem Volumen von über 2,5 Mio. Euro Prospektkosten, die 2 % des Emissionsvolumens ausmachen würden. Angesichts der Renditechancen sind diese angemessen.

1165 Zum Crowdinvesting als Mittel der Kostensenkung, Seite 213 ff.

1166 BT-Drucks. 18/3994, 40.

1167 Siehe Fn. 1164.

1168 *Casper*, ZBB 2015, 265 (276).

1169 Zur Unbestimmtheit der Norm, Seite 137 f.

1170 *Danwerth*, ZBB 2016, 20 (26).

gegen die Beschränkung der Freiheit, sein Kapital frei und unbegrenzt zu investieren. Bezüglich des hohen Investitionsrisikos, das der einzelne Anleger bei einer Finanzierung im Bereich von Start-Up-Unternehmen eingeht, bietet die Zeichnungsgrenze dem Anleger Schutz. Oftmals sind Investitionsentscheidungen von Anlegern durch Fehleinschätzungen in Form von Selbstüberschätzung der eigenen Fähigkeiten und Kenntnissen sowie unverhältnismäßigem Optimismus geprägt.[1171] Solche Fehleinschätzungen entstehen obwohl der Betroffene über alle notwendigen Informationen verfügt. Denn, dass die Informationen zur korrekten Bewertung der Risiken vorhanden sind, heißt nicht, dass diese vom Anleger richtig eingeordnet und gedeutet werden. Die Zeichnungsgrenze zwingt den Anleger zur Diversifikation und beugt der Bildung von Klumpenrisiken[1172], aber auch Kapitalblasen vor[1173]. Sie ist insofern eine der Voraussetzungen dafür, dass Crowdinvesting in Bezug auf seine wirtschaftlichen Risiken überhaupt privilegiert werden kann.[1174] Gleichzeitig sichert die normierte Zeichnungsgrenze den „wisdom of crowds" ab. Dieser Prozess, dem eine Finanzierung durch einige wenige Großanleger nicht genügen würde[1175], benötigt eine ausreichend große und heterogene Gruppe[1176]. Damit ist der Grundgedanke der Zeichnungsgrenze begrüßenswert[1177], auch wenn sie dem Anleger teilweise das Recht nimmt, sich „selbst zum Narren zu machen"[1178].

Gerade der ohne Selbstauskunft investierbare Betrag von 1.000 Euro wird kritisch betrachtet. Zum einen wird darauf verwiesen, dass das Erfordernis der Selbstauskunft möglicherweise dazu führen könnte, Anlegern den Anreiz zu nehmen, mehr als 1.000 Euro zu investieren, auch wenn sie die Möglichkeit

---

1171 *Casper*, ZBB 2015, 265 (278); zu „overoptimism" und „overconfidence" *Odean*, Journal of Finance 1998, 1887, (1896 f.), *Thaler*, Journal of Economic Perspectives Vol. 14 (2000) No. 1, 133 (133).

1172 Dazu auch oben, Seite 136.

1173 Auf das Problem der Blasenbildung beim Crowdinvesting eingehend *Klöhn/Hornuf*, ZBB 2012, 237 (259).

1174 Zum Aspekt wirtschaftlicher Risiken bzgl. der Privilegierung, Seite 212 ff.

1175 Überzeugend *Casper*, ZBB 2015, 265 (278).

1176 Zu den Voraussetzungen des „wisdom of crowds", Seite 202 ff.

1177 *Bradford*, ZBB 2015, 376 (379); *Casper*, ZBB 2015, 265 (278); *Klöhn/Hornuf*, DB 2015, 47 (52); *Klöhn/Hornuf*, ZBB 2012, 237 (262 ff.); a.A. *Danwerth*, ZBB 2016, 20 (32); *Möllers/Kastl*, NZG 2015, 849 (851).

1178 *Loss*, ZHR 129, 197 (208); im Original: „his inalienable right to make a fool of himself" – *Loss*, South African Law Journal 80 (1963), 53 (60).

hätten.[1179] Zum anderen wird auf den wirtschaftlichen Aufwand, in Form der potenziellen Erhöhung der Agency-Kosten, verwiesen, der damit verbunden ist, zu prüfen, ob die Zeichnungsgrenze eingehalten wird.[1180] Hinzu tritt das Risiko, dass missbräuchlich falsche Auskünfte erteilt werden, um mehr Kapital investieren zu können.[1181] Dementsprechend wird die Anhebung der Zeichnungsgrenze ohne etwaige Selbstauskunft auf einen Betrag von 5.000 Euro als zweckmäßig erachtet.[1182] Eine solche Anhebung stünde einer ausreichend großen Crowd nicht entgegen. Ob diesem Vorschlag zu folgen ist, wird sich durch die Entwicklung des Crowdinvestingmarktes unter der neuen Regelung des KASG zeigen. Es bleibt somit zunächst abzuwarten, ob durch die erforderliche Selbstauskunft tatsächlich eine Schwächung der Investitionsbereitschaft eintreten wird. Auch das Ausmaß der Belastung der Internet-Dienstleistungsplattformen durch die Pflicht zur Überprüfung etwaiger Selbstauskünfte nach § 16 Abs. 3a FinVermV wird sich zeigen. Sollte sich in diesem Zusammenhang bestätigen, dass ein erhöhtes Missbrauchsrisiko durch Fehlauskünfte der Anleger besteht, ist die vorgeschlagene Anhebung des Fixbetrages zur Entlastung der Plattformen zu überdenken. Ob aktuell ein weitergehender Handlungsbedarf gegeben ist, lässt sich ohne eine wirtschaftliche Analyse der Entwicklung des Crowdinvestingmarktes nur schwerlich bewerten.

Handlungsbedarf besteht indes im Zusammenhang mit den rechtlichen Unklarheiten der Norm.[1183] Gerade die Selbstauskunft durch den Anleger ist ihrem Inhalt nach weitergehend zu konkretisieren. Ebenso sind die zurzeit unklaren Begriffe „frei verfügbares Vermögen in Form von Bankguthaben und Finanzinstrumenten“ und „durchschnittliches monatliches Nettoeinkommen“ durch den Gesetzgeber weiter zu konkretisieren.

c.) Adressatenkreis der Einzelzeichnungsgrenze

Problematisch erscheint daneben der Umstand, dass Kapitalgesellschaften vollends aus dem Anwendungsbereich der Zeichnungsgrenze ausgenommen sind.[1184] Ihnen ist insofern eine Investition von über 10.000 Euro ohne jedwede

1179 So *Klöhn/Hornuf*, DB 2015, 47 (52), die auf die möglichen Geheimhaltungsinteressen der Anleger hinweisen.

1180 *Casper*, ZBB 2015, 265 (278).

1181 *Casper*, ZBB 2015, 265 (278), *Danwerth*, ZBB 2016, 20 (32).

1182 *Casper*, ZBB 2015, 265 (278); *Klöhn/Hornuf*, DB 2015, 47 (52).

1183 Zu den rechtlichen Unklarheiten, Seite 137 ff.

1184 Bereits im Vorfeld kritisch *Klöhn/Hornuf*, DB 2015, 47 (53).

Selbstauskunft möglich. Gerade in Bezug auf die Gefahr einer Umgehung der Zeichnungsgrenze für natürliche Personen, ist dieser Umstand kritisiert worden, wobei berechtigterweise vor der Entstehung eines völlig neuen Geschäftszweigs im Rahmen crowd-basierter Finanzierung gewarnt wird, der dazu dienen kann, Anlegern durch die Gründung von Kapitalgesellschaften eine höhere Investition zu ermöglichen.[1185] Zugleich erscheint eine pauschale Ausnahme, die nur an die Organisationsform als Kapitalgesellschaften anknüpft, zu kurz zu greifen. Gerade erfahrene Anker-Investoren oder Business-Angel[1186] werden von der Ausnahme nicht erfasst, sodass auch sie, trotz geringerer Gefährdung, der Zeichnungsgrenze des § 2a Abs. 3 VermAnlG unterliegen.[1187] In diesem Zusammenhang scheint es konsequent, stärker auf eine Angleichung der kapitalmarktrechtlichen Regulierungen bedacht zu sein und den Gedanken der Regelung des § 31a Abs. 2 WpHG[1188] auf die Ausnahmeregelung für Schwarmfinanzierung zu übertragen.[1189] Dies gilt vor allem, weil die Begründung dieser Ausnahme darauf fußt, dass den Kapitalgesellschaften als Formkaufleuten eine höhere Professionalität im Umgang mit Kapitalanlagen unterstellt wird.[1190] Ist die vermeintlich erhöhte Professionalität[1191] das Argument der Befreiung von der Zeichnungsgrenze, so ist fraglich, warum nicht auch im Gesetz selbst eben auf diese Professionalität abgestellt wird. Die Umsetzung in § 2a Abs. 3 VermAnlG erscheint insofern inkonsequent. Anstatt pauschal bestimmte Organisationsformen von

---

1185 *Casper*, ZBB 2015 265 (278); *Danwerth*, ZBB 2016, 20 (32); *Kollrus*, MDR 2015, 1334 (1336).

1186 Gemeint sind erfahrene (Groß-)Investoren, die nicht nur eine hohe Geldsumme zur Finanzierung überlassen, sondern zugleich durch ihre Erfahrungen, ihre Kenntnisse und ihre geschäftlichen Beziehungen die Unternehmensgründung erheblich erleichtern können.

1187 *Danwerth*, ZBB 2016, 20 (31 f.), der zusätzlich auch auf die verfassungsrechtliche Dimension dieses Problems eingeht.

1188 Der § 31a Abs. 2 WpHG definiert den Begriff des professionellen Kunden von Wertpapierdienstleistungsunternehmen.

1189 So *Casper*, ZBB 2015, 265 (278); *Klöhn/Hornuf*, DB 2015, 47 (53), die zugleich darauf verweisen, dass eine entsprechende Angleichung der Norm an die spezifischen Gegebenheiten von Crowdinvesting erfolgen muss; ohne spezifischen Normbezug *Bujotzek/Mocker*, BKR 2015, 358 (359).

1190 BT-Drucks. 18/4708, 64: „Diese Befreiung ist dadurch gerechtfertigt, dass an Kapitalgesellschaften als Formkaufleute auch bei der Geldanlage ein höherer Professionalitätsstandard angelegt werden kann".

1191 An der gerade in Bezug auf die Unternehmergesellschaft nach § 5a GmbHG durchaus stark gezweifelt werden kann.

der Zeichnungsgrenze auszunehmen, ist es überzeugend, generell den Gedanken des § 31a Abs. 2 WpHG aufzugreifen und eine Befreiung für sog. professionelle Kunden vorzunehmen. Dies vermeidet übertriebenen Paternalismus und führt zur Angleichung der Regulierungsmechanismen der verschiedenen Märkte. Zugleich wird damit auch dem hinter der Ausnahme von Kapitalgesellschaften stehenden Gedanken tatsächliche Geltung verschafft. Auch die Funktion der Zeichnungsgrenze, innerhalb der Emission und gerade in Bezug auf die Privilegierung selbst, bleibt gewahrt.

Diversifikation ist als wesentlicher Bestandteil eines erfolgreichen Risikomanagements am Kapitalmarkt zu begreifen. Die Zeichnungsgrenze reduziert die Risiken, die einen Anleger bei der Investition in ein Start-Up-Unternehmen treffen können. Erfahrene und professionelle Anleger wissen um den Nutzen einer ausreichenden Diversifikation ihrer Kapitalanlageprodukte und können damit etwaige Risiken besser einschätzen als tatsächliche Kleinanleger, die das KASG seiner Intention nach gerade schützen möchte.[1192] Unter dem Gesichtspunkt der Paternalismusdebatte liegt darin ein guter Lösungsansatz, denn jedem „einfachen" Anleger wird durch eine solche Regulierung die Möglichkeit eröffnet, den Status des professionellen Anlegers zu erreichen.

Im Zusammenhang mit der Ausnahme von professionellen Anlegern ist indes auch zu klären, ob eine solche Befreiung uneingeschränkt erfolgen sollte. Auch durch professionelle Anleger können Klumpenrisiken beim Kapitalsuchenden entstehen. Zusätzlich ist auf die Möglichkeit hinzuweisen, dass größere Beteiligungen in Bezug auf den Kostenaufwand auch ohne weiteres außerhalb der Crowdinvesting-Emission ausgehandelt werden könnten. Gerade unter dem Aspekt, dass für ein erfolgreiches Crowdinvesting und den „wisdom of crowds" eine ausreichend große Gruppe erforderlich ist, sollte auch für professionelle Anleger eine Investitionsbegrenzung festgelegt werden. Dann ist aber auch weiterhin die Gesamtemissionsvolumensgrenze zu beachten, um Bildung von Kapitalblasen zu verhindern. Unabhängig davon, ob sich professionelle Anleger an der Unternehmung beteiligen oder nicht, besteht das Risiko, dass das Projekt nicht erfolgreich durchgeführt werden kann. Wo genau die Grenze für eine Investition von professionellen Anlegern innerhalb einer Crowdinvesting-Emission zu ziehen sein wird, ist unklar. Bezieht man sich auf den hinter der Zeichnungsgrenze stehenden Gedanken, überzeugt es, nicht an den einzelnen professionellen Anleger anzuknüpfen, sondern eine prozentuale Beteiligungsgrenze am Gesamtemissionsvolumen für professionelle Anleger, die über 10.000 €

1192 Vgl. BT-Drucks. 18/3994, 65.

investieren wollen, festzulegen. Legt man diese bei maximal 25 % des Gesamtemissionsvolumens fest, so ist es einem oder mehreren professionellen Anlegern bei einer Emission von 2,5 Mio. möglich, bis zu 625.000 Euro zu investieren. Die übrigen mindestens vorhandenen 75 % des Gesamtemissionsvolumens würden dann der Einzelzeichnungsgrenze des § 2a Abs. 3 VermAnlG unterliegen, womit dann pro Anleger sicher 1.000 Euro, gegebenenfalls bis zu 10.000 Euro investiert werden können. Damit steht fest, dass mindestens 1,75 Mio Euro bei einer maximalen Ausreizung des privilegierten Gesamtemissionsvolumens, durch Kleinanleger gestellt wird. Gerade in Bezug auf die zurzeit unbegrenzte Befreiung von Kapitalgesellschaften erscheint eine Begrenzung in jedem Fall vorzugswürdig. So wird es möglich, dass die Crowd auf der einen Seite vom Wissen der professionellen Anleger profitiert, auf der anderen Seite immer noch eine ausreichende Gruppengröße gesichert ist und zugleich dem Interesse der professionellen Anleger Rechnung getragen wird. Zusätzlich werden die professionellen Anleger und die Crowd zusammengeführt. In diesem Zusammenhang sollten insofern auch Vorgaben zur Einstufung und zum Prüfungsverfahren der Eigenschaft „professioneller Anleger" zu sein, etabliert werden.

3. Fehlende Regulierung der Plattformen

Betrachtet man die obigen Ausführungen, wird deutlich, dass den Plattformen als Bindeglied zwischen Anleger und Kapitalsuchendem eine elementare Funktion im Rahmen der Crowdinvesting-Emission zukommt. Sie sind wesentlicher Bestandteil des modernen Verständnisses von Schwarmfinanzierung[1193], und zugleich ist ihre Einbindung in der Rolle des Anlagevermittlers[1194] tatbestandliche Voraussetzung einer Privilegierung der Emission nach dem VermAnlG[1195]. Die Regulierung ihrer Tätigkeit lässt sich in diesem Zusammenhang als eher rudimentär kennzeichnen und hat dementsprechende Kritik erfahren.[1196]

Insbesondere unterliegen die Plattformen wegen der Ausnahmevorschrift des § 2a Abs. 1 Nr. 7 WpHG regelmäßig nicht den Pflichten der §§ 31 ff. WpHG.[1197] Als Finanzanlagenvermittler unterfallen sie den Regelungen der Gewerbeordnung

1193 Zur Bedeutung der Plattformen, Seite 31 f.

1194 Zur Eigenschaft der Plattform als Anlagevermittler, Seite 84 ff.

1195 Zu den Voraussetzungen der Privilegierung, Seite 124 ff.

1196 *Casper*, ZBB 2015, 265 (280 f.); *Danwerth*, ZBB 2016, 20 (36 f.); *Klöhn/Hornuf*, DB 2015, 47 (53); unklar *Riethmüller*, DB 2015, 1451 (1454 f.); wohl ebenfalls eher kritisch *Bujotzek/Mocker*, BKR 2015, 358 (360).

1197 Zur Ausnahmevorschrift des § 2a Abs. 1 Nr. 7 e) WpHG, Seite 78 f.

und haben die Normierungen der Finanzanlagenvermittlerverordnung zu beachten.[1198] Die Einhaltung dieser Normen und damit die Aufsicht über die Crowdinvesting-Plattformen und deren Tätigkeit übernehmen die landesrechtlich zuständigen Behörden[1199]. Die BaFin ist demgegenüber nur in eingeschränkter Form für die Aufsicht über das öffentliche Angebot von Vermögensanlagen zuständig. Bei ihr ist insbesondere gem. § 14 Abs. 1 S. 2 VermAnlG das VIB zu hinterlegen. Diese Form der Regulierung wird der elementaren Rolle der Plattformen nicht gerecht. Ihnen kommt als Gatekeeper eine wichtige Funktion im Rahmen der Vorauswahl zu. Im Rahmen dieser Vorauswahl kann sie auch ihrer Pflicht zur Plausibilitätsprüfung der Grundunterlagen (des VIB und etwaigen weitergehenden, freiwilligen Dokumente) nachkommen. Sie schaffen als Plattform überhaupt erst die Voraussetzung der Bildung einer Crowd über das Internet.[1200] Zusätzlich ist ihre Koordinationsfunktion im Zusammenhang mit einer intelligenten Gruppenentscheidung der Crowd von besonderer Wichtigkeit. Ohne die Eröffnung der Kommunikation und der Schaffung eines Forums, in dem die Crowd-Mitglieder untereinander und mit dem Kapitalsuchenden interagieren können, entfallen wesentliche Voraussetzungen, die eine Privilegierung einer Crowdinvesting-Emission überhaupt rechtfertigen. Ein etwaiges Informationsdefizit durch die fehlende gesetzliche Verpflichtung zur Erstellung eines Prospekts mit Pflichtangaben wird durch die Crowd überwunden.[1201] Zusätzlich besteht für sie als langfristig am Markt auftretende Akteure (sog. „repeat players"[1202]) der Anreiz, pflichtkonform zu handeln, um möglichst dauerhaft und erfolgreich tätig zu sein.[1203] Gerade das Erfordernis der „Anlegerkommunikation" lässt sich als Schlüssel zur Weisheit der Vielen begreifen.[1204] Diese Kommunikation ist elementarer Bestandteil einer crowd-basierten Finanzierung und findet rein faktisch auch ohne gesetzliche Verpflichtung der Plattformen

1198 Zur den Folgen der Regelungen für den Anlegerschutz, Seite 83 f.

1199 Entweder die zuständigen Gewerbeämter oder die Industrie- und Handelskammern, Übersicht bei Landmann/Rohmer/*Schönleiter*, § 34f Rn. 28.

1200 Zur Bedeutung für Crowdinvesting oben, Seite 25 f.

1201 Dazu oben, Seite 199 ff.

1202 Zum Begriff *Bradford*, Columbia Business Law Review 2012, 1, (117); *Tomboc*, The John Marshall Journal of Information Technology & Privacy Law Vol. 30 (2013), 253 (270 f.).

1203 *Klöhn/Hornuf*, ZBB 2012, 237 (265).

1204 *Klöhn/Hornuf*, DB 2015, 47 (53); *Klöhn/Hornuf*, ZBB 2012, 237 (265 f.); *Meschkowski/Wilhelmi*, BB 2013, 1411 (1417).

statt, sodass die Privilegierung aufgrund dieser Beobachtung auch generell gerechtfertigt erscheint und überzeugt.

Dennoch ist eine gesetzliche Normierung in Bezug auf die Sicherheit des Rechtsverkehrs nicht entbehrlich. Auch genaue Regelungen, wie die Einhaltung der Privilegierungsvoraussetzungen geprüft werden soll, sind erforderlich, um den zukünftigen Entwicklungen und einem größeren Kapitalbedarf des Crowdinvestingmarktes gerecht werden zu können. In diesem Zusammenhang setzt die potenzielle Anhebung der Grenzwerte zwingend eine bessere Regulierung der Plattformen als Intermediäre voraus, um nicht zu hohe Risiken in Bezug auf die Bildung von Kapitalblasen oder Klumpenrisiken zu erzeugen. In diesem Gesamtzusammenhang wäre eine weitergehende Normierung der Pflichten insbesondere bezüglich des Emissionsprozesses und der Vorauswahl wünschenswert, um ihre Rolle als Gatekeeper besser hervorzuheben[1205] und die oben aufgezeigten Prozesse gesetzlich abzusichern. Des Weiteren sollten die Plattformen und ihre Tätigkeit der Aufsicht der Bundesanstalt für Finanzdienstleistungsaufsicht unterstellt werden, um eine professionelle und einheitliche Aufsicht der Kapitalmärkte und der dort handelnden Akteure zu erreichen. Dadurch wird zusätzlich die aufsichtsrechtliche Trennung von Angebot der Vermögensanlage und Zulassung sowie Tätigkeit der Plattformen beseitigt, was dem Schutz des einzelnen Anlegers zugute kommt.

4. § 2d VermAnlG als willkürliches Widerrufsrecht

Keine Voraussetzung der Privilegierung, aber an sie gebunden, ist das neu eingefügte Widerrufsrecht des § 2d VermAnlG. Diese Norm räumt jedem Anleger das Recht ein, seine Willenserklärung zum Abschluss eines Vertrages über eine Vermögensanlage i.S.v. § 2a VermAnlG[1206] in Textform innerhalb einer bestimmten Frist gegenüber dem Anbieter zu widerrufen.[1207] Adressat des Widerrufs ist damit

1205 *Casper*, ZBB 2015, 265 (280); *Danwerth*, ZBB 2016, 20 (36 ff.); *Klöhn/Hornuf*, DB 2015, 47 (53); *Riethmüller*, DB 2015, 1451 (1453); anklingend bei *Bujotzek/Mocker*, BKR 2015, 358 (360).

1206 So wortwörtlich § 2d Abs. 1 VermAnlG. Dies erscheint durchaus unpräzise, denn § 2a VermAnlG konkretisiert nur eine besondere Art der Emission von Vermögensanlagen. Die Formulierung des § 2d Abs. 1 legt nahe, es handele sich um besondere Vermögensanlagen, was nicht der Fall ist.

1207 Zu den Voraussetzungen des Widerrufsrechts, mit Bezug zu den Unstimmigkeiten und Unklarheiten, Seite 123 ff.; vertiefend bisher einzig *Danwerth*, WM 2016, 1212 (1212 ff.).

der kapitalsuchende Emittent.[1208] Gerade in Bezug auf das Verhältnis der Norm zu anderen Widerrufsrechten besteht eine große Rechtsunsicherheit. Begründet wird die Eröffnung des Reurechts damit, dass dem Anleger, der Vermögensanlagen nach den §§ 2a bis 2c VermAnlG erwirbt, kein Verkaufsprospekt vorliegt. Aus dem Nichtvorliegen des Verkaufsprospekts wurde gefolgert, dass ihm auch weniger Informationen zur Verfügung standen und sogar möglicherweise wesentliche Informationen fehlten.[1209] Als „Ausgleich" wurde dem ursprünglichen Gesetzesentwurf der § 2d VermAnlG hinzugefügt.

Dem Anleger wird indes, bevor er die Vermögensanlage zeichnet, durch die Pflichtangaben nach den §§ 13 Abs. 6, Abs. 3a S. 1 VermAnlG bewusst gemacht, dass es im Rahmen der Emission an der Pflicht zur Erstellung eines Verkaufsprospekts fehlt und er dementsprechend nur auf das VIB als Quelle gesetzlich normierter Pflichtangaben zurückgreifen kann.[1210] Zusätzlich widerspricht die o.g. Begründung den rechtlichen und ökonomischen Tatsachen, die eine Privilegierung von Crowdinvesting überhaupt erst rechtfertigen. Wie zuvor aufgezeigt, ist davon auszugehen, dass es überhaupt nicht zu einem Informationsdefizit des Anlegers kommt, sondern alle Informationen für eine fundierte Investitionsentscheidung in das konkrete Projekt vorliegen.[1211] Dass insofern etwaig andere Informationen vorliegen als die Pflichtangaben eines Verkaufsprospekts, schadet nicht, denn die Finanzierung von Start-Up-Projekten stellt an den Informationsaustausch besondere Anforderung und viele der „Pflichtangaben" nach § 7 VermAnlG sind zu diesem Zeitpunkt nicht aussagekräftig. Auf die daraus resultierenden Risiken wird jedoch jeder Anleger durch den Warnhinweis des § 13 Abs. 6 VermAnlG hingewiesen. Es handelt sich nicht um ein Informationsdefizit, sondern schlichtweg das immanente Investitionsrisiko zu diesem Zeitpunkt der Unternehmensbildung. Dieses Risiko wahrgenommen zu haben, ist indes von jedem Anleger gem. §§ 15 Abs. 3, Abs. 4 VermAnlG zu bestätigen.[1212]

Für das Widerrufsrecht des § 2d VermAnlG besteht damit kein Bedürfnis[1213], vielmehr widerspricht es der Rechtfertigung der Privilegierung von Crowdinvesting.

1208 Der Emittent ist hier zugleich Anbieter, dazu oben Seite 119 f.; so auch *Klöhn/Hornuf/Schilling*, ZBB 2016, 142 (145); a.A. *Casper*, ZBB 2015, 265 (279); *Danwerth*, WM 2016, 1212 (1215).

1209 So BT-Drucks. 18/4708, 64.

1210 *Danwerth*, WM 2016, 1212 (1214 f.).

1211 Dazu oben, Seite 209 f.

1212 So überzeugend *Danwerth*, WM 2016, 1212 (1215).

1213 Vgl. *Danwerth*, WM 2016, 1212 (1215), der darauf abstellt, dass die Ziele, die der Gesetzgeber mit § 2d VermAnlG verfolgt, bereits anderweitig, insb. durch das VIB und die damit zusammenhängende Haftung nach § 22 VermAnlG, erreicht wurden.

Zusätzlich zeigt die Umsetzung des Widerrufsrechts deutliche Schwächen.[1214] Gerade die Frist von bis zu einem Jahr hat das Potenzial, für erhebliche Unsicherheiten im Rahmen der Finanzierung zu sorgen. Diese Gefahr wird zusätzlich dadurch verschärft, dass der Begriff des „Hinweises auf das Widerrufsrecht", der in § 2d Abs. 3 VermAnlG verwendet wird, keinerlei Konkretisierung erfahren hat und somit Unklarheit herrscht, wann ein solcher Hinweis rechtswirksam erteilt wurde.[1215] Darüber hinaus kann sich jeder Anleger, auch derjenige, der von der Zeichnungsgrenze nach § 2a Abs. 3 VermAnlG befreit ist, auf das Widerrufsrecht berufen. Es ist des Weiteren davon auszugehen, dass das Widerrufsrecht des §§ 355, 312g Abs. 1, 312c BGB im Rahmen eines Crowdinvestments nach § 2a VermAnlG eingreift.[1216] Verbraucher wären insofern auch ohne den § 2d VermAnlG nicht minder geschützt. Die mit der Norm einhergehenden Nachteile und die hinter der Norm stehende Intention, die nicht zu überzeugen vermag, führen dazu, dass Handlungsbedarf für den Gesetzgeber besteht. Die Norm sollte in jedem Fall entweder klarer im Verhältnis zu §§ 355, 312g Abs. 1, 312c BGB abgegrenzt und in ihren tatbestandlichen Voraussetzungen eingeschränkt, oder vollständig aus dem Regelungskonzept entfernt werden.

5. Zusammenfassende Betrachtung

Bereits in der Gesetzesbegründung würde angekündigt, Ende 2016 eine Revision der bisherigen Regulierung von Crowdinvesting vorzunehmen. Dass in Zukunft Handlungsbedarf bestehen würde, war insofern bereits bei Einbringung des Gesetzesentwurfs absehbar.[1217] Die konkrete Umsetzung der Privilegierung durch § 2a VermAnlG hat Kritik erfahren, die der Gesetzgeber in Teilen bei einer solchen Überarbeitung beachten sollte. Den einzelnen Plattformen kommt als „repeat player" eine erhöhte Bedeutung für eine effiziente Regulierung zu. Als Gatekeeper sollten ihre Tätigkeit und ihre Pflichten in Bezug auf die Beziehung von anbietendem Emittent und Anlegerschaft weitergehend reguliert werden, um diejenigen Prozesse, die eine Privilegierung rechtfertigen, rechtlich abzusichern. Die Prüfungspflicht bzgl. der Plausibilität des einzelnen Projekts, die sich aus dem Anlagevermittlerverhältnis[1218] ergeben, welches wiederum Voraussetzung für eine Privilegierung ist, sollten durch eine Normierung weiter

1214 Kritisch *Bröker/Machunsky*, NJ 2015, 397 (401).

1215 *Danwerth*, WM 2016, 1212 (1216).

1216 *Danwerth*, WM 2016, 1212 (1213 f.); *Riethmüller*, DB 2015, 1451 (1455).

1217 BT-Drucks. 18/3994, 42.

1218 Respektive Anlageberatungsverhältnis, was jedoch unüblich ist, siehe Fn. 357.

konkretisiert werden. Ebenso sollte die weitergehende Regulierung dem Stellenwert der Interaktion von anbietendem Emittenten und Anlegerschaft gerecht werden und die Pflicht statuieren, entsprechende freie Kommunikationsräume – im Sinne eines Forums – bereitzustellen. Auch eine Konkretisierung des Umfangs der Prüfungspflichten in Bezug auf die abzugebende Selbstauskunft ist als wünschenswert zu erachten.

Dem § 16 Abs. 3a FinVermV fehlt es insofern an Eindeutigkeit. Im Zuge dessen sollte auch weitergehend normiert werden, wie genau die Einhaltung der übrigen Privilegierungsvoraussetzungen festzustellen ist. Soweit eine weiterführende Regulierung innerhalb der Regeln der FinVermV erfolgen sollte, wäre der Verordnungsgeber entsprechend gefragt. Die Rechtssicherheit, die für alle Beteiligten aus einer solchen weitergehenden Regulierung erwächst, würde das Vertrauen der Anleger in den Markt für Crowdinvesting stärken und dazu führen, dass dessen Potenzial als alternativer Finanzierungskanal weiter ausgeschöpft werden kann.[1219] Das Widerrufsrecht des § 2d VermAnlG sollte im Zuge einer Gesetzesrevision entfernt werden. Aufgrund der weitreichenden Folgen der Widerrufsmöglichkeit des § 2d VermAnlG und der zugleich relativ unbestimmten Ausformung der Norm besteht eine gewisse Rechtsunsicherheit. Ebenso kann die Begründung, die die Einführung der Norm vermeintlich rechtfertigt, nicht überzeugen. Der § 2d VermAnlG ist insofern Ausdruck einer inkonsequenten Rechtssetzung. Zugleich gilt es in jedem Fall zu kritisieren, dass jedem Anleger, auch solchen, die als Kapitalgesellschaften den anderen Schutzmechanismen des § 2a VermAnlG nicht unterliegen, die Möglichkeit des Widerrufs eingeräumt wird. Zugleich würde eine Entfernung des § 2d VermAnlG den potenziell als schutzwürdig zu erachtenden Verbraucher nicht schutzlos stellen.

Ihm stehen die allgemein geltenden Verbraucherwiderrufsrechte nach §§ 355, 312g Abs. 1, 312c BGB zu. Darüber hinaus sollte im Zuge der Gesetzesrevision der Anwendungsbereich § 2a VermAnlG erweitert werden. Dies beseitigt nicht nur die weitreichenden Abgrenzungsprobleme und trägt damit mittelbar zu einer besseren Entwicklung der Vertragsgestaltung bei, sondern auch dazu führen, dass die kollektive Intelligenz der Anlegerschaft („wisdom of crowds") optimal genutzt werden kann. Daneben ist die Befreiung bestimmter Anleger von der Zeichnungsgrenze des § 2a Abs. 3 VermAnlG, die zurzeit an die Rechtsform als Kapitalgesellschaft anknüpft, weil man dieser eine erhöhte Professionalität

1219 Zum wirtschaftlichen Nutzen des Crowdinvesting, Seite 32 ff. und Seite 213 ff.

zuspricht[1220], zu überarbeiten. Sieht man Professionalität als Grund an, aus dem Anleger nicht an Zeichnungsgrenzen gebunden sein sollen, dann sollte auch diese Professionalität den Kern der Befreiung bilden. Mit einer Regelung, die sich inhaltlich an § 31a Abs. 2 WpHG orientiert und den professionellen Anleger befreit, ist gerade in Bezug auf die Investitionen von Business-Angels oder Anker-Investoren[1221] eine Normierung gefunden, die den Interessen aller Beteiligten gerecht wird. Zugleich wird dadurch das Umgehungsrisiko, welches dadurch entsteht, dass § 2a Abs. 3 VermAnlG ausschließlich auf die Rechtsform des Anlegers abgestellt, weitestgehend ausgeschlossen. Gerade in Bezug auf die Höhe der monetären Schwellenwerte, die in §§ 2a Abs. 1, Abs. 3 VermAnlG festgesetzt wurden, gilt es die Entwicklungen auf dem Crowdinvesting Markt zu beobachten. Gegebenenfalls wird es notwendig werden, die konkreten Schwellenwerte des maximalen Gesamtemissionsvolumens, § 2 a Abs. 1 VermAnlG, und der Einzelzeichnungsgrenze, § 2a Abs. 3 Nr. 1 und 2 VermAnlG, an die zukünftigen Marktentwicklungen anzupassen.

V. Schlussfolgerung für Crowdinvesting nach § 2a VermAnlG

Alles in Allem gilt es in Bezug auf die zu Anfang aufgeworfene Frage festzuhalten, dass der einzelne Anleger durch die generelle Privilegierung von Schwarmfinanzierung nicht schlechter gestellt wird als im Rahmen einer regulären Emission nach dem VermAnlG. Damit geht auch die Erkenntnis einher, dass eine Regulierung von Crowdinvesting-Emissionen dahingehend, dass alle Pflichten des VermAnlG, insbesondere die Pflicht zur Erstellung eines Vermögensanlagen-Verkaufsprospekts nach § 6 VermAnlG, beachtet werden sollen, nicht angezeigt ist. Aufgrund der fehlenden Schlechterstellung des Anlegers ist ein genereller Regulierungsbedarf nicht erkennbar. Ein Informationsdefizit des Anlegers im Rahmen der Anlageentscheidung besteht nicht. Ebenso ist darauf hinzuweisen, dass eine Haftung für erteilte Informationen besteht, die mit der spezialgesetzlichen Haftungsnormen der §§ 20, 21 VermAnlG vergleichbar ist. Zwar sind die von Kritikern angeführten wirtschaftlichen Risiken nicht aus der Luft gegriffen, dennoch überwiegen die wirtschaftlichen Vorteile von Crowdinvesting, da die Risiken weniger im Crowdinvesting selbst, als vielmehr in der Start-Up-Finanzierung generell zu sehen sind. Als neuer Finanzierungskanal[1222], der gerade die Kapitalbeschaffung in diesem Bereich der Unternehmensgründung erleichtert

1220 BT-Drucks. 18/4708, 65.

1221 Siehe Fn. 1186.

1222 Dazu oben, Seite 213 ff.

und zugleich Vorteile wie z.B. Marketingeffekte und direktes Feedback der Konsumenten liefert, demokratisiert Crowdinvesting den Zugang zu Kapital[1223]. Darin ist unter gesamtwirtschaftlichen Gesichtspunkten ein enormes Potenzial zu sehen.[1224] Crowdinvesting hat im Zuge des Kleinanlegerschutzgesetzes eine solche Regulierung erfahren, dass es nicht mehr einem unregulierten Marktsegment zugeordnet werden kann. Schwarmfinanzierung ist damit nicht länger Teil des Grauen Kapitalmarktes und bietet zugleich einen ausreichenden Anlegerschutz. Durch die konkrete Umsetzung der Sondervorschrift des § 2a VermAnlG wurde versucht, potenzielle Risikobereiche zu beachten, um eine möglichst weitreichende Gleichstellung der Anleger, unabhängig von der konkreten Durchführung der Emission von Vermögensanlagen, zu erreichen. Dies gelingt indes nur zum Teil. Für die Kritik an der Umsetzung der Privilegierung durch § 2a VermAnlG sei auf das oben Gesagte verwiesen. Darüber hinaus gilt es erneut hervorzuheben, dass für die Regulierung von Schwarmfinanzierung die Besonderheit zu beachten ist, dass es sich um einen sehr jungen Investitionsmarkt handelt. Die zukünftige Marktregulierung ist entsprechend an die Marktentwicklung anzupassen, ohne durch eine vorsorgliche Überregulierung positive Entwicklungen zu erschweren.

Das einleitend beschriebene Potenzial dieser Finanzierungsform hat auch das Interesse des europäischen Gesetzgebers geweckt. So wurden von der Europäischen Kommission verschiedene Studien[1225] initiiert, die im Zusammenhang mit crowd-basierter Finanzierung stehen, um die konkreten Entwicklungen und Regulierungen zu untersuchen, die innerhalb der EU bestehen. In einem aktuellen Arbeitspapier der EU-Kommission[1226] vom 03.05.2016 wird Crowdfunding das Potenzial bescheinigt, großen Einfluss auf die bestehenden Finanzsysteme nehmen zu können. Zugleich handele es sich aber immer noch um einen jungen Markt. Ausdruck findet dies insbesondere darin, dass Crowdfunding eine national beschränkte lokale Finanzierungsform darstellt, weshalb zurzeit auch

---

1223 Siehe Fn. 1118.

1224 So auch das Commission Staff Working Document: Crowdfunding in the EU Capital Markets Union, 30 f. – abrufbar unter: ec.europa.eu/finance/general-policy/docs/crowdfunding/160428-crowdfunding-study_en.pdf (zuletzt abgerufen am 02.12.2016).

1225 Crowdfunding: Mapping EU markets and events study: http://ec.europa.eu/finance/general-policy/docs/crowdfunding/20150930-crowdfunding-study_en.pdf (zuletzt abgerufen am 02.12.2016).

1226 Commission Staff Working Document: Crowdfunding in the EU Capital Markets Union, Fn. 1224.

die Regulierung auf nationaler Ebene als ausreichend angesehen wird. Handlungsbedarf auf Ebene der EU, um einen einheitlichen rechtlichen Rahmen zu schaffen, sei damit noch nicht gegeben.[1227] Sobald jedoch grenzübergreifende Finanzierungen aufgrund der Entwicklung der Crowdfundingmärkte erfolgen sollten, sei es wichtig, festzustellen, inwieweit nationale Regelungen einander angeglichen sind und ob eine Regulierung auf europäischer Ebene notwendig wird.[1228] Dabei soll insbesondere dem Aspekt des Anlegerschutzes besondere Beachtung zukommen. Den jeweiligen nationalen Regulierungen von Crowdinvesting – in Deutschland im Zuge des KASG durch die Sondervorschrift des § 2a VermAnlG geschaffen – kommt damit für die Entwicklung der Crowdfundingmärkte in den nächsten Jahren eine besondere Bedeutung zu.

1227 Pressemitteilung der europäischen Kommission vom 03.05.2016 – abrufbar unter: ec.europa.eu/rapid/press-release_IP-16-1647_de.htm?locale=en (zuletzt abgerufen am 02.12.2016).

1228 Siehe Fn. 1227.

H. Zusammenfassung in Thesen

Die Untersuchung der Regulierung von Crowdinvesting durch das Kleinanlegerschutzgesetz vom 03.07.2015 ist thesenartig wie folgt zusammenzufassen:

1. Begrifflich lässt sich das Finanzierungskonzept des Crowdinvesting als die Überlassung von Mezzanine- oder Eigenkapital, das sich aus einer Vielzahl von Kleinstbeträgen einer Gruppe von Anlegern („Crowd") zusammensetzt, verstehen. Von besonderer Bedeutung ist dabei, dass die Parteien über eine intermediäre Plattform zusammengeführt wurden. Dieses begrifflich weite Verständnis des Finanzierungsmodells ist unter dem Gesichtspunkt einer rechtlichen Betrachtung nicht differenziert genug.
2. Im Zuge einer rechtlichen Betrachtung ist für den Begriff des Crowdinvesting zwischen der Crowdinvesting-Emission und der sich anschließenden Kapitalüberlassung durch die Crowd und deren vertraglicher Ausgestaltung zu trennen.
3. Die Risiken, die sich aus der Kapitalüberlassung selbst ergeben, werden durch die Beteiligung der Crowd am Finanzierungsprozess nicht beeinflusst. Die unterschiedlichen rechtlichen Ausgestaltungsmöglichkeiten erlauben jeweils eine Anpassung an den Umstand, dass die Finanzierung durch eine Vielzahl von Kleinstbeträgen erfolgt. Die Überlassung von Kapital durch die Crowd kann mit vergleichbaren rechtlichen Risiken sowohl durch stille Beteiligungen als auch Genussrechte, partiarische Darlehen, Nachrangdarlehen oder deren Kombination abgewickelt werden.
4. Die Regulierung von Crowdinvesting durch das KASG erfolgt durch die Norm des § 2a VermAnlG. Damit knüpft der Gesetzgeber unmittelbar an den Vorgang des öffentlichen Angebots an, womit festzuhalten ist, dass dem Begriff des Crowdinvesting, so, wie er in § 2a VermAnlG Verwendung findet, ein engeres Verständnis zugrunde zu legen ist als der allgemeinen Beschreibung des Finanzierungsmodells. Die Kapitalüberlassung als Abwicklung der Finanzierung wird durch die gesetzliche Regulierung in § 2a VermAnlG nur mittelbar berührt. Dieser mittelbare Einfluss ergibt sich daraus, dass nur das Angebot bestimmter Vermögensanlageformen privilegiert wird und dadurch auch Einfluss darauf genommen wird, welche Vermögensanlagen, als Abwicklung der Kapitalüberlassung, öffentlich angeboten werden.
5. Die Privilegierung von Crowdinvesting-Emissionen durch § 2a VermAnlG ist als Vermittlerprivileg zu begreifen, denn sie macht die Einbindung einer

intermediären Internet-Dienstleistungsplattform zur Privilegierungsvoraussetzung. Die Bedeutung der Bündelung von Informationen sowie die Interaktion von Crowd und Kapitalsuchendem findet damit sowohl im materiellen Begriffsverständnis des Finanzierungsmodells von Crowdinvesting als auch in der gesetzlichen Regulierung der Crowdinvesting-Emission Beachtung.

6. Im Rahmen einer Crowdinvesting-Emission, die § 2a VermAnlG unterfällt, sind die Pflichten nach dem VermAnlG deutlich reduziert. Insbesondere entfällt die Pflicht, einen Vermögensanlagen-Verkaufsprospekt zu erstellen und diesen verfügbar zu halten.
7. Die haftungsrechtlichen Auswirkungen der Privilegierung sind vor allem darin zu sehen, dass mangels Prospektpflicht auch die damit zusammenhängenden spezialgesetzlichen Prospekthaftungstatbestände der §§ 20, 21 VermAnlG nicht eingreifen und durch die konkrete Ausgestaltung der Norm die allgemeine zivilrechtliche Prospekthaftung im engeren Sinne ebenso wenig anwendbar ist. Dennoch sind die Informationen, die dem Anleger während des Interaktionsprozesses der Emission erteilt werden, haftungsrechtlich abgesichert. Die allgemeine zivilrechtliche Prospekthaftung im weiteren Sinne wird durch die Privilegierung des § 2a VermAnlG nicht berührt. Die Inanspruchnahme persönlichen Vertrauens durch den oder die „Gründer" als „Dritte" im Verhältnis zur Crowd ist in der üblichen Situation einer Crowdinvesting-Emission im Regelfall zu bejahen. Durch die Zurechnung dieses Fehlverhaltens haftet in gleicher Weise auch der anbietende Emittent der Vermögensanlage. Die Informationen, die den Anlegern während einer Crowdinvesting-Emission erteilt werden, sind damit einem Haftungsregime unterworfen, dass mit der spezialgesetzlichen Prospekthaftung der §§ 20, 21 VermAnlG vergleichbar ist.
8. Durch die Privilegierung von Crowdinvesting-Emissionen nach § 2a VermAnlG erfolgt keine generelle Schlechterstellung des Anlegers im Verhältnis zu anderen Emissionen nach dem VermAnlG. Die rechtlichen Folgen, die aus den Normen resultieren, die im Zusammenhang mit der Erstellung des Vermögensanlagen-Verkaufsprospekts stehen, werden durch die crowdinvesting-typischen Besonderheiten, insbesondere den Interaktionsprozess zwischen den Beteiligten, erreicht. Durch die Interaktion zwischen dem Kapitalsuchenden und der kapitalgebenden Crowd und durch die gesetzlich normierte Pflicht, ein VIB erstellen zu müssen, ist davon auszugehen, dass der Anleger seine Anlageentscheidung auf Grundlage eines Informationsstands treffen kann, der dem eines Vermögensanlagen-Verkaufsprospekts nicht nachsteht. Die wirtschaftlichen Risiken, die nicht im Crowdinvesting

selbst, sondern darin liegen, dass es vorzugsweise in der Phase der Unternehmensgründung zum Einsatz kommt, werden durch die Vorteile, die Crowdinvesting als neuer Finanzierungskanal bietet, aufgewogen. Hinzu kommt, dass etwaige Risiken durch die konkrete Umsetzung der Privilegierung der Emission nach § 2a VermAnlG abgemildert werden. In diesem Zusammenhang sind insbesondere die Einzelzeichnungsgrenze und die Begrenzung des Gesamtemissionsvolumens zu nennen. Die Plattformen sind zwingend als Anlagevermittler in die Crowdinvesting-Emission eingebunden. Im Regelfall unterliegen sie als Finanzanlagenvermittler den Vorgaben des § 34f GewO und der FinVermV. Im Verhältnis zum Anleger besteht für sie im Rahmen der Anlagevermittlung die Pflicht, die Unterlagen, die ihnen für die Emission zugeleitet werden, auf deren Plausibilität zu prüfen.

9. Die Sonderregelungen, die das KASG für das Crowdinvesting vorsieht, sind als Privilegierung generell zu begrüßen. Eine solche Privilegierung führt dazu, dass sich Crowdinvesting als neuer Finanzierungskanal, dem durchaus großes wirtschaftliches Potenzial zukommt, weiterentwickeln kann, ohne durch eine Überregulierung gehindert zu werden. Dennoch ist auch Kritik an der konkreten Umsetzung des § 2a VermAnlG, also der Ausformung der Privilegierung, angebracht. Die Befreiung von der Einzelzeichnungsgrenze des § 2a Abs. 3 VermAnlG sollte nicht wie bisher an die Rechtsform der Kapitalgesellschaft gebunden sein, sondern unter Bezugnahme auf die Regelung des § 31a Abs. 2 WpHG generell professionelle Anleger von der Zeichnungsgrenze befreien. Das Widerrufsrecht des § 2d VermAnlG ist im Zuge der Gesetzesrevision zu streichen, denn die Norm ist weder konsequent und schlüssig ausgestaltet, noch ist sie, in Bezug auf die Begründung ihrer Einfügung in den Gesetzesentwurf, notwendig. In jedem Fall ist dafür zu plädieren, die Privilegierung des § 2a VermAnlG um die Vermögensanlagen nach §§ 1 Abs. 2 Nr. 1 und Nr. 5 VermAnlG zu erweitern, um eine Optimierung der Vertragswerke zu fördern und so mittelbar die Position der Anleger zu stärken. Insbesondere vor dem Hintergrund der schwierigen Abgrenzung von stiller Gesellschaft und Genussrechten zu partiarischen Darlehen kann so Rechtssicherheit für die Anwender der Privilegierungsnorm geschaffen werden. Aus der Umsetzung der Finanzierungsabwicklung ergeben sich insofern keine spezifischen Risiken. Demgegenüber sollten die vielfach geforderten Erhöhungen der Schwellenwerte von Einzelzeichnungsgrenze und Gesamtemissionsvolumen nicht pauschal, sondern, wenn überhaupt, nur mit einer entsprechenden Orientierung an der Marktentwicklung erfolgen. Ob die Erhöhung des Grenzwertes des Gesamtemissionsvolumens

unter dem Gesichtspunkt der Vermeidung von übermäßigen Kosten durch die Erstellung eines Verkaufsprospekts überhaupt angezeigt ist, ist fraglich und wohl eher zu negieren.

10. Betrachtet man die Ziele, die der Gesetzgeber mit dem Kleinanlegerschutzgesetz verfolgt hat, überzeugt es, Crowdinvesting gesondert zu regulieren, um dessen Potenzial nicht zu ersticken. Der Anleger ist im Rahmen eines Crowdinvestments als Mitglied der Crowd weniger schutzbedürftig als ein Anleger, der investiert, ohne Teil der Crowd zu sein. Dennoch erfolgt die Regulierung in einem solchen Maß, dass auch für Anleger im Rahmen einer Schwarmfinanzierung rechtliche Sicherheit geschaffen wurde. Crowdinvesting, welches lange Zeit am Grauen Kapitalmarkt betrieben wurde, hat diesen Marktbereich inzwischen verlassen. Eine Verringerung des Anlegerschutzes durch die Privilegierung von Crowdinvesting besteht nicht. Ob ein weitergehender Regulierungsbedarf besteht, der über das o.g. hinausgeht, wird sich durch die zukünftige Entwicklung von Crowdinvesting zeigen. Dies betrifft sowohl die nationale als auch die internationale Entwicklung. Auf europäischer Ebene ist das Potenzial des Marktes erkannt. Auf Grund der zurzeit noch gegebenen nationalen Entwicklung, ist der Bedarf nach einer übergreifenden Regulierung jedoch vorerst verneint worden. Dies könnte sich dann ändern, wenn die Märkte der einzelnen Mitgliedstaaten beginnen, ineinander überzugehen und länderübergreifende Crowdinvestments abgewickelt werden.

Abkürzungsverzeichnis

AnSVG	Anlegerschutzverbesserungsgesetz (Artikelgesetz vom 28.10.2004)
FinDAG	Gesetz über die Bundesanstalt für Finanzdienstleistungsaufsicht
FinVermV	Verordnung über die Finanzanlagenvermittlung (Finanzanlagenvermittlerverordnung)
InvG	Investmentgesetz (Außerkraft getreten am 21.07.2013)
KAGB	Kapitalanlagegesetzbuch
KAGG	Gesetz über Kapitalanlagegesellschaften (Außerkraft getreten am 15.12.2003)
KASG	Kleinanlegerschutzgesetz (Artikelgesetz vom 03.07.2015)
KWG	Gesetz über das Kreditwesen (Kreditwesengesetz)
MIFIR	Verordnung (EU) Nr. 600/2014 des Europäischen Parlaments und des Rates vom 15. Mai 2014 über Märkte für Finanzinstrumente und zur Änderung der Verordnung (EU) Nr. 648/2012
VerkProspG	Wertpapier-Verkaufsprospektgesetz (Außerkraft getreten am 01.06.2012)
VermAnlG	Gesetz über Vermögensanlagen (Vermögensanlagengesetz)
VermVerkProspV	Verordnung über Vermögensanlagen-Verkaufsprospekte (Vermögensanlagen-Verkaufsprospektverordnung)
VermVerMiV	Verordnung zur Durchführung des § 11a des Vermögensanlagengesetzes
VIB	Vermögensanlagen-Informationsblatt
VIBBestV	Verordnung zur Durchführung des § 15 Absatz 4 des Vermögensanlagengesetzes
WpAIV	Verordnung zur Konkretisierung von Anzeige-, Mitteilungs- und Veröffentlichungspflichten sowie der Pflicht zur Führung von Insiderverzeichnissen nach dem Wertpapierhandelsgesetz
WpDVerOV	Verordnung zur Konkretisierung der Verhaltensregeln und Organisationsanforderungen für Wertpapierdienstleistungsunternehmen (Wertpapierdienstleistungs-Verhaltens- und Organisationsverordnung) vom 20.07.2007

WpHG	Gesetz über den Wertpapierhandel (Wertpapierhandelsgesetz)
WpPG	Gesetz über die Erstellung, Billigung und Veröffentlichung des Prospekts, der beim öffentlichen Angebot von Wertpapieren oder bei der Zulassung von Wertpapieren zum Handel an einem organisierten Markt zu veröffentlichen ist (Wertpapierprospektgesetz)
ZAG	Gesetz über die Beaufsichtigung von Zahlungsdiensten (Zahlungsdiensteaufsichtsgesetz)

Im Übrigen wird für die verwendeten Abkürzungen verwiesen auf: *Kirchner/Böttcher*, Abkürzungsverzeichnis der Rechtssprache, 8. Auflage, Berlin 2015.

Literaturverzeichnis

Angerer, H.-Peter, Genußrechte bzw. Genußscheine als Finanzierungsinstrument, Deutsches Steuerrecht (DStR) 1994, S. 41–45.

Arndt, Jan-Holger/Voß, Thorsten, Wertpapier-Verkaufsprospektgesetz und Verordnung über Vermögensanlagen-Verkaufsprospekte, München 2008.

Assies, Paul H./Beule, Dirk/Heise, Julia/Strube, Hartmut, Handbuch des Fachanwalts Bank- und Kapitalmarktrecht, 4. Auflage, Köln 2015 (zit.: FA-BKR/*Bearbeiter*).

Assmann, Heinz-Dieter, Anleihebedingungen und AGB-Recht, Wertpapiermitteilungen (WM) 2005, S. 1053–1068.

–, Negativberichterstattung als Gegenstand der Nachforschungs- und Hinweispflichten von Anlageberatern und Anlagevermittlern, Zeitschrift für Wirtschaftsrecht (ZIP) 2002, S. 637–651.

Assmann, Heinz-Dieter/Schlitt, Michael/von Kopp-Colomb, Wolf, Wertpapierprospektgesetz Verkaufsprospektgesetz, 2. Auflage, Köln 2010.

Assmann, Heinz-Dieter/Schneider, Uwe, Wertpapierhandelsgesetz, 6. Auflage, Köln 2012.

Assmann, Heinz-Dieter/Schütze, Rolf A., Handbuch des Kapitalanlagerechts, 4. Auflage, München 2015.

Aurich, Bastian, Neues Maßnahmenpaket für den Grauen Kapitalmarkt, Gesellschafts- und Wirtschaftsrecht (GWR) 2014, S. 295–297.

Bader, Hermann Georg, Dringender Reformbedarf beim Crowdinvesting!, Wertpapiermitteilungen (WM) 2014, S. 2249–2257.

Bamberger, Heinz Georg/Roth, Herbert, Kommentar zum Bürgerlichen Gesetzbuch – Band 1: §§ 1–610, 3. Auflage, München 2012.

Bareiß, Andreas, Filmfinanzierung 2.0, Zeitschrift für Urheber- und Medienrecht (ZUM) 2012, S. 456–465.

Baumbach, Adolf/Hopt, Klaus J., Handelsgesetzbuch, 37. Auflage, München 2016.

Baumbach, Adolf/Hueck, Alfred, GmbHG, 20. Auflage, München 2013.

Beck, Ralf, Crowdinvesting: Die Investition der Vielen, 3. Auflage, Kulmbach 2014.

Belleflame, Paul/Lambert, Thomas/Schwienbacher, Armin, Crowdfunding: Tapping the right crowd, Journal of Business Venturing Vol. 29 (2014), S. 585–609.

Benecke, Martina, Haftung für Inanspruchnahme von Vertrauen – Aktuelle Fragen zum neuen Verkaufsprospektgesetz, Betriebs Berater (BB) 2006, S. 2597–2601.

Berger, Klaus Peter, Fremdkapitalnahe Mezzanine-Finanzierungen, Zeitschrift für Bankrecht und Bankwirtschaft (ZBB) 2008, S. 92–106.

Berger, Hanno/Steck, Kai-Uwe/Lübbehausen, Dieter, Kommentar zum Investmentgesetz und Investmentsteuergesetz, München 2010.

Betsch, Oskar/Groh, Alexander/Lohmann, Lutz, Corporate Finance, 2. Auflage, München 2000.

Beuthien, Volker, Ist die Innengesellschaft nicht rechtsfähig?, Neue Zeitschrift für Gesellschaftsrecht (NZG) 2011, S. 161–165.

Bitter, Georg, Wirksamkeit von Rangrücktritten und vorinsolvenzlichen Durchsetzungssperren, Zeitschrift für Wirtschaftsrecht (ZIP) 2015, S. 345–356.

Bitter, Georg/Rauhut, Tilman, Zahlungsunfähigkeit wegen nachrangiger Forderungen, insbesondere aus Genussrechten, Zeitschrift für Wirtschaftsrecht (ZIP) 2014, S. 1005–1016.

Blaurock, Uwe, Handbuch Stille Gesellschaft, 8. Auflage, Köln 2016.

Bock, Volker, Steuerliche und bilanzielle Aspekte mezzaniner Nachrang-Darlehen, Deutsches Steuerrecht (DStR) 2005, S. 1067–1072.

Bohlken, Lars/Lange, Meik, Die Prospekthaftung im Bereich geschlossener Fonds nach §§ 13 I Nr. 3, 13a Verkaufsprospektgesetz n.F., Der Betrieb (DB) 2005, 1259–1263.

Boos, Karl-Heinz/Fischer, Reinfrid/Schulte-Mattler, Hermann, Kreditwesengesetz – Kommentar zu KWG und Ausführungsvorschriften, 4. Auflage, München 2012 (zit.: BFS/*Bearbeiter*).

Bork, Reinhard, Genussrechte und Zahlungsunfähigkeit, Zeitschrift für Wirtschaftsrecht (ZIP) 2014, S. 997–1005.

Bork, Reinhard/Hölzle, Gerrit, Handbuch Insolvenzrecht, Köln 2014.

Bösl, Konrad/Sommer, Michael, Mezzanine Finanzierung, München 2006.

Bradford, C. Steven, Regulating Investment Crowdfunding: Small Business Capital Formation and Investor Protection, Zeitschrift für Bankrecht und Bankwirtschaft (ZBB) 2015, S. 376–382.

–, Crowdfunding and the federal Securities Laws, Columbia Business Law Review 2012, S. 1–150.

Bröker, Klaus/Machunsky, Jürgen, Das neue Kleinanlegerschutzgesetz – Ein Überblick, Neue Justiz (NJ) 2015, S. 397–404.

Brösel, Gerrit, Bilanzanalyse, 15. Auflage, Berlin 2014.

Bruchwitz, Sebastian/Voß, Thorsten, Der Regierungsentwurf für ein Gesetz zur Novellierung des Finanzanlagenvermittler- und Vermögensanlagenrechts, Betriebs Berater (BB) 2011, S. 1226–1234.

Buck-Heeb, Petra, Das Kleinanlegerschutzgesetz, Neue Juristische Wochenschrift (NJW) 2015, S. 2535–2541.

–, Der Product-Governance-Prozess, Zeitschrift für das gesamte Handels- und Wirtschaftsrecht (ZHR) 179 (2015), S. 782–820.

–, Vertrieb von Finanzmarktprodukten: Zwischen Outsourcing und beratungsfreiem Geschäft, Wertpapiermitteilungen (WM) 2014, S. 385–396.

Bujotzek, Peter/Mocker, Felix, Kleinanlegerschutzgesetz – offene Fragen beim Crowdinvesting, Zeitschrift für Bank- und Kapitalmarktrecht (BKR) 2015, S. 358–361.

Bultmann, Friedrich/Hoepner, Olaf/Lischke, Peter, Anlegerschutzrecht, München 2009.

Burkett, Edan, A Crowdfunding exemption? Online investment crowdfunding and u.s. securities regulation, The Tennessee Journal of Business Law Vol. 13 (2011), S. 63–106.

Bußalb, Jean-Pierre/Schermuly, Katharina, Neue Befugnisse der BaFin nach dem Kleinanlegerschutzgesetz – Ausgewählte Fragestellungen aus der Aufsichtspraxis zu Vermögensanlagen, Wertpapiermitteilungen (WM) 2016, S. 2005–2011.

Bußalb, Jean-Pierre/Vogel, Dennis, Das Kleinanlegerschutzgesetz: Neue Pflichten für Anbieter und Emittenten von Vermögensanlagen – Teil II, Wertpapiermitteilungen (WM) 2015, S. 1785–1791.

–, Das Kleinanlegerschutzgesetz: Neue Pflichten für Anbieter und Emittenten von Vermögensanlagen – Teil I, Wertpapiermitteilungen (WM) 2015, S. 1733–1742.

–, Das Gesetz über Vermögensanlagen – neue Regeln für geschlossene Fonds, Wertpapiermitteilungen (WM) 2012, S. 1416–1426.

Buth, Andrea/Hermanns, Michael, Restrukturierung, Sanierung, Insolvenz, 4. Auflage, München 2014.

Canaris, Claus-Wilhelm, Der Zinsbegriff und seine rechtliche Bedeutung, Neue Juristische Wochenschrift (NJW) 1978, S. 1891–1898.

Casper, Matthias, Das Kleinanlegerschutzgesetz – zwischen berechtigtem und übertriebenem Paternalismus, Zeitschrift für Bankrecht und Bankwirtschaft (ZBB) 2015, S. 265–282.

–, Die Regulierung des Grauen Kapitalmarkts: Zu Risiken und Nebenwirkungen…, Betriebs Berater (BB) 2011, Heft 20, I.

Claussen, Carsten-Peter, Der Genußschein und seine Einsatzmöglichkeiten, in: Hadding, Walther/et al., Festschrift für Winfried Werner zum 65. Geburtstag am 17. Oktober 1984, Berlin 1984, S. 81–99.

Coing, Helmut, Haftung aus Prospektwerbung für Kapitalanlagen in der neueren Rechtsprechung des Bundesgerichtshofes, Wertpapiermitteilungen (WM) 1980, S. 206–212.

Danwerth, Christopher, Widerrufsjoker 2.0? – Das Last-minute-Widerrufsrecht des § 2d VermAnlG beim Crowdinvesting, Wertpapiermitteilungen (WM) 2016, S. 1212–1218.

–, Crowdinvesting – Ist das Kleinanlegerschutzgesetz das junge Ende einer innovativen Finanzierungsform?, Zeitschrift für Bankrecht und Bankwirtschaft (ZBB) 2016, S. 20–39.

Derleder, Peter/Knops, Kai-Oliver/Bamberger, Heinz Georg, Handbuch zum deutschen und europäischen Bankrecht, 2. Auflage, Wien 2009.

Dieckmann, Jörn, Ausweitung des Verbraucherschutzes durch das Kleinanlegerschutzgesetz, Die Wirtschaftsprüfung (WPg) 2015, S. 130–135.

Dörr, Claus, Aktuelle Rechtsprechung des III. Zivilsenats zur Vermittlung geschlossener Fondsbeteiligungen, Wertpapiermitteilungen (WM) 2010, S. 533–542.

Dresner, Steven, Crowdfunding – A Guide to Raising Capital on the Internet, New Jersey 2014.

Ebenroth, Karlheinz/Boujong, Carsten Thomas/Joost, Detlev/Strohn, Lutz, Handelsgesetzbuch – Band 2: §§ 343–475h, Transportrecht, Bank- und Börsenrecht, 3. Auflage, München 2015 (zit.: EBJS/*Bearbeiter*).

–, Handelsgesetzbuch – Band 1: §§ 1–342e, 3. Auflage, München 2014 (zit.: EBJS/*Bearbeiter*).

Ebersbach, Anja/Glaser, Markus/Heigl, Richard, Social Web, 2. Auflage, Konstanz 2011.

Eiben, Simone/Boesenberg, Axel, Plausibilitätsprüfungspflicht von Anlagevermittler und Anlageberater, Neue Juristische Wochenschrift (NJW) 2013, S. 1398–1401.

Eilenberger, Guido/Haghani, Sascha, Unternehmensfinanzierung zwischen Strategie und Rendite, Heidelberg 2008.

Eisenhardt, Kathleen M., Agency Theory: An Assessment and Review, Academy of Management Review 1989, S. 57–74.

Ellenberger, Jürgen, Prospekthaftung im Wertpapierhandel, Berlin u.a. 2001.

Ensthaler, Jürgen, Gemeinschaftskommentar zum Handelsgesetzbuch mit UN-Kaufrecht, 8. Auflage, Köln 2015.

Erlei, Mathias/Leschke, Martin/Sauerland, Dirk, Neue Institutenökonomik, 3. Auflage, Stuttgart 2016.

Erman, Walter, Bürgerliches Gesetzbuch – Band 1: §§ 1–758, 14. Auflage, Köln 2014.

Fink, Andrew C., Protecting the Crowd and Raising Capital through the Crowdfund Act, University of Detroit Mercy Law Review Vol. 90 (2012), S. 1–34.

Fischer, Thomas, Strafgesetzbuch: StGB, 63. Auflage, München 2016.

Fleischer, Holger, Prospektpflicht und Prospekthaftung für Vermögensanlagen des Grauen Kapitalmarkts nach dem Anlegerschutzverbesserungsgesetz, Zeitschrift für Bank- und Kapitalmarktrecht (BKR) 2004, S. 339–347.

–, Informationsasymmetrie im Vertragsrecht, München 2001.

Fleischer, Holger/Goette, Wulf, Münchener Kommentar zum Gesetz betreffend die Gesellschaften mit beschränkter Haftung (GmbHG) – Band 2: §§ 35–52, 2. Auflage, München 2016 (zit.: MünchKommGmbHG/*Bearbeiter*).

–, Münchener Kommentar zum Gesetz betreffend die Gesellschaften mit beschränkterHaftung (GmbHG) – Band 1: §§ 1–34, 2. Auflage, München 2015 (zit.: MünchKommGmbHG/*Bearbeiter*).

Franke, Herbert/Hax, Günther, Finanzwirtschaft des Unternehmens und Kapitalmarkt, 6. Auflage, Berlin u.a. 2009.

Frantzen, Christopher, Genußscheine, Köln 1993.

Friauf, Karl Heinrich, Kommentar zur Gewerbeordnung, Loseblattsammlung, 296. Ergänzungslieferung, Köln, Stand August 2016.

Gadow, Wilhelm/Heinichen, Eduard, Aktiengesetz, 2. Auflage, Berlin 1965.

Galbraith, John Kenneth, Der große Crash 1929 – Ursachen, Verlauf, Folgen, 4. Auflage, München 2009.

Ganter, Hans Gerhard, Rechtliche Risiken der Mezzanine-Finanzierung, Wertpapiermitteilungen (WM) 2011, S. 1585–1594.

Gerber, Elizabeth/Hui, Julia, Crowdfunding: Motivations and Deterrents for Participation, Journal ACM Transactions on Computer-Human Interaction (TOCHI) 2014, Artikel 34 (abrufbar unter: www.semanticscholar.org/paper/Crowdfunding-Motivations-and-deterrents-for-Gerber-Hui/00f9b53984a636889a418226846069de8a76712b/pdf – zuletzt abgerufen am 02.12.2016).

Gerber, Elizabeth/Hui, Julia/Kuo, Pei-Yi, Crowdfunding: Why people are motivated to post and fund projects on crowdfunding platforms, 2012 (abrufbar unter: https://pdfs.semanticscholar.org/c1e2/a1068f0af1c3120c62be5943340518860ecb.pdf– zuletzt abgerufen am 02.12.2016).

Glückert, Kirsten, Das neue Finanzanlagenvermittlerrecht (§ 34f GewO und Finanzanlagenvermittlungsverordnung), Das Gewerbearchiv (GewArch) 2012, S. 465–470.

Goette, Wulf/Habersack, Mathias, Münchener Kommentar zum Aktiengesetz – Band 4: §§ 179–277, 4. Auflage, München 2016 (zit.: MünchKommAktG/*Bearbeiter*).

Gottwald, Peter, Insolvenzrechts-Handbuch, 5. Auflage, München 2015.

Graf zu Solms-Laubach, Georg/Mihova, Stanislava, Übersicht über die aufsichtsrechtliche Regulierung von alternativen Finanzierungen nach Inkrafttreten des KAGB und des Kleinanlegerschutzgesetzes, Deutsches Steuerrecht (DStR) 2015, S. 1872–1877.

Grottel, Bernd/Schmidt, Stefan/Schubert, Wolfgang J./Winkeljohann, Norbert, Beck'scher Bilanzkommentar – Handels- und Steuerbilanz, 10. Auflage, München 2016 (zit.: BeckBilKomm/*Bearbeiter*).

Gummert, Hans/Weipert, Lutz, Münchener Handbuch des Gesellschaftsrechts – Band 2: Kommanditgesellschaft, GmbH & Co. KG, Publikums-KG, Stille Gesellschaft, 4. Auflage, München 2014 (zit.: MünchHdBGesR/*Bearbieter*).

Habersack, Mathias/Mülbert, Peter O./Schlitt, Michael, Handbuch der Kapitalmarktinformation, 2. Auflage, München 2013.

Häger, Michael/Elkemann-Reusch, Manfred, Mezzanine-Finanzierungsinstrumente, 2. Auflage, Berlin 2007.

Hahn, Christopher, Finanzierung und Besteuerung von Start-up-Unternehmen – Praxisbuch für erfolgreiche Gründer, Wiesbaden 2014.

Hanten, Mathias/Reinholz, Petra, Das Vermögensanlagengesetz, Zeitschrift für Bankrecht und Bankwirtschaft (ZBB) 2012, S. 36–49.

Hartrott, Sebastian/Voigt, Frederik, Gesetz zur Novellierung des Finanzanlagenvermittler- und Vermögensanlagenrechts, Recht der Finanzinstrumente (RdF) 2012, S. 87–94.

Hazen, Thomas Lee, Crowdfunding or Fraudfunding? Social Networks and the Securities Laws – why the specially tailored exemption must be conditioned on meaningful disclosure, North Carolina Law Review Vol. 90 (2011–2012), S. 1741–1770.

Heidel, Thomas/Schall, Alexander, Handelsgesetzbuch, 2. Auflage, Baden-Baden 2015.

Heisterhagen, Christoph/Conreder, Christian, Die Regulierung des grauen Kapitalmarktesdurch das Kleinanlegerschutzgesetz – Ein Überblick, Deutsches Steuerrecht (DStR) 2015, S. 1929–1934.

Hellner, Thorwald/Steuer, Stephan, Bankrecht und Bankpraxis, 123. Ergänzungslieferung, Köln, Stand Juli 2016 (zit.: BuB/*Bearbeiter*).

Hemer, Joachim/Schneider, Uta/Dornbusch, Friedrich/Frey, Silvio, Crowdfunding und andere Formen informeller Mikrofinanzierung in der Projekt- und Innovationsfinanzierung, Stuttgart 2011.

Heminway, John MacLeod/Hoffman, Shelden Ryan, Proceed at your peril: Crowdfunding and the Securities Act of 1933, Tennessee Law Review Vol. 78 (2010–2011), S. 879–972.

Henke, Matthias, Zum einlagenlosen Einlagengeschäft im Kreditwesengesetz, Wertpapiermitteilungen (WM) 2010, S. 2157–2163.

Henssler, Martin/Strohn, Lutz, Gesellschaftsrecht, 2. Auflage, München 2014.

Herr, Sascha/Bantleon, Ulrich, Crowdinvesting als alternative Unternehmensfinanzierung – Grundlagen und Marktdaten in Deutschland, Deutsches Steuerrecht (DStR) 2015, S. 532–539.

Hesse, Jan-Ottmar/Köster, Roman/Plumpe, Werner, Die große Depression – Die Wirtschaftskrise 1929–1939, Frankfurt/New York 2014.

Hölters, Wolfgang, Aktiengesetz, 2. Auflage, München 2014.

Hopt, Klaus J./Wiedemann, Herbert, Großkommentar Aktiengesetz –Band 7/1: §§ 221–240,4. Auflage, Berlin 2012 (zit.: GroßKomm-AktG/*Bearbeiter*).

Hornuf, Lars, Überblick über den deutschen Crowdinvesting Markt, Vortrag auf dem ersten Crowdinvesting Symposium, LMU München, 08.02.2013, abrufbar unter: http://docplayer.org/10863000-Ueberblick-ueber-den-deutschen-crowdinvesting-markt.html (zuletzt abgerufen am: 02.12.2016).

Huber, Herwart, Unternehmenskrise und die besonderen Anforderungen der Rechtsprechung für eine Kreditgewährung, Neue Zeitschrift für Insolvenz- und Sanierungsrecht (NZI) 2015, S. 447–452.

Hüffer, Uwe/Koch, Jens, Aktiengesetz, 12. Auflage, München 2016.

Janert, Ingo/Schuster, Thorsten, Dritthaftung des Wirtschaftsprüfers am Beispiel der Haftung für Prospektgutachten, Betriebs Berater (BB) 2005, S. 987–994.

Jansen, Jean-David/Pfeifle, Theresa, Rechtliche Probleme des Crowdfundings, Zeitschrift für Wirtschaftsrecht (ZIP) 2012, S. 1842–1852.

Jauernig, Othmar, Bürgerliches Gesetzbuch: BGB, 16. Auflage, München 2015.

Jensen, Michael/Meckling, William H., Theory of the firm: Managerial behavior, agency costs and ownership structure, Journal of Econonomic Finance 1976, S. 305–360.

Jesch, Thomas A./Siemko, Sabrina, Das Kleinanlegerschutzgesetz – Verbraucherschutz, schneller als MiFID II erlaubt?, Betriebs Berater (BB) 2014, S. 2570–2572.

Jesch, Thomas A./Striegel, Andreas/Boxberger, Lutz, Rechtshandbuch Private Equity, München 2010.

Joecks, Wolfgang/Miebach, Klaus, Münchener Kommentar zum StGB – Band 5: §§ 263–358, 2. Auflage, München 2014 (zit.: Münch-KommStGB/*Bearbeiter*).

–, Münchener Kommentar zum StGB – Band 1: §§ 1–37, 2. Auflage, München 2011 (zit.: MünchKommStGB/*Bearbeiter*).

Kappel, Tim, Ex ante Crowdfunding and the recording industry: A model for the U.S.?, Loyola of Los Angeles Enternainment Lawreview 2009, S. 375–385.

Kersting, Christian, Kapitalmarktrechtliche Informationseigenhaftung von Organmitgliedern, Juristische Rundschau (JR) 2009, S. 221–225.

Keul, Thomas/Erttmann, Dorothee, Inhalt und Reichweite zivilrechtlicher Prospekthaftung, Der Betrieb (DB) 2006, S. 1664–1669.

Kiethe, Kurt, Mezzanine-Finanzierung und Insolvenzrisiko, Deutsches Steuerrecht (DStR) 2006, S. 1763–1768.

–, Anlageprospekte – Die Haftung des Emittenten für Richtigkeit und Vollständigkeit, Monatsschrift für Deutsches Recht (MDR) 2006, S. 843–847.

Kindhäuser, Urs/Neumann, Ulfrid/Paeffgen, Hans-Ullrich, Strafgesetzbuch – Band 3, 4. Auflage, Baden-Baden 2013.

Kirchhof, Hans-Peter/Eidenmüller, Horst/Stürner, Rolf, Münchener Kommentar zur Insolvenzordnung – Band 1: §§ 1–79, 3. Auflage, München 2013 (zit.: MünchKommInsO/*Bearbeiter*).

Klein, René/Walz, Alexander, Crowdfinanzierung in Deutschland, Nr. 3/2016, abrufbar unter: www.fuer-gruender.de/filead-in/mediapool/Publikation/Crowdfinanzierung_H1_2016_Dentons_Fuer-Gruender.de.pdf – zuletzt abgerufen am 02.12.2016 (zit.: Crowdinvesting-Monitor Nr. 3/2016).

Klein, René, Crowdfinanzierung in Deutschland, Nr. 3/2015, abrufbar unter: https://www.fuer-gruender.de/fileadmin/mediapool/Unsere_Studien/Crowdfinanzierung_Monitor_1._Halbjahr_2015_F%C3%BCr-Gr%C3%BCnder.de_Dentons.pdf – zuletzt abgerufen am 02.12.2016 (zit.: Crowdinvesting-Monitor Nr. 3/2015).

Klingberg, Dietgard, GmbH-Organzuständigkeiten bei Mezzanine-Finanzierungen, in: Aderhold, Lutz/Grunewald, Barbara/Klingberg, Dietgard/et al., Festschrift für Harm Peter Westermann zum 70. Geburtstag, Köln 2008, S. 1087–1132.

Klingler, Joachim, Aufklärungspflichten im Vertragsrecht, Düsseldorf 1981.

Klöhn, Lars, Prospekthaftung bei (scheinbarer) Ausnahme von der Prospektpflicht gem. §§ 3 Abs. 1 WpPG, 6 VermAnlG, in: Krieger, Gerd/Lutter, Marcus/Schmidt, Karsten, Festschrift für Michael Hoffmann-Becking zum 70. Geburtstag, München 2013, S. 679–696.

–, Die Ausweitung der bürgerlich-rechtlichen Prospekthaftung durch das „Rupert Scholz"-Urteil des BGH, Wertpapiermitteilungen (WM) 2012, S. 97–106.

–, Kapitalmarkt, Spekulation und Behavioral Finance, Berlin 2006.

Klöhn, Lars/Hornuf, Lars, Die Regelung des Crowdfunding im RegE des Kleinanlegerschutzgesetzes, Der Betrieb (DB) 2015, S. 47–53.

–, Crowdinvesting in Deutschland, Zeitschrift für Bankrecht und Bankwirtschaft (ZBB) 2012, S. 237–267.

Klöhn, Lars/Hornuf, Lars/Schilling, Tobias, Crowdinvesting-Verträge, Zeitschrift für Bankrecht und Bankwirtschaft (ZBB) 2016, S. 142–178.

Koller, Ingo, Die Abdingbarkeit des Anlegerschutzes durch Information im europäischen Kapitalmarktrecht, in: Baums, Theodor/Lutter, Marcus/Schmidt, Karsten/Wertenbruch, Johannes, Festschrift für Ulrich Huber zum siebzigsten Geburtstag, Tübingen 2006, S. 821–840.

Kollrus, Harald, Kleinanlegerschutzgesetz – Produktintervention, Produkthaftung, Product Governance und Kohärenzprüfung, Monatsschrift für Deutsches Recht (MDR) 2015, S. 1396–1400.

–, Kleinanlegerschutzgesetz – Regulierungen von Vermögens-anlagen des grauen Kapitalmarkts mit erweiterten Aufklärungspflichten, Monatsschrift für Deutsches Recht (MDR) 2015, S. 1334–1339.

Krieger, Albrecht, Empfiehlt sich eine gesetzliche Regulierung der Publikums-KG?, in: Lutter, Marcus/Mertens, Hans-Joachim/Ulmer, Peter, Festschrift für Walter Stimpel zum 68. Geburtstag am 29. November 1985, Berlin u.a. 1985, S. 307–333.

Kümpel, Siegfried/Wittig, Arne, Bank- und Kapitalmarktrecht, 4. Auflage, Köln 2011.

Lackner, Karl/Kühl, Kristian, Strafgesetzbuch, 28. Auflage, München 2014.

Landmann, Robert August/Rohmer, Gustav, Gewerbeordnung (Band I), Loseblattsammlung, 72. Ergänzungslieferung, München, Stand Mai 2016.

Larrick, Richard/Mannes, Albert/Soll, Jack, The social psychology of the wisdom of crowds, in: Krueger, Joachim: Frontiers of social psychology – Social Judgments and Decision Making, New York 2012, S. 227–242.

Laßmann, Gert/Schwark, Eberhard, Beteiligung der Arbeitnehmer am Produktivvermögen, Zeitschrift für Unternehmens- und Gesellschaftsrecht (ZGR) – Sonderheft 5, Berlin 1985.

Lawton, Kevin/Marom, Dan, The Crowdfunding Revolution – How to raise Venture Capital using Social Media, New York u.a. 2013.

Leopold, Kirsten/Reichling, Christian, Alternative Finanzierungsformen: Mezzanine-Finanzierung für die Masse?, Deutsches Steuerrecht (DStR) 2004, S. 1360–1364.

Lienau, Alexander/Lotz, Thomas, Die Abgrenzung zwischen stiller Gesellschaft und partiarischem Darlehen und die steuerlichen Konsequenzen, Deutsches Steuerrecht (DStR) 1991, S. 618–622.

Link, Gerson/Reichling, Peter, Mezzanine Money – Vielfalt in der Finanzierung, Die Bank 4/2000, S. 266–269.

Loss, Louis, Der Schutz der Kapitalanleger, Zeitschrift für das gesamte Handels- und Wirtschaftsrecht (ZHR) 129 (1967), S. 197–255.

–, The Protection of Investors I: The Role of Government, The South African Law Journal 80 (1963), S. 53–69.

Lüdicke, Jochen/Sistermann, Christian, Unternehmenssteuerrecht, München 2008.

Lühn, Michael, Bilanzierung und Besteuerung von Genussrechten, Wiesbaden 2006.

Luz, Günther/Neus, Werner/Schaber, Mathias/Schneider, Peter/Wagner, Claus-Peter/Weber, Max, Kreditwesengesetz (KWG) – Band 1, 3. Auflage, Stuttgart 2015.

Madaus, Stephan, Die Prospekthaftung, Jura 2006, S. 881–888.

Malone, Thomas W./Laubacher, Robert/Dellarocas, Chrysanthos, Harnessing Crowds: Mapping the Genome of Collective Intelligence, MIT Sloan Research Paper No. 4732–09 (abrufbar unter: http://ssrn.com/abstract=1381502 – zuletzt abgerufen am 02.12.2016).

Meinshausen, Steffen/Schiereck, Dirk/Wettermann, David, Finanzierungsinnovationen via Crowdfunding, Die Bank 7/2012, S. 66–72.

Meschkowski, Alexander/Wilhelmi, Frederike K., Investorenschutz im Crowdinvesting, Betriebs Berater (BB) 2013, S. 1411–1418.

Mock, Sebastian, Genussrechtsinhaber in der Insolvenz des Emittenten, Neue Zeitschrift für Insolvenz- und Sanierungsrecht (NZI) 2014, S. 102–106.

Möhrenschlager, Manfred, Der Regierungsentwurf eines Zweiten Gesetzes zur Bekämpfung der Wirtschaftskriminalität, Zeitschrift für Wirtschafts- und Steuerstrafrecht (wistra) 1982, S. 201–208.

Möllers, Thomas M.J./Kastl, Stephanie, Das Kleinanlegerschutzgesetz, Neue Zeitschrift für Gesellschaftsrecht (NZG) 2015, S. 849–855.

Möllers Thomas M.J./Kernchen, Eva, Information Overload am Kapitalmarkt, Zeitschrift für Unternehmens- und Gesellschaftsrecht (ZGR) 2011, S. 1–26.

Mollick, Ethan R./Nanda, Ramana, Wisdom or Madness? Comparing Crowds with Expert Evaluation in Funding the Arts, Management Science, Forthcoming, Harvard Business School Working Paper No. 14–116, abrufbar unter: http://ssrn.com/abstract=2443114 (zuletzt abgerufen am 02.12.2016).

Moritz, Alexandra/Block, Jörn H., Crowdfunding und Crowdinvesting: State-of-the-Art der wissenschaftlichen Literatur (Crowdfunding and Crowdinvesting: A Review of the Literature), Zeitschrift für KMU und Entrepreneurship (ZfKE) Vol. 62 (2014), S. 57–89.

Mülbert, Peter O., Anlegerschutz und Finanzmarktregulierung – Grundlagen, Zeitschrift für das gesamte Handels- und Wirtschaftsrecht (ZHR) 177 (2013), S. 160–211.

–, Das verzinsliche Darlehen, Archiv für die civilistische Praxis (AcP) 192, S. 447–515.

Mülbert, Peter O./Steup, Steffen, Emittentenhaftung für fehlerhafte Kapitalmarktinformation am Beispiel der fehlerhaften Regelpublizität, Wertpapiermitteilungen (WM) 2005, S. 1633–1655.

Mutter, Stefan, § 264a StGB: ausgewählte Probleme rund um ein verkanntes Delikt, Neue Zeitschrift für Strafrecht (NStZ) 1991, S. 421–422.

Nartowska, Urszula/Knierbein, Michael, Ausgewählte Aspekte des „Naming and Shaming“ nach § 40c WpHG, Neue Zeitschrift für Gesellschaftsrecht (NZG) 2016, S. 256–261.

Nastold, Ulrich, Crowdfunding im Lichte des Kleinanlegerschutzgesetzentwurfes, Zeitschrift für Vertriebsrecht (ZVertriebsR) 2014, S. 366–369.

Nietsch, Michael/Eberle, Nicolas, Crowdinvesting – Welche Auswirkungen hat das geplante Kleinanlegerschutzgesetz?, Der Betrieb (DB) 2014, S. 2575–2580.

–, Bankaufsichts- und prospektrechtliche Fragen typischer Crowdfunding-Modelle, Der Betrieb (DB) 2014, S. 1788–1795.

Nobbe, Gerd, Prospekthaftung bei geschlossenen Fonds, Wertpapiermitteilungen (WM) 2013, S. 193–204.

Obermüller, Manfred, Insolvenzrecht in der Bankpraxis, 9. Auflage, Köln 2016.

Odean, Terrance, Volume, Volatility, Price, and Profit When All Traders Are Above Average, Journal of Finance Vol. 53 (1998), S. 1887–1934.

Oetker, Hartmut, Handelsgesetzbuch, 4. Auflage, München 2015.

Ordanini, Andrea/Miceli, Lucia/ Pizzetti, Marta /Parasuraman, A., Crowdfunding: transforming customers into investors through innovative service platforms, Journal of Service Management Vol. 22 (2011), S. 443–470.

Palandt, Otto, Bürgerliches Gesetzbuch, 75. Auflage, München 2016.

Park, Tido, Kapitalmarktstrafrecht, 3. Auflage, Baden-Baden 2013.

Pfeiffer, Thomas, Was kann ein Verbraucher? Zur Relevanz von Informationsverarbeitungskapazitäten im AGB-Recht und darüber hinaus, Neue Juristische Wochenschrift (NJW) 2011, S. 1–7.

Picot, Arnold/Dietl, Helmut, Transaktionskostentheorie, Wirtschaftswissenschaftliches Studium (WiST) 1990, S. 178–184.

Pielow, Johann-Christian, Beckscher Online Kommentar zur Gewerbeordnung, 35. Edition, München: Stand 01.09.2016 (zit.: BeckOKGewO/*Bearbeiter*).

Podewils, Felix, Beipackzettel für Finanzprodukte – Verbesserte Anlegerinformation durch Informationsblätter und Key Investor Information Documents?, Zeitschrift für Bankrecht und Bankwirtschaft (ZBB) 2011, S. 169–179.

Poelzig, Dörte, Nachrangdarlehen als Kapitalanlage – Im „Bermuda-Dreieck" von Bankaufsichtsrecht, Kapitalmarktrecht und AGB-Recht, Wertpapiermitteilungen (WM) 2014, S. 917–935.

Pope, Nikki D., Crowdfunding Microstartups: It's time for the securities and exchange commission to approve a small offering exemption, University of Pennsylvania Journal of Business Law Vol. 13 (2010–2011), S. 973–1002.

Pougin, Erwin, Genußrechte, in: Jagenburg, Walther/et al., Festschrift für Walter Oppenhoff zum 80. Geburtstag, München 1985, S. 275–290.

Pressler, Florian, Die erste Weltwirtschaftskrise – Eine kleine Geschichte der großen Depression, München 2013.

Riethmüller, Tobias, Auswirkungen des Kleinanlegerschutzgesetzes auf die Praxis der bankenunabhängigen Finanzierung, das Crowdinvesting und Crowdlending, Der Betrieb (DB) 2015, S. 1451–1457.

Rinas, Michael/Pobortscha, Alexandra, Das Vermögensanlagen-Informationsblatt: neue Dokumentationsanforderungen im Bereich geschlossener Fonds, Betriebs Berater (BB) 2012, S. 1615–1619.

Röhricht, Volker/Graf v. Westphalen, Friedrich/Haas, Ulrich, Handelsgesetzbuch, 4. Auflage, Köln 2014.

Roth, Günther H./Altmeppen, Holger, GmbHG, 8. Auflage, München 2015.

Roth, Hans-Peter, Das neue Kleinanlegerschutzgesetz, Gesellschafts- und Wirtschaftsrecht (GWR) 2015, S. 243–246.

Rowedder, Heinz/Schmidt-Leithoff, Christian, Gesetz betreffend die Gesellschaften mit beschränkter Haftung: GmbHG, 5. Auflage, München 2013.

Säcker, Franz Jürgen/Rixecker, Roland/Oetker, Hartmut/Limperg, Bettina, Münchener Kommentar zum Bürgerlichen Gesetzbuch Band 2: Schuldrecht – Allgemeiner Teil, §§ 241–432, 7. Auflage, München 2016 (zit.: MünchKommBGB/*Bearbeiter*).

–, Münchener Kommentar zum Bürgerlichen Gesetzbuch Band 3: Schuldrecht – Besonderer Teil I, §§ 433–534, 7. Auflage, München 2016 (zit.: MünchKommBGB/*Bearbeiter*).

–, Münchener Kommentar zum Bürgerlichen Gesetzbuch Band 1: Allgemeiner Teil, §§ 1–240, 7. Auflage, München 2015 (zit.: MünchKommBGB/*Bearbeiter*).

–, Münchener Kommentar zum Bürgerlichen Gesetzbuch Band 5: Schuldrecht – Besonderer Teil III, §§ 705–853, 6. Auflage, München 2013 (zit.: MünchKommBGB/*Bearbeiter*).

Schenk, Michael/Jers, Cornelia/Gölz, Hanna, Die Nutzung des Web 2.0 in Deutschland – Verbreitung, Determinanten und Auswirkungen, Baden-Baden 2013.

Schimansky, Herbert/Bunte, Hermann-Josef/Lwowski, Hans Jürgen, Bankrechts-Handbuch – Band I, 4. Auflage, München 2011.

Schmeisser, Wilhelm/Clausen, Lydia, Mezzanines Kapital für den Mittelstand zur Verbesserung des Ratings, Deutsches Steuerrecht (DStR) 2008, S. 688–695.

Schmidt, Karsten/Ebke, Werner F., Münchener Kommentar zum Handelsgesetzbuch – Band 4: §§ 238–342e, 3. Auflage, München 2013 (zit.: MünchKommHGB/*Bearbeiter*).

Schmidt, Karsten, Münchener Kommentar zum Handelsgesetzbuch – Band 3: §§ 161–237, 3. Auflage, München 2012 (zit.: MünchKommHGB/*Bearbeiter*).

Schmidt, Karsten/Lutter, Marcus, Aktiengesetz – Band 2, 3. Auflage, Köln 2015.

Schmidt-Lademann, Walther, Zum neuen Straftatbestand „Kapitalanlagebetrug" (§ 264a StGB), Wertpapiermitteilungen (WM) 1986, S. 1241–1243.

Schmitt, Christoph/Doetsch, Matthias, Crowdfunding: neue Finanzierungsmöglichkeit für die Frühphase innovativer Geschäftsmodelle, Betriebs Berater (BB) 2013, S. 1451–1454.

Schnauder, Franz, Regimewechsel im Prospekthaftungsrecht bei geschlossenen Publikumsfonds, Neue Juristische Wochenschrift (NJW) 2013, S. 3207–3213.

Scholz, Franz, Kommentar zum GmbH-Gesetz – Band 1: §§ 1–34, 11. Auflage, Köln 2012.

Schön, Wolfgang, Ein Allgemeiner Teil der Genußrechte, JuristenZeitung (JZ) 1993, S. 925–933.

–, Gibt es das partiarische Darlehen?, Zeitschrift für Unternehmens- und Gesellschaftsrecht (ZGR) 1993, S. 210–244.

Schönke, Adolf/Schröder, Horst, Strafgesetzbuch, 29. Auflage, München 2014.

Schott, Konrad/Brinkmann, Jan, Entwurf des Gesetzes zur Novellierung des Finanzanlagenvermittler- und Vermögensanlagenrechts Neuerungen für geschlossene Fonds, Recht der Finanzinstrumente (RdF) 2011, S. 238–245.

Schramm, Jakob/Carstens, Dana Melanie, Startup-Crowdfunding und Crowdinvesting: Ein Guide für Gründer – Mit Kapital aus der Crowd junge Unternehmen online finanzieren, Wiesbaden 2014.

Schrell, Thomas/Kirchner, Andreas, Strukturelle und Vertragliche Subordination – Vorstellung und Vergleich der beiden Konzepte zur Subordinierung von Gläubigern bei der Finanzierung von Unternehmensübernahmen, Zeitschrift für Bank- und Kapitalmarktrecht (BKR) 2004, S. 212–219.

–, Mezzanine Finanzierungsstrategien, Zeitschrift für Bank- und Kapitalmarktrecht (BKR) 2003, S. 13–20.

Schulze, Reiner/Dörner, Heinrich/Ebert, Ina/Hoeren, Thomas/Kemper, Rainer/Saenger, Ingo/Scheuch, Alexander/Schreiber, Klaus/Schulte-Nölke, Hans/Staudinger, Ansgar/Wiese, Volker, Bürgerliches Gesetzbuch, 9. Auflage, Baden-Baden 2017 (zit.: HK-BGB/*Bearbeiter*).

Schwark, Eberhard/Zimmer, Daniel, Kapitalmarktrechts-Kommentar, 4. Auflage, München 2010.

Schwartz, Andrew A., Crowdfunding Securities, Notre Dame Law Review Vol. 88 (2012–2013), S. 1457–1490.

–, Old enough to fight, old enough to swipe: A critique of the infancy rule in the federal Credit Card Act, Utah Law Review 2011, S. 407–432.

Schwarze, Roland, Das Recht der Leistungsstörungen, Berlin u.a. 2008.

Sethe, Rolf, Genußrechte: Rechtliche Regelung und Anlegerschutz, Die Aktiengesellschaft (AG) 1993, S. 293–315.

Siol, Joachim, Die bürgerlich-rechtliche Prospekthaftung im engeren Sinn, Deutsche Richterzeitung (DRiZ) 2003, S. 204–209.

Sixt, Elfriede, Schwarmökonomie und Crowdfunding – Webbasierte Finanzierungssysteme im Rahmen realwirtschaftlicher Bedingungen, Wiesbaden 2014.

Soergel, Theodor, Bürgerliches Gesetzbuch mit Einführungsgesetz und Nebengesetzen – Band 7: Schuldrecht 5 §§ 481–534, 13. Auflage, Stuttgart 2014.

Söpper, Pascal, Crowdfunding – Reward-Crowdfunding, Crowdlending und Crowdinvesting– eine Analyse aus schuld-, gesellschafts- sowie kapitalmarktrechtlicher Sicht, Münster 2016.

Spindler, Gerald, Kapitalmarktreform in Permanenz – Das Anlegerschutzverbesserungsgesetz, Neue Juristische Wochenschrift (NJW) 2004, S. 3449–3455.

Spindler, Gerald/Stilz, Eberhard, Kommentar zum Aktiengesetz – Band 2: §§ 150–410, IntGesR, SpruchG, SE-VO, 3. Auflage, München 2015.

Staub, Hermann, Handelsgesetzbuch – Band 4: §§ 161–237, 5. Auflage, Berlin 2015.

Staudinger, Julius von, Bürgerlichen Gesetzbuch mit Einführungsgesetz und Nebengesetzen – Buch 2: Recht der Schuldverhältnisse: Einleitung zum Schuldrecht: §§ 241–243 (Treu und Glauben), Neubearbeitung, Berlin 2015.

–, Bürgerlichen Gesetzbuch mit Einführungsgesetz und Nebengesetzen – Buch 2: Recht der Schuldverhältnisse: §§ 488–490; 607–609 (Darlehensrecht), Neubearbeitung, Berlin 2015.

–, Bürgerlichen Gesetzbuch mit Einführungsgesetz und Nebengesetzen – Buch 2: Recht der Schuldverhältnisse: §§ 305–310, UKlaG (Recht der Allgemeinen Geschäftsbedingungen), Neubearbeitung, Berlin 2013.

–, Bürgerlichen Gesetzbuch mit Einführungsgesetz und Nebengesetzen – Buch 2: Recht der Schuldverhältnisse: §§ 311, 311a, 312, 312a – i (Vertragsschluss), Neubearbeitung, Berlin 2013.

Suchomel, Jan-Ulf, Konkurrenz von § 20 VermAnlG und bürgerlichrechtlicher Prospekthaftung bei fehlerhaftem Prospekt, Neue Juristische Wochenschrift (NJW) 2013, S. 1126–1131.

Surowiecki, James, The wisdom of crowds – why the many are smarter than the few, London 2004.

Thaler, Richard H., From Homo Economicus to Homo Sapiens, Journal of Economic Perspectives Vol. 14 No. 1 (2000), S. 133–141.

Tomboc, Gmeleen Faye B., The Lemons Problem In Crowdfunding, The John Marshall Journal of Information Technology & Privacy Law Vol. 30 (2013), S. 253–280.

Uffmann, Katharina, „Der Schwarm im Bürgerlichen Recht" – Rechtsbeziehungen zwischen Crowdinvesting-Plattform und Investor, JuristenZeitung (JZ) 2016, S. 928–937.

Uhlenbruck, Wilhelm, Insolvenzordnung, 14. Auflage, München 2015.

Ulmer, Peter/Brandner, Hans E./Hensen, Horst-Diether, AGB-Recht, 11. Auflage, Köln 2011.

Ulmer, Peter/Habersack, Mathias/Löbbe, Marc, Gesetz betreffend die Gesellschaft mit beschränkter Haftung – Band 2: §§ 29–52, 2. Auflage, Tübingen 2014.

Urlaub, Jasmin/Kamp, Britta, Die Vermeidung der Bankenhaftung bei der Vergabe von Sanierungskrediten, Zeitschrift für Wirtschaftsrecht (ZIP) 2014, S. 1465–1472.

Veith, Julian, Crowdlending – Anforderungen an eine rechtskonforme Umsetzung der darlehensweisen Schwarmfinanzierung, Zeitschrift für Bank- und Kapitalmarktrecht (BKR) 2016, S. 184–193.

Vollmer, Lothar, Der Genußschein – ein Instrument für mittelständische Unternehmen zur Eigenkapitalbeschaffung an der Börse, Zeitschrift für Unternehmens- und Gesellschaftsrecht (ZGR) 1983, S. 445–475.

Wagner, Klaus-R., Anlegerschutzverbesserung und „Grauer Kapitalmarkt", Neue Zeitschrift für Gesellschaftsrecht (NZG) 2011, S. 609–613.

–, Neue Entwicklungen zur Anlagevermittler-/Anlageberaterhaftung (Teil I), Deutsches Steuerrecht (DStR) 2004, S. 1836–1838.

–, Der stillschweigende Anlagevermittlungs-/-beratungsvertrag, Deutsches Steuerrecht (DStR) 2003, S. 1757–1760.

Waschbusch/Kakuk/Schuster, Das Kleinanlegerschutzgesetz – ein Fortschritt auf dem Weg zum Schutz privater Anleger?! (Teil 1), Der Steuerberater (StB) 2015, S. 234–241.

Weisner, Arnd/Friedrichsen, Sönke/Heimberg, Dominik, Neue Anforderungen an Erlaubnis und Tätigkeit der „freien" Anlageberater und -vermittler, Deutsches Steuerrecht (DStR) 2012, S. 1034–1038.

Weitnauer, Wolfgang, Handbuch Venture Capital, 5. Auflage, München 2016.

Weitnauer, Wolfgang/Boxberger, Lutz/Anders, Dietmar, KAGB – Kommentar zum Kapitalanlagegesetzbuch und zur Verordnung über Europäische Risikokapitalfonds mit Bezügen zum AIFM-StAnpG, München 2014 (zit.: WBA/*Bearbeiter*).

Weitnauer, Wolfgang/Parzinger, Josef, Das Crowdinvesting als neue Form der Unternehmensfinanzierung, Gesellschafts- und Wirtschaftsrecht (GWR) 2013, S. 153–159.

Werner, Horst S., Mezzanine-Kapital: Mit Mezzanine-Finanzierung die Eigenkapitalquote erhöhen, 2. Auflage, Köln 2007.

Wetzig, Marc Simon, Die Regulierung des Grauen Kapitalmarktes durch die Novellierung des Finanzanlagenvermittler- und Vermögensanlagenrechts sowie durch das Kapitalanlagegesetzbuch, Hamburg 2014.

Wilhelmi, Rüdiger/Seitz, Jascha, Neue Beschränkungen für Produkte des grauen Kapitalmarkts in § 5a und § 5b VermAnlG, Wertpapiermitteilungen (WM) 2016, S. 101–110.

Will, Martin, Kleinanlegerschutzgesetz und Gewerbeordnung – Auswirkungen auf die Finanzanlagenvermittlung (§ 34f GewO) und Honorar-Finanzanlagenberatung (§ 34h GewO), Das Gewerbearchiv (GewArch) 2015, S. 430–435.

Winter, Eggert, Gabler Wirtschaftslexikon, 18. Auflage, Wiesbaden 2014 (zit.: Gabler Wirtschaftslexikon).

Wobbe, Sven, Ausweitung des Anlegerschutzes durch das Kleinanlegerschutzgesetz, Die Wirtschaftsprüfung (WPg) 2015, S. 1069–1075.

Wöhe, Günther/Bilstein, Jürgen /Ernst, Dietmar/Häcker, Joachim, Grundzüge der Unternehmensfinanzierung, 11. Auflage, München 2013.

Wolf, Manfred/Lindacher, Walter F./Pfeiffer, Thomas, AGB-Recht, 6. Auflage, München 2013.

Wolter, Jürgen, Systematischer Kommentar zum Strafgesetzbuch – Band 5, 8. Auflage, Köln 2013, Stand 148. Lieferung Dezember 2014 (zit.: SK/Bearbeiter).

Worms, Alexander, § 264a StGB – ein wirksames Remedium gegen den Anlageschwindel? (Teil 1), Zeitschrift für Wirtschafts- und Steuerstrafrecht (wistra) 1987, S. 242–248.

Wünsch, Horst, Der Genußschein iSd § 174 AktG als Instrument der Verbriefung privatrechtlicher Ansprüche, in: Schwarz, Walter/et al., Möglichkeiten und Grenzen der Rechtsordnung – Festschrift Rudolf Strasser zum 60. Geburtstag, Wien 1983, S. 871–893.

Wunschel, Jan/Gaßner, Anna, Crowdfunding – Echte Alternative für Immobilienfinanzierungen?, Zeitschrift für Immobilienrecht (ZfIR) 2015, S. 853–870.

Ziebe, Jürgen, Rechtsnatur und Ausgestaltung von Genußrechten, Deutsches Steuerrecht (DStR) 1991, S. 1594–1597.

Ziegler, Ole, Die Rechtsfolgen der §§ 13, 13a VerkProspG n.F. und der Kapitalerhaltungsgrundsatz, Neue Zeitschrift für Gesellschaftsrecht (NZG) 2005, S. 301–304.

–, Die Prospekthaftung am nicht-organisierten Kapitalmarkt im Spannungsverhältnis zu personengesellschaftsrechtlichen Grundsätzen, Deutsches Steuerrecht (DStR) 2005, S. 30–34.

Zöllner, Wolfgang, Kölner Kommentar zum Aktiengesetz – Band 5/1: §§ 179–240 AktG, 2. Auflage, Köln 1995 (zit.: KölnKommAktG/*Bearbeiter*).

Zülch, Henning/Kretzmann, Christian W./Böhm, Josefine/Holzamer, Matthias, Covenant(s)quo vadis – Ein Gläubigerschutzinstrument am Scheideweg?, Der Betrieb (DB) 2015, S. 689–695.